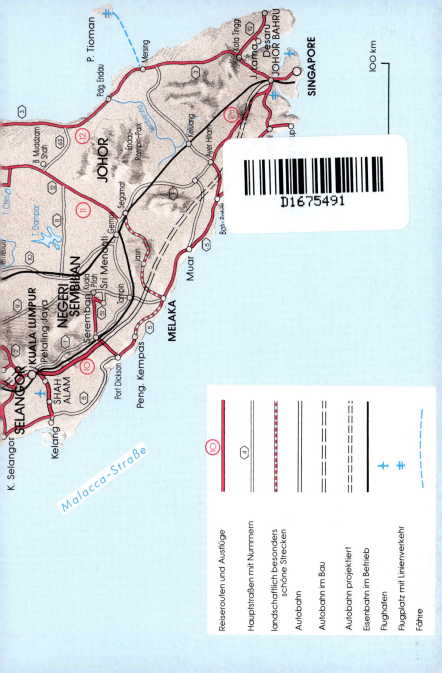

Beatrice Marr
Rudolf Marr

Malaysia, Singapore, Brunei

Kunst- und Reiseführer
mit Landeskunde

Mit 24 Fotos, 72 Karten, Plänen, Abbildungen
und 2 mehrfarbigen Übersichtskarten

Verlag W. Kohlhammer
Stuttgart Berlin Köln

CIP-Titelaufnahme der Deutschen Bibliothek

Marr, Beatrice:
Malaysia, Singapore, Brunei :
Kunst- und Reiseführer mit Landeskunde /
Beatrice Marr ; Rudolf Marr. –
Stuttgart ; Berlin ; Köln : Kohlhammer, 1991
   (Kohlhammer-Kunst- und Reiseführer)
   ISBN 3-17-010310-5
NE: Marr, Rudolf L.:

Fotonachweis

Volkmar Janicke, München: S. 81, 145, 161, 177, 288, 320, 336, 337

Beatrice und Rudolf Marr, Basel: S. 64, 65, 80, 144, 160, 192, 193, 233, 240, 241, 272, 273, 289, 321

Bildarchiv Steffens, Mainz: S. 176 (Ladislav Janicek), 232 (Roland Adler)

Alle Rechte vorbehalten
© 1991 W. Kohlhammer GmbH.
Stuttgart Berlin Köln
Verlagsort: Stuttgart
Umschlagmotiv: Buddh. Höhlentempel Perak Tong bei Ipoh / Volkmar E. Janicke, München
Umschlag: Studio 23
Vorsatzkarten und Textpläne: Dipl.-Ing. B. Reichard, Bruchsal
Gesamtherstellung:
W. Kohlhammer Druckerei GmbH + Co. Stuttgart
Printed in Germany

Inhalt

Vorwort	11
In den Karten verwendete Symbole	12
Landeskunde	13
Naturraum	13
Geomorphologie und Tektonik	13
Klima	20
Vegetation	27
Tropische Früchte	33
Tierwelt	41
Siedlungsraum	45
Rassen und Sprachen	45
Bevölkerungsentwicklung	50
Siedlungen	51
Haustypen	52
Die Stadtplanung in Singapore	57
Kultur und Religion	59
Religion und Kultur der Malaien	59
Hinduistische und buddhistische Einflüsse	59
Der Islam	60
Religion und Kultur der Chinesen	62
Die chinesischen Gottheiten	64
Buddhistische Gottheiten in Malaysia und Singapore	68
Die Baba-Nonya-Kultur	71
Religion und Kultur der Inder	71
Hinduistische Götterwelt	72
Religion und Kultur der Naturvölker	74

Christentum und Buddhismus in Malaysia und Singapore . . . 80
    Das Christentum 80
    Der Buddhismus 81

Die Kultbauten 81
  Die Moschee 81
  Der chinesische Tempel 83
  Der Hindutempel 89
  Der thailändische Wat 90

Volkskunst 91
  Kunsthandwerk 91
  Freizeitkünste 92
  Musik, Tanz, Theater 93

Geschichte und Staat 97
  Historische Streiflichter 97
      1. Bis zur Ankunft der Briten 97
      2. Unter britischer Herrschaft 100
      3. Auf dem Weg in die Unabhängigkeit 104
  Regierung und Staat 106
    Malaysia 106
    Singapore 107
    Brunei 108
  Schulwesen 108
  Internationale Verflechtungen 109

Wirtschaftliche Struktur 110
  Malaysia 111
    Industrie 111
    Land- und Forstwirtschaft 113
    Bergbau 116
    Tourismus und andere Dienstleistungen 118
  Singapore 118
  Brunei 119

Inhalt 7

Die Hauptzentren der Kunst und Kultur 121

Penang 121
Historischer und geographischer Überblick 122
Sehenswürdigkeiten im Zentrum 125
Stadtrand Richtung Botanischer Garten 138
Richtung Kek Lok Si 141
Inselrundfahrt 145

Kuala Lumpur 152
Historischer und geographischer Überblick 153
Sehenswürdigkeiten in der Stadt 155
   Innenstadt 155
   Am südwestlichen Stadtrand 163
   Die östliche City 168
Die nähere Umgebung 172
Ausflüge von Kuala Lumpur 175
   Petaling Jaya 175
   Shah Alam 178
   Kelang 180
   Kuala Selangor 181

Melaka (Malacca) 182
Geographischer Überblick 182
Das koloniale Zentrum 185
Sehenswürdigkeiten in der Chinatown 189
Sehenswürdigkeiten am Rand der Innenstadt 193

Singapore 198
Einführung 199
Stadtzentrum 201
   Rundgang 1: Das koloniale Singapore 201
   Rundgang 2: Chinatown 208
   Rundgang 3: Die Umgebung des Fort Canning 216
   Rundgang 4: Einige Sehenswürdigkeiten im Nordosten der City 219
   Rundgang 5: Vom Botanischen Garten durch die Orchard Road zum Nationalmuseum 222
   Rundgang 6: Serangoon Road und anschließende Straßen . 232

    Citynahe Sehenswürdigkeiten 238
        Im Süden der City 238
        Zwischen der City und Ang Mo Kio 239
        Sehenswürdigkeiten im Westen der City 241
        Sehenswürdigkeiten im Osten der City 244
    Inselrundfahrt 244
    Vorgelagerte Inseln 247

Routen auf der Halbinsel 249

Route 1: Von Penang über Alor Setar zur thailändischen Grenze . . 249
    Historischer und geographischer Überblick 249
    Bunjang Valley 250
    Alor Setar 252
    Nördlich Alor Setar 255

Route 2: Nach Langkawi 256
    Die Insel Langkawi 257

Route 3: Von Penang nach Ipoh 258
    Der Teilstaat Perak 259
    Von Butterworth nach Taiping 259
    Taiping 260
    Kuala Kangsar 262
    Ipoh 263

Route 4: Von Ipoh zur Insel Pangkor und über Teluk Intan nach K. L. 272
    Kellie's Castle 272
    Insel Pangkor 273
    Teluk Intan 273

Route 5: Von Ipoh über Cameron Highlands nach Kuala Lumpur . 274
    Cameron Highlands 275
    Ausflüge 276

Route 6: Von Ipoh oder Penang zum Südchinesischen Meer (East-West-Highway) 277

Route 7: Von Kota Bharu durch das Innere nach Kuala Lumpur . . 279
    Die Strecke durch das Innere der Halbinsel 279
    Fraser's Hill 280

Route 8: Von Kota Bharu an der Ostküste entlang nach Kuantan . . 281
   Kota Bharu 282
          Sehenswürdigkeiten in der Stadt 284
          Ausflüge von Kota Bharu 286
   Kota Bharu – Kuala Terengganu 287
   Kuala Terengganu 288
   Kuala Terengganu – Kuantan 290
          Strand der Riesenschildkröten 291
   Kuantan 293
          Stadtzentrum 294
          Ausflüge von Kuantan 295

Route 9: Von Kuala Lumpur über Genting Highlands nach Kuantan . . 296
   Genting Highlands 297
   Taman Negara 297

Route 10: Von Kuala Lumpur über Melaka nach Singapore 299
   Der Teilstaat Negeri Sembilan 300
   Seremban 300
   Port Dickson 303
   Der Teilstaat Johor 306
   Muar 307
   Johor Bahru 308
          Sehenswürdigkeiten in der Stadt 309
          Ausflug nach Desaru 310

Route 11: Von Kuantan über Segamat nach Melaka 312

Route 12: Von Kuantan über Mersing nach Johor Bahru oder Desaru 315
   Pekan 315
   Pekan – Mersing – Johor Bharu / Desaru 317
     Mersing 318
     Endau-Rompin-Park 318
     Tioman und Rawa 319
     Mersing – Johor Bahru 319

Borneo 320

Sarawak 320
Geographische Übersicht 320

Kuching 322
   Die Stadt 323
   Ausflüge von Kuching 330
      Orang Utan-Rehabilitationszentrum 331
      Langhäuser der Dayak 332
      Bako-Nationalpark 334
      Niah-Nationalpark 334
      Mulu-Nationalpark 335

Sabah 335
Geographische Übersicht 335
Kota Kinabalu 336
   Die Stadt 337
   Tunku Abdul Rahman Nationalpark 341
   Ausflüge von Kota Kinabalu 341
      Kinabalu-Park 343
      Die Orang Utan von Sandakan 345

Brunei 347
Übersicht 348
Bandar Seri Begawan 348
   Sehenswürdigkeiten in der Stadt 350
   Umgebung der Stadt 353
   Ausflüge 355

Praktische Reisehinweise 356

Reisevorbereitungen 356
Ankunft 358
Unterkunft 359
Aufenthalt 360
Verpflegung 361
Verkehrsmittel 362
Aktivitäten 364
Notfälle 365
Einkäufe 366
Kulturkontakte 368

Weiterführende Literatur 371

Register 373

Vorwort

Die kulturelle und landschaftliche Vielfalt ist ein faszinierendes Kennzeichen der Malaiischen Halbinsel. Denn in Malaysia, Singapore und Brunei leben Angehörige verschiedenster Kulturen, Ethnien und Religionen zusammen: Malaien, Chinesen, Inder – Moslems, Buddhisten und Hindus, die in Moscheen und Tempeln ihre traditionellen Kulte zelebrieren. Im Landesinnern und auf Borneo stößt man auf Eingeborenenstämme, deren Lebensform von der modernen Zeit weitgehend unberührt geblieben ist. Unser erstes Ziel besteht daher darin, die typischen und wichtigsten Kunstformen dieser Kulturen darzustellen. Manche Kunstwerke Malaysias sind bisher überhaupt noch nie so ausführlich beschrieben worden. Aber auch der geistige Hintergrund der verschiedenen Kulturen findet die notwendige Beachtung. Erstmals in deutscher Sprache werden die für die chinesischen Malaysier so wichtigen Lokal-, Erd- und Opiumgötter erfaßt, ebenso der Medienkult.

Man fährt in Malaysia durch dichte Regenwälder, kann die Arbeit in den Reisfeldern beobachten oder die Verarbeitung tropischer Rohstoffe wie Kautschuk, Palmöl und Pfeffer besichtigen und lernt viele exotische Früchte kennen. In ihrer Fülle sind dies einmalige Sehenswürdigkeiten, wie sie kaum ein anderes Land aufweist; auch bedarf es keiner Expedition, um einen echten Tropischen Regenwald zu Gesicht zu bekommen. Dazu möchten wir als zweiten Schwerpunkt die notwendigen Informationen liefern. Auch auf die unterschiedlichen Siedlungsformen wird hingewiesen. In Singapore sind die modernen Satellitenstädte als Ausdruck staatlicher Planung im Kontrast zur alten Chinatown, so weit sie noch erhalten blieb, besonders interessant. Beide Wohnformen finden Erwähnung.

Die thematische Breite dieses Buches, das Kunst- und Natursehenswürdigkeiten gleichermaßen würdigt, wurde dadurch möglich, daß zwei Autoren verschiedener Fachrichtungen zusammengearbeitet haben. Die langen Forschungsaufenthalte in Malaysia und Singapore führten zwar zu einer emotionalen Bindung zu dieser Region, Reisen auf andere Kontinente aber verschafften wiederum die nötige Distanz und Objektivität und erlaubten uns Vergleiche.

Das Buch sei den vielen Chinesen, Malaien und Eingeborenen gewidmet, die uns in Freundschaft Einblick in ihr Leben gewährt haben.

In den Karten verwendete Symbole

- ⊙̃ chinesischer Tempel
- ⊖ chinesisches Clanhaus
- ○ Moschee
- ⊙ islamisches Grabmal
- ⛎ buddhistischer Tempel
- Ô Hindutempel
- Ø Sikhtempel
- ☩ Kirche
- ⊕ christlicher Friedhof
- ⊗ Kolonialbau
- ⊕ historisch oder architektonisch interessanter Profanbau
- ⊕ technische Sehenswürdigkeit, moderne Architektur
- ⊙ andere Sehenswürdigkeiten
- Ⓜ Museum
- Ⓩ Zoologischer Garten
- Ⓑ Botanischer Garten
- Ⓝ Naturschutzgebiet, Reservat
- ⊙ sehenswürdiger landwirtschaftlicher Anbau

- ▽ Läden für Touristen
- ▽ Supermarkt
- ▽ Einkaufszentrum
- ▽ Markt
- ▽ Geldwechsler

- △ Touristeninformation
- △ Parkplätze
- ▽ Polizei
- △ Visum- und Paßbüro
- △ Bahnhof
- △ Busbahnhof
- △ Taxistand
- △ Zoll
- ⌂ Hotel

Landeskunde

Naturraum

Geomorphologie und Tektonik

Die Halbinsel Malaysia setzt sich grob gesehen aus drei Landschaftsteilen (Abb. 1a) zusammen: Einer rund 50 km breiten Küstenebene im Westen zur Melaka-Straße, dem etwas schmäleren Küstenstreifen an der Ostküste zum Südchinesischen Meer und dem Gebirge im Innern. Mit dieser Dreiteilung werden aber nicht bloß Landschaftsformen voneinander geschieden, sondern auch kulturgeographische Einheiten getrennt: Das Innere blieb bis vor kurzem landwirtschaftlich nur extensiv durch Rückzugsvölker genutzt und ist auch heute noch dünn besiedelt. Die Erschließung durch Straßen erfolgt nur langsam. Im Gegensatz dazu stehen die Strukturen der westlichen Küstenebene: Hier liegen die großen Städte und Dienstleistungszentren mit überwiegend chinesischer Prägung. Wo Landwirtschaft betrieben wird, geschieht dies mit intensiven Methoden. Die Merkmale westlicher Zivilisation haben sich hier am stärksten ausgebreitet. Der dritte Teil, die schmale Küstenebene im Osten, konnte bis vor einem Jahrzehnt als abgeschiedene, von den Malaien geprägte Region mit traditioneller Landwirtschaft und Fischerei beschrieben werden. Dank der Erdölfunde im Küstenmeer und wegen der konsequenten Industrialisierungspolitik der Regierung verändert dieser Raum sein Gesicht jedoch stark, auch wenn in den Städten das Leben noch lange nicht so pulsiert wie in den Zentren der gegenüberliegenden Küstenebene.

Die Küstenebenen sind – stratigraphisch gesehen – quartäre Bildungen und bestehen aus rezenten Ablagerungen. Besonders die Alluvionen im Westen haben große wirtschaftliche Bedeutung, finden sich doch darin Gebiete von Feinmaterial mit abbauwürdiger Konzentration an Zinn (Abb. 2). Dieses Metall ist in verschiedenen Phasen der malaiischen Gebirgsbildung mineralisiert und durch die Erosion in die Küstenebene verfrachtet worden, wo es nun im Tagbau aus diesen sekundären Lagerstätten gefördert wird. Dadurch gehört Malaysia zu den drei größten Zinnproduzenten der Welt. Auch andere Metalle wurden aus den Graniten im

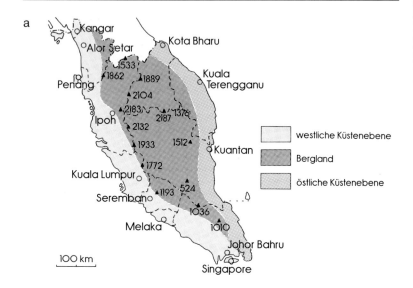

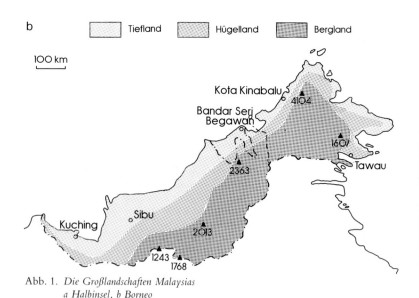

Abb. 1. *Die Großlandschaften Malaysias*
  a Halbinsel, b Borneo

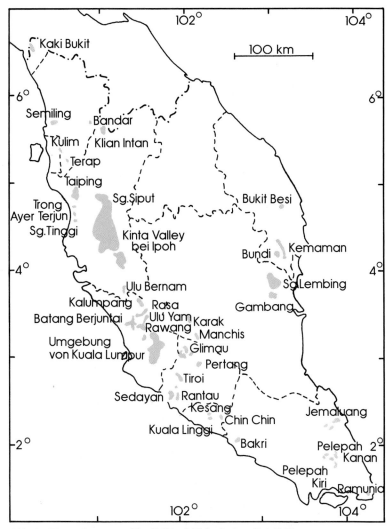

Abb. 2. *Zinnvorkommen auf der Halbinsel Malaysia (aus Ooi 1963)*

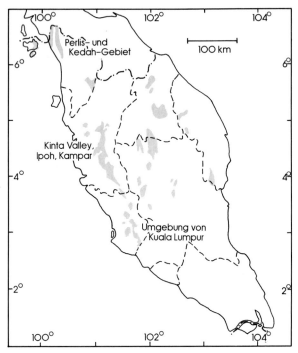

Abb. 3. *Gebiete mit Kegelkarstbergen und anderen Karsterscheinungen auf der Halbinsel Malaysia (nach Ooi 1963)*

Innern erodiert und als Feinmaterial in den Küstenebenen abgelagert, so etwa Wolfram und Gold, die aber nur zum Teil systematisch abgebaut werden.

Das Innere der Halbinsel besteht aus mehreren Gebirgsketten. Sie sind unterschiedlich lang und mehr oder weniger parallel. Sie streichen ungefähr in nordsüdlicher Richtung und weichen somit vom Verlauf der Halbinsel ab, die sich praktisch von Nordwest nach Südost erstreckt. Auf topographischen Karten und auch in der Wirklichkeit lassen sich die Ketten nur schwer voneinander trennen. Die Bergrücken sind kulissenartig gestaffelt und versetzt und ergeben infolge der starken Erosion ein äußerst unruhiges Relief. Den besten Eindruck vom Aufbau im Innern gewinnt man beim Durchqueren der Halbinsel auf dem East-West-Highway (S. 277f.) von Kota Bharu nach Ipoh/Penang. Aber auch die Fahrt in die

Cameron Highlands gibt eine gute Vorstellung vom Relief dieses Teils der Halbinsel.

Die letzte Orogenese (Gebirgsbildung) fand in der Übergangsperiode von Jura und Kreide statt und dürfte somit um die 130 Mio Jahre alt sein. Dabei ist Tiefengestein aufgestiegen. Die Granite dieses riesigen Gesteinskörpers (Batholith) formen heute die verschiedenen imposanten Ketten des Zentralgebirges. Der jüngere Bogen liegt am Westrand und formt die Main Range (mal. Barisan Titiwangsa), der oft über 2000 m hohe, von der westlichen Küstenebene gut sichtbare bewaldete Bergrücken. Sie ist fast 500 km lang, über 50 km breit und bildet die Hauptwasserscheide der Halbinsel.

Auch das Innere der Staaten Kelantan, Terengganu und Pahang ist gebirgig; hier erhebt sich sogar der höchste Gipfel der Halbinsel Malaysia, der Gunung Tahan (2187 m). Zwischen diesen Gebirgsrücken erstrecken sich ausgedehnte Flußsysteme. Auf ihnen wickelte sich im letzten Jahrhundert der gesamte Verkehr und Handel ab, und so kann es nicht verwundern, daß die meisten Teilstaaten Malaysias den Namen ihres Hauptflusses tragen. Der längste ist der Sungai Pahang (475 km), der bei Pekan (S. 316 ff.) ins Südchinesische Meer mündet, gefolgt vom Sungai Perak (400 km), der nahe Teluk Intan (S. 273 f.) den Indik erreicht.

Was der Halbinsel Malaysia fehlt, sind einerseits die weiten Ebenen der Flußdeltas, wie sie für das nördliche Südostasien typisch sind, und andererseits weite Hügelländer. Die Aufmerksamkeit der Touristen wecken jedoch die Kegelkarstberge (Karsttürme, Mogoten), die an verschiedenen Stellen (Abb. 3) aus den Alluvialebenen hervorstechen. Mit dem Begriff Karst bezeichnet die Geographie den Formenschatz, der bei der Erosion wasserlöslicher Gesteine (hier ist es vor allem der Kalk) entsteht. Besonders schöne und leicht zugängliche Beispiele solcher Phänomene geben die Felsen der Batu Caves bei Kuala Lumpur (S. 193 f.) oder der Höhlentempel bei Ipoh (S. 263 ff.). An den steilen, fast senkrechten Wänden kommt der nackte Fels zum Vorschein, wo sonst doch die meisten Berghänge überwaldet sind und dadurch alle Geländekanten verschwinden oder abgerundet erscheinen. Die hellen Wände der Kegelkarstberge stellen markante Orientierungszeichen in der Landschaft dar, die auch flüchtigen Besuchern nicht entgehen. Man muß diese Felstürme als Überreste einer früheren Oberfläche sehen, die im Laufe der Zeit erodiert wurde. Als Reste und gleichsam Zeugen dieser alten, höher gelegenen Landschaft blieben die Kegelberge stehen. Sie enthalten meist ein kompliziertes System von Höhlen und Schächten, die von den Chinesen und Indern als Kultstätten benutzt werden. Die Kegelkarstberge sind so Natur- und Kultursehenswürdigkeiten zugleich.

Betrachtet man die Geomorphologie der auf der Insel Borneo liegenden Teile Malaysias (Sarawak und Sabah), einschließlich Brunei, so lassen sich auch hier drei Hauptteile erkennen (Abb. 1b): An die Küstenebene schließt sich ein Streifen Hügelland an, das gegen das Innere in ein Bergland übergeht. Die Alluvialebene zur Küste hin ist unterschiedlich breit: Bei Sibu folgt die Hügelzone in etwa 75 km, bei Kota Kinabalu dagegen in nur wenigen Kilometern. Die Gipfelhöhen des Berglandes steigen von Westen nach Osten an: Die Berge im Hinterland von Kuching erreichen knappe 1000 m, der Gunung Murud nahe der Grenze zwischen Sabah und Sarawak reicht auf 2425 m, während in Sabah mit dem Gunung Kinabalu (4175 m) der höchste Berg Südostasiens überhaupt liegt. Das Hügelland und große Teile des Berglandes bestehen aus tertiären Sedimenten. Erst in späterer Zeit hat sich das Gebiet gehoben und wurde landfest.

Die Vulkane auf Sabah, die westlich einer Achse Kota Belud-Sandakan lagen, waren vor rund 2 Mio Jahren tätig, während heute nur noch heiße Quellen (S. 345) von der vulkanischen Aktivität zeugen. Während dieser Zeit scheint der Ostteil Sabahs, der geologisch kompliziert aufgebaut ist, noch Meer gewesen zu sein.

An der Ausdehnung Ostmalaysias liegt es, daß seine großen Flüsse länger sind als die auf der Halbinsel. Der Batang Rajang (Rajang of Sara-

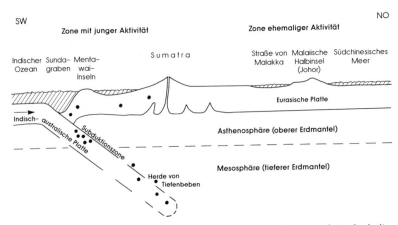

Abb. 4. *Zur Plattentektonik im malayischen Raum: Schematischer Querschnitt durch die Malaiische Halbinsel und Sumatra mit der Subduktionszone der Indisch-australischen Platte unter die Eurasische Platte (in Anlehnung an Sien 1979)*

wak), an dem Sibu liegt, mißt 563 km und ist für kleinere Küstenschiffe schiffbar bis Kapit, das 160 km von der Mündung entfernt liegt. Der Hauptfluß von Sabah, der Kinabatang (auch Kinabatangan) ist ungefähr gleich lang wie der Sungei Rajang, mündet aber nicht ins Südchinesische Meer, sondern in die Sulusee.

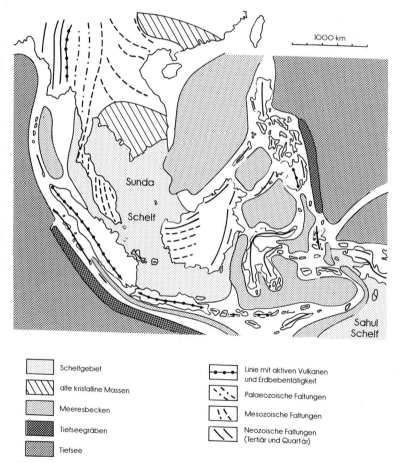

Abb. 5. *Großtektonische Strukturen im südostasiatisch-australischen Raum (stark verändert nach Sien 1979 und Fisher 1966)*

Man mag sich fragen, warum auf dem benachbarten Sumatra und auf Java Vulkane tätig sind, auf der Malaiischen Halbinsel dagegen keine. Auch gehört weder Borneo noch die Halbinsel zur Zone mit häufigen und schweren Erdbeben wie die nahen Inseln Indonesiens und der Philippinen. Der Querschnitt (Abb. 4), der von Südwest nach Nordost durch das Südende der Halbinsel verläuft, gibt darüber Auskunft: Im Indik vor Sumatra taucht die Indisch-australische (ozeanische) Platte unter die (kontinentale) Eurasische. Mit rund 6,7 cm pro Jahr ist der Subduktionsbetrag relativ hoch. Dabei entsteht einerseits ein Tiefseegraben, der Sunda-Graben (max. Tiefe 7455 m), anderseits erscheinen Vulkane, die charakteristisch für die Großen und Kleinen Sundainseln sind. Die Erdbebenherde verlaufen entlang der Subduktionszone (Benioff-Zone). Die Malaiische Halbinsel und Borneo dagegen liegen auf einer befestigten Platte und werden von diesen Vorgängen kaum berührt (Abb. 5).

Klima

Die Halbinsel Malaysia und ganz Borneo gehören dem Tropischen Regenwaldklima an. Eine gewisse Modifikation ergibt sich durch die Höhenlage: Besonders die Temperaturverhältnisse sind in den Höhenorten wie den Cameron Highlands oder dem Kota-Kinabalu-Nationalpark anders als in den Küstenebenen. Die wichtigsten Merkmale des Tropischen Regenwaldklimas sollen am Beispiel von Singapore dargelegt werden, gilt doch das Klima dieser Stadt als Modell für diesen Klimatyp.

Zunächst ist die gleichbleibende Tageslänge jahraus jahrein zu erwähnen. Der Unterschied zwischen längstem und kürzestem Tag beträgt nur 20 Minuten. Theoretisch ginge die Sonne um 6 Uhr auf und um 18 Uhr unter. Malaysia und Singapore haben ihre Zonenzeit aber so gelegt, daß man abends rund eine Stunde Tageslicht gewinnt, das am Morgen verloren geht. In Kota Kinabalu aber, das 12° östlicher und trotzdem noch in der gleichen Zeitzone liegt, verschwindet die Sonne abends etwa um 6.15 Uhr. Da die Dämmerung in den Tropen ohnehin kürzer ist als in mittleren Breiten, muß der Reisende den frühen Sonnenuntergang in seiner Tagesplanung berücksichtigen, vor allem wenn er fotografieren möchte.

Ein doch recht eindrucksvolles Ereignis ist der Zenitalstand der Sonne: Zweimal jährlich steht die Sonne am Mittag senkrecht am Himmel. Die Schatten, etwa eines Autos, scheinen zu verschwinden, während Menschen gleichsam auf ihrem Schattenbild gehen oder der Stamm einer Palme aus dem Schatten herauszuwachsen scheint. In Singapore tritt die-

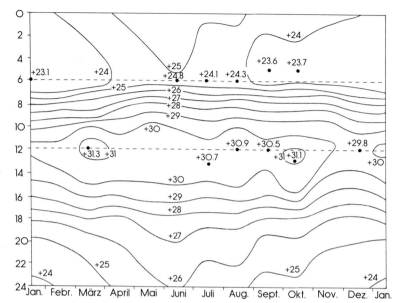

Abb. 6. *Die Temperaturen Singapores im Tages- und Jahresverlauf (Thermoisoplethen-Diagramm. Auf der vertikalen Achse sind die Uhrzeiten, auf der horizontalen die Monate eingetragen. Ein Ablesebeispiel: Um 20 Uhr Mitte Juni ist es 27 °C warm (nach Troll 1965)*

ses Ereignis um den 25. März und 19. Sept., im Norden der Halbinsel, in Kuala Terengganu (auf 5 ° 20′ Nord) etwa, um den 10. April und 3. September ein.

Die gleichbleibenden Temperaturen und die geringen täglichen Temperaturschwankungen kennzeichnen das Tropische Regenwaldklima (Abb. 6). Das Thermometer steigt täglich auf rund 31° und fällt am frühen Morgen vor Sonnenaufgang auf rund 22° (Tab. 1). Temperaturen unter 18,9° und über 36,1° wurden in Singapore überhaupt noch nie gemessen. In welchem Monat der Tourist auch reist, er trifft immer die gleichen Temperaturen an. Nur in den Höhenorten ist es merklich kälter, doch auch dort gibt es keine jahreszeitlichen Temperaturschwankungen. Pro 100 m Höhendifferenz sinkt die Temperatur um rund 0,6°.

Tab. 1 Mittlere Temperaturextrema einiger Stationen auf der Halbinsel a) und auf Borneo b)

	Höhe der Meßstation NN in m	mittleres Maximum der Temperatur		mittleres Minimum der Temperatur	
		kältester Monat	wärmster Monat	kältester Monat	wärmster Monat
a)					
Penang	5	31,1	33,3	22,8	23,3
Kuala Terengganu	32	28,3	32,2	21,7	23,3
Cameron Highlands	1 448	21,7	23,3	12,8	13,9
Kuala Lumpur	35	31,7	32,7	22,0	23,4
Melaka	45	31,1	31,7	22,2	22,8
Singapore	10	30,0	31,7	22,8	23,9
b)					
Sandakan	46	29,4	31,7	23,3	24,4
Kuching	26	29,4	32,8	22,2	22,8
Labuan	18	30,0	31,7	24,4	25,0

Belastend ist in Äquatornähe die hohe Luftfeuchtigkeit. Zwar werden die höchsten Werte am Morgen gemessen, wenn die Temperaturen noch relativ tief sind, doch nach Niederschlägen am Nachmittag und vor allem in den engen Chinatowns der Städte kann es drückend schwül werden. Körperliche Arbeiten, aber auch anstrengende sportliche Betätigungen (Jogging!) im Freien sind dann für Ungewohnte nicht ratsam, da die Grenzwerte der Hyperpyrexie-Gefahr (Hitzschlag) oft erreicht werden. Allerdings ist der Klimastreß durch die Verbindung von hoher Luftfeuchtigkeit und Temperatur dank der Klimaanlagen, wie sie in Touristenhotels, Fahrzeugen, Warenhäusern, Läden und Büros selbstverständlich sind, wesentlich gemildert.

Man kann oft lesen, in den Tropen regne es jeden Tag. Das ist übertrieben, fallen doch in Singapore im Mittel nur jeden 2. Tag Niederschläge. In Kuching auf Borneo oder den Höhenorten allerdings ist unter drei Tagen nur einer niederschlagsfrei. Wer in Malaysia reist, kommt daher sicher mit den heftigen Regenfällen in Berührung, die vor allem in der zweiten Nachmittagshälfte fallen. Die Niederschlagsintensität ist im allgemeinen so hoch, daß ein Aufenthalt im Freien – selbst mit Regenschutz – weitgehend unmöglich wird. Auch das Autofahren wird erschwert.

Klima 23

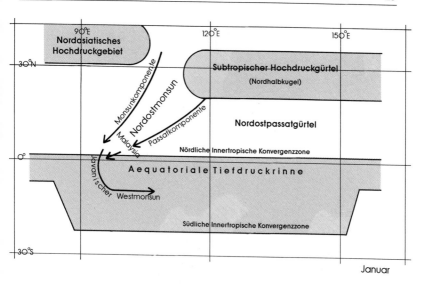

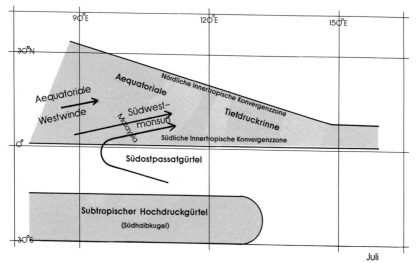

Abb. 7. *Die Monsune Südostasiens*

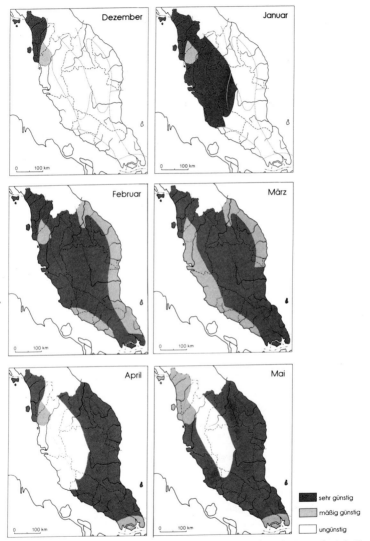

Abb. 8. *Das Touristikklima der Malaiischen Halbinsel: Die beste Reisezeit für jede Gegend (aus Marr 1982)*

Klima

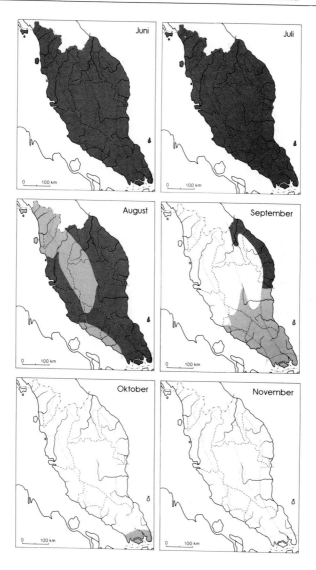

Die Niederschlagshäufigkeit variiert von Monat zu Monat und kennzeichnet so die Jahreszeiten. Von der großräumigen Luftdruckverteilung her betrachtet, können in Malaysia vier Jahreszeiten unterschieden werden:

November – März: Nordostmonsun-Periode
April – Mitte Mai: 1. Intermonsun-Periode
Mitte Mai – September: Südwestmonsun
Oktober: 2. Intermonsun-Periode

Abbildung 7 zeigt im Schema, wie die Monsune aus verschiedenen Komponenten zustandekommen. Bewegt werden diese Winde durch drei Druckgebilde:
– Die Äquatoriale Tiefdruckrinne (der Tiefdruckgürtel, der sich in Äquatornähe rund um die Erde schlingt),
– 2 Subtropische Hochdruckgürtel auf der Nord- und Südhalbkugel (Hochdruckkerne in rund 30° Breite; das für Europa bedeutsame Azorenhoch gehört dazu) und
– das Kältehoch im Januar über den weiten Hochebenen Asiens.

Für die Touristen gibt es daher im Laufe des Jahres günstige und weniger günstige Perioden, Malaysia zu besuchen (Abb. 8). Die Ostküste beispielsweise liegt vom Oktober bis Januar im Bereich der Nordostmonsune, die Störungen mit starkem Regen mitsichführen. Viele der Hotels am Südchinesischen Meer haben zu dieser Zeit geschlossen. Auch die übrigen Gebiete Malaysias werden im Herbst maßgebend vom Nordostmonsun beeinflußt. Der entgegengesetzt wehende Südwestmonsun ist weniger klimawirksam, da ein Teil der Regenfälle von der Insel Sumatra aufgehalten wird. Er beeinflußt den Nordwesten der Halbinsel im August und September. Im April stört der Durchzug der Innertropischen Konvergenzzone, die sich dann über der Straße von Melaka befindet, die weitere Umgebung Kuala Lumpurs und die Höhenstationen. Für Reisen auf der ganzen Halbinsel Malaysia sind daher die Monate Juni bis August empfehlenswert, ferner der Februar und der März. Zur weltweiten Hauptreisezeit um Weihnachten drängen sich nur gerade Penang und die Küstenebenen gegen die thailändische Grenze für einen Aufenthalt auf.

Wer Ostmalaysia und Brunei besucht, kann nicht zur gleichen Zeit überall ideale Klimaverhältnisse erwarten: Für Kuching sind die Monate Juni und Juli empfehlenswert, ungünstig ist die Periode von Oktober bis März. Für Labuan und Brunei dagegen drängt sich Januar bis März als günstige Zeit auf, während die übrigen Monate viel Niederschlag bringen. Auch in Kota Kinabalu sind die Wintermonate der Nordhalbkugel für einen Besuch geeigneter als die Periode Mai bis Juli oder September/Oktober.

Vegetation

Nach wie vor ist Malaysia ein Waldland geblieben, obwohl im letzten Jahrzehnt weite Gebiete gerodet und urbar gemacht wurden (Abb. 9). Man schätzt, daß heute noch über 70% des Landes mit Wald bedeckt ist. Ein großer Teil davon gehört zum Typ der Tropischen Tieflandregenwälder, der Vegetationsformation, die man gemeinhin als Urwald oder Dschungel bezeichnet. Der Artenreichtum einerseits und der Stockwerkaufbau der Bäume anderseits charakterisieren diesen Wald. Man zählt darin nicht weniger als 8000 verschiedene Blütenpflanzen, wovon 2500 Bäume sind! Während sich die Wälder Mitteleuropas nur aus wenigen Arten zusammensetzen und daher Begriffe wie Buchen- und Eichenwälder entstehen konnten, findet man im Tropischen Regenwald unter den rund 200 Bäumen, die auf einer halben Hektare stehen, 100 verschiedene Arten. Man muß im Dschungel weit gehen, um die gleiche Baumart ein zweites Mal anzutreffen! Wer über den Dschungel fliegt, wird vielleicht den Eindruck der Monotonie erhalten. Betrachtet man jedoch die Waldoberfläche genauer, weisen die unzähligen Nuancen im Grün der Bäume auf die geschilderte Artenvielfalt hin. Besonders die »Überständer« fallen auf. So nennt man Bäume, die das geschlossene Kronendach des Regenwaldes deutlich überragen und das oberste Stockwerk bilden. Sie sind 40–55 m hoch, und ihre Krone beginnt erst auf rund 30 m. Der höchste vermessene Baum Malaysias brachte es gar auf 81 m. Charakteristisch für solche Baumriesen sind die mächtigen, übermannshohen Brettwurzeln, die dem Stamm auch auf nassem Boden festen Halt geben, und der glatte, meist borkenlose Stamm.

Die zweite Ebene bildet die geschlossene Kronendecke des Waldes, die sich auf einer Höhe von etwa 30 m befindet. Darunter wachsen im 3. Stockwerk kleinere Bäume, und zuunterst breiten sich als 4. Schicht Sträucher und Kräuter aus. Wegen der Jungbäume und Lianen aber gehen in der Natur die Schichten dieser Stockwerke ineinander über.

Da nur wenig Sonnenlicht bis zum Boden dringt, ist der primäre Regenwald lange nicht so dicht, wie oft angenommen wird. Die mittlere Sichtweite beträgt rund 20 m. Nur an Waldrändern oder Flußufern steht man vor einem geschlossenen Blätterwald. Die wohl beste Schilderung über das Leben und Überleben im Tropischen Regenwald Malaysias stammt von F. Spencer Chapman (»The jungle is neutral«, in Malaysia

28   Naturraum

Abb. 9. *Die Vegetation Malaysias (nach Polunin 1988)*

erhältlich; deutsche Ausg. »Aktion Dschungel«, vergriffen), auch wenn es vom abenteuerlichen Leben des Autors hinter den japanischen Linien im Zweiten Weltkrieg handelt. Er zeigt, daß man sich barfuß durch den Dschungel bewegen kann und kaum Schlangen trifft, dafür um so mehr Blutegel.

Vegetation 29

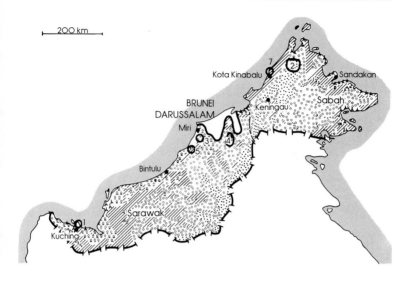

	Montaner Regenwald; Nebelwald
	Tieflandregenwald (Primär- und Sekundärwälder)
	Rodungsgebiet: Kautschukbaum- und Oelpalmenwälder; Reisfelder; Weidland; Oedland
	Waldmoor-Formationen
	Süßwassersumpfwälder
	Mangroven, Gezeitensumpf
	Wälder auf Kalkfelsen

National Parks
1 Bako
2 Kinabalu
3 Lambir Hills
4 Mulu
5 Niah
6 Taman Negara
7 Tunku Abdul Rahman

Viele der sehr hohen und auch einige der niedrigeren Bäume des Tropischen Regenwaldes Südostasiens gehören zur Familie der Dipterocarpaceen. Ihr sind über 50 Arten zugeteilt. Die Bäume geben ein hervorragendes Hartholz und drohen daher, bis zur Jahrtausendwende selten zu werden. Mindestens Dreiviertel aller geschlagenen Hölzer Malaysias entstammen dieser Familie. Eines der wichtigsten Exporthölzer ist das Me-

Naturraum

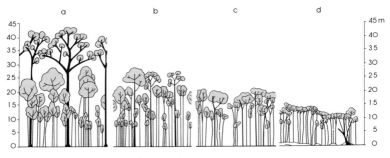

a Tropischer Tieflandregenwald (0 – 300 m)
b Submontaner Regenwald (obere Stufe 750 – 1200 m)
c Montaner Regenwald (1200 – 1750 m)
d Nebelwald (über 1750 m)

Abb. 10. *Schematisches Profil der Wälder der Halbinsel Malaysias (jedes Streifenstück stellt 30 m Wald dar; nach Sien 1979 und Ooi 1976)*

ranti, das von mehreren Arten der Gattung Shorea kommt. In Malaysia wird es auch zu Sperrholz verarbeitet. Je nach Baumart ist es dunkelrot, hellrot oder gelb. Für den Haus- und Brückenbau, ebenso für Eisenbahnschwellen wird Balau oder Selangan-Batu (Sabah) exportiert, da es merklich härter als Teakholz ist. Für widerstandsfähige Holzkonstruktionen wird das noch härtere Kapur verwendet. Andere Dipterocarpaceen-Hölzer sind das Seraya, Keruing und Mersawa.

Je nach Höhenlage und Standortsfaktoren (vor allem Wasser und Boden) variieren die Wälder in der Höhe der Bäume, der Vegetationsdichte und Artenvielfalt. Das Waldprofil (Abb. 10) gibt davon einen wenn auch unzureichenden Eindruck, müssen doch für solche Querschnitte die vielen Sträucher, Lianen und Epiphyten weggelassen werden. Als Epiphyten bezeichnet man Pflanzen, die – ohne Schmarotzer zu sein – auf anderen leben, vor allem auf den Ästen, in Astgabelungen oder an den Stämmen. Man trifft in Malaysia immer wieder auf Bäume, die Dutzenden von anderen Pflanzen Wohnraum bieten. Oft sind es Farne (z. B. der Vogelnestfarn Asplenium nidus) oder Bromelien, hin und wieder aber auch Orchideen, denn von den 800 Orchideenarten Malaysias leben die meisten epiphytisch.

Bemerkenswert im Regenwald sind auch die Lianen. Sie winden sich nicht, wie oft angenommen, um die Stämme anderer Bäume, sondern hängen meist an den Ästen, wo sie sich mit verschiedenen Haftorganen festklammern. Doch sind sie in der Erde fest verwurzelt.

Auf der Halbinsel Malaysia lassen sich folgende Höhenstufen unterscheiden:

0–300 m Tropischer Tieflandregenwald; artenreicher »Dschungel«, deutlicher Stockwerkaufbau mit Überständern, Epiphyten und Lianen.

300–1200 m Submontaner Regenwald
300–750 m untere Stufe: Einige Arten des Tieflandregenwaldes verschwinden, neue kommen hinzu; aus dieser Stufe wird wertvolles Hartholz gewonnen.
750–1200 m obere Stufe: Der Wald ist nicht mehr so hoch und der Stockwerkbau weniger ausgeprägt. Man findet die erste Art aus der Klasse der Nadelbäume, die Agatis alba aus der Familie der Araucariaceen.

1200–1700 m Montaner Regenwald: Dipterocarpaceen sind selten; die charakteristischen Bäume dieser Stufe kommen aus der Familie der Fagaceen (Buchen- und Eichengewächse) und der Lauraceen (Lorbeergewächse). Es mag erstaunen, in den Tropen Buchen- und Eichengewächse zu finden. Die Familie Fagaceae ist – abgesehen vom Nadelwaldgebiet – über ganz Eurasien verbreitet und zählt über 1000 Arten von Bäumen und Sträuchern, darunter auch zahlreiche immergrüne, die typisch für diese Höhenstufe sind. Die Höhe der Bäume beträgt selten über 25 m und ihr ganzer Habitus ist bescheiden gegenüber den Riesen der Tieflandregenwälder. Die Lianen treten ganz zurück, dafür findet man immer zahlreicher die Baumfarne.

über 1750 m Nebelwälder: Diese Vegetationsstufe liegt oft in den Wolken. Durch den Nebel begünstigt, wachsen an den Bäumen Moose und viele Epiphyten. Charakteristische Bäume und Sträucher kommen aus der Familie der Ericaceen, einer kosmopolitischen Familie mit über 3000 Arten.

Die Waldgrenze am Mount Kinabalu liegt auf rund 3500 m, die Baumgrenze auf 4300 m und die Schneegrenze auf 4600 m Höhe.
Zwei weitere Formationen trifft der Tourist öfters, wenn er durch Malaysia reist: Es sind die Sekundärwälder und die Mangroven. Mit dem Begriff Mangroven (Abb. 11) bezeichnet man eine spezielle Vegetation der Flußmündungen und Küsten, wo der Wellenschlag durch Korallenriffe oder vorgelagerte Inseln gemildert ist. Bei Hochwasser schauen nur die Kronen der Bäume aus dem Wasser, bei Niedrigwasser werden die

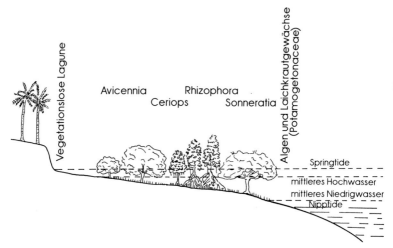

Abb. 11. *Querschnitt durch die Mangroven-Vegetation Malaysias (nach Walter 1862 verändert)*

eigenartigen Wurzeln sichtbar. Es sind die Stützwurzeln der Rhizophora und die wie Spargeln senkrecht aus der Erde stechenden Wurzeln der Sonneratia, die ins Auge fallen. Beide Wurzeltypen dienen der Atmung der Pflanze, wie erst 1955 nachgewiesen wurde. Der Rhizophora-Baum ist zudem »vivipar«: Die Frucht keimt am Baum. Diese Keimpflanze sieht einer übergroßen Bohne ähnlich. Löst sie sich vom Baum, kann sie sich wie ein Pfeil in den Schlick bohren und wächst dort zu einer neuen Pflanze aus.

Auch die Tierwelt der Mangroven hat sich dem Übergangsgebiet von Land und Meer angepaßt. Man findet vor allem die Schlammspringer (Periophthalmus-Arten, max. 20 cm Länge), amphibisch lebende Fische mit armartig verlängerten Brustflossen und auffallenden Glotzaugen. Ihre Zwischenstellung zwischen Land und Wasser zeigt sich auch darin, daß einige Schlammspringer-Arten bei Gefahr Richtung Land fliehen, um sich zu verstecken, andere aber Richtung Meer! Überall dazwischen tummeln sich die kleinen Winkerkrabben (Uca-Arten). Beim Männchen ist eine der beiden Scheren übermäßig ausgebildet und leuchtet in allen Farben; damit führt es auffallende Balzgesten durch. An vielen Küsten Malaysias kann man leicht zu den Mangroven vordringen, so am Südchinesischen Meer, im Bako-Nationalpark in Sarawak und an verschiedenen Stellen nahe Kota Kinabalu, wo diese faszinierende Lebensgemeinschaft beobachtet werden kann.

Wenig spektakulär sind die Sekundärwälder (mal. belukar): Wo Primärwälder gerodet wurden, wächst zuerst das mannshohe Lalang-Gras, mit der Zeit jedoch kommen auch Bäume nach. Nach etwas mehr als einem Jahrzehnt ist wieder ein Wald entstanden, der an unsere Buchenbestände erinnert, aber ein äußerst dichtes Unterholz besitzt, in das man nur schwer eindringt. Für einen Kilometer Weg kann man bis zu einer Stunde brauchen!

Die mächtigen Urwaldriesen findet man im Taman Negara und anderen Nationalparks. Einen guten Eindruck vom Tropischen Regenwald gewinnt man aber auch ohne Expedition, so auf der Wanderung zur Orang-Utan-Futterstelle der Sandakan-Rehabilitationsstation in Sabah. Auch auf der Fahrt zum Frazer's Hill öffnet sich prachtvoll die Sicht auf den Wald der gegenüberliegenden Talseite. Überall im Innern der Halbinsel stößt man da und dort auf Reste des Tropischen Regenwaldes, ebenso bei Fahrten in Brunei. Wer in Malaysia reist, wird die prachtvollen Wälder nicht übersehen können.

Tropische Früchte

Auf den Märkten in Malaysia und Singapore liegt immer mehr ausländisches Obst zum Kauf vor: Äpfel aus Australien, Orangen von Südwestasien und Trauben aus Thailand. Doch stehen auch viel einheimische Früchte zur Wahl. Sie zu probieren, kann nur empfohlen werden! Denn es befinden sich Arten darunter, die im Geschmack äußerst delikat sind. Zudem gehören auch die Früchte zur Kultur eines Landes, und man sollte nicht daran vorbeigehen, ohne sie gekostet zu haben. Die folgende Aufstellung möchte auf die wichtigsten exotischen Früchte Malaysias aufmerksam machen (Abb. 12, Tab. 2 und 3):

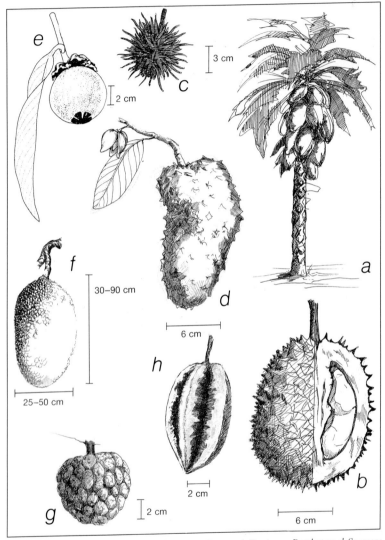

Abb. 12. *Einige exotische Früchte Malaysias: a Papaya; b Durian; c Rambutan; d Soursop; e Mangosteen; f Jackfruit; g Sugar Apple; h Starfruit*

Durian

Europäer finden oft, Durian rieche recht intensiv nach Fäkalien; für Malaien und Chinesen aber – hierin sind sie sich völlig einig – ist Durian die Königin der Früchte schlechthin und gilt zudem als Aphrodisiakum. Jedes Gespräch über Früchte und oft auch ein Gastbesuch bei Einheimischen endet mit der Frage, wie man sich zur Durian verhalte. Der berühmte britische Zoologe Alfred Russel Wallace (s. S. 325) soll gesagt haben, Durian essen zu können, sei eine Reise in den Fernen Osten wert.

Wer Durian nicht probiert hat, geht an der populärsten Frucht Malaysias vorbei, die in der Eßkultur der Einheimischen wie keine zweite verwurzelt ist. Allerdings ist in einigen Hotels das Mitbringen von Durian des Geruchs wegen verboten. Wo man Durian kaufen kann, riecht man denn auch. Man muß aber die Malaien und Chinesen beobachten, wie sie die Früchte vor dem Kauf prüfen: Sie schütteln sie, riechen an ihnen und begutachten Farbe und Oberfläche. Die Durian läßt man sich am besten vom Händler aufschneiden, denn die Schale ist sehr hart.

Der in Malaysia heimische Baum ist rund 40 m hoch und hat auffallend horizontale Äste. An ihnen wachsen die rund 20–35 cm langen grünen Früchte, deren Oberfläche mit harten Stacheln besetzt ist. Man pflückt die Durian nicht, sondern läßt sie auf den Boden, neuerdings aber in Netze fallen. Die sorgsam gespannten, farbigen Kunststoffnetze zwischen den Stämmen weisen daher auf Durianbäume hin. Überreif springt die Frucht wie eine Kapsel auf. Die Samen liegen in einer cremig weißen Samenhülle (Arillus); diese Crème wird gegessen. Auch Wildtiere wie Elefanten, Bären oder Tiger sind gierig auf Durian. Propylmerkaptan und Diäthyldisulfid, die den penetranten Geruch verursachen, scheinen sie nicht abzuhalten.

Jackfruit

Die in mehreren Arten vorkommende Jackfruit besticht durch ihre Größe und den Geschmack des gelben Fruchtfleisches. Die Nangka ist die größte kultivierte Frucht überhaupt und kann bei einem Durchmesser von 50 cm bis zu 90 cm lang werden. Der Baum stammt vermutlich aus Indien, während die Cempedak wahrscheinlich in Malaysia heimisch ist. Die Früchte wachsen direkt am Stamm (Kauliflorie). Die Oberfläche ist klebrig und mit stacheligen Noppen besetzt. Der klebrige Saft (Latex) in Schale und Stiel, dessen Funktion unbekannt ist, läßt sich nur mühsam von den Händen entfernen. Um die Früchte vor Insekten zu schützen, werden sie beim Heranwachsen am Baum in Papier- oder Plastiksäcke gesteckt. Man bricht die Frucht auf und ißt das goldgelbe, süßaromatische Fruchtfleisch um die Samen.

Rambutan

Das Wort Rambutan kommt von mal. rambut, »Haar«. Besser ist aber der Vergleich mit einer großen Klette, worauf ihr lateinischer Name »lappa« weist. Die Frucht ist zuerst grün, dann rot oder rotgelb; sie wird aufgedrückt, worauf das weiße Fruchtfleisch, das sich je nach Sorte mehr oder weniger gut vom Samen löst, leicht gegessen werden kann. Der Geschmack variiert; als gut gelten Früchte mit einem sehr süßen, aber trotzdem leicht säuerlichen Goût. Die Früchte werden als Astbündel verkauft – oft zusammen mit Hunderten von Ameisen. Ursprünglich ist der rund 20 m hohe Rambutanbaum ein Dschungelbaum, wird aber heute in Gärten gezogen.

Starfruit

Die Starfruit ist in den letzten Jahren populär geworden. Anscheinend hat es die saftige und erfrischende Frucht, die viel Vitamin C enthält, besonders den Autofahrern angetan, säumen doch ganze Reihen von Ständen Ausfallstraßen und den Autobahnbeginn, wo die glänzend gelben Starfruits sorgfältig aufgereiht zum Verkauf feilgeboten werden. Man sollte die Frucht sicherheitshalber waschen, dann kann man aber hineinbeißen wie in einen Apfel. Der Geschmack erinnert an den der Stachelbeere. Der Name der Frucht kommt von ihrem Querschnitt, der als 5zakkiger Stern erscheint. Die Starfruit wächst an kleinen, ca. 3 m hohen Bäumen, wo sie vor dem Ausreifen wegen der Insekten in ein Plastiksäckchen gesteckt wird. Kleine Pflanzungen mit Starfruitbäumen findet man überall in Malaysia; sie gedeihen auch gut auf alten Zinnabbaugebieten, brauchen allerdings viel organischen Dünger.

Mangosteen

Mit ihrem delikaten und erlesenen Geschmack gehört diese Frucht zu den besten Obstarten Südostasiens. Der Baum scheint im Tropischen Regenwald der Ostküste Malaysias entstanden zu sein, kommt aber jetzt auch anderswo vor. Da seine Vermehrung nicht einfach ist (Parthenogenese und langsames Wachstum), findet man ihn in anderen tropischen Ländern eher selten. Die purpurbraune Frucht, so groß wie ein kleiner Apfel, hat eine dicke karminrote Fruchtschicht, die nicht gegessen wird.

Tab. 2 Übersicht über die wichtigsten Früchte Malaysias

Englischer Name	Einheimischer Name	Deutscher Name	Lateinische Bezeichnung	Familie	Verwandte Arten aus der gleichen Familie
Banane	Pisang	Banana	Musa spez.	Musaceae	–
Durian	Durian	–	Durio zibethinus	Bombacaceae	Affenbrotbaum, Kapokbaum, Balsaholzbaum
Jackfruit	Nangka★ Cempedak★	–	Artocarpus heterophyllus Artocarpus integer	Moraceae	Feigen, Brotfrucht, Cannabis, Hopfen
Mango	Mangga	Mango	Mangifera indica	Anacardiaceae	Cashew, Pistazien
Mangosteen	Manggis	–	Garcinia mangostana	Guttiferae	Kosmopolitische Familie von Bäumen
–	Mata Kuching	–	Nephelium malaiense	Sapindaceae	siehe Rambutan
Papaya Paw Paw	Betik	Papaya	Carica papaya	Caricaceae	–
Pineapple	Nanas	Ananas	Ananas comosus	Bromeliaceae	–
Rambutan	Rambutan	–	Nephelium lappaceum	Sapindaceae	Akipflaume Jamaikas, Litschi
Soursop Sour Sack	Durian Blanda	Stachelannone Sauersack	Annona muricata	Annonaceae	–
Sapodilla	Ciku	Sapodille Breiapfel	Manilkara achras	Sapotaceae	Guttaperchabaum
Starfruit	Blimbing Manis	Karambole »Sternfrucht«	Averrhoa carambola	Oxalidaceae	–
Sugar Apple, Sweet Sop Custard Apple	Seri Kaya	Rahmapfel, Süßsack Zimtapfel	Annona squamosa	Annonaceae	Cherimoya

★ zwei Arten

Darin liegen in Segmenten die schneeweißen Samenmäntel mit dem unvergleichlichen Geschmack. In den Hotels sieht man die Mangosteen nicht gern, da die Fruchtschicht schwer lösliche Flecken gibt, wird sie doch auch zum Färben benutzt.

Soursop

Sauersack und Stachelannone lauten die deutschen Namen dieser Frucht. Denn die ansehnlich großen Früchte (bis 2 kg schwer) besitzen eine dünne, grüne Haut mit Stacheln und ihr Fruchtfleisch schmeckt erfrischend süß-sauer. Man macht aus der Soursop daher auch Fruchtsäfte. Reife Früchte sind relativ weich. Zum Essen löst man Teile der Schale und genießt portionsweise das helle Fruchtfleisch.

Mata Kuching

Die kleinen bräunlichen Früchte werden meist im Astbündel feilgeboten. Die Malaien nennen sie »Katzenauge«, die Chinesen dagegen »Drachenauge«. Sie sind bei Kindern sehr beliebt. In einer dünnen, rauhen Schale, die man am besten aufzudrücken versucht, liegt das wenige Fruchtfleisch um einen großen braunen Kern. Hierin unterscheiden sie sich von der Rambutan aus der gleichen Familie, wo man im Verhältnis zum Kern wesentlich mehr Fruchtfleisch vorfindet.

Sapodilla

Die Sapodilla gleicht einer kleinen Kartoffel. Man schält die unscheinbare Frucht oder viertelt sie und ißt das gelbe Fruchtfleisch. Der Geschmack ist äußerst süß und aromatisch und erinnert an sehr reife Birnen.

Papaya

Da die Papaya kaum exportiert wird, weiß man die genauen Produktionszahlen nicht. Es dürften aber über 2 Mio Tonnen Papayas jährlich auf der Welt geerntet werden. Damit ist die Papaya nach Banane, Mango und Ananas die viertwichtigste tropische Frucht. Sie gleicht einer etwas zu dick geratenen Gurke und hat im allgemeinen eine grüngelbe Farbe. Reife Früchte erkennt man an der gelben Spitze. Zu früh geerntete Papayas entfalten auch nach längerer Lagerung nie das volle Aroma.

Die Frucht reift an einem etwas übermannshohen Stamm, der einen Blattschopf trägt. Auf dem Stamm haben die abgefallenen Blätter ein regelmäßiges Narbenmuster hinterlassen. Während sich oben an der Pflanze Blüten entfalten, können unten schon reife Früchte geerntet werden. Die Papaya ist in Malaysia eine typische Pflanze des Hausgartens, und man sieht sie daher oft unterwegs in den Dörfern. Es gibt zahlreiche Varietäten mit unterschiedlichem Geschmack, verschiedener Süße und Farbe des Fruchtfleisches. In Malaysia erhält man die Papaya oft zum Frühstück, wobei sie mit etwas Zitronensaft beträufelt wird. Im hohlen Mittelteil der Frucht finden sich schwarzglänzende Samen in der Größe von Pfefferkörnern. Sie wurden früher als Wurmmittel benutzt. Wird die grüne Schale der Frucht angeritzt, tritt ein Milchsaft hervor, der Papain enthält. Dieses eiweißspaltende Enzym wird in der Nahrungsmittelindustrie verwendet.

Pomelo, Pampelmuse

Mit Pomelo wird in Malaysia die größte Frucht unter den Zitrusfrüchten bezeichnet. Sie kann bis 2 kg schwer werden und ist besonders reich an Vitamin C. Vielleicht ist die Pomelo sogar in Malaysia entstanden. Die Grapefruit aber hat sich daraus auf den Westindischen Inseln entwickelt und wird heute als eigene Art angesehen (Citrus paradisi).

Banane

Malaysia gehört zum Entstehungsgebiet der Bananen. Etwa 40 Varietäten dieser Kulturpflanze wurden hier gefunden. Trotzdem spielt sie für den Export keine Rolle, und man trifft denn auch selten auf Bananenplantagen. Grob gesehen können 2 Varietätengruppen unterschieden werden: Einerseits die Bananen zum Rohessen und anderseits die Mehlbananen (Plantains), die man kochen muß. Man erkundige sich daher vor dem Kauf nach der Sorte!

Mango

Nach der Banane ist die Mango die wichtigste Obstart der Tropen. Gewichtsmäßig werden mindestens doppelt soviel Mangos wie Ananas geerntet. Im Welthandel dagegen hat die Mango noch eine kleine Bedeutung, denn wegen der Druckempfindlichkeit und des leichten Verderbs müssen die Früchte sorgfältig mit dem Flugzeug oder in Kühlräumen von Schiffen transportiert werden. Die ursprüngliche Heimat des Mangobaums liegt im östlichen Teil von Indien. Vermutlich wurde der Baum schon vor über 4000 Jahren kultiviert und zählt somit zu den ältesten

Tab. 3 *Die Erntezeit einiger Früchte*

	Januar	Februar	März	April	Mai	Juni	Juli	August	Sept.	Okt.	Nov.	Dez.
Ananas	○	○	○	●	●	●	○	○	○	●	●	○
Durian	○	○			○	●	●	●	○			○
Jackfruit	○	○	○	●	●	○	○	○	○	○	●	●
Mango	○				○	●	●	○			○	○
Mangosteen					○	○	●	●	○			
Papaya	●	●	●	●	●	●	●	●	●	●	●	●
Passionsfrucht							○	●	●	○		●
Rambutan	●					○	●	●	○			○
Sapodilla	○				○	●	○				○	
Starfruit	○	○	○	○	○	●	●	○	○	○	●	●

Legende: ● Saison, ○ teilweise erhältlich

Domestikationsformen von Obst. Heute findet man ihn praktisch in allen warmen Gebieten der Erde. In vielen Gegenden, so auch in Malaysia, gibt es lokale Arten und Varietäten. Sie unterscheiden sich voneinander in Geschmack, Größe und Form der Früchte, vor allem aber auch in der Fasrigkeit des Fruchtfleisches. Die lokalen Arten Malaysias gelten nicht als die besten, im Gegensatz zu den von Thailand eingeführten Sorten. Reife Mangos sind entweder gelb und gelb-rot oder sehen wie unreife grün aus. Die Schale enthält Terpentin und sollte nicht gegessen werden!

Sugar Apple

Einheimischen tropischen Früchten deutsche Namen zu geben, ist ein heikles Unterfangen. In der Literatur findet man für den Sugar Apple neben Schuppenannone die Begriffe Rahmapfel, Süßsack und Zimtapfel. Die Autoren versuchten damit, den süßen und aromatischen Geschmack dieser köstlichen Frucht im Namen einzufangen. Reif sind die Früchte sehr weich, deshalb werden sie kaum je exportiert. Doch auf dem einheimischen Markt sind sie leicht zu finden: Sie haben die Größe eines Apfels und ihre Haut ist grün und – als auffallendes Merkmal – grob geschuppt. Man schält die Frucht und ißt das weiß-gelbe Fruchtfleisch, worin glänzend schwarze Steine eingebettet sind.

Tierwelt

Die ursprüngliche Tierwelt Malaysias ist dem Regenwald angepaßt. Da dieser immer mehr zurückgedrängt wird, verlieren auch die Tiere ihr natürliches Habitat. Nur einige wenige können in den Ölpalmen- und Kautschukwäldern oder nahe der menschlichen Siedlungen überleben; die meisten werden in die Schutzgebiete zurückgedrängt, wo die mögliche Population zu gering ist, um die Tiere vor dem Aussterben zu retten. Besonders gefährdet erscheint das Großwild, das große Areale zum Leben braucht; so beansprucht ein Orang Utan beispielsweise eine Fläche von 100 ha (was rund 130 Fußballfeldern entspricht). Das Sumatranashorn (Dicerorhinus sumatrensis) ist so selten geworden, daß nicht einmal der Zoologische Garten ein Exemplar zeigen kann. Man schätzt den Bestand auf fünfzehn Tiere. Gefährdet ist auch der Malaya-Elefant (Elephas maximus hirsutus), von dem auf der Halbinsel nur noch 700, in Sabah 500 Exemplare leben sollen. Wenige Tiere konnten ihr Habitat dank der Rodungen ausbreiten. Dazu gehört das mächtige Wildrind (Bos gaurus, mal. Seladang), das eine Schulterhöhe bis über 200 cm und ein Gewicht von über 1 t erreichen kann. Die Tiere scheinen von den Monsunwäldern Thailands in die Rodungsgebiete Malaysias eingedrungen zu sein. Doch auch sie sind sehr selten geworden. Wesentlich kleiner und leichter ist das auf Borneo vorkommende Wildrind, der Banteng (Bos javanicus). Er soll von den eingeborenen Dayaks nicht nur wegen des Fleisches, sondern auch wegen seines Kopfes gejagt werden, der als Ersatz für die verbotene Menschenkopfjagd gilt!

Die Tiere des Tropischen Regenwaldes haben ihr Habitat an den Schichtaufbau des Waldes angepaßt. Auf den Überständern sonnen sich beispielsweise die Nasenaffen (Nasalis larvatus), die im malaiischen Kera Belanda, Holländer Affen, genannt werden. Diese bedrohte Affenart kann man auch hin und wieder in den Mangroven des Bako-Nationalparks sehen.

Doch der Wohnraum der meisten Affen ist das Kronendach. Hier haust auch der einzige wirkliche Baumbewohner unter den Menschenaffen, der Orang Utan Borneos. Wie sich das große Tier von Baum zu Baum schwingt und schaukelt, kann man mit Glück in der Außenfutterstelle des Orang-Rehabilitationszentrums von Sandakan beobachten. Vermutlich gibt es in Sabah und Sarawak noch wenige hundert Tiere, in Brunei sind sie schon ausgestorben. Wesentlich geschickter und schneller als andere Affen angeln sich die kleinen Gibbons (Hylobates lar) von Ast zu Ast, obwohl die hellbraunen Tiere schwanzlos sind. Langsamer ist der Vertreter der anderen Gibbon-Gattung, der Siamang (Symphalangus syndactylus), ein großer, fast schwarzer Affe, der auf der Halbinsel, nicht aber auf Borneo vorkommt. Der auffallenden Gesichtszeichnung verdankt der Brillenlangur (Presbytis obscurus) seinen Namen, ein graues, langschwanziges Äffchen mit hellem Schopf. Häufig anzutreffen sind Makaken (Macaca), die im Botanischen Garten von Penang nach Futter betteln oder Touristen und Pilger vor den Batu Caves beobachten. Die kleinen sind die Javaneraffen (M.irus), die größeren die Schweinsaffen (M.nemestrina). Sie werden in Malaysia dazu dressiert, reife Kokosnüsse an den Palmen zu pflücken und hinunterfallen zu lassen. Spielerisch lernt der Affe am Boden, wie er den Stiel abdrehen muß, um die Nuß abreißen zu können. Es ist beachtlich, wie die Schweinsmakaken reife Nüsse von unreifen unterscheiden lernen.

Im Kronendach der Bäume leben auch die Riesengleitflieger (Cynocephalus temminckii, mal. Kubong), katzengroße, graubraun gescheckte Tiere, um deren Körper sich eine Flughaut zieht. Sie sollen sogar noch im Bukit-Timah-Reservat in Singapore vorkommen. Die Tiere sind nachtaktiv, während sie am Tag ähnlich einem Faultier an der Unterseite eines Astes hängen; wegen ihrer Färbung sind sie aber schlecht zu beobachten.

Ein konvergentes Flugverhalten zeigt der Taguan, ein Gleithörnchen (Giant Flying Squirrel, Petaurista petaurista), den man mit Glück auch tagsüber von Ast zu Ast schweben sehen kann. Ob auch die Schmuckbaumnatter (Gattung Chrysopelea) in der Luft gleiten kann oder nicht, ist umstritten.

In der Kronenschicht, vor allem aber auch im Untergeschoß der Stämme fliegen Fledermäuse und Flughunde umher. Sie haben sich an den Menschen gut angepaßt, und in Dörfern abgelegener Gebiete kann man abends erschreckend große Vampire (Pteropus vampyrus-Unterarten) umherfliegen sehen. Unter diesen fliegenden Säugern unterscheidet man solche, die Insekten fressen, von jenen, die sich von Früchten ernähren; sie sind vom Menschen wenig gern gesehen, da sie auch Gärten nicht verschmähen. Einige Fledermäuse bestäuben ferner die Blüten von Bäumen, wie die des Durianbaumes.

Selbst in Gärten und Parkanlagen stößt man öfters auf Kleinnagetiere (Hörnchen, Squirrel), die verschiedenen zoologischen Arten angehören.

Ein seltenes, mittelgroßes Raubtier ist der Nebelparder (Neofelis nebulosa) mit seinen großen, braunschwarzen Flecken. Unter den auf der Halbinsel vorkommenden Leopardenunterarten (Panthera pardus) scheinen Schwärzlinge besonders häufig zu sein. Nicht selten – obwohl man sie nie sieht – scheinen Tiger (Panthera tigris subspez.) zu sein; nach anderen Quellen jedoch gelten sie als gefährdet. Gemäß malaysischen Zoologen hat sich auf der Halbinsel eine eigene Subspezies entwickelt. Im Zoo von Kuala Lumpur kann man drei verschiedene Unterarten miteinander vergleichen.

In zoologischen Gärten ohne Zweifel häufiger als auf freier Wildbahn zu sehen ist auch der Malaienbär (Helarctos malayanus), der rund anderthalb Meter groß wird. Mit vollem Namen nennen ihn die Malaien Beruang mata hari, was man mit Sonnenbär übersetzen kann. Er lebt am Boden, kann aber gut klettern. Am Boden des Tropischen Regenwaldes lebt auch das Schabrackentapir (Tapirus indicus), das stammesgeschichtlich als ein Vorgänger von Nashorn und Pferd gilt, fälschlicherweise aber oft mit einem großen Schwein verglichen wird. Zu seinem Glück, denn so wird es von den Moslems in Malaysia, denen Schweinefleisch ja als unrein gilt, kaum gejagt; doch da sein Lebensraum abnimmt, könnte auch der Tapir bald selten werden. In zoologischen Gärten hat das Tier einen großen Schauwert wegen seiner auffallenden Färbung: Vorderleib und Extremitäten sind dunkelgrau, der Rest des Körpers weiß. Es ist erstaunlich, wie es sich trotz dieser kontrastreichen Zeichnung vor Feinden verbergen kann; dies weist auf das Wechselspiel von starkem Licht und Schatten im Tropischen Regenwald. – Sechsendige Geweihe sind für die Pferdehirsche

(Sambar, Cervus unicolor, mal. Rusa) typisch, die im Unterholz oder in Bambusdickichten leben. Buschschlüpfer sind die Muntjaks (Muntiacus muntjak), kleine, gedrungene Hirsche, die im Tertiär auch in Mitteleuropa vorkamen. Die Stange ist sehr kurz, der behaarte Rosenstock dagegen etwa gleich lang. Im selben Ökosystem lebt auch das Kleinkantschil (Tragulus javanicus, mal. Kancil, auch Pelanduk), ein Wiederkäuer, der etwas größer als ein Hase ist, aus der Familie der Hirschferkel. Dieses Tier gilt in Südostasien als sehr schlau, und »listig wie ein Kancil« ist eine stehende Redensart. In unzähligen Geschichten wird erzählt, wie das Kancil die weit stärkeren Tiger und Elefanten überlisten konnte. Obwohl es nicht selten ist, sieht man auch es kaum. Vom Aussterben bedroht ist dagegen der Rothund (Cuon alpinus subspez.), ein Wildhund mit fuchsfarbigem Fell und weißer Brust.

Die Halbinsel ist reich an Vögeln. Es soll 620 Arten geben. Erwähnt seien nur der Eisvogel (Königsfischer, Alcedo-Arten), der bei uns so selten geworden, in Malaysia aber häufig anzutreffen ist; der Hirtenmaina, ein schwarzgrauer Vogel mit gelben Füßen, Gesichtszeichnungen und Schnabel, der sich gerne bei Siedlungen aufhält, und vor allem der Nashornvogel, der in der Stammesmythologie auf Borneo eine Rolle spielt, in einer Subspezies aber auch auf der Halbinsel Malaysia vorkommt.

Schlangen sind weit verbreitet, doch von den 111 Arten sind nur 16 giftig und 5 für Menschen gefährlich. Vorsicht geboten ist, wenn man abseits der Wege geht, sogar in Dörfern! Auch Skorpione, Tausendfüßler und einige Spinnen sind nicht harmlos. Fischer, die im Wasser stehen, oder aus dem Boot gefallen sind, werden hin und wieder von Krokodilen angefallen und furchtbar verletzt oder gar getötet. Fotos von solchen Unfällen zeigt die Krokodilfarm in Kuching (s. S. 331). Harmlos dagegen sind die Warane, Echsen, die immerhin bis 1,5 m lang werden können. Man sieht sie in Siedlungsnähe häufig über Straßen huschen. Zivilisationsfolger sind die Geckos (Haftzeher), die ja auch im Mittelmeergebiet vorkommen. Dank kleiner Hakenzellen können sie sich selbst an der Zimmerdecke halten. Die kleinen Tiere sind nachtaktiv, fressen Insekten und sind eigentlich sehr nützlich. Die Chinesen nennen sie pi-hu, Wandtiger, sehen sie aber neben Schlange, Skorpion, Tausendfüßler und Frosch als eines der fünf Gifttiere an. Bei den Malaien sind sie nicht beliebt, denn sie sollen durch ihre Laute ein Versteck von Mohammed fast verraten haben. Die Malaien machen in ihren Häusern wöchentlich Jagd nach den Geckos. Der größte Gecko (Gekko gecko) wird bis 40 cm lang, ist olivfarbig mit orangen Tupfen und frißt auch kleine Mäuse; sein intensiver Ruf, der ihm lautmalerisch seinen Namen gab, hört man vor allem in den Monaten März bis Mai, während die Tiere von August bis November fast still sind. Dem Menschen ist auch die Hausratte gefolgt, die sowohl in Malaysia wie in Singapore häufig in den offenen Abwasserrinnen lebt. In den guten Hotels lebt man fern der Tierwelt. In den Dörfern aber hört man nachts Frösche, Heuschrecken und Zikaden als ständige und oft sehr aufdringliche Geräuschkulisse. Dazu kommt noch das Summen der Moskitos. Dorfbewohner müssen daher unter dem Moskitonetz schlafen. Wer an Insekten wie Tausendfüßlern, Ameisen oder verschiedenen Käfern Interesse hat, kommt in Malaysia voll auf seine Rechnung. Allen aber werden die prachtvollen, großen Schmetterlinge gefallen, die man vor allem in den Höhenstationen antrifft. Eine besondere Sehenswürdigkeit sind die Riesenschildkröten, deren Eiablage man am Südchinesischen Meer beobachten kann (siehe S. 291 f.).

Siedlungsraum

Rassen und Sprachen

Das offizielle Malaysia sieht sich gerne als eine vielrassische und religiös gemischte Gesellschaft an, in der Malaien, Chinesen, Inder und Ureinwohner in Harmonie und Frieden zusammenleben. Daß die Rassenfrage trotz dieser Beteuerung hier zur Sprache kommen muß, mag daher erstaunen. Doch in Malaysia ist das Zusammenleben der Rassen ein zentrales Gesprächsthema, nicht nur wenn politische oder wirtschaftliche Belange diskutiert, sondern wenn auch über Schullaufbahn oder Berufsaussichten entschieden wird. Es muß leider festgestellt werden, daß die Regierungsstellen eine eigentliche Rassenpolitik verfolgen, wie sie weltweit nur noch von wenigen Staaten praktiziert wird, ohne daß dadurch größere Proteste ausgelöst würden.

In der offiziellen Sprachweise unterscheidet man zwischen denjenigen Volksgruppen, die kulturell mit der Region verwurzelt sind, und den Abkömmlingen von Einwanderern, die mit Kulturen außerhalb des Raumes verbunden sind. Die erste Gruppe bezeichnet sich als Bumiputeras, »Söhne der Erde«, und genießt Privilegien. Zu ihr gehören:
– *die Eingeborenen der Halbinsel* (Orang Asli), die zur Gesamtbevölkerung 0,4% beitragen (Tab. 4);

Tab. 4 Prozentuale Verteilung der Rassen

	Malaysia	Singapore	Brunei
Orang Asli	0,4	–	–
Malaien	49,0	15,1	68,8
Eingeborene auf Borneo	9,1	–	5,0
Chinesen	30,7	76,0	18,3
Inder	8,3	6,5	7,9
andere	2,5	2,4	

– *die Malaien*, die mit 49,0% der Einwohner die größte Untergruppe stellen. Vom Gesetz her wird der Begriff Malaie nicht rassisch, sondern kulturell definiert, was in Wirklichkeit aber nicht relevant ist: Als Malaie gilt, wer sich zum Islam bekennt, malaiisch spricht und eine malaiische Lebensweise führt. Ein Chinese, der zum Islam konvertiert, malaiisch spricht und die Sitten der Malaien angenommen hat, zählt daher als Malaie, während ein Malaie von der Rasse her, der zum Christentum übertritt, keiner mehr ist ...

– die *Eingeborenen Sarawaks und Sabahs*, so die Ibans und Bidayuhs, die zwar oft Christen oder aber noch Animisten sind und ihre Eingeborenensprache sprechen, die man aber schlecht aus der Gruppe der Bumiputeras ausschließen konnte. Auch Abkömmlinge indonesischer Einwanderer, selbst wenn sie erst zur zweiten Generation gehören, gelten als bevorzugt.

Rund 40% der Bevölkerung Malaysias zählt zu den Nichtbumiputeras. Neben einem unbedeutenden Anteil von Europäern und Arabern sind dies vor allem

– die *Chinesen* mit einem Anteil von 30,7% an der Gesamtbevölkerung. Sie sind meist im 19. Jahrhundert eingewandert. Waren es zuerst Kaufleute und Handwerker, so zogen später Pflanzer und vor allem Minenarbeiter von Südchina auf die Halbinsel. Der Immigrantenbestand wechselte oft, da viele Einwanderer nach fünf bis zehn Jahren wieder in die Heimat zurückkehrten. In dieser Zeit entwickelte sich auch die Selbstverwaltungsorganisation der Kongsi (s. S. 125), die Sozial- und Polizeischutz boten. Der Frauenanteil der Einwanderer war anfänglich sehr gering und beschränkte sich fast ausschließlich auf Prostituierte. Um die Jahrhundertwende sorgte der Kautschukboom für einen weiteren Anstieg der chinesischen Einwanderer. Nach dem 1. Weltkrieg konsolidierte sich der Einwanderungsprozeß: Es zogen nun vermehrt Frauen nach, und viele Chinesen wurden seßhaft. Mit dem Beginn des 2. Weltkriegs war die chinesische Einwanderungsphase abgeschlossen.

– die *Inder*, die heute mit 8,3% zur Bevölkerung Malaysias beitragen. Die Einwanderung der Inder begann erst in den neunziger Jahren des letzten Jahrhunderts. Sie wurden im Eisenbahnbau und auf Plantagen eingesetzt. Vorerst kehrten viele Arbeiter nach 3 bis 5 Jahren wieder in die Heimat zurück, doch nach dem 1. Weltkrieg ließ die Rückwanderungstendenz nach, die Inder wurden in Malaysia seßhaft und gründeten Familien. Auch die indische Einwanderungswelle beendete der 2. Weltkrieg.

Der latente Rassenkonflikt begann mit der Unabhängigkeit, und zwar in erster Linie zwischen den Malaien und Chinesen. Die Malaien bekamen damals zwar die politische Macht, die Chinesen aber beherrschten fast das ganze Wirtschaftsleben: 1970 beispielsweise hielten die Malaien nur 2,4% des Anteils an Kapitalgesellschaften in Händen, die Inder 1,1%, während 27,2% in chinesischen Händen lagen (der größte Teil gehörte den Weißen und anderen Ausländern). Das Durchschnittseinkommen der Malaien erreichte genau den halben Wert desjenigen der Chinesen (dasjenige der Inder 84%). Von allen Malaienhaushalten zählte man 65% unter der Armutsgrenze, von den Chinesenhaushalten waren es nur 26% (von den indischen 39%). 62% der Industriearbeiter waren Chinesen, nur 30,4% Malaien; im Dienstleistungssektor waren 48,3% Chinesen, aber bloß 37,9% Malaien beschäftigt. Entsprechend lebten nur 20% der Malaien in den von Chinesen geprägten Städten. Die Malaien fühlten sich im eigenen Land als mindere Klasse. Mit Recht hat daher die Regierung von Anfang an eine ihrer Prioritäten in die Bekämpfung ländlicher Armut gesetzt und dafür gegen ein Viertel des Bundeshaushalts bestimmt. Das Leben auf dem Land hat sich inzwischen enorm verbessert: Schulen (auch weiterführende), Spitäler und Polikliniken sind selbstverständlich; viele Dörfer sind auf Asphaltstraßen erreichbar und durch das Telefon mit der Außenwelt verbunden. Die Bewohner haben Zugang zu Leitungswasser. Auch hat sich die Binnenwanderung der Malaien in die Stadt verstärkt, so daß heute 41% von ihnen in Städten wohnen.

1970/71 wurde zudem die Neue Wirtschaftspolitik (New Economic Policy NEP) postuliert. Eines ihrer Ziele bestand darin, den Anteil der Malaien an Handel und Industrie innert 20 Jahren auf mindestens 30% zu bringen. In der Gewährung von Krediten und in der Festlegung der Kreditbedingungen wurden in der Folge Bumiputeras massiv bevorzugt. Für manche Projekte hatten nur sie Zutritt. Da auch viele Betriebe ein Rassengleichgewicht anstreben, findet man noch heute in den Zeitungen Stellenanzeigen, die nur für Bumiputeras offen sind!

Die Frage nach der Ursache der wirtschaftlichen Überlegenheit der Chinesen gegenüber den Malaien ist schwierig zu beantworten, ohne auf rassische Klischees und Vorurteile zurückzugreifen. Sicher waren die Malaien als traditionelle Bewohner des offenen Landes den städtischen Chinesen im sekundären und tertiären Wirtschaftssektor unterlegen. Hingewiesen wird auch auf den überdurchschnittlichen Fleiß, den Immigranten im Vergleich zu den ursprünglichen Bewohnern hätten. Nach Harrisson (1970) gibt es allerdings Menschengruppen, die nicht vom Zeit-Geld-Denken erfaßt seien. Zu ihnen gehörten die Malaien. Ihnen fehle z. B. der Drang nach Statussymbolen, sie lebten im allgemeinen schlicht und unabhängig – auch von der Lohnarbeit! Die Chinesen Malaysias halten die Malaien oft für faul, während diese die Chinesen als Ausbeuter ansehen. Nebenbei sei bemerkt, daß die Inder als Trinker gelten, was statistisch widerlegt werden kann.

Für die Förderung ländlicher Gebiete und den Abbau räumlicher Disparitäten ist volles Verständnis aufzubringen, auch wenn dadurch eine Rasse gegenüber der andern bevorzugt wird. Die Neue Wirtschaftspolitik ist schon fragwürdiger, da sie Privilegien schafft, die einer freien Wirtschaftsordnung widersprechen. Darüber hinaus verfolgt aber die Regierung Ziele, die einer drastischen Diskriminierung der Chinesen und Inder gleichkommen:

Im beruflichen Bereich ist das Quotenprinzip störend. Selbst wenn besser qualifizierte Inder oder Chinesen zur Verfügung stehen, werden – vor allem von den Behörden – Bumiputeras eingestellt. In gewissen Berufen haben die Malaien praktisch das Monopol, so im Zugang zur Polizei und zum Militär. Die Möglichkeit, die Chinesen von den Machtmitteln des Staates auszuschließen, dürfte mit ein Grund gewesen sein, daß Malaysia die allgemeine Wehrpflicht nicht einführte. Besonders stoßend sind die Zulassungsbeschränkungen für Chinesen und Inder zu höheren Lehranstalten wie den Universitäten. Dies führte zu einem »Brain – train«, indem zahlreiche Chinesen im Ausland studieren und oft nicht mehr zurückkehren. Doch ist diese Ausweichmöglichkeit den Begüterten vorbehalten, da die Malaien auch im Stipendienwesen bevorzugt sind. Selbst beim Kauf eines Eigenheims hat ein Bumiputera Vorteile: Er kann mit einem niedrigeren Zinsfuß für seine Hypothek rechnen!

Auch die Sprachenpolitik benachteiligt die Nachfahren der Einwanderer: Gemäß ihrer ursprünglichen Heimat sprechen in Malaysia 49% malaiisch und 31% chinesisch. Die Muttersprachen der Inder sind Hindi, Panjabi, Singhalesisch oder Tamil. Dazu kommen eine Reihe von Eingeborenensprachen. Trotzdem wurde Malaiisch (»Bahasa Malaysia«) zur Amts- und Unterrichtssprache erklärt und die Vermalaiisierung konsequent vorangetrieben: Mit den Behörden und Gerichten des Bundes und der Teilstaaten darf nur auf malaiisch verkehrt werden. Die Universitätslehrer sind seit ein paar Jahren verpflichtet, ihre Vorlesungen in Bahasa Malaysia zu halten, und auch alle Anschriften auf Tafeln und Wegweisern werden konsequent einsprachig abgefaßt. Dazu mußten jedoch viele Begriffe, vor allem aus dem technischen und naturwissenschaftlichen Bereich neu geschaffen werden, war doch Malaiisch ursprünglich bloß eine Umgangssprache!

Gegen die Einführung der Bahasa Malaysia auf allen Grundschulen wehrten sich die Chinesen so vehement, daß die Regierung einlenken mußte; denn das Kind lernt mit der chinesischen Schrift auch die Religion und Ethik seiner Kultur. Nun müssen chinesische Kinder nach der Grundschule ein Zusatzjahr einschalten, während dem sie intensiv in Bahasa Malaysia unterrichtet werden, damit sie in den folgenden Schulstufen Anschluß an ihre malaiischen Mitschüler finden.

Auch Singapore ist ein multi-ethnischer Staat (Tab. 4). Im Sinne der Toleranz gegenüber Minderheiten hat die Regierung Chinesisch, Malaiisch, Tamil und Englisch als offizielle Sprachen bestimmt. Englisch ist die Verwaltungssprache, wodurch keine Volksgruppe bevorzugt wird. Die Sprachpolitik im Unterrichtswesen geht dahin, den Schülern ihre Muttersprache und Englisch zu lehren; zudem werden die Chinesen angehalten, statt ihrer Dialekte (Hokkien, Teochew, Cantonese, Hakka, Haianese und Foochow) »Standardchinesisch« (Mandarin) zu sprechen.

In Malaysia wird die Situation der Abkömmlinge der Einwanderer zusätzlich dadurch belastet, daß der Islam Staatsreligion ist. Wenn auch die Verfassung Religionsfreiheit garantiert, so sind der König und die Sultane zugleich religiöse Führer und betonen im Handeln und im Geist ihre Rolle als Muslime. Auch Radio und Fernsehen sind islamisch orientiert. Die Rassenpolitik wird selbst im touristischen Sektor sichtbar: Auf Werbeplakaten werden Chinesen und Inder kaum je abgebildet, ebensowenig ihre Kultstätten, und an Kulturveranstaltungen chinesische oder indische Beiträge kaum gezeigt.

Mit ihrer Rassenpolitik verschleiert die Regierung die Klassengegensätze. An dieser Politik Kritik zu üben, die Gerechtigkeit der malaiischen Sonderrechte in Frage zu stellen, öffentlich Kritik an der Sprachenregelung zu äußern oder die Suprematie des Islams in Zweifel zu ziehen, kann sogar dank Sonderrecht (Internal Security Act ISA) schwer bestraft werden. Der Tourist wird daher selten offen mit den Rassendivergenzen konfrontiert, doch trifft das malaiische Sprichwort zu: »Jika air tenang jangan sangka tiada buaya« – Wenn das Wasser auch ruhig scheint, stell dir nicht vor, es hätte keine Krokodile.

Bevölkerungsentwicklung

Malaysia hat heute 18 Mio Einwohner und seine Einwohnerzahl damit in 50 Jahren genau vervierfacht (Tab. 5). Wie in anderen Entwicklungsländern entwarf die Regierung 1966 ein Familienplanungsprogramm und setzte zur Durchführung das National Family Planning Board ein. Die Geburtenrate (Anzahl Geburten je 1000 Einwohner) konnte in der Folge im Zeitraum 1965 bis 1987 von 40 auf 29 gesenkt werden. Die durchschnittliche Anzahl der Kinder pro Frau nahm in der gleichen Periode von 6,3 Kinder auf 3,5 Kinder ab. Wäre diese Familienpolitik weiter betrieben worden, hätte Malaysia einmal 33 Mio Menschen gezählt. Die Nation war recht überrascht, als im September 1982 der damalige Premierminister Mahathir die Idee eines 70-Mio-Volkes darlegte. Malaysia brauche eine solche Bevölkerung, damit der Binnenmarkt größer werde und der

Tab. 5 Die Einwohnerzahl von Malaysia, Singapore und Brunei (in 1000)

	Malaysia	Singapore	Brunei
1901	–	228	–
1911	2 339	303	–
1921	2 907	418	25
1931	3 788	558	30
1947	4 908	938	41
1957	6 279	1446	84
1970	8 810	2075	136
1980	11 427	2414	193
1990[1]	17 817	2722	270

[1] fortgerechnet.

Tab. 6 Die neue Familienpolitik und die Veränderung der Kinderabzüge auf die Einkommenssteuer

in M$	alte Abzüge	neue Abzüge
1. Kind	800	650
2. Kind	700	750
3. Kind	600	800
4. Kind	500	800
5. Kind	400	800

Absatz der Produkte künftiger Industrien gesichert sei in Anbetracht des immer stärker werdenden Protektionismus anderer Staaten. Die 70-Mio-Grenze soll im Jahre 2100 erreicht und die Bevölkerung bis zum Jahr 2150 auf 73 Mio stabilisiert werden. Als erstes wurde 1984 der bezahlte Mutterschaftsurlaub für Staatsangestellte von drei auf fünf Geburten ausgedehnt. Zugleich wurde das System des Kinderabzugs an der Einkommenssteuer so verändert (Tab. 6), daß kinderreiche Familien mehr profitieren als Zweikinderfamilien. Interessanterweise führen diese Pläne zu einer weiteren Vermalaiisierung und Islamisierung des Staates, denn die Geburtenrate der Chinesen beträgt heute nur 17 gegenüber 32 bei den Malaien (bei den Indern 24). Sind heute 31% der malaysischen Staatsbürger Chinesen, werden es nur noch 13% sein, wenn die Gesamtbevölkerung auf 70 Mio gewachsen sein wird.

Auch die maßgebenden Stellen Singapores sind vom Ziel abgekommen, im Jahre 2025 ein Nullwachstum der Bevölkerung bei einem Maximum von 3,5 Mio Einwohnern zu erreichen. Man findet keine Plakate mehr, die die Zweikinderfamilie propagieren – im Gegenteil: Eltern mit mehreren Kindern werden bei der Wohnungssuche wieder bevorzugt. 1986 erreichte die Zuwachsrate mit 1,0% ihren tiefsten Wert, seither steigt sie wieder. Fehlgeschlagen sind die Propagandabemühungen, die Akademikerinnen aufforderten zu heiraten, in der Überlegung, daß kluge Eltern auch kluge Kinder bekommen, welche ein künftiges Singapore vermehrt gebrauche. Malaysia und Singapore gehören damit zu den wenigen Staaten der Erde, die Familienplanungsprogramme rückgängig gemacht haben.

Siedlungen

Gemäß den Statistiken leben 40% der Bewohner Malaysias in Städten. Doch wer das Land bereist, wird bald bemerken, daß die üblichen großstädtischen Verdichtungen nur in wenigen Städten anzutreffen und daß Hochhäuser – von Kuala Lumpur abgesehen – selten sind. Die Malaien lieben es, ebenerdig zu wohnen. In Randgebieten der Städte entstehen daher Quartiere, die aus langen Einfamilienhauszeilen bestehen und einen monotonen Eindruck hinterlassen. Kaum aber sind sie bezogen, beleben blühende Sträucher die kleinen Vorgärten, und die Reihenhäuser nehmen individuellen Charakter an.

Einige Städte wie Kota Bharu, Kelang oder Pekan sind schon in vorkolonialer Zeit entstanden. Es waren Sultansresidenzen, die dank günstiger Lage den Verkehr kontrollierten und eine Marktfunktion ausübten. Eine

Größe von mehreren Tausend Einwohnern aber erreichte nur Melaka dank seiner strategischen Lage und dem Hafen. Die meisten übrigen Städte entstanden erst um die Jahrhundertwende im Gebiet der großen Zinnfelder und Plantagenbetriebe und waren Gründungen der Immigranten. Mit Ausnahme von Petaling Jaya und Shah Alam (S. 178) sind alle Städte spontan, nicht nach Konzept entstanden. Im Zentrum stehen jeweils lange Reihen von Shophouses (S. 55), in denen die Chinesen ihre Waren feilbieten. Die zweistöckigen Arkadenhäuser sind aus Backstein und Holz gebaut. An diesen Kern schließt sich das Viertel mit den Regierungsgebäuden, Schulen und Kultstätten an. Es folgen die Wohnviertel der ärmeren Schichten, während die Wohlhabenderen in den Außenquartieren wohnen. Die Zentren vieler Kleinstädte sind keine Augenweide: Planlos wurde gebaut, erweitert und Fassaden verändert. Durchgehende Gehsteige fehlen meist, und Müll liegt herum. Da die Malaien traditionell im ruralen Raum leben, prägt ihr Dorf mit den typischen Hausformen die ländlichen Gebiete. Nach dem Haupterwerbszweig kann man verschiedene Dorfformen unterscheiden: Das Dorf in Reisanbaugebieten (beobachtbar an der Route Penang – Alor Setar, S. 249ff.), das Dorf in Dauerkulturen (Inselrundfahrt Penang, S. 145ff.), das Dorf im agrarisch gemischten Gebiet (um Sri Menanti, S. 302ff.) und das Fischerdorf (am Südchinesischen Meer, S. 290f.). Die Dörfer im Reisland erstrecken sich längs den Kanälen, die anderen dagegen sind meist einer Straße entlang gebaut. Die Häuser stehen etwas abseits inmitten von Gärten mit Obstbäumen und Ziersträuchern. Oft hat man daher gar nicht den Eindruck, in einem Dorf zu sein. Das Dorfzentrum ist durch ein geteertes Spielfeld, eine Versammlungshalle mit Anschlagbrett, das öffentliche Telefon, einen Gemischtwarenladen und einen Getränkestand gekennzeichnet; auch ein Unterstand für Schüler, die auf den Schulbus warten, steht in der Nähe.

Haustypen

Das traditionelle malaiische Haus ist aus Holz gebaut und steht auf Pfählen. Diese Tradition dürfte aus der Zeit stammen, als alle Dörfer nahe an überschwemmungsgefährdeten Ufern standen. Heute wird der Unterraum immer häufiger verschalt und dient als Schuppen. Das Dach war ursprünglich mit Attap bedeckt – Palmstroh vor allem von der Nipah-Palme (Nipa fruticans), die an Flußufern wächst-, doch bürgert sich das Wellblechdach immer mehr ein, hat es doch einen höheren Statuswert und verlangt weniger Unterhalt. Die Häuser einzelner Gegenden unterschei-

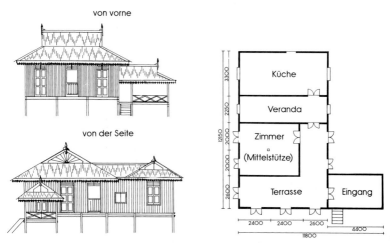

Abb. 13. *Ein Haus aus dem südlichen Malaysia nahe Johor Bahru (nach Nasir 1985)*

den sich in der Form und der Steile des Daches, ebenso in der Zahl und Anordnung der Anbauten (Abb. 13 und 14). Zentrum des Hauses ist der rumah ibu (Hauptraum), der etwa 20 cm höher liegt als die umgebenden Hausteile. An ihn grenzen eine überdachte Terrasse und ein offener Eingang, der als Ausguck auf das Dorfleben dient. Hier unterhält man sich auch mit Fremden, die man nicht ins Haus lassen will. Ein Korridor führt zum »Mittelzimmer«, rumah tengah, das nicht in allen Haustypen vorhanden ist, und zur Küche, die immer hinter dem Haus liegt. Im allgemeinen werden die Räume nicht nur für einen Zweck gebraucht; man vermeidet daher eine weitere Zimmerunterteilung, da dies die Durchlüftung stören würde. Häufig findet man auch auf der Terrasse ein Bett. Doch stehen wenig Möbel herum, und meist fehlt der Tisch, da die meisten Aktivitäten am Boden ausgeübt werden. Beim Bau des Hauses werden Riten abgehalten. Besondere Bedeutung kommt dabei dem Mittelpfosten (tiang seri) des rumah ibu zu. Um das Haus erstreckt sich der Garten, wo Kokospalmen Schatten spenden. Hinter einem Sichtschutz aus Palmwedeln befindet sich der Brunnen, dessen Wasser heute nur noch zum Baden und Wäschewaschen benutzt wird. Abseits des Hauses steht, aus Wellblech oder Holz gebaut, das Toilettenhäuschen. Eine eigentliche Kanalisation findet man nur in Städten, und so versickert auch das Abwasser der Küche unter dem Haus.

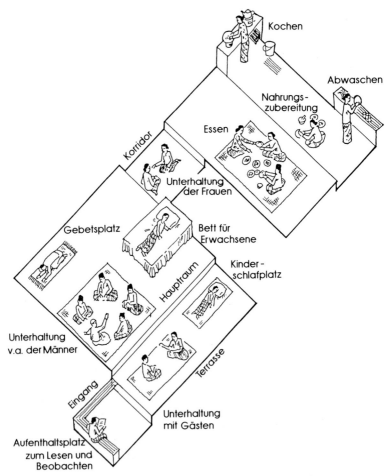

Abb. 14. *Die Funktion der Räume im malaiischen Haus (nach Lim 1987)*

Haustypen 55

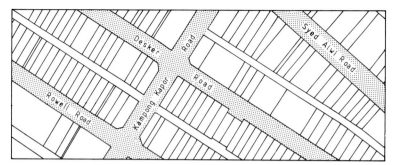

Abb. 15. *Parzellenplan eines Gebietes der nördlichen Chinatown Singapores. Die Karte umfaßt eine Fläche von 243×93 m. Deutlich sind die Backlanes zu erkennen, die Gassen, die zwischen den Hinterfronten der Shophouse-Zeilen entstehen*

Merkmal der chinesisch geprägten Städte sind die »shophouses« oder Arkadenhäuser. Sie wurden schon im letzten Jahrhundert errichtet, doch ist unklar, woher die planerische Idee stammt. Charakterisiert werden sie durch eine schmale Straßenfront und eine relativ große Tiefe der Parzelle (Abb. 15). So ist ein Shophouse bloß zwischen 3,6 m und 4,9 m breit, dagegen oft 30 m bis 60 m tief (Abb. 16). Höfe sorgen für den Lichteinfall. Ursprünglich waren diese typischen Häuser nur einstöckig, in größeren Siedlungen wie Kuala Lumpur (S. 152 ff.) oder Singapore (S. 198 ff.) wurden sie später mehrstöckig gebaut. Als weiteres Merkmal ragt das Obergeschoß um rund 1,5 m vor und bildet darunter eine Laube mit dem »fivefeet-way«. Die ursprüngliche Funktion des vorragenden Obergeschosses dürfte die Überdeckung des Sitzplatzes vor dem Haus gewesen sein; davon zeugen die Bänke, die links und rechts der Eingangstüre stehen, in neuerer Zeit aber immer mehr verschwinden. Der durchgehende Fußgängerverkehr unter der Laube ist noch heute durch mehr als tritthohe Niveauunterschiede und offene Drainagekanäle zwischen den einzelnen Veranden erschwert. Funktional ist das Shophouse ein Universaltyp: Im Erdgeschoß befinden sich die Läden und Werkstätten, in denen nachts auch Arbeiter schlafen; darüber liegen die Lager- und Wohnräume. Selbst einfache Hotels wurden in Shophouses eingerichtet.

Von einer Seitenstraße bis zur nächsten bildeten die Shophouses eine geschlossene Straßenfront, an der alle Häuser gleich gestaltet waren. Erst im Lauf der Zeit erhielten sie durch ihre Besitzer ein individuelles Ausse-

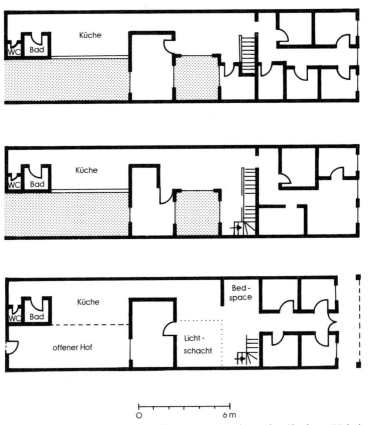

Abb. 16. *Grundgeschoß und die beiden Obergeschosse eines chinesischen Shophouse (Arkadenhaus, aus Marr 1981)*

hen. Zwischen zwei Parallelstraßen treffen sich die Rückseiten der Shophouse-Zeilen in einer schmalen Gasse, der »Back Lane«.

Die Stadtplanung in Singapore

Eine besondere Stellung nimmt die Stadtplanung in Singapore ein. Mit gutem Recht kann man ihr den Wert einer Sehenswürdigkeit zuschreiben (S. 241). Eigentlich müßte man präziser von einer »Staatsplanung« sprechen, ist doch das ganze Staatsgebiet (628,2 km^2) minutiös optimiert worden, da man bald erkannte, daß Land nicht reproduzierbar ist. Man hat zwar auch in Singapore versucht, dem Meer Land abzugewinnen. Die Küstenlinie in der westlichen Chinatown lag 1843 gut 500 m tiefer landeinwärts als heute (S. 208). Hingewiesen sei auch auf die neuen Aufschüttungen an der Marina City (S. 206) und der East Cost (S. 244). Neuerdings möchte man einige Buchten versanden lassen (s. Vorsatzkarte), was aber zu Einsprachen aus Malaysia geführt hat, wo man eine Gefährdung des ökologischen Gleichgewichts in der Straße von Johor befürchtet. Erfolgreich sind dagegen die Planungsbehörden seit rund 20 Jahren dabei, aus jeder Flächeneinheit den größtmöglichen Nutzen zu ziehen. Dazu mußte die alte Chinatown weitgehend abgerissen werden.

Man täte Singapores Behörden Unrecht, begründete man die Zerstörung nur mit ökonomischen und materiellen Absichten. Die Chinatown war mit der Zeit zu einem der schlimmsten Slumgebiete der Erde verkommen. Der Wohnungsbau unter der britischen Kolonialmacht hatte mit der Bevölkerungszunahme, vor allem durch die Einwanderung, nicht Schritt gehalten. Alle zogen in die bestehende Chinatown, wo man sich auf zwei Arten Platz schuf: In den Gängen der Shophouses wurden durch niedrige Wände offene Abteile eingefügt, in denen ein Bett Platz fand (bed-space, Abb. 16). Dann wurden in die Zimmer Trennwände eingezogen, so daß kleine, oft lichtlose Räume (cubicles) entstanden. Darin wohnten ganze Familien. Meist schlief man am Boden nebeneinander; stand aber ein Bett im Zimmer, so mußte auch der Raum unter dem Bett als Schlafstelle benutzt werden. Die sanitären Verhältnisse waren katastrophal. Geriet ein Haus in Brand, zerstörte das Feuer meist einen ganzen Häuserblock.

Der Abbruch der Chinatown wurde durch den »Land Acquisition Act« von 1966 ermöglicht, der de facto die Enteignung jeder Parzelle erlaubt, wenn dies dem öffentlichen Wohl zugute kommt. Als Entschädigung bezahlt die Behörde praktisch einen Landpreis, wie er sieben Jahre früher Gültigkeit hatte, da das Gesetz jede Wertsteigerung innerhalb dieser Frist

58 Siedlungsraum

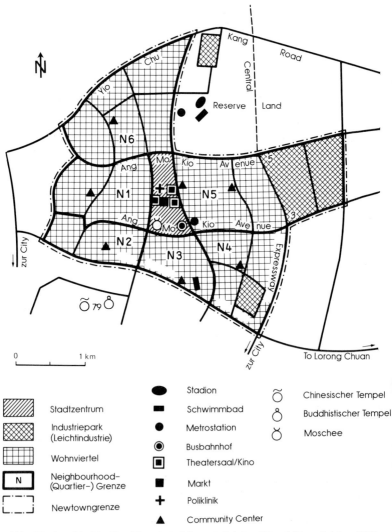

Abb. 17. *Ang Mo Kio-New Town (mit Sehenswürdigkeiten 79 und 80; nach Marr 1989)*

von der Expropriationssumme ausschließt. Das Land wird nun in Wert gesetzt, indem im innerstädtischen Bereich statt ursprünglicher Wohnbauten Verwaltungshochhäuser erstellt werden. Außerhalb der City aber entstanden auf dem Reißbrett Satellitenstädte (New Towns), deren Besuch sehr empfohlen werden kann. Eine solche Satellitenstadt ist Ang Mo Kio, die mit 210 000 Einwohnern aus sechs Quartieren (neighbourhoods) und einem Stadtzentrum (Abb. 17) besteht. In jedem Quartier, das zwischen 6000 und 8000 Wohnungen umfaßt, bietet ein »Community Centre« Mehrzweckhallen, Fitneß- und Billardsäle, Bibliotheken, Bastelräume und Spielplätze an – neuerdings können sie sogar mit Discos aufwarten. Weitere Aktivitäten im Quartier initiiert das »Residents' Committee«. Es soll zudem als Verbindungsglied zwischen der Bevölkerung des Quartiers und den Regierungsstellen fungieren und organisiert beispielsweise auch Diskussionsabende über anstehende Probleme im Wohnumfeld. Seine Rolle geht so über die Freizeitorganisation hinaus und hat eindeutig eine politische Komponente.

Heute leben 84% der Singaporeans in Wohnungen, die der Staat gebaut hat. Dieser Prozentsatz wird von keinem Land der Welt erreicht. Über die Hälfte der Menschen wohnt in Hochhäusern. Man stellt sich immer wieder die Frage, wie es sich mit der Wohnqualität verhält. Wissenschaftlich konzipierte Umfragen belegen, daß sich die Menschen im allgemeinen wohl fühlen. Die Planungsbehörden haben auch den Schnitt der Wohnungen im Laufe der Zeit verbessert. Die Mietzinse in diesen Staatswohnungen sind für Bürger von Singapore sehr niedrig, erreichen sie doch keine 20% der Mieten, wie sie auf dem freien Wohnungsmarkt der Stadt üblich sind!

Kultur und Religion

Religion und Kultur der Malaien

Hinduistische und buddhistische Einflüsse

In vorchristlicher Zeit brachten wahrscheinlich Indonesier, die damals gewandtesten Seefahrer, erste indische Einflüsse mit. Seit dem 1. Jahrhundert aber fuhren vermehrt Händler aus Bengalen und Südindien in den südostasiatischen Raum, wo sie, hoch respektiert, neue Handelsniederlassungen gründeten oder in die herrschenden Familien einheirateten. Mit ihnen kamen nicht nur politische und religiöse Bräuche, sondern auch das Sanskrit. Im 4. und 5. Jahrhundert war der indische Einfluß in den Küstenregionen des Malaiischen Archipels und der Halbinsel schon weitverbreitet und blieb für die nächsten tausend Jahre die dominierende zivilisatorische Kraft. Von Indien übernahmen die entstehenden kleinen Staaten die Religion, politische Struktur, Gesetzesformen und Schrift. Sie huldigten dem Hinduismus in der Form des Vishnu- oder Shiva-Kultes. »Penghulus« (Distrikt-Chefs) machten sich zu »rajas« (Prinzen), indem sie sich mit dem hochentwickelten indischen Hofzeremoniell umgaben und Brahmanen zu Ministern oder Ratgebern nahmen. Das Konzept des shivaitischen Königtums, das in der Verehrung des königlichen »linga« oder Phallus als Kraft- und Fruchtbarkeitssymbol seinen höchsten Ausdruck findet, durchdrang vor allem die Oberschicht. Das Kastensystem, aber nur ein gemäßigtes, wurde eingeführt, und auch der Status der Frau blieb höher als in Indien selbst. Das Volk wurde gleichfalls von der Indisierung erfaßt, ließen sich doch sowohl der Hinduismus wie der Buddhismus leicht mit den ursprünglich animistischen Religionsvorstellungen verbinden im Gegensatz zum späteren Islam. Den Buddhismus brachte bereits in Form des Mahayana das auf Sumatra und Java mächtige Srivijayareich (Höhepunkt von Mitte 8. Jh. bis rund 1000), in dem er neben dem Hinduismus blühte. Da jenes Reich aber auch alle wichtigen Meeresstraßen kontrollierte, wurde die malaiische Sprache, die ihren Ursprung auf Sumatra hat (s. S. 128), zur allgemein gebräuchlichen Verkehrssprache im Archipel wie in den Küstenregionen der Halbinsel.

Der Islam

Der im 7. Jahrhundert in Arabien entstandene Islam machte Jahrhunderte lang in Südostasien keine Fortschritte, obwohl Araber um das 9. Jahrhundert den Transporthandel in jenem Raum dominierten. Die früheste islamische Spur, die bisher auf der Malaiischen Halbinsel entdeckt wurde, ist ein bei Kuala Berang in Terengganu gefundener Stein mit einer Inschrift von 1303, die sich auf ein nach islamischem Recht regiertes Königtum bezieht (S. 288). Die Islamisierung der ganzen Halbinsel mag durch die Macht des hinduistischen Majapahitreichs in Ostjava, die sich im 14. Jahrhundert auch über Malaysia erstreckte, verzögert worden sein; jedenfalls blieb es dem Sultanat von Melaka (s. S. 97) vorbehalten, 150 Jahre später, den Islam allgemein und bleibend einzuführen. Inzwischen aber hatte er in China Fuß gefaßt und sich weiterverbreitet unter den Mongolenherrschern, die den zum Islam übertretenden Chinesen Handelsprivilegien gaben. Viele der chinesischen Händler, die nach Südostasien kamen, waren demzufolge Moslems. Doch hatten weder sie noch der ebenfalls konvertierte Admiral Cheng Ho (S. 194), der im frühen 14. Jahrhundert mehrmals Melaka mit seiner Flotte anlief, ein Interesse an Mission.

Hinduismus und Buddhismus waren aus zweierlei Gründen in Südostasien verankert: Einerseits erfüllten sie die politische Notwendigkeit, die Macht der Herrschenden zu vergöttlichen, anderseits kamen sie aus einem Gebiet mit ähnlichen landwirtschaftlichen Verhältnissen und gerieten auch nicht mit dem angestammten Animismus der Bevölkerung in Konflikt. Ganz anders der frühe Islam: eine einfache, ernste und streng disziplinierende Religion, die für die Wüste paßte, aber wenig Anreiz für eine radikal verschiedene Gesellschaft wie jene Südostasiens hatte. Viele islamische Lehrmeinungen und Praktiken liefen der lokalen Sitte völlig zuwider. Die Forderung des Islams nach Treue gegenüber einem Gott und seinem Propheten ließ sich schwierig der vorhandenen Menge von Göttern und Geistern anpassen, und die Riten, die die Götter gnädig stimmten, damit sie die Menschen sicher durch die Krisen von Geburt, Pubertät, Heirat und Tod geleiteten, hatten wenig gemein mit einer individuellen und rationalistischen Religion, die Wert auf Selbstvertrauen legte. Auch besaß der Islam weder ein Zeremoniell noch eine religiöse Hierarchie, um Prestige und Macht der Monarchien zu stützen. Als eine ausgesprochen männliche Religion, in der Frauen eine untergeordnete Rolle spielen, paßte er auch nicht zu einer Gesellschaft, in der Frauen traditionsgemäß beträchtlichen Einfluß besaßen. Ferner kam das islamische Gesetz mit seinem Nachdruck auf Bestrafung durch Gefängnis, Verstümmelung oder Tod mit dem »adat«, den ungeschriebenen Sitten und Gebräuchen einer landwirtschaftlich organisierten Gesellschaft, in Konflikt, das mehr auf Schiedsspruch und Ersatzzahlung für erlittenes Unrecht basierte.

Daß sich der Islam trotz all dieser starken Gegensätze seit dem 15. Jahrhundert in Südostasien rasch verbreitete und zur einzig wahren Religion der Malaien wurde, lag an bestimmten Entwicklungen im Islam selbst, aber auch an den Machtveränderungen in Südostasien.

Der Wandel im Islam vollzog sich mit dem vermehrten Eindringen des Sufismus, der islamischen Mystik, in die orthodoxe Glaubenslehre. Im Widerspruch zur starken Autorität der Imane leisteten die anpassungsfähigen Sufis Großes in der Gewinnung Andersgläubiger. Als Wanderprediger zogen sie nach Indien und Südostasien, um mit Erfolg zu missionieren, indem sie wie einst der Hinduismus und Buddhismus die lokalen Sitten und Bräuche in den neuen Glauben einbezogen. Viele der bekehrten Inder waren reiche Handelsleute, so daß durch sie der Islam an Ansehen gewann. In den Küstenregionen der Malaiischen Halbinsel entstanden zu jenem Zeitpunkt neue Staatsgebilde, deren Schicksal viel von der Persönlichkeit ihres Gründers abhing. Was lag für diesen näher, als sich dem neuen Glauben der fremden Kaufleute zu verschreiben? Sufis und islamische Händler waren nicht nur gern gesehene Gäste, sondern wurden als neue Ratgeber beigezogen oder heirateten in die herrschende Oberschicht ein. Legenden von Regenten, denen im Traum ein islamischer Prediger erschien, worauf sie sich bekehrten, kursierten überall im südostasiatischen Raum, und wenn sie auch nicht ganz der Wahrheit entsprachen, so zeigten sie doch die Form, unter welcher der Islam in jene Gegenden kam: Nicht wie nach Nordafrika und Europa in blutigen Kreuzzügen, sondern als friedliche Folge individuellen Predigens, Handeltreibens und dynastischer Verbindungen, kurzum auf dieselbe Art wie der Hinduismus und Buddhismus in früherer Zeit.

Da der Islam keine Hierarchie kannte, um die Monarchie zu stützen, konzentrierte er die politische und religiöse Gewalt in einem Staatsoberhaupt. Die Rolle des Sultans entsprach einer charismatischen Vaterfigur. Wie früher dem hinduistischen oder buddhistischen Gottkönig wurden ihm weiterhin übernatürliche Heil- und Zauberkräfte zugeschrieben. Er besaß die volle Loyalität seiner Untertanen und war in seinen Taten nur Allah gegenüber verantwortlich, doch galt er nicht mehr als göttlich, wenn auch sein Amt noch heilig war. Die malaiischen Sultane lebten nicht in der Isoliertheit der hindu-buddhistischen Könige, sondern übernahmen eine aktive Rolle im Kontakt zu ihrem Volk. Der Islam schwächte zwar die Kraft des »adat«, veränderte sich aber selbst durch traditionelle Sitten. So wurden viele Hindubräuche im Krönungszeremoniell wie auch bei Hochzeitsfeiern aufrechterhalten. Obwohl das islamische Gesetz bisher erlaubte Spiele wie den Hahnenkampf mit Strafen belegte, vermochte auch hier das »adat« mildernd einzuwirken, so daß das islamische Recht nie mit der in arabischen Ländern angewandten Strenge ausgeübt worden ist. Erst in neuester Zeit, seit dem Umsturz im Iran, dem sich Malaysia nah verbunden fühlt, sind die Sitten strenger geworden. Äußerlich erkennbar wird diese für Südostasien bedauerliche Anpassung an den orthodoxen Islam der Wüstenregionen im Schleier der Frauen und Mädchen, der bis vor etwa zehn Jahren in Malaysia noch praktisch unbekannt, nun aber schon von der Mehrzahl getragen wird.

Religion und Kultur der Chinesen

Die chinesische Religion entwickelte sich aus vier Einflußbereichen, nämlich aus:
– der altchinesischen Volksreligion,
– dem Konfuzianismus, der Weltanschauung, die Konfuzius (vermutlich 551–479 v. Chr.) entwickelt hat,
– dem Taoismus, der nach chinesischer Überlieferung auf Laotse (6. Jh. v. Chr.) zurückgeht, und

– dem Buddhismus, der von Gautama Buddha (gestorben um 544 v. Chr.) begründet wurde.

Erst aus der Durchdringung der großen Tradition der Philosophen mit der Volksreligion konnte die chinesische Religion entstehen, die nach Küng/Ching (1988) gleichberechtigt neben den anderen Weltreligionen steht. Auf frühe chinesische Einflüsse können Wahrsagerei und Schamanentum zurückgeführt werden, wobei speziell dafür begabte Personen, sog. »Medien«, sich in Trance versetzen können, um mit den Göttern in Verbindung zu treten. Mit dem Konfuzianismus ist der Ahnenkult eng verbunden, aber auch die pflichtbewußte Einstellung des Individuums zu Familie, Gesellschaft und Staat. Besonders der Liebe zwischen Eltern und Kindern und der Ehrfurcht vor dem Alter kommt hohe Bedeutung zu; ebenso der Arbeit und Pflicht, was zu einem großen Teil die wirtschaftlichen Erfolge Singapores und anderer Staaten mit gleichem geistigen Erbe erklärt. Der Konfuzianismus gehört in Singapores Schulen sogar neuerdings zum Lehrstoff. Im Taoismus verbinden sich alte religiöse Vorstellungen mit der Philosophie, die um das Tao (Weg, Wort) kreist. Es ist die Denkrichtung der Kontemplation, des Gleichmuts gegenüber Leben und Tod, des Erlösungsgedankens. Aus den religiösen Vorstellungen des Taoismus stammen viele Riten wie der Gebrauch des Weihrauchs, das Verbrennen besonderen Papiergeldes für die Toten oder der Drachentanz am Neujahrsfest. Auch der Geomant, der mit seinen Kenntnissen von feng shui (wörtl.: »Wind und Wasser«, d. h. die Qualität eines Standorts hinsichtlich des Einflusses von Topographie und Naturgewalten) die beste Lage von Wohnhäusern, Tempeln oder Begräbnisstätten feststellt, kommt daraus. Zudem sind viele der in Malaysia und Singapore von den Chinesen verehrten Götter taoistischen Ursprungs.

Der Buddhismus schließlich drang als einzige Fremdreligion, die assimiliert wurde, in China ein. Seine Lehre von Wiedergeburt und Seelenwanderung widersprach der chinesischen Ahnenverehrung und die Idee des asketischen Mönchtums dem chinesischen Wunsch nach Kindern. So mußte sich der Buddhismus adaptieren und hat sich in der Folge zum Mahayana erweitert. Dabei erlangten die Bodhisattvas (sie sind vom Kreislauf der Wiedergeburt bereits erlöst, bleiben aber im Diesseits bis zur Erlösung aller Wesen) eine zentrale Stellung, ebenso der Zukunftsbuddha Maitreya.

Die erwähnten Religionsrichtungen ergänzen einander: Der Chinese neigt zum Konfuzianismus, wenn er Erfolg hat, zum Taoismus, wenn es ihm schlecht geht, zum Buddhismus, wenn er Bedürfnisse der reinen Frömmigkeit hat. Der daraus erfolgte Synkretismus, der die chinesische Religion charakterisiert, widerspiegelt sich in den weitaus meisten Tempeln Malaysias und Singapores. Er zeugt auch von der religiösen Toleranz der Chinesen im allgemeinen im Gegensatz zur oft intoleranten Haltung des Islam.

Die chinesischen Gottheiten

Der ursprünglich chinesische Glauben kannte Hunderte von Gottheiten. Fast für jeden Lebensbereich war eine zuständig; viele waren Schutzpatrone von Berufsgruppen, so der Gott der Medizin und der Zimmermannsgott, andere meist zu lokalen Gottheiten erhobene Menschen hatten in ihrem Leben Wundertaten vollbracht oder waren als heldenhafte Generäle zum Vorbild genommen worden (in vielen Kongsis ist dies der Fall und im Sze Ya-Tempel in Kuala Lumpur).

In Südostasien existieren kaum Tempel, die nur *Konfuzius* geweiht sind; auch seine Statue ist eher selten und auf Nebenaltären zu finden (im Cheng Hoon in Melaka, dann hauptsächlich in K. L.: im Guan Di Miao, im Chan-Kongsi und im Khoon Yam). Er wird als alter, bärtiger Gelehrter mit weisem Gesichtsausdruck, Gelehrtenkappe und -gewand dargestellt. Doch knien die Gläubigen nicht vor ihm nieder und opfern ihm auch keine Räucherstäbchen, sondern verneigen sich nur ehrfurchtsvoll. Auch *Laotse* kommt höchstens auf Nebenaltären vor.

Erst im 5. Jh. n. Chr. wurde der Taoismus eine organisierte Religion, die Zeremonien und Götter standardisierte. *Taoistische Gottheiten* findet man in rein taoistischen Tempeln und in synkretistischen Anlagen, d. h. solchen, wo sich der Taoismus mit dem Buddhismus verbunden hat. Bei später erweiterten Tempeln ist meist der hintere Teil buddhistisch. In den chinesischen Tempeln Malaysias und Singapores trifft man auf folgende Hauptgötter:

1. *Yu Huang*, oberster Gott und Jadekaiser, erkennbar an den von seiner Krone herabhängenden Perlenschnüren und einem drachenbesetzten Kaisermantel. Um seinen Ursprung kursieren verschiedene Legenden. Eine erzählt, daß er zu Lebzeiten kurz König war, aber nach wenig Tagen abdankte, um sein weiteres Erdendasein ganz in den Dienst der Nächstenliebe zu stellen. Taoisten beten zu ihm für alles, was sie sich im Leben wünschen.

2. *Tien Hou* (populär: Ma Chu Poh, d. h. »geachtete Großtante«), Himmelskönigin und Jadekaiserin, oft mit Kuan Yin verwechselt, erkennbar an Glasperlenkrone und -gewand. Nach einer der Quellen wurde sie als Tochter eines Seemanns in Fujian geboren. Als ihr eines Nachts im Traum

Der Khoo-Kongsi in Penang – Prunkstück traditioneller chinesischer Tempelbaukunst (S. 125)

die kenternde Dschunke des Vaters erschien, verwandelte sie sich in einen Wassergeist, um ihn zu retten. Sie starb sehr jung, doch sahen Seeleute sie oft als hilfreichen Geist über den Wellen schweben. Die Gläubigen – nicht nur Seeleute – beten zu ihr für Frieden, Glück und Genesung.

Oft stehen Tien Hou zwei grotesk aussehende Diener zur Seite. Dank außerordentlicher Fähigkeiten werden sie »Tausend-Meilen-Auge« (Chien Li Yen) und »Günstig-Wind-Ohr« (Shun Feng Erh) genannt. Die beiden Brüder ragten einst als Krieger in der Kaiserlichen Armee hervor, konnte doch der eine eine Riesendistanz überblicken und der andere jedes Wort aus dem gegnerischen Lager hören. So führten sie den Kaiser von Sieg zu Sieg, bis die Gegner mit Kampffahnen dem einen die Sicht versperrten und mit Trommel- und Gongschlägen das Gehör des anderen verwirrten. Heute bittet sie das Volk um gute Augen und gutes Gehör (S. 211).

3. *Kuan Ti* (Abb. 18), trotz seines roten Gesichts ein ritterlicher, nicht martialischer Kriegsgott; oft als Krieger zu Pferd, aber auch in goldenem Stuhl mit einem Buch in der Linken dargestellt, gilt er doch ebenso als Förderer der Literatur und soll die Menschen vor Krieg und Streit bewahren. Daher findet man ihn häufig in Restaurants aufgestellt zur Verhinderung von Zank unter den Gästen! Er gilt als Schutzpatron chinesischer Geheimgesellschaften, aber auch der Tofu-Verkäufer, deren einer er war, bevor er sich dem Studium zuwandte. 162 v. Chr. in der Provinz Shansi geboren, beging Chang Sheng aus Gerechtigkeitsliebe einen Mord an einem Magistraten, der ein junges Mädchen zum Beischlaf genötigt hatte. Auf der Flucht aber verändert sich wundersamerweise sein Aussehen derart, daß ihn niemand erkannte. Fortan nannte er sich Kuan und er-

Abb. 18. *Kuan Ti, der chinesische Gott des Krieges und der Literatur, in einer volkstümlichen Darstellung*

◁ *Men Shen, die göttlichen Türwächter an einem Kongsi in Penang (S. 129)*

lebte in Schwertbrüderschaft mit dem Strohsandalenverkäufer Liu Pei und dem Metzger Chang Fei, in dessen sprichwörtlich gewordenem Pfirsichgarten die drei ihre Freundschaft beschworen, viele Kämpfe für die gute Sache, bis er 219 v. Chr. gefangengenommen und hingerichtet wurde. Erst die Nachwelt belohnte seine Tugenden: Rund ein Jahrtausend später zum Kriegerfürsten und Kulturbringer ernannt, gab ihm Ming-Kaiser Wan Li 1594 den Titel »Ti«, was Gott und Kaiser bedeutet. Höchste Verehrung genoß er im Kampf gegen die Europäer während der Mandschuzeit.

Abb. 19. *Der populärste chinesische Gott Malaysias: Tua Peh Kong mit zwei Dienern*

4. *Tua Peh Kong* (der Hokkien-Ehrentitel bedeutet respektierter, ältester »Bruder«, Abb. 19) ist als Gott des Wohlstands und der Fülle ein gütig dreinblickender alter Herr mit roten Wangen, weißen Augenbrauen und Bart. Als einziger chinesischer Gott, der in Malaysia seinen Ursprung hat, wird er in China nicht verehrt und gilt als Schutzpatron der Überseechinesen. In Singapore allein sind ihm über zehn Tempel (der bekannteste auf der Insel Kusu) geweiht, aber auch in Malaysia (Halbinsel und Borneo) ist er beliebt. Um die historische Person Chang Li rankt sich das Gerücht, er sei als Führer einer Hokkien-Geheimgesellschaft verfolgt, im 18. Jh. nach Penang geflohen, wo er als Lehrer gewirkt und sich um das Wohl der lokalen chinesischen Gemeinde in Tanjong Tokong so verdient gemacht hatte, daß sie ihn nach seinem Tod 1792 als Heiligen verehrte und den ersten Tempel für ihn baute (S. 151). Im frühen 19. Jh. entstand eine große Anzahl Tempel ihm zu Ehren, da er als Beschützer vor Krankheit (besonders Malaria) und Gefahren galt.

Als Bewahrer vor Seenot ist er in der Folge mit dem ursprünglichen Wassergeist Da Bo Gong noch zu einer einzigen Gottheit verschmolzen.

Zu den taoistischen *Nebengöttern* gehören die Astral-, Opium-, Erd- und Türgötter, ferner die »Acht Unsterblichen« und der Affengott.

Astralgötter sind neben Mond- und Sonnengottheit (S. 212) die »Neun Kaiser« (S. 294) und der Gott des langen Lebens (Shou Xing), der sehr häufig als Porzellanfigur für den Heimaltar zu sehen ist. Man erkennt ihn leicht an der ausgeprägten Stirn, dem langgezogenen kahlen Haupt und wie er glücklich strahlend in der Hand den Pfirsich, das Symbol des langen Lebens, hält.

Zu den *Opiumgöttern* gehören neben den Brüdern Paw Chang (S. 137) auch der Gott des Reichtums (S. 160) und die Diener Ma Chu Pohs (S. 65). Von ihnen glaubt man, sie würden alle andern Speisen verweigern und sich nur von Opium »ernähren«. Deshalb kaufen die Gläubigen im Tempel eine winzige Portion der braunen, zähflüssigen Masse, die auf einem Papierblättchen klebt und dann um die Mundpartie des Gottes gestrichen wird. Zur Schonung seiner Kleidung hat er oft einen Latz aus Plastik umgehängt. Für den Verkauf dieses Opiums zu Opferzwecken – es handelt sich um eine minderwertige Sorte – braucht der Tempel eine staatliche Lizenz.

Die *Erdgötter* sind der Unterwelt zugehörig und stehen daher in den Tempeln fast immer auf dem Boden unter einem Altar. Am häufigsten sind die fünf Tigergötter, die man speziell bei erkrankten Kindern (S. 86) anruft. Man opfert ihnen Fleischspeisen und fährt ihnen, bevor man sie hinstellt, damit übers Maul.

Die *Türgötter* sind als Wächterfiguren auf viele Tempeltore gemalt. Zu ihrem Entstehen vergleiche man S. 130.

Die glücksbringende Gruppe der »*Acht Unsterblichen*« besteht aus sieben Männern und einer Frau. Der populärste unter ihnen, Li Tieh Kuai (mit Krücke und Kürbis) ist oft auf dem Schild chinesischer Apotheken dargestellt, da er mit magischen Mitteln Krankheiten heilt. Der *Affengott* (Tai Seng Yeh) schließlich – nicht zu verwechseln mit dem hinduistischen Hanuman des Ramayana – wurde berühmt als Held der »Reise in den Westen«, einer allegorischen Erzählung aus der Ming-Zeit, in der er alle Schwächen der menschlichen Natur widerspiegelt. Gläubige beten zu ihm für Tatkraft und Intelligenz, zudem heilt er Kranke und vertreibt die bösen Geister. Er kann sich aber auch in den Körper eines Tempelmediums begeben und durch dieses mit den Ratsuchenden kommunizieren.

Überraschend viel taoistische oder synkretistische Tempel Malaysias und Singapores haben noch ein aktives *Tempelmedium*. Es ist meist ein junger Mann, der sich an gewissen Tagen im Tempel in Trance versetzt, damit der betreffende Gott von ihm Besitz ergreift und durch Geistübertragung zu den Gläubigen spricht. Denn ein direkter Kontakt zwischen Gläubigen und Gottheit ist nicht möglich, auch haben weder buddhistische noch taoistische Mönche diese Vermittlungsgabe, sie können lediglich böse Geister vertreiben. Bei den im 19. Jh. eingewanderten Südchinesen scheint die Inanspruchnahme der Wunderkraft solcher Tempelmedien geradezu Hauptbestandteil ihres Glaubens gewesen zu sein. Medientempel sind leicht an den darin aufgestellten Marterwerkzeugen zu erkennen: u. a. an zwei roten Stühlen, wovon einer voller Nagelspitzen, Messertisch und -leiter, Dolchen, Spießen, zweischneidigen Schwertern, einer Axt und einer Dämonenpeitsche, alles Instrumente, die der Züchtigung und Selbstverletzung im Trancezustand dienen. Bei Tempelfesten wird das Medium auf dem Nagelstuhl hinter der in einer Sänfte sitzenden Gottheit in der Prozession mitgetragen. Außer dem erwähnten Affengott können vor allem der Kriegsgott Kuan Ti, Tua Peh Kong, der Gott des Wohlstands, die Himmelskönigin Tien Hou und Kuan Yin, die Göttin der Barmherzigkeit, obwohl sie buddhistisch ist, in den Körper eines Mediums steigen.

Buddhistische Gottheiten in Malaysia und Singapore

Die buddhistischen Gottheiten des Mahayana (»Großes Fahrzeug« heißt im Buddhismus die zweite Entfaltungsphase, die einer größeren Schar von Gläubigen Erlösung bringen will und daher neben die Eigenerlösung die Erlösung dank äußerer Hilfe stellt) gehören vier verschiedene Stufen an:
1. die eigentlichen *Buddhas*, die selbst erlöst und zeitlos erhaben die Erlösung anderer bewirken können.
2. die *Bodhisattvas*, die zwar selbst bereits vom Kreislauf der Wiedergeburt erlöst sind, aber aus Mitleid freiwillig auf der Erde bleiben, bis alle übrige Kreatur erlöst sein wird.
3. die *Lohans* (oder Arhats), »Heilige«, die ihre Erlösung nicht selber fanden, sondern anderen verdankten und Buddhas Lehre überallhin weitertrugen.
4. die *Dewas*, die sich durch ihr heilsames Tun in früheren Leben ihre göttliche Existenz erwarben, z. T. aber aus dem Taoismus stammen.

In den synkretistischen Tempeln (s. S. 64) trifft man fast nur den Gründer Gautama Buddha, hier meist Sakyamuni (nach seinem adligen Familiengeschlecht der Şakjas) genannt, während die großen Klosteranlagen Kek Lok Si (Penang, S. 143 ff.) und Siong Lim (Singapore, S. 239) eine Halle der Drei Höchsten (the Three Precious Hall) besitzen, wo Gautama zwischen dem Heilenden Medizinbuddha Yao Shih Fo und dem transzendenten Buddha Amitabha, der dem Nirvana (oder westlichen Paradies) vorsteht, thront.

Zwei eigentliche Bodhisattvas haben den meist kühl und fern erscheinenden Buddhas den Rang abgelaufen: Es sind Mi Lo Fo (oder Maitreya), der lachende, dickbauchige Zukunftsbuddha, und Kuan Yin, die Göttin der Barmherzigkeit, die beide als menschlicher empfunden und daher populärer sind. Trotzdem trifft man *Mi Lo Fo* (Abb. 20) nicht sehr häufig: vorwiegend in den Höhlentempeln und den oben erwähnten Klosteranlagen. Zur beliebtesten, weitaus am häufigsten dargestellten Gottheit ist

Abb. 20. *Bodhisattva Mi Lo Fo oder Maitreya, auch »lachender Buddha« genannt*

Kuan Yin aufgestiegen (Abb. 21). Ihre Verehrung, die im Madonnenkult Parallelen hat, ist zum Teil so groß, daß sie selbst zu Buddha in Konkurrenz tritt (vgl. ihre Riesenstatue über dem Kek Lok Si, S. 145). Eine Erklärung liegt darin, daß der Buddhismus in ihr die weibliche Entsprechung zu Buddha fand. Auch sind es vor allem Frauen, die sie als Schutzgöttin verehren. Kuan Yin ist die in China entstandene Form des männlichen Bodhisattva Avalokitesvara, dessen Darstellung als Jüngling mit weichen, weiblichen Zügen vermutlich zur Uminterpretation in eine Frauengestalt beigetragen hat. Auch Kuan Yins Legende stammt aus China: Als dritte Königstochter namens Miao Shan soll sie die Heirat ausgeschlagen haben, um in ein buddhistisches Nonnenkloster einzutreten. Der wütende Vater ließ sie darauf umbringen. Doch eine Lotosblüte führte sie wieder auf die Erde nach der Insel Pu-to (im Chusan-Archipel). Von dort aus heilte sie ihren erkrank-

Abb. 21. *Kuan Yin, die weibliche Hauptgottheit des Buddhismus*

ten Vater, der seine Tat bereute und zu ihrer Verehrung eine Statue errichten ließ. Man sagt von Kuan Yin, daß sie in unzähligen Inkarnationen und Manifestationen den Gläubigen erscheine. Am häufigsten dargestellt wird sie in weißem Kleid auf der Lotosblüte thronend, mit einem Kind im Arm als Kindersegen spendende Göttin, mit einem Fischerkorb als Retterin der Schiffbrüchigen oder mit Krone und den »tausend Händen«, dem Symbol ihrer grenzenlosen Hilfsbereitschaft.

Der dritte Bodhisattva, den man öfters auch bei Kolumbarien (S. 142) findet, ist der Seelenerlöser Ti Tsang Wang (oder Ksitigharba), der einen Schlüsselstab hält, um das Tor der Hölle aufzuschließen.

Die 18 Lohans stehen je 9 an den Seitenwänden einer Haupthalle aufgestellt; im Kek Lok Si werden sie zur Zukunftsweissagung benützt.

Zu den Dewas gehören neben den vier Himmelswärtern (S. 144) und ihrem Chef Wei-To (Abb. 22), der die Reinheit der Lehre verteidigt (S. 133), auch sekundäre Gottheiten wie der Stadtgott Cheng Huang (S. 138) und alle aus dem Taoismus inkorporierten, besonders Kuan Ti (S. 65), der nun Amitabhas westliches Paradies bewacht, und Tien Hou, der man unlängst mit Kuan Yin zusammen einen eigenen Tempel erbaute (S. 168).

Im allgemeinen aber haben neuere buddhistische Anlagen die Tendenz, die Götterzahl auf ein Minimum zu reduzieren (vgl. Sandakan, S. 346) und den Glauben vermehrt zu spiritualisieren, was wohl einer jüngeren, gebildeten Schicht von Gläubigen entgegenkommt. Doch daneben besteht das Alte weiter: Selbst im modernen chinesischen Warenhaus kann beim Treppenaufgang ein kleiner Altar hängen, vor dem die Verkäufer zwischendurch ein Gebet verrichten. Oft genügt ein rotes Gestell mit einem Topf voll Räucherstäbchen, das man im Haus, besonders in der Küche für den Küchengott, oder an den Arkaden der Shophouses aufhängt.

Abb. 22. *Dewa-Chef Wei-To, der Beschützer des buddhistischen Glaubens*

Die Baba-Nonya-Kultur

Die in den drei Straits Settlements (Melaka, Penang und Singapore) geborenen Chinesen, deren aus China eingewanderte Vorfahren einst einheimische Malaiinnen zur Frau genommen hatten, nennt man »Babas«, die Frauen »Nonyas«. Ihre eigenständige Kultur, die sich von der rein chinesischen in verschiedener Hinsicht unterscheidet, bezeichnet man als »Baba-Nonya«-Kultur. Sie konnte sich zum Teil bis heute halten, da die Kinder dieser ursprünglichen Mischehen meist nur unter sich heirateten und so ihre Eigenheiten bewahrten.

Ein Unterscheidungsmerkmal ist die von ihnen entwickelte eigene Sprache, die man »Baba-malaiisch« nennt. Es ist ein lokales Malaiisch mit chinesischen Wörtern und einzelnen Sätzen aus dem Hokkien-Dialekt vermischt. Ein echter Baba spricht nur wenig bis gar kein Chinesisch und hat die englischen Schulen besucht, während die rein chinesischen Einwandererfamilien ihre Kinder auf chinesische Schulen schickten. Die Religion der Babas blieb chinesisch wie auch größtenteils ihre Kultur, in die aber malaiische Einflüsse hauptsächlich in der Kleidung, im Hausrat und im Essen Eingang fanden. Ein Beispiel dafür bildet die bekannte »Nonya«-Küche, in der sich besonders die farbenfrohen Süßigkeiten auch heute noch großer Beliebtheit erfreuen (vgl. S. 229). Um ihr Kulturerbe öffentlich zugänglich zu machen, haben in letzter Zeit in allen drei ehemaligen Straits Settlements Babas aus privater Initiative kleinere Museen als Zeugen ihrer Kultur eingerichtet.

Religion und Kultur der Inder

Über 1 Mio Inder lebt heute in Malaysia, von denen 83,7% tamilisch sprechende Hindus sind. Nur 7,5% sind Christen, 5,4% gehören dem Islam an und ca. 3% bilden die aus dem Panjab stammenden Sikh, deren größter Tempel in Kuching (Sarawak) steht.

Der Brahmanen-Hinduismus, der vor dem Aufkommen des Islams an den Höfen der malaiischen Kleinstaaten herrschte und noch in manchen Traditionen (so im »wayang kulit«-Schattenspiel oder im »bersanding«-Zeremoniell einer Malaien-Hochzeit) fortlebt, hat wenig mit dem heutigen Hinduismus zu tun, der von den indischen Immigranten im 19. und 20. Jahrhundert mitgebracht wurde und je nach ihren Herkunftsorten in Südindien leicht variiert.

Die meisten Hindus kamen als arme Vertragsarbeiter, nur der kleinste Teil gehörte zur englisch erzogenen und im Handel tätigen Mittelklasse wie vor allem die »chettiar« (Geldwechslerkaste), deren Stadttempel zu den reichsten gehören. Ihrem kasteneigenen Gott Subramaniam, der an jedem Thaipusam-Fest mitgeführt wird, sind die meisten Tempel geweiht. Außer diesen kunstvoll dekorierten Stadttempeln stehen in den Dörfern und in jeder Plantagenbesitzung mit indischen Arbeitskräften einfache Hindutempel, manche von überraschender Schönheit und Farbenpracht.

Von den vielen Hindu-Festlichkeiten gelten die beiden Hauptfeste »Thaipusam« und »Deepavali« als offizielle Feiertage. Das wichtigere Thaipusam-Fest (Jan./Febr.) ist eine Gelegenheit, Buße zu tun oder Gelübde abzulegen. Die größte Prozession führt auf einem 13 km langen Weg durch die Straßen der Hauptstadt hinaus zu den Batu Caves (S. 173 f.). Das Deepavali-Lichterfest (Okt./Nov.) ist dagegen mehr ein Familienfest, zu dem man sich gegenseitig Glückwunschkärtchen wie bei uns an Neujahr zusendet.

Hinduistische Götterwelt

Viele der zahlreichen hinduistischen Götter waren regionale und lokale Gottheiten, die erst im Lauf der Zeit in den gemeinsamen Götterhimmel aufgenommen wurden. Im religiösen Alltagsleben aber spielen die Götter der alten Veden wie Indra und Varuna keine Rolle mehr. Sie sind zu bloßen Wächtern des Alls und seiner acht Himmelsrichtungen degradiert worden. Die meisten Tempel sind den neuen Hochgöttern Shiva oder Vishnu geweiht, wobei die jeweilige Anhängerschaft durch Familientradition vorgegeben ist. Da die hinduistischen Tamilen Malaysias und Singapores praktisch alle Shivaiten sind, sei hier vor allem auf den shivaitischen Götterkreis hingewiesen, den man in ihren Tempeln antrifft.

Die hinduistischen Götter haben Menschen- oder Tiergestalt. Sie werden meist als jung und schön dargestellt. Oft haben sie zusätzliche Körperteile (mehrere Köpfe oder Armpaare), die ihre übermenschliche Kraft symbolisieren. Sie unterscheiden sich in Körperhaltung, Haartracht und Kleidung sowie durch ihre spezifischen Attribute und ihr Reittier (Vahana). Jeder Gott kann zudem verschiedene Erscheinungsformen annehmen und besitzt eine ihm eigene »Shakti« (Schöpferkraft), die in der Ikonographie immer als Gemahlin dargestellt wird.

Galt Brahma einst als Schöpfer, Vishnu als Erhalter und Shiva als Zerstörer, so gewann letzterer mit der Zeit immer mehr an Bedeutung, bis er für viele Hindus zum höchsten Gott aufrückte, der Zerstörer und Schöpfer in einem ist. Diese Doppelrolle kommt in seinem kosmischen Tanz symbolisch zum Ausdruck. Weit älter als figürliche Darstellungen in den

Shiva geweihten Tempeln ist der phallische Lingam, der im Volksglauben wichtigste Gegenstand seiner Verehrung. Sinnbild der männlichen Schöpferkraft, ruht der oben abgerundete, zylinderförmige Stein auf der Yoni, einem Sockel mit verschieden geformter Abflußrinne, als Symbol des Mutterschoßes. Die Vereinigung von Lingam und Yoni versinnbildlicht den Schöpfungsakt.

Auf den meisten Darstellungen ist *Shiva*, dessen Hauptattribut der Dreizack ist, vom weißen Stier Nandi begleitet. Dieser bedeutet sowohl sein Vahana als auch die Verkörperung des Gottes selbst. Shivas »Shakti« – ihr Ursprung stammt aus dem Kult einer Muttergottheit, die man schlicht »Devi« (Göttin) nannte – erscheint unter verschiedenen Namen, die ihre bald wohlwollende, bald furchterregende Natur verraten. Als gütige Verkörperung stellt *Parvati*, die Tochter des Himalaya, das Idealbild der treuen Gattin dar. Sie und Shiva werden häufig als göttliches Brautpaar abgebildet. Den heroisch-schrecklichen Aspekt verkörpert die mächtige *Durga*, die »schwer Zugängliche«, die nicht nur als Shivas Shakti, sondern auch als ihm überlegene, selbständige Gottheit auftritt. Sie wird oft abgebildet, wie sie mit ihren zehn Armen und allen göttlichen Attributen versehen den Büffeldämon tötet, der die Welt zu zerstören drohte. In ihrer gräßlichen Gestalt als Herrin des Todes ist sie der schwarzen, bluttrinkenden Volksgöttin Kali verwandt. Sie trägt dann Flammenhaar, Schädel- und Schlangenschmuck und ist in Elefanten- oder Tigerhaut gekleidet.

Als Göttin der Schönheit und des Glücks erfreut sich Vishnus Gattin *Lakshmi* größter Beliebtheit. Sie ist häufig auf einer Lotusblüte zwischen zwei Elefanten sitzend dargestellt. Als Genius des Lichts ist ihr das Deepavali-Lichterfest geweiht. *Vishnu* selbst, dessen Symboltiere der halbmenschliche Sonnenadler Garuda und die Weltenschlange Ananda sind, gilt im shivaitischen Götterkreis als Bruder von Parvati. Eine wichtige Stellung kommt den beiden Söhnen Shivas, Ganesha und Subramaniam (oder Murugan) zu. Oft findet man sie zusammen im Allerheiligsten, obwohl nur *Subramaniam* Hauptgott ist, dessen Statue am Thaipusam-Fest in der Prozession mitgetragen wird. Mit seinem Attribut, dem Speer, ist er der hinduistische Kriegsgott, der bis zu sechs Köpfen besitzt. Sein Lieblingsreittier ist der Pfau, der die Schönheit symbolisiert. Der elefantenköpfige *Ganesha* dagegen muß mit der Ratte Vorlieb nehmen. Er gilt jedoch als Gott der Klugheit und des Wissens, verbürgt Geschäftserfolg und ist mit seinem dicken Bauch als alter Fruchtbarkeitsgenius ein beliebtes Hausidol.

Neben diesen Hauptgöttern ist je der älteste Hindutempel von Singapore, Kuala Lumpur und Penang einer uralten südindischen Volksgöttin geweiht. Es ist *Mariamman*, eine früher schreckliche Pockengöttin, die mit der schwarzen Kali zu einer Gottheit mit Doppelaspekt verschmolz: Als große Muttergöttin spendet sie Leben und Gnade, im destruktiven Aspekt jedoch verschlingt sie ihre eigenen Kinder.

Separate Schreine, meist nur Podeste, besitzen die neun *Navagrahas* oder Planetengötter, welche die sieben Wochentage mit dem Sonnengott Surya in ihrer Mitte und dem Mondgott Soma darstellen.

Religion und Kultur der Naturvölker

13% der Bevölkerung Malaysias zählen zu den Eingeborenen. Diese 1,5 Mio Menschen leben heute meist in Rückzugsgebieten, kommen aber immer mehr mit der Zivilisation in Berührung und verlieren dabei viel von ihrem kulturellen Erbe und ihrer Identität.

Auf die einzelnen Landesteile verteilen sich die Eingeborenen wie folgt:

Sabah	53%
Sarawak	43%
Halbinsel	4%

Für den Touristen stellt sich die prinzipielle ethische Frage, ob er Eingeborene besuchen soll oder nicht. Menschen sind keine Zootiere. Von Kuching aus werden von den Reisebüros Ausflüge in jene Eingeborenendörfer mit Langhäusern organisiert, die auf Touristenbesuche eingestellt sind, auch wenn sie daher nicht mehr als völlig authentisch gelten können. Wer aber weiter ins Landesinnere zu abgeschiedenen Siedlungen vordringt, muß sich bewußt sein, zu einem schädlichen oberflächlichen Kulturkontakt beizutragen und mit Fotoapparatur, Feldstecher, Kompaß und modischer Buschausrüstung auch die materielle Kultur der Eingeborenen in Frage zu stellen.

Die Eingeborenen der Malaiischen Halbinsel werden als »Orang Asli« bezeichnet. »Orang« heißt Mensch, während »Asli« vom arabischen »asuli« kommt und »ursprünglich« oder »aristokratisch« bedeutet. Der Begriff wird auch von den Eingeborenen selbst gutgeheißen, während die ältere Bedeutung »sakai« abgelehnt wird, bedeutet sie doch Sklave und weist darauf hin, daß in früherer Zeit die Eingeborenen, vor allem Kinder, als Sklaven eingefangen wurden.

Man schätzt, daß es auf der Halbinsel noch ca. 60 000 Eingeborene gibt. Sie werden von ihrem Aussehen und ihrer Kultur her sowie nach dem Zeitpunkt ihrer Einwanderung in die drei Gruppen der Negritos, Senoi und Protomalaien untergliedert (Abb. 23). Sie alle sind aus ethnologischer

Naturvölker 75

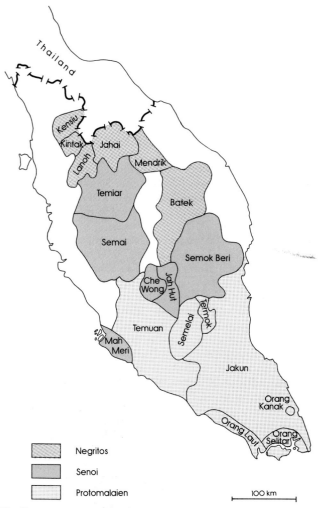

Abb. 23. *Stammesgruppen auf der Halbinsel Malaysia*

Sicht Pygmäen, d. h. von kleinem Wuchs (die Körpergröße des Mannes liegt unter 1,5 m).

Die meisten Orang Asli sind Animisten; sie sehen Felsen und Bäume, aber auch atmosphärische Phänomene wie Donner und Blitz als Sitz oder Manifestation von Geistern an. Einige Stämme glauben an einen höchsten Geist. Priester hingegen kennen sie nicht, doch Schamanen, die sich in Trance setzen können, und Medizinmänner. Es gibt auch viele Tabus, die zum Teil rechtliche Bedeutung haben (Verbot von Diebstahl, Inzest usw.).

Die *Negritos* bilden die kleinste Gruppe (rund 2000 Menschen), waren vermutlich aber die ersten Menschen, die auf die Malaiische Halbinsel eingewandert sind. Ob dies vor 25 000 Jahren geschah, ist umstritten, fehlen doch jegliche prähistorischen Beweise. Sie scheinen mit Negritostämmen auf den Philippinen und den Bewohnern der Andamanen verwandt zu sein, obwohl sie keinerlei Beziehungen zum Meer haben, sondern reine Nomaden sind.

Die *Senoi* sind mit 36 000 Angehörigen die größte Gruppe unter den Orang Asli, bestehen jedoch aus mehreren Untergruppen mit verwandten Sprachen. Vieles weist darauf hin, daß die Senoi rassische Verbindungen mit Bergstämmen haben, die heute in Vietnam und Kambodscha leben. Man vermutet, daß sie von dort her vor 6000 bis 8000 Jahren in die Malaiische Halbinsel eingewandert sind. Die Senoi betreiben Landwechselwirtschaft. Ihre Hauptanbauprodukte sind Trockenreis und Maniok, den sie zu Tapioka verarbeiten. Daneben jagen sie mit dem Blasrohr und fischen. Für die materielle Kultur ist Bambus von überragender Bedeutung. Sie bauen daraus ihre Häuser, die auf Pfählen stehen (S. 275), und verfertigen ihre Alltagsgegenstände. Diese sind öfters ornamental verziert, was einen der wenigen Hinweise auf eine künstlerische Tätigkeit ergibt.

Als dritte Hauptgruppe sind die *Protomalaien* mit rund 25 000 Menschen zu erwähnen, die im Aussehen von den Malaien schwer unterscheidbar sind. Zudem sprechen die Protomalaien an der Westküste von Johor auch malaiisch und bekennen sich zum Islam. Sie scheinen erst vor wenigen Generationen aus Sumatra eingewandert zu sein. Andere im südlichen Teil der Halbinsel kamen vor etwas mehr als hundert Jahren von den indonesischen Inseln nahe Singapore. Somit gibt es in Malaysia Eingeborene, die weniger lang im Land leben als andere Bewohner, die heute noch als Zugewanderte gelten. Die ersten Protomalaien aber mögen vor etwa 4000 Jahren hier eingedrungen sein. Allein schon ihre verschiedenen Einwanderungsphasen weisen darauf hin, daß die Protomalaien in kulturellen

Naturvölker 77

und wirtschaftlichen Belangen nur sehr grob als Einheit betrachtet werden können.

Das Verhalten der Außenwelt zu den Orang Asli war weit in die Kolonialzeit hinein indifferent, bewohnten sie doch schon damals Rückzugs- und Randgebiete. Erst später zeigten die Briten wissenschaftliches Interesse an ihnen, was zur hervorragenden Sammlung im Museum von Taiping (S. 261) führte. Im Zweiten Weltkrieg aber unterstützten die Orang Asli den vom Dschungel aus geführten anti-japanischen Widerstand. Während des kommunistischen Guerrillakrieges (1948–60) versuchten die Briten, den Nahrungsnachschub durch die Orang Asli dadurch zu unterbinden, daß sie jene in geschlossene Lager außerhalb des Dschungels umsiedelten, nachdem sie ihre Hütten zerstört und ihre Kleintiere getötet hatten. Das Scheitern dieser Umsiedlungspolitik, welche die restlichen Orang Asli nur noch tiefer in den Dschungel getrieben hatte, bewog die Briten ab 1954 zur Umkehr ihrer Taktik: Gegen medizinische Versorgung sollten ihnen die Orang Asli fortan im Kampf gegen die Guerillas helfen. Darauf bildete sich die erste Militärformation, die nur aus Senoi bestand (s. Fotos im Muzium Orang Asli, S. 174). Zweiter Weltkrieg und Emergency-Zeit (S. 104f.) hatten die Orang Asli mit der modernen Welt konfrontiert. Heute leben über die Hälfte außerhalb des Dschungels, viele als Plantagenarbeiter. Von den im Dschungel Verbliebenen besitzen die mei-

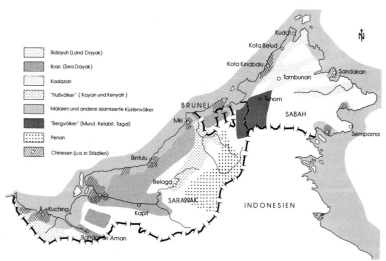

Abb. 24. *Die Ethnien in Sarawak, Sabah und Brunei*

sten Transistorradios, so daß sie die täglich in drei Eingeborenensprachen ausgestrahlten zweistündigen Sendungen, mit denen sie das Innenministerium zu integrieren sucht, empfangen können. Neben medizinischer Hilfe führt der Staat auch agrarische Entwicklungsprojekte an Ort und Stelle durch, vermutlich auch Islamisierungsversuche, und wacht darüber, daß die Orang Asli die restlichen Kommunisten im Dschungel nicht unterstützen. Auch als gewandte Führer durch die Nationalparks werden die Asli gern gebraucht.

Von den Orang Asli der Halbinsel getrennt zu betrachten sind die *Eingeborenen auf Borneo* (Abb. 24). Früher bildete die Grenze zum holländischen (heute indonesischen) Teil der Insel kein Hindernis, und so findet man heute noch einige Stämme auf beiden Seiten der Grenzlinie. Die ursprünglichen Bewohner Borneos sind die Dayak und die Punan. Unter dem Begriff »Dayak« werden eine ganze Reihe von Stämmen zusammengefaßt, die sich zwar in Sprache, sozialer Organisation und materieller Kultur unterscheiden, aber alle an Flüssen wohnen, das gleiche agrarische Anbausystem anwenden und Ähnlichkeiten in ihrer Weltsicht zeigen. Neben den Punan und Dayak leben in Sarawak und Sabah Malaien, die größtenteils von der autochthonen Bevölkerung Borneos abstammen, jetzt aber malaiisch sprechen und sich zum Islam bekennen. Man findet sie vornehmlich an der Küste und entlang der großen Flüsse.

Das Volk der *Punan* zählt nur etwa 4000 Stammesangehörige, die im gebirgigen Innern Borneos leben und im Gegensatz zu den Dayak unter die Nomaden gerechnet werden. Doch muß man annehmen, daß inzwischen mehr als die Hälfte seßhaft geworden ist. Mit ihren Blasrohren erlegen sie Wildschweine und andere Tiere. Ihr Kohlehydratlieferant ist die wilde Sagopalme, an deren Standorten die einzelnen Punan-Gruppen (in der Regel 20 bis 30 Erwachsene und ebensoviele Kinder) einfache Unterstände aus Zweigen bauen. Nach vierzehn Tagen oder wenn der Bestand an Sagopalmen erschöpft oder ein Angehöriger verstorben ist, ziehen sie weiter, die Männer voran; etwas langsamer folgen die Frauen und Kinder. Früher waren die Punan oft Sklaven der höher zivilisierten Dayak, heute kann man sie bei ihnen als Lastenträger sehen.

Unter dem Sammelbegriff *Dayak* leben mindestens 55% der Bevölkerung Sarawaks. Allen gemeinsam ist die landwirtschaftliche Betriebsform der Shifting cultivation (Landwechselwirtschaft). Das Prinzip besteht darin, durch Abbrennen des Waldes die Nährstoffe in der pflanzlichen Biomasse zu mobilisieren und ein Feld wieder zu verlassen, wenn der Boden erschöpft ist, was nach 3 bis 5 Jahren eintrifft. Nach 12 bis 15 Jahren ist Sekundärwald nachgewachsen und die Biomasse soweit regeneriert, daß von neuem gerodet werden kann.

Der richtigen Wahl des Rodungsgebiets kommt große Bedeutung zu. Je nach Stamm wird sie von erfahrenen Pflanzern, Ältesten oder Stammesführern getroffen, die sich dazu oft gewisser Indikatorenpflanzen bedienen: Wo Bambus wächst, gedeiht der Reis, und ein Mangobaum weist auf allgemein günstige Anpflanzbedingungen. Gerodet wird mit Dechseln (Querbeil), neuerdings mit Äxten. Den Zeitpunkt bestimmt das Familienoberhaupt. Nachher müssen die geschlagenen Bäume austrocknen, damit sie gut abbrennen, denn nur die Strünke der größten und die Asche dürfen übrig bleiben. Gebete begleiten daher das schwierige Unterfangen des Abbrennens, das in der trockensten Zeit (Juli/August) stattfindet. Nach erfolgreichem Brand wird eine Woche später ausgesät: an der Parzellengrenze Maniok, in Streifen Mais und Gemüse, vor allem aber Trockenreis, der ohne Bewässerung gezogen wird. Zwischen Aussaat (Anfang September) und Ernte vergehen etwa siebeneinhalb Monate, in denen die Reisbeete gejätet werden müssen. Drei größere Riten helfen das Wachstum fördern. Nach der Reisernte (Ende April/Anfang Mai) findet ein großes Erntedankfest statt.

Die heute immer mehr marginalisierte Shifting cultivation hat keine Zukunft mehr. Dies hat folgenden Hauptgrund:

Einen individuellen Landbesitz im modernen Sinn kannten die Dayak in ihrem »adat«, dem Sitten- und Gesetzeskodex, nie und gerieten so in Widerspruch zur staatlichen Entwicklungspolitik im Agrarsektor, wonach riesige Gebiete Sarawaks durch die FELDA und FELCRA (S. 114) hauptsächlich mit Ölpalmen kultiviert werden sollen. Dazu sind durch Dammbauten ausgedehnte Stammesgebiete überschwemmt oder durch Großrodung zerstört worden. Die Dayak aber können keine Besitzansprüche nachweisen und müssen folglich ihr Land verlassen. Leider lassen sich anscheinend auch einige Langhauschefs (zu den Langhäusern s. S. 332f.) von den Holzfirmen bestechen.

Zwar ist die Shifting cultivation dem Ökosystem des Tropischen Regenwaldes optimal angepaßt, aber nur, solange sich die Bevölkerungszunahme in Grenzen hält. Ohne Zweifel wird auch in Sarawak wegen des starken Bevölkerungszuwachses Regenwald übermäßig zerstört.

Einen gesellschaftlichen Wandel bewirkte auch die Mission. Jenen Dayak, die zum Islam übertreten, winken in Sarawak Vorteile. An einem Übertritt hindert die Dayak aber vor allem das Verbot, weiter ihre Schweine zu halten, und die Beschneidung. Mehr Erfolg verbuchen daher im allgemeinen christliche Missionare, da sie im Gegensatz zum Islam bereit sind, Konzessionen an die traditionellen Gebräuche der Dayak zu machen. Schließlich trägt die Schule, die überall in Stammesgebieten eingerichtet wird, ebenfalls zum sozialen Wandel bei. Nicht verschwiegen werden darf, daß viele Dayak unter der Armutsgrenze leben und eine materielle Besserstellung zur Aufrechterhaltung ihrer Menschenwürde beiträgt.

In Sabah ist die wichtigste Stammesgruppe die der *Kadazan* (oder Dusun), zu denen über die Hälfte der Eingeborenen gehören. In den Küstenebenen und angrenzenden Hügeln betreiben sie Naßreisfeldbau, wozu sie kunstvolle Terrassierungen vornehmen. Die Stämme im Landesinnern ernähren sich dagegen von Reis, der im Regenfeldbau wächst. Zwischen den Kadazan und den Bewohnern der nordöstlichen Philippinen bestehen sprachliche Verwandtschaften.

Es wird für die Eingeborenen Malaysias nicht leicht sein, ihre Identität zumindest in den Grundstrukturen zu bewahren. In Sabah und in Sarawak bestehen Anzeichen für ein selbstbewußteres Auftreten einzelner Stammesangehöriger. Dabei geraten sie allerdings mit den wirtschaftlichen und politischen Interessen staatlicher und religiöser Repräsentanten in Konflikt. Das Selbstbewußtsein der Eingeborenen stärken heißt auch, sie nicht als Ausstellungsobjekt zu mißbrauchen. Mindestens soviel kann der Tourist zu ihrer positiven Entwicklung beitragen.

Christentum und Buddhismus in Malaysia und Singapore

Das Christentum

Das mit den Europäern ins Land gekommene Christentum zählt heute in Malaysia rund 1 Mio Angehörige oder 7% der Bevölkerung, wovon Zweidrittel in Ostmalaysia leben.

Einer frühen Ausbreitung des Katholizismus durch die portugiesischen Missionare wie den heiligen Franz Xaver war im Melaka des 16. und 17. Jahrhunderts praktisch kein Erfolg beschieden. Die protestantischen Holländer aber, die ihnen als neue Handelsmacht nachfolgten, kümmerten sich nicht um Mission. Erst im 19. Jahrhundert erfolgte die große Missionierungswelle und in engem Zusammenhang damit die Gründung zahlreicher englischsprachiger Mittelschulen in Malaysia, vor allem durch die römisch-katholische Kirche und die Methodisten. Beide spielten eine beträchtliche bildungsvermittelnde Rolle, und nicht wenige ihrer Schulen bestehen noch heute und werden wegen ihrer guten Ausbildung auch von Angehörigen anderer Konfessionen gern besucht. Seit 1945 wurden einige Freikirchen aus den USA, vor allem die Baptisten, in Malaysia aktiv.

Kostbare Altarstatue im burmesischen Tempel von Penang (S. 140) ▷

Die Pagode der »Tausend Buddhas« am Kek Lok Si (S. 143 ff.)

Während sich die Christen auf der Halbinsel vorwiegend aus Chinesen und Indern zusammensetzen, kommt in Sabah und Sarawak, wo praktisch keine Inder leben, zu den Chinesen noch ein Teil der bekehrten Eingeborenen. In Sabah, wo der Anteil der animistischen Stammesreligionen auf nur noch 2% gesunken ist, fiel dem Islam der Großteil der Bekehrten zu. In Sarawak hingegen teilen sich Islam und Christentum in die Neubekehrten, während noch 15% der Bevölkerung ihrer Stammesreligion anhängt.

Im Zusammenhang mit der jüngsten Islamisierungswelle in Malaysia kam es zu religionsfeindlichen Ausschreitungen gegenüber Christen (s. S. 62), was auf eine fortschreitende Intoleranz des Staates weist.

Der Buddhismus

Der Buddhismus in Malaysia und Singapore unterscheidet sich in die weitverbreitete Richtung des Mahayana, dem ein Großteil der chinesischen Bevölkerung anhängt, und in die zahlenmäßig unbedeutende des Theravada, zu dem sich die im Land ansässigen kleinen Gruppen der Thai, Singhalesen und Burmesen bekennen. Da der chinesische Buddhismus, auf den hier allein eingegangen sei, sich aber meist so eng mit dem Taoismus und Konfuzianismus verband, daß daraus der für die chinesische Religion charakteristische Synkretismus hervorging, wird er im Kapitel »Religion und Kultur der Chinesen« (S. 62 ff.) behandelt. Zudem existiert bei den fließenden Grenzen keine glaubwürdige Statistik, die die Chinesen in Buddhisten und Nichtbuddhisten unterteilte.

Die Kultbauten

Die Moschee

Jede Moschee besteht aus einer Gebetshalle, die gegen Mekka gerichtet ist und deren Abschlußmauer »Kiblat« genannt wird. Dahinter befinden sich weder Räume noch Umgänge, dagegen enthält sie eine leere Nische, den »mihrab«, vor dem der Iman den Gläubigen vorbetet. Meist rechts vom Mihrab steht der Minbar, eine Art Kanzel oder nur ein erhöhter Sitz, von dem aus die Predigt gehalten wird. Die Anlagen für die rituellen Waschungen, früher im Freien vor der Moschee, werden modernerweise darunter gebaut.

In Malaysia kann man verschiedene Moscheentypen unterscheiden, die im folgenden näher charakterisiert werden:

1. Die Melaka-Moschee

Den ältesten in Malaysia erhaltenen Moscheentyp findet man im Teilstaat Melaka. Auch ist seine Bauweise unter dem Begriff Melaka-Stil bekannt. Das Hauptkennzeichen ist das dreigestufte Pyramidendach, das von vorislamischen Tempeln in Indonesien übernommen wurde. Das oberste Teildach mit der typischen Schmuckkrone aus Stein wird daher noch immer als »meru« (Weltenberg und Göttersitz) bezeichnet.

Die alten Melaka-Moscheen wurden alle erst in holländischer Zeit, d. h. in der ersten Hälfte des 18. Jahrhunderts erbaut, haben aber die Architekturform aus der Zeit des Melaka-Sultanats (15. Jh.) übernommen. Waren sie einst ganz aus Holz gebaut und trugen Palmstrohdächer (attap), bürgerte sich später der Gebrauch von Backstein, Zement und Ziegeln ein.

Die traditionelle Moschee besaß einen quadratischen Grundriß, eine Steinmauer zum Schutz der Anlage, ein Bassin für die rituellen Waschungen und am Eingangstor einen überdachten Platz, wo die Moscheetrommel hing (vgl. Masjid Hulu, S. 193), um die Gläubigen zusammenzurufen. Denn die ursprüngliche Moschee in Malaysia kannte – wie noch heute viele Dorfmoscheen im Gebiet von Melaka – kein Minarett. Es kam erst später dazu und steht immer separat. Architektonisch lehnen sich die Minarette der Melaka-Moscheen an die chinesischen Pagoden an, vereinzelt gemischt mit mogulindischen Elementen.

2. Die Zwiebelkuppelmoschee

Erst Anfang des 20. Jahrhunderts entstand in Westmalaysia ein neuer Moscheetyp mit Zwiebelkuppeln, wie man sie aus Afrika, dem Nahen Osten oder Indien kennt. Es handelt sich dabei um eine Mischform, deren Varianten bald die ganze Halbinsel übersäten. Besonders in den Städten oder in der Nähe der Sultanspaläste wuchs diese neue aus maurisch-arabischer und mogulindischer Architektur zusammengesetzte Form, deren bekanntestes Beispiel die Ubudiah-Moschee von Kuala Kangsar (S. 262) darstellt. Hauptmerkmal neben den schon von weitem glänzenden Goldkuppeln – in ärmeren Gegenden kann das Goldblech zwar durch gelbe Farbe ersetzt sein – sind die vielen auf Dachrändern, Toreingängen und Minaretten thronenden »Turmhüte« mogulindischer Herkunft. Sie bestehen im Prinzip aus einem Arkadengang, einer breitrandigen vier- oder achteckigen Deckplatte und einer Zwiebelkuppel und kommen auch an profanen Gebäuden wie dem berühmten Bahnhof von Kuala Lumpur (S. 165) vor. Die Vielfalt der Bogen, vor allem die Hufeisenform, die nun die Wände der Gebets- und Vorhallen durchbrechen und von überallher Licht einfluten lassen, sind dagegen maurisches Erbe.

Ausnahmen zum dargestellten Typ der Zwiebelkuppelmoschee findet man in den »*Palast*«-*Moscheen*, besonders im Teilstaat Johor. Kennzeichen sind außer der mehrflügeligen Anlage die massiven Minarette, deren Fensterreihen, zum Teil mit Läden versehen, mehr zu einem Schloßturm passen. Das überraschendste Beispiel ist die Freitagsmoschee von Muar (Johor), wo man glaubt, vor einem kleineren Barockschloß zu stehen (S. 307). Weitere »Palast«-Moscheen sind die Abu Bakar-Moschee in Johor Bahru und die Al-Muhammadi-Moschee in Kota Bharu (Kelantan).

3. Die Monumentalmoschee

Den Auftakt zu immer größeren Dimensionen im Moscheenbau hat die 1956 fertiggestellte Nationalmoschee in Kuala Lumpur gegeben. Damals eine der größten in Südostasien, traten in den letzten Jahren modernere zu ihr in Konkurrenz oder stellten sie gar in den Schatten. Unter diesen jüngsten Monumentalbauten, die aus der islamischen Erneuerungsbewegung heraus entstanden sind, übertrifft die von 1983–87 erbaute Sultan Salahuddin Abdul Aziz Shah-Moschee in Shah Alam (Selangor) mit einer für 10 000 Menschen konzipierten Haupthalle alle übrigen an imposanter Pracht und Größe (S. 179 f.). Doch auch die Al'Azim-Moschee von Melaka und die neue Staatsmoschee in Kuching (Sarawak) übertrumpfen alles bisherige. Baustilmäßig aber sind sie unterschiedlich und reichen von der modernen Faltdachkuppel (Kuala Lumpur) über den traditionellen Zentralkuppelbau, wie er im Nahen Osten vorherrscht (Shah Alam und Kuching), bis zur gestuften Pyramidendach-Moschee, die sich an älteren einheimischen Vorbildern orientiert (Melaka).

Der chinesische Tempel

Die Halle ist das Grundelement des chinesischen Tempelbaus, und selbst in vielen Profanbauten kommt ihr konstruktiv überragende Bedeutung zu. Im einfachsten Fall besteht die Halle aus 4 Säulen, auf der ein Sattel- oder Walmdach ruht. Die Wand ist von geringerem Belang. Sie trennt den Tempel gegen außen ab oder scheidet im Innern den Sakralbereich von den Lagerräumen und den Zimmern der Wärterfamilie. Sie trägt Verzierungen oder ist durch runde Fenster aufgelockert. Tragende

Teile aber bleiben die Säulen. Dadurch erhält der traditionelle Tempel ein leichtes, beinahe luftiges Aussehen. Diesen Grundcharakter der chinesischen Baukunst hat Goethe in einem Epigramm (von 1796) festgehalten:
> Einen Chinesen sah ich in Rom; die gesamten Gebäude
> Alter und neuerer Zeit schienen ihm lästig und schwer.
> »Ach!« so seufzt' er, »die Armen! ich hoffe, sie sollen begreifen,
> Wie erst Säulchen von Holz tragen des Daches Gezelt,
> Daß an Latten und Patten, Geschnitz und bunter Vergoldung
> Sich des gebildeten Augs feinerer Sinn nur erfreut.«

Dieses Merkmal kommt in Südostasien besonders schön zur Geltung, verlangen doch hier – im Gegensatz zu weiten Teilen Chinas – die Temperaturen keinerlei Schutz gegen winterliche Kälte, so daß die Füllungen zwischen den Säulen wegfallen können.

Als Grundmaß der chinesischen Hallenbauten zählt denn auch der Zwischenraum zwischen den Säulen (jian, Abb. 27). Nur gerade die Verbindungshallen und einfache Vorhallen (beispielsweise beim Schlangentempel in Penang) besitzen 4 Säulen, während zu den Haupthallen und den Eingangshallen meist mehrere Zwischenräume gehören, die jedoch nicht gleich breit sein müssen. Die Zahl der Zwischenräume wird immer ungerade sein, damit die Längsachse des Tempels, die zugleich Symmetrieachse ist, einen »jian« in zwei Hälften teilt. Durch seine Breite oder den Säulenschmuck wird der mittlere, der »helle Zwischenraum« (mingjian) oft besonders betont.

Die Halle ist das eine Merkmal des chinesischen Tempels, die Gruppierung der Hallen zu einem Ensemble das andere. Nur die Pagode steht als einziges chinesisches Bauwerk für sich allein (Beispiel in Malaysia: Telok Intan S. 273f.), während die Halle immer mit anderen zusammen ein Gesamtbauwerk bildet. Hallen und dazwischenliegende Höfe charakterisieren daher den Grundriß des chinesischen Baus.

Die Tempelanlagen Südostasiens können vom Grundriß her zwei Typen zugeordnet werden (Abb. 25). Der *Kompakttempel* setzt sich aus der Haupthalle und einer wandlosen Vorhalle zusammen. Während man in der Haupthalle die zentralen Schreine und Altartische vorfindet, steht in der Vorhalle oft ein Dreifußgefäß für die Räucherstäbchen, mit denen die Gläubigen ihr Gebet zum Himmel steigen lassen. Der Vorhof ist von der Straße durch eine Mauer abgetrennt; eine Torhalle oder ein Zierbogen überspannt den Eingang.

Bei der *Zwischenhofanlage* betritt der Besucher von der Straße her unmittelbar die Eingangshalle, in der Altartische aufgestellt sind. Durch zwei seitliche oder eine zentrale Verbindungshalle kommt man zur Haupthalle, während der Zwischenhof nur als Lichteinlaß fungiert. Die

Der chinesische Tempel

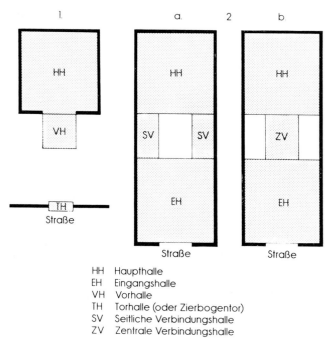

Abb. 25. *Die beiden Tempeltypen Südostasiens: 1 Kompaktanlage, 2 a b Zwischenhofanlagen*

Tempelanlage wird oft durch Seitenflügel ergänzt (Abb. 26), in denen Seitenschreine und die Wohnung der Wärterfamilie untergebracht sind; hinter der Haupthalle folgt meist ein Hof mit offenen Halbhallen, in denen weitere Schreine stehen.

Im Detail stellt man an den Tempeln weitere Gemeinsamkeiten fest (Abb. 27 und 28): Von der *Eingangshalle* ist ein terrassenartiger Außenteil abgegrenzt. Ein Löwenpaar oder spiralige Türsteine säumen den Eingang, auf dessen Tore Drachen oder die beiden Men Shen (S. 130) gemalt sind, die die bösen Geister abhalten sollen. Die Schwelle ist oft recht hoch; schreitet man darüber, macht man unwillkürlich eine kleine Verbeugung, was der Zweck des Hindernisses ist und nicht etwa – wie oft behauptet – der Schutz vor dem Eindringen böser Geister. An den Seitenwänden der Eingangshalle sind mythologische Bilder und Donatorentafeln angebracht. In den seitlichen *Zwischenhöfen* findet man brunnenartige Becken mit Schildkröten als Zeichen der Langlebigkeit. In der *Haupthalle* herrscht

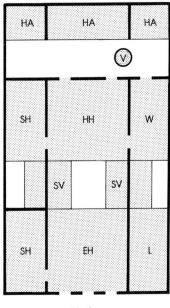

Straße

HH Haupthalle
EH Eingangshalle
SV Seitliche Verbindungshalle
SH Seitenhalle
L Lagerraum
W Wohnraum
HA Halbhalle
V Verbrennungsofen

Abb. 26. *Erweiterte Zwischenhofanlage (Grundriß)*

meist dichtes Gedränge (Abb. 28). Auf den großen Altartischen liegen neben Öllampen und Blumenvasen die verschiedenen Opfergaben: Obst, Eier und in taoistischen Tempeln auch Fleisch. In verschiedenen Bronze- und Porzellanbehältern stecken Räucherstäbchen und Stabkerzchen. Links im Querteil der Haupthalle, der in der Symmetrie dem Altarteil entspricht, hängt eine große *Trommel*, rechts die *Glocke*. Sie werden bei wichtigen Zeremonien angeschlagen. Entsprechend befinden sich auf dem zentralen Altartisch links eine Schlitztrommel und rechts ein Metallbecken, das wie eine Glocke tönt. Vor den Altartischen liegen Kissen am Boden, auf denen die Gläubigen zum Gebet knien oder wenn sie ein Stäbchen (»wen bei«) aus dem Bambusbehälter schütteln, um vom Tempelwärter die entsprechende Weissagung zu erhalten, doch nicht bevor die beiden nierenförmigen Klötzchen (»wen qian«) auf den Boden geworfen wurden. Liegen entsprechende Seiten gegen oben, ist das richtige Stäbchen aus dem Behälter gefallen, sonst beginnt das Schütteln von neuem. Der Weissagungszettelkasten befindet sich beim Verkaufsstand. Der Laie wird aus dem Text meist nicht klug, er braucht den Tempelwärter, der die Aussage auf die Anfrage hin interpretiert.

Die *Götterstatuen* stehen in kastenförmigen Schreinen. Sie befinden sich oft hinter einem Altarabschluß, der prachtvoll geschnitzt oder bemalt ist. Auch am Boden unter den Schreinen können Götterstatuen stehen – vor allem solche, die der Hölle zugeordnet sind, und die fünf Tigergottheiten, die von den Müttern kranker Kinder angerufen werden. Fleischopfer sind

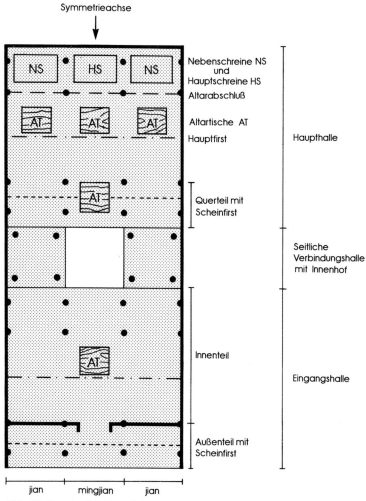

Abb. 27. *Detailmodell (Grundriß) einer Zwischenhofanlage*

88 Die Kultbauten

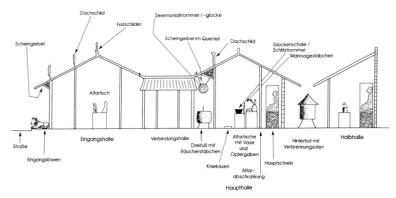

Abb. 28. *Schematischer Querschnitt durch einen chinesischen Tempel (Zwischenhofanlage)*

hier häufig. Die Opiumgötter schließlich stehen meist in Nebenschreinen oder Seitentempeln. In einem der Höfe steht ein *Verbrennungsofen*, in den die Gläubigen spezielles Papiergeld werfen, um den Vorfahren das Leben im Jenseits zu erleichtern.

In den meisten Tempelhallen lenkt ein reich geschnitztes und bemaltes *Konsolensystem* (Abb. 29) von der Dachkonstruktion ab, und oft sind im Querteil und am Außenteil der Eingangshalle Zusatzdecken eingezogen, die *Scheingiebel* bilden und die eigentliche Dachkonstruktion verdecken. Die *Säulen* empfindet der Besucher eher als zufällig aufgestellt, um so mehr sie sich in Querschnitt, Material und Schmuck unterscheiden. Viele Säulen bleiben unverziert oder wurden

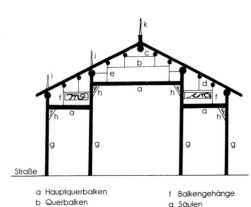

a Hauptquerbalken
b Querbalken
c Firstpfette
d Pfetten
e Hängesäulen
f Balkengehänge
g Säulen
h Konsolen (jiaoti)
i Dachschild
k Firstschild

Abb. 29. *Schematischer Querschnitt durch eine Tempelhalle mit der typischen Dachstuhlkonstruktion*

nur mit Schriftzeichen, die einen belehrenden Spruch ergeben, versehen. Oft hängen auch hölzerne Schrifttafeln an den Säulen. Schmückende Kapitelle, wie sie für die abendländische Baukunst typisch sind, fehlen gänzlich. Auf der Straßenseite durchstoßen die Säulen gleichsam das Satteldach und enden in *Dachschildern* (Abb. 29); Drachen, Phönixe und das Wunschjuwel sind die am häufigsten dargestellten Motive.

Das handwerkliche Können der Chinesen manifestiert sich jedoch primär am *Gebälk des Dachstuhls*. Die Hauptquer- und -längsbalken (Abb. 23) sind mit Szenen aus dem chinesischen Legendenschatz oder Ornamenten bemalt. Die Balkenzwischenräume füllen vergoldete Schnitzereien (»Balkengehänge«, Abb. 29) aus, die da und dort selbst am untersten Balken angehängt werden. Größte Sorgfalt in der künstlerischen Gestaltung aber gilt dem Konsolensystem.

Im europäischen Holzbau verwendet man Querstreben und Eckverstrebungen, um dem Bau Festigkeit zu geben. Solche fehlen am chinesischen Tempel. Zwar brachte man da und dort in den Ecken zwischen den Säulen und Hauptbalken schmale, lange Konsolen (jiaoti) an, sie sind aber reich geschnitzt und dienen nur der Verzierung, nicht der Statik. Säule und Hauptbalken stoßen rechtwinklig aufeinander, und das darauf aufbauende Konsolensystem betont die Horizontale und Vertikale bis zur Dachschräge weiter. Diese verschwindet im Dunkeln, um so mehr, als sie oft vom Rauch völlig geschwärzt ist; in neueren Tempeln dagegen werden die Dachsparren auffallend kräftig bemalt und bilden ein Pendant zu den aufgewölbten Ziegellagen auf dem Dach. Innen und außen tritt die Schräge des Daches »weniger als Bruch des Rechteckprinzips, denn als seine Betonung auf« (Thilo S. 52).

Hin und wieder trennen Stufen die Bauteile voneinander ab; so liegt der Zwischenhof oft einen oder zwei Tritte tiefer, damit das Regenwasser nicht in den Tempel fließen kann. Doch strukturiert wird ein Tempel nicht durch solche Stufen, sondern allein durch die Symmetrie der Gesamtanlage und durch die Vorherrschaft des rechten Winkels.

Der Hindutempel

Lange vor dem Islam hatte der Hinduismus in Malaysia Fuß gefaßt. Auch wenn die heutigen Hindutempel höchstens in die zweite Hälfte des 19. Jahrhunderts zurückgehen und in ihrer bunten Farbenpracht eher der Volkskunst, wenn auch einer hoch entwickelten, zuzuordnen sind, beruhen sie doch auf jahrhundertealter Tradition.

Die im 19. und 20. Jahrhundert nach Malaysia und Singapore eingewanderten Hindus waren vorwiegend Tamilen aus Südindien, die ihre Tempel den dravidischen Vorbildern ihrer Heimat nachgebaut haben. Ein Hauptmerkmal dabei ist die Betonung der Horizontale. Während in Nordindien dem Tempelturm über der Cella zentrale Bedeutung zukommt, tritt in der dravidischen (südindischen) Baukunst die Tempelumfassung mit dem Torturm (Gopuram) an erste Stelle. Der im Grundriß längliche Gopuram, dessen Tonnendach mit von Dämonenmasken gekrönten Flammenornamenten endet, dominiert den Bau. Der viel kürzere, teils kuppelförmige Vimana (Tempelturm), der aus dem Terrassendach aufragt, kennzeichnet den Ort des Allerheiligsten (»Garbhagriha« oder Mutterschoß), das in der fensterlosen Cella am Ende oder in der Mitte einer weiten, offenen Kulthalle (Mandapa) aufbewahrt wird.

Die Tempel und besonders ihre Aufbauten wurden mit einer ständig wachsenden Fülle architektonischer Ornamente und Götterfiguren in leuchtenden Farben verziert, bis sie in jenem überschwenglichen Stil endeten, in welchem es kaum eine ungeschmückte Stelle mehr gab. Diese bildnerische Tradition ist den Tamilen bis heute erhalten geblieben, auch wenn es große Unterschiede im Feinheitsgrad der dargestellten Skulpturen gibt.

Der thailändische Wat

In den bis Anfang des 20. Jahrhunderts unter thailändischer Kontrolle stehenden nördlichen Teilstaaten sind noch heute größere Thai-Gemeinden zu finden.

Ihre religiösen Anlagen, die alle dem strengeren Theravada-Buddhismus angehören, folgen in den Tempelbauten entweder dem eleganten, flammenzüngelnden Ratanakosin-Stil (Ende 18. – Anfang 20. Jh.) wie die Wat von Petaling Jaya, Alor Setar und Padang Sera (Kedah), oder aber es sind nur einfache Hallen, wo die figürliche Ausstattung als Ausdruck farbenfroher Volkskunst den Vorrang hat. Als Beispiele mögen hier die beiden ruhenden Buddhas von Penang und Kampong Jambu (Kelantan) dienen.

Volkskunst

Kunsthandwerk

Für ihr eigenständiges Kunstgewerbe sind vor allem die Malaien an der Ostküste der Halbinsel und die Eingeborenenstämme Borneos bekannt. Etwas vom Kostbarsten sind die noch heute handgewobenen und als »kain songket« bekannten *Seidenbrokatstoffe* mit Gold- und Silberfadenmustern. Einst waren sie dem Adel vorbehalten, heute werden sie bei formellen Anlässen und Zeremonien, besonders auch an Hochzeiten, getragen. Ein Meter bester Qualität, für dessen Herstellung man 7 Arbeitstage rechnet, kostet ca. M$ 200.–. In den Songket-Webstätten von Kota Bharu (S. 287) kann man Frauen bei der Arbeit zusehen.

Das Herstellen von *Batikstoffen* (eine Fabrik steht auch in der Nähe von Kuala Lumpur, S. 174) dagegen ist erst seit 1910 in Kelantan heimisch und von Indonesien übernommen worden. Ebenfalls aus Indonesien stammt das noch immer ausgeübte Schmieden kunstvoller Krise (Dolche), die heute nur noch bei hohen Zeremonien wie der Sultanskrönung getragen werden. Auch das *Silberschmieden* ist ein traditionsreiches Kunsthandwerk der Ostküste. Die Herstellung reicht vom zierlichsten Filigranschmuck zu reich dekorierten Hausratsgegenständen.

Unter den kunsthandwerklichen Gegenständen, die auf Borneo hergestellt werden, sind die vom Stamm der Iban gewobenen »pua«, Zeremonialtücher, am berühmtesten. Sie werden in der komplizierten Ikat-Technik gewoben. Die Ikat-Methode ist eine Einfärbetechnik mittels Abbinden jener Stellen, die im Muster heller erscheinen sollen. Die Iban in Sarawak praktizieren den Ketten-Ikat, während andere Gruppen den schwierigeren Schußfaden-Ikat verwenden. Beim Ketten-Ikat wird das ganze Muster in die Kettenfäden eingefärbt und anschließend mit einem neutralen Faden gewoben. Früher wurden nur selbstgemachte, aus Blättern, Wurzeln und Beeren gewonnene Farbstoffe verwendet, heute werden auch chemische hinzugefügt, wodurch die modernen »pua« grellere Farbtöne aufweisen. Beachtenswert an den »pua« sind ihre komplizierten Muster, in denen nicht nur geometrische Figuren, sondern auch hochstilisierte Tier- und Menschendarstellungen vorkommen. Man sagt, daß früher jede Frau im Stande sein mußte, ihrem künftigen Mann ein »pua« zu weben.

Auch im *Holzschnitzen* ragen die Iban hervor. Ihr Lieblingsmotiv geblieben ist der meist bunt bemalte Zeremonial-Nashornvogel, der früher an Festen geschmückt mitgetragen und symbolisch gefüttert wurde, damit sich sein Geist in der Nacht zu einem feindlichen Langhaus begebe, um dort die Kampfeskraft der Bewohner zu schwächen.

Flechtwaren kommen zwar fast überall vor, auf Borneo trifft man jedoch außerordentlich kunstvoll geflochtene Körbe und Matten aus Pandanusblättern an, die stilisierte Reis- oder Farnschosse, Habichte, Tigerschwänze oder Blasrohrenden als Dekormotive tragen. Dieselben Muster finden sich bei verschiedenen Stämmen, da sie voneinander übernommen wurden. Besonders dekorative Kegelhüte, die als stabiler Regen- und Sonnenschutz noch immer bei der Feldarbeit dienen, stellen die Melanau in Sarawak, aber auch die Kadazan in Sabah her.

Freizeitkünste

Viele traditionelle Freizeitspiele der Malaien hatten sich während den Erntepausen entwickelt, andere wurden als Unterhaltung bei Festen und Feiern vorgeführt. Einzelne dieser Spiele werden heute nur noch in Kedah im Nordwesten und in den beiden Ostküstenstaaten Kelantan und Terengganu gepflegt, andere sind dagegen in ganz Malaysia populär geworden. Dazu gehören die malaiische Selbstverteidigungsart »silat«, das Ballspiel »sepak raga« und das Merbok-Vogelsingen.

Das *silat,* seit dem 15. Jahrhundert aus Nordsumatra übernommen und zunächst am Sultanshof von Melaka praktiziert, verlangt wie andere Kampfsportarten hohe Geschicklichkeit, Disziplin und Anmut der Bewegungen. Heute ist es kein Kampf mehr um Leben und Tod, sondern wird oft bei Hochzeitsfeiern zu Trommel- und Gongschlägen dargeboten.

Das *sepak raga* ist ein in ganz Malaysia betriebenes Ballspiel, zu dem es nur einen kleinen, aus Rotang geflochtenen, leichten Ball braucht. Dieser sollte möglichst ununterbrochen durch die Luft fliegen, wobei die Spieler ihre Arme nicht benutzen dürfen. Nur Beine, Kopf und Schultern sind erlaubt. Bei der Variante des »sepak takraw« wird zusätzlich über ein Netz gespielt.

Das *Wettsingen mit den Merbok,* hübschen, in Malaysia heimischen Vögeln (Geopelia striata, Sperbertäubchen), die zu jeder Tageszeit singen, besonders eifrig in den frühen Morgenstunden, wird in Malaysia und Singapore meist an einem Sonntagmorgen (resp. Freitagmorgen) oder an öffentlichen Feiertagen abgehalten. Wer nicht das Glück hat, einem Wettsingen zuzuhören, wird auf dem Dorf wie in städtischen Wohnquartieren Bäume oder hohe Stangen mit Vogelkäfigen antreffen. Sie gehören Anwohnern, die ihren Merbok ins Freie hängen, damit er sich mit andern übe. Die beste Singhöhe für die Merbok scheint auf 8 m zu liegen. Jeder

Vogel hat seine eigene Stimmlage. Die besten Sänger werden für mehrere Tausend M$ gehandelt.

Zu den vorwiegend in Kelantan heimischen Freizeitspielen (mit »silat« regelmäßig vorgeführt im Kulturzentrum von Kota Bharu, S. 285 f.) gehören das Steigenlassen von Drachen, das Kreiseldrehen und das Spiel auf Riesenkesseltrommeln.

Beim Wettbewerb des Steigenlassens von Drachen, *Main wau*, ist der dekorative Monddrache (»wau bulan«) mit dem halbmondförmigen Unterteil der beliebteste, den man in verkleinerter Form überall als Souvenirartikel angeboten erhält. Die echten Drachen haben 2 m Spannweite und steigen bis 150 m Höhe. Dieses seit Jahrhunderten in Kelantan verwurzelte Freizeitvergnügen wurde nach erfolgter Reisernte im März von den Bauern der einzelnen Dörfer im gegenseitigen Wettstreit ausgetragen.

Main gasing ist die zweite Unterhaltungsart nach erfolgter Reisernte: Die tellergroßen Kreiselscheiben wiegen durchschnittlich 5,5 kg, so daß es Kraft und Geschick erfordert, sie mit dem exakt aufgerollten 5 m langen Seil so zu schleudern, daß sie alsdann auf dem Boden rotieren und in diesem Zustand mit einem Holzstab aufgehoben und zum Weiterdrehen auf ein Bambusrohr gesetzt werden können. Der Rekord liegt bei fast zwei Stunden.

Rebana nennt man die in Kelantan entstandenen Riesenkesseltrommeln, die bei Festen oder Trommelwettbewerben nur mit Händen rhythmisch geschlagen werden. Die größten wiegen 109 kg, und der bespannte Teil hat einen Durchmesser von 91 cm. Die Trommeln werden zum Spiel so aufgehängt, daß das Schlagfell senkrecht steht.

Musik, Tanz und Theater

Die malaiische *Musik* tritt vorwiegend als Begleitmusik zu Tanz, Schattenspieltheater, ja sogar zu Silat-Kämpfen (S. 92) als rhythmischer Ansporn in Erscheinung. Zu den drei Hauptinstrumenten zählen der »gendang«, eine mittelgroße Zylindertrommel, die beidseitig mit den Fingern geschlagen wird, der »tawak-tawak«, ein breitrandiger großer Gong mit einer Ausbuchtung in der Mitte, und der »rebab«, eine dreisaitige Stehgeige. Wie bestimmend der Rhythmus ist, ersieht man daraus, daß das malaiische Orchester außer dem »gendang« noch zwölf weitere Trommelarten kennt. Seit jeher als kostbarstes Instrument empfunden wird die Stehgeige, der eine magische Zauberkraft nachgesagt wird. Das Ensemble wird hauptsächlich von der Schalmei (serunai), die schon immer zum fürstlichen Orchester, dem Nobat, gehörte, ferner den Messingbecken (kesi) und den kleinen Kesselgongs (chanang) ergänzt. Obwohl das malaiische Orchester an das indonesische Gamelan erinnert, hat es eine von jenem verschiedene Zusammensetzung und Klangfarbe. Auch sind die malaiischen Instrumente näher mit jenen Kambodschas, Thailands und Südindiens verwandt. Doch beruht die Musik ebenfalls auf einer für unser Ohr ungewohnten, als verschwommen bis verstimmt wahrgenommenen Klangvielfalt, deren Haupttonsysteme die aus dem alten China stammende Fünftonreihe (mit regelmäßigen Fünfviertel-Intervallen) und ihre Erweiterung zur heptatonalen Leiter (mit ungleichen Intervallen) sind.

Leider erlebt der ausländische Besucher die malaiische Musik ebenso selten wie die dazugehörigen Tänze und übrigen Aufführungen. Trifft er nicht gerade auf ein öffentlich gefeiertes Fest, wie zum Beispiel die Geburtstage der malaiischen Sultane, so muß er sich mit den von Tanzgruppen gebotenen Veranstaltungen in einzelnen Hotels oder im Kulturzentrum von Kota Bharu (S. 285f.) begnügen. Auch in Ostmalaysia entsprechen die kurzen Willkommenstänze, die eine Gruppe Eingeborener in den auf Touristenbesuch eingerichteten Langhäusern vorführt, nicht mehr lebendiger Stammestradition. Um das Aussterben von Tänzen und andern Gebräuchen zu verhindern, veranstaltet Kuala Lumpur sogenannte Kulturfestivals mit Beiträgen aus allen Landesgegenden. Ähnliche Veranstaltungen führt auch Singapore regelmäßig durch.

Das Charakteristische der malaiischen *Tänze* ist der Vorrang der Arm- und Handbewegungen gegenüber den Schritten. Zu den traditionellen Tänzen gehören zunächst die Hoftänze. Der berühmteste ist der von jungen, im Palast erzogenen Mädchen getanzte »Ashek«, der 1909 zum letztenmal als Hoftanz aufgeführt wurde. Heute pflegen ihn in vereinfachter Form Kulturtanzgruppen in Kelantan. Eine separate Gattung stellen die langsamen Rundtänze im Ma'yong (s. unten) dar. Daneben waren die jahreszeitbedingten Volkstänze vor der Reissaat und -ernte wichtig, um die Geister günstig zu stimmen, oder Fischertänze als Dank für eine gute Rückkehr vom Hochseefischfang. Von den Portugiesen adaptierten die Malaien Tänze wie den »Ronggeng«, bei dem wie beim europäischen Tanz die Schritte wichtiger sind als Arm- und Handbewegungen. Auch von den arabischen Händlern wurden schon früh zum Teil religiöse, nur von jungen Männern ausgeführte Tänze übernommen. Ganz in Malaysia aber hat das *Ma'yong-Tanzdrama* seinen Ursprung, ein am Sultanshof von Kelantan beheimatetes Stegreiftheater, das noch im letzten Jahrhundert zu den Hauptunterhaltungen der Oberschicht gehörte, in deren Privathäusern es aufgeführt wurde. Außer den Komödianten, die für witzige Interakte sorgen, haben lauter junge Schauspielerinnen die Sing- und Tanzpartien selbst der Männerrollen inne. Die zwölf Hauptgeschichten des romantischen Dramas erzählen die vielen Abenteuer eines Prinzen, bis er schließlich die Auserwählte gewinnt.

Auch das *Wayang-Kulit*-Schattenspieltheater ist vom Aussterben bedroht und regelmäßig nur noch im Kulturzentrum von Kota Bharu (S. 285 f.) zu sehen. Im 19. Jahrhundert reisten Wanderpuppenspieler aus den nördlichen Teilstaaten durch die Halbinsel, während Ostmalaysia und Brunei diese Kunst nie kannten. Heute besteht das Wayang Kulit praktisch nur noch in Kelantan, wo 1969 rund dreihundert Puppenspieler gezählt wurden, die fähig waren, eine ganze Aufführung durchzustehen. Denn das Schattenspieltheater steht und fällt mit dem Tok Dalang, dem Puppenspieler, der hinter dem beleuchteten Schirm sitzt und alles als Einmanntheater in Bewegung setzt: die Figuren, das Orchester und vor allem seine Stimme, die der ganzen Erzählung Spannung und Leben verleiht – und dies während einer dreistündigen Aufführungsdauer! Die flachen, farbig bemalten Schattenfiguren aus Büffelleder tragen fein ausgeschnittene Durchbruchmuster. Die Körper sind meist frontal dargestellt, mit seitlich gestellten Armen und Füßen, an denen alle Zehen und Finger sichtbar sind. Dämonen und Affen haben Kugelaugen und Hauerzähne, Götter, Helden und Frauen Mandelaugen. Jedes Spiel endet mit dem Sieg des Guten. Das malaiische Wayang Kulit ist weniger mit dem javanischen als mit denjenigen Thailands und Kambodschas verwandt und bezieht wie diese den Erzählstoff mehr aus dem hinduistischen Epos des Ramayana als aus dem Mahabharata, der anderen großen indischen Dichtung.

Weit öfters noch zu sehen, vor allem an Orten mit hohem chinesischem Bevölkerungsanteil wie in Singapore, Penang und Kuching, sind Aufführungen der *chinesischen Straßenoper*, kurz »Wayang« (Theater) genannt. Eng mit religiösen Riten verbunden, reichen ihre Wurzeln bis 4000 Jahre zurück. Seither hat sie sich unter den verschiedenen Dynastien erweitert, gewandelt und zu einer hohen Kunstform verfeinert. Mit den südchinesischen Einwanderern ist sie im 19. Jahrhundert nach Malaysia und Singapore gekommen. Da sie primär als Unterhaltung für die Götter und erst in zweiter Linie für die Menschen gilt, zahlt auch heute noch die Tempelvereinigung zu bestimmten Festen ihres Tempels Opernaufführungen, die für die Zuschauer gratis sind. So dient während des Festes »der hungrigen Geister« (besonders in Singapore im August / September) die Oper dazu, die Seelen der Toten zu besänftigen. Daneben aber gab es schon bald profane Opernaufführungen in festen Theatern, die bis zum Aufkommen des Kinos, das ihre Beliebtheit stark zurückdrängte, eine der wenigen »Massenunterhaltungen« darstellten. Heute wird die Oper bewußt als Kunstwerk wieder gepflegt und mit neuen Impulsen aus dem Mutterland bereichert. Untertitel sollen zum besseren Verständnis beitragen, denn die Opern werden nicht in Mandarin aufgeführt, sondern meist auf Hokkien, Teochew oder Kantonesisch.

Der dem älteren Publikum meist noch geläufige Textinhalt stammt aus dem traditionellen Schatz der chinesischen Literatur und Geschichte. Es gibt vier Kategorien von Rollen: 1. die Männerrollen, die in junge und alte, militärische und zivile Helden unterteilt sind. 2. die Frauenrollen mit der tragischen jungen Heldin (verheiratet oder noch nicht), der koketten Lebedame, dem hübschen weiblichen Krieger und der älteren, würdevollen Frau. 3. die Clownrollen (chou) mit weißgemalten Gesichtern und 4. die »jing«-Rollen, die das absolut Gute oder Schlechte darstellen und deren mit Mustern verzierte Gesichter schon am Dekor und an den Farben den Charakter verraten. Die Kostüme, die zur weiteren Identifikation beitragen, sind heute nicht mehr historisch echt, sondern zur Erzielung einer gesteigerten dramatischen Wirkung übertrieben. Je wichtiger eine Rolle ist, desto bedeutender der Kopfschmuck. Goldfarbe ist dem Kaiser vorbehalten. Auch die Gesichtsfarben sind symbolisch: In der Regel bedeutet rot Treue, Furchtlosigkeit und Großmut, blau Energie und Klugheit, gelb Hinterhältigkeit; schwarz bezeichnet eine derbe, aber gutmütige Person, grün eine grimmige Natur; grau weist auf Alter und Krankheit, Gold und Silber schließlich deuten auf überirdische Wesen.

Das Bühnenbild entspricht der Pracht der Darsteller (meist ein Palastzimmer). Die Requisiten hingegen sind der Vorstellungskraft der Zuschauer überlassen. Die Standardausstattung besteht nur aus einem Tisch und zwei Stühlen, die alles, von der Bankethalle bis zu Gefängnistoren, bedeuten können. Auch die stilisierten Gesten und Bewegungen müssen übersetzt werden: So überschreitet ein Schauspieler mit übergroßem Schritt die Schwelle eines imaginären Hauses oder das Reiten wird durch Peitschenschläge mit einem bänderverzierten Stock angedeutet.

Das wichtigste Element einer Aufführung ist die Musik, die mit Gesang, Soloparts und Sprechgesängen jede Bühnenhandlung begleitet. Das Orchester – gelegentlich nur von einem Musiker betreut – ist zweigeteilt: Während in den kriegerischen Partien (wu) hauptsächlich das Schlagzeug führt, begleiten Saiten- und Blasinstrumente den Rest (wen). Schauspieler werden oft nur wegen ihrer Gesangsqualität engagiert. So verlangt die hauptsächlich gesungene Rolle eines hohen Beamten enormen Stimmaufwand, und auch der jugendliche Held braucht für die langen Solopartien eine ausgezeichnete Stimme, während bei einem Krieger, auch den weiblichen, vor allem akrobatische Fähigkeiten gefragt sind.

Um den Riesenaufwand einer Opernaufführung richtig einzuschätzen, sollte man einen Blick hinter die Kulissen wagen: Das Ankleiden und

Schminken kann Stunden in Anspruch nehmen! Man sieht dort aber auch den Altar, vor dem die Spieler zu Beginn den Gott der Schauspielkunst um eine gute Aufführung bitten.

Geschichte und Staat

Historische Streiflichter

1. Bis zur Ankunft der Briten

Mit der *Gründung Melakas,* dem ältesten Sultanat der Halbinsel, beginnt Malaysias eigentliche Geschichte. (Zu den Besiedlungsphasen vgl. S. 76 und 78) Als Parameswara, der geflüchtete Herrscher Singapores, wahrscheinlich 1402 dort eintraf, fand er eine Sumpfebene vor. Einzig ein geschützter Hafen am engsten Punkt der Melaka-Straße bot der Siedlung Lebensunterhalt. Aber die Bedeutung des Hafens wuchs erst, als China verschiedene Handelsmissionen unter dem berühmten Admiral Cheng Ho (S. 194) nach Südostasien sandte. Parameswara benützte die Gelegenheit, sich unter den Schutz des chinesischen Kaisers zu stellen, um vor Übergriffen des mächtigen Siam sicher zu sein. Ob bereits er unter dem Namen Iskandar Shah oder erst sein Nachfolger durch Heirat einer Tochter des Sultans von Pasai (Nordsumatra) zum Islam übertrat, ist umstritten. Fest steht, daß der Islam Mitte des 15. Jahrhunderts Staatsreligion wurde. Damit aber fand das Sultanat nach der kurzen chinesischen Protektion neuen Rückhalt bei der islamischen Händlerschaft. Tüchtige Verwaltung und Friede mit Siam führten zu schnellem Machtanstieg und erster Blüte unter Sultan Mansur Shah (1459–77), der eine chinesische Prinzessin geehelicht hatte. Als Folge davon entstand nicht nur eine chinesische Kolonie am Bukit China (S. 195), sondern auch die Baba-Nonya-Kultur (S. 71) aus der Heirat zwischen Chinesen und Einheimischen.

Melakas Machthöhepunkt um 1500 war vor allem das Verdienst hervorragender »bendaharas« (erster Minister) und nicht der hauptsächlich am Hofleben interessierten Sultane. Die Stadt war damals nicht nur erster Hafen und Handelsplatz, sondern besaß die politische Oberhoheit über die ganze Halbinsel und die Küste von Ostsumatra und damit verbunden die religiöse und kulturelle Führerschaft. Vom weitreichenden Ruf Melakas angelockt, unternahmen die *Portugiesen* 1509 ihre erste Fahrt dorthin, um eine Handelserlaubnis zu erhalten. Zunächst mit Ehren empfangen, plante man alsbald, sie umzubringen, und nur dank Verrat kamen sie davon. Zwei Jahre später begann ihre Rache: Afonso de Albuquerque, Flottengeneral und portugiesischer Vizekönig über Indien, der 1510 Goa eingenommen hatte, leitete die Eroberung Melakas persönlich. Erst der zweite Angriff gelang, worauf sich die fremden Kaufleute sofort mit den Eindringlingen arrangierten. Der Zusammenbruch der Stadt auf dem Höhepunkt ihrer Macht aber hatte die innere Schwäche eines durch Mißwirtschaft und Hofintrigen heruntergekommenen Sultanats an den Tag gebracht, das der effektiven Führungskraft entbehrte.

Noch 1511 begann der Bau der Festung »A Famosa«. Die Portugiesen aber lebten fortan als kleine herrschende Klasse – nicht mehr als sechshundert – in der Stadt, die sie mit Mauern umgaben und Regierungsgebäude und Kirchen darin errichteten, während die Malaien und andern Asiaten außerhalb wohnen mußten (Abb. 38). Doch der Aufbau einer kronetreuen Administration mißlang, da die portugiesische Oberschicht zum großen Teil korrupt in den eigenen Sack wirtschaftete, um ein elegantes Luxusleben zu führen. Auch dem Christentum, das portugiesische Missionare verbreiteten, war kein Erfolg beschieden: Die Jesuitenpriester waren primär für die Europäer da, und die Muslime lehnten eine Religion ab, die mit Krieg und Gewalt gekommen war und zudem kein höheres Sozialprestige verschaffte. Daß die Portugiesen trotz allem Melaka 130 Jahre halten konnten, lag allein an der Tatsache, daß ihre muslimischen Feinde unter sich zerstritten waren. Zwar griffen die Achinesen Nordsumatras in der Folge Melaka mehrmals an, doch konnte ihre Gefahr mit Goas Hilfe 1629 endgültig gebannt werden. Zwölf Jahre später jedoch sollten die Portugiesen einer neuen Gefahr – aus Europa – erliegen.

Seit Anfang des 17. Jahrhunderts versuchten die *Holländer* Melaka anzugreifen, und um seinen Hafen zu schädigen, leiteten sie ab 1630 regelmäßig Schiffe um. Die Eroberung gelang schließlich dank einem Hilfsvertrag mit Johor. Im Juni 1640 begann die monatelange Belagerung, während der Malaria und Ruhr die holländischen Truppen dezimierten. Denn trotz Hunger, Not und Seuchen hielten sich die portugiesischen Verteidiger tapfer in der Festung, bis ein letzter holländischer Angriff am 14. Januar 1641 dann doch ihre Kapitulation erzwang (Abb. 30). Die Portugiesen hinterließen in Melaka wenig bleibende Spuren: A Famosa dominierte zwar, von den Holländern wiederhergestellt, weiterhin Stadt und Hafen, bis die Briten in den napoleonischen Kriegen die Befestigung mit Ausnahme der Porta de Santiago schleiften. Eine katholische Enklave überlebt bis heute in der eurasischen Gemeinde aus Fischern und ärmeren Leuten, die ihren veralteten Dialekt weitersprechen. Die Holländer hinterließen noch weniger kulturellen Einfluß als ihre Vorgänger: Sie hatten weder versucht, den Protestantismus weiterzutragen, noch blieben außer ein

Bis zur Ankunft der Briten 99

VI.
LVSITANI AD MALACCAM AB HOLLAN-
dis in fugam aguntur.

POSTQVAM Hollandi Malaccam veniſſent, excenſione ad exiguam
Inſulam, Ile de Petro dictam & dimidio miliari à Malacca diſtantem,
facta, ſcaphas quaſdam extruere & ædificare cœperunt, conſtitutis in
excubiis centum claſſiariis militibus, qui ab inſultu hoſtium fabros li-
gnarios tutarentur. Videntes autem hoc Luſitani ex ciuitate Malacca
cum quinque triremibus & multis minoribus nauigiis, ad Inſulam i-
ſtam Hollandos in opere iſto oppreſſuri & interfecturi proceſſerunt. Verum cum in terram
deſcendiſſent, ab Hollandis ita excepti ſunt, ut magno iterum impetu ad naues prorue-
runt, & amiſſis ducibus aliquot primariis, fugam ſtatim arripuerint.

Abb. 30. *Die Eroberung Melakas durch die Holländer in einer zeitgenössischen Darstellung*

paar malerischen roten Gebäuden irgendwelche tiefgreifenden Spuren. Nicht interessiert an Erweiterung der territorialen Macht, konzentrierte sich die holländische Regierung ganz auf den Handel, doch mußte sich Melaka nun neben Batavia mit dem zweiten Platz begnügen.

Die dritte europäische Macht brauchte Melaka nicht mehr zu erobern: Als Holland 1795 unter napoleonische Herrschaft kam und die Franzosen seine Häfen in Asien benützen wollten, übernahmen die *Briten* vorübergehend deren Kontrolle, um sie einem wiederhergestellten Holland zurückzugeben. 1824 aber, im anglo-holländischen Vertrag, der die Interessensphären beider Mächte entlang einer Grenzlinie Singapore-Nordsumatra gegeneinander abtrennte, erhielten die Briten im Tausch gegen Bengkulu Melaka doch noch zugesprochen. So wurde es nach Penang und Singapore das letzte der drei Straits Settlements.

Der Name *Singapore* (»Stadt des Löwen«) geht zurück auf den sumatranischen Prinzen Tri Buana, der 1299 die lokalen Herrscher von Temasek (»Stadt am Meer«) vertrieben hatte. Das kleine, von einer Mauer umgebene Königreich, dessen Häuser und Tempel sich vom Flußufer den Fort Canning-Hügel bis zum Palast hinaufzogen, lebte nach chinesischen Berichten von Schiffszöllen und Seeräuberei, bis es die Truppen des javanischen Majapahitreiches 1391 überfielen. Während sein Herrscher Parameswara floh und bald darauf Melaka gründete (S. 97), verloren sich Singapores Geschicke für über 400 Jahre im Dunkeln.

Schon im 6. und 7. Jahrhundert pflegte *Brunei* Handel mit China, dank dessen Schutz es sich im 14. Jahrhundert der Kontrolle des javanischen Majapahitreichs entziehen konnte. Als eines der ältesten islamischen Königreiche im Malaiischen Archipel erreichte es unter Sultan Bolkiah (1485–1524) seine größte Machtausdehnung, die sich über ganz Borneo und den Hauptteil der Philippinen erstreckte. Die Spanier, die 1571 auf den letzteren Fuß faßten, konnte Brunei noch erfolgreich abwehren. Der Machtzerfall begann mit dem Aufstieg der Holländer, die ihm den gesamten Handel wegnahmen, so daß Brunei Ende des 17. Jahrhunderts zu einem Piratenhafen wurde.

2. Unter britischer Herrschaft

Erste britische Handelsniederlassung auf der Malaiischen Halbinsel wurde die Insel *Penang*, die Captain Francis Light 1786 im Namen George's III. von England widerrechtlich in Besitz nahm. Denn die Britisch-Ostindische Handelsgesellschaft war nicht bereit, die Bedingungen des Sultans von Kedah hinsichtlich Entschädigung und militärischem Beistand gegen Siam zu akzeptieren. Wegen Penangs Abseitslage am Nordende der Melaka-Straße wurde der Plan zur Errichtung eines britischen Flottenstützpunkts fallengelassen, und Light blieb vor allem die Besiedlung der Insel. Der Freihafen brachte keine Steuern, weshalb sich die Verwaltung wie in Südostasien üblich die Einkünfte aus den Konzessionen für Spielhöllen, Opiumverkauf, Arakherstellung und Tabakanbau verschaffte.

Plan und Durchführung zum Aufspüren der geeigneten britischen Flottenbasis sollten Thomas Stamford Raffles (1781–1827) überlassen bleiben. Die unter der Herrschaft des Sultans von Johor stehende *Insel Singapore* schien sowohl die Kontrollfunktion über die Melaka-Straße erfüllen zu können, als auch die für Englands Chinahandel dringend nötige Niederlassung abzugeben. Penang mußte mit Truppen und Schiffen Hilfe leisten. Am 29. Januar 1819 ging Raffles am Singapore River an Land (S. 201), um dem Temenggong seinen Wunsch zur Gründung einer Handelsniederlassung vorzutragen. 3000 Dollar Jahreseinkommen lockten den lokalen Statthalter, der die ganze Expedition gastfreundlich willkommen hieß. Da der herrschende Sultan aber vertraglich an die Holländer gebunden war, fand man einen Ausweg in der Tatsache, daß er als jüngerer Sohn den Thron seinem Bruder unrechtmäßig weggenommen hatte. Um die Holländer zu überlisten, ließ Raffles nach dem legitimen Erben Tunku Long ausschicken. Mit britischer Hilfe sollte er wiedereingesetzt werden und als Gegengabe die begehrte Handelsniederlassung gewähren. Wahrscheinlich besiegten die von Raffles versprochenen 5000 Dollar jährlich Tunku Longs Angst vor holländischer Rache, so daß er schon am 6. Februar als Sultan Hussein die Herrschaft antrat. Gleichzeitig wurden die britische Flagge gehießt und Singapore zum Freihafen erklärt, womit Raffles weitblickend den künftigen Wohlstand der Insel begründete. Aus militärischer Schwäche trat Holland mit London in Verhandlung, das zwar Raffles Handstreich offiziell mißbilligte, aber mit Genugtuung die sich anbahnenden Handelsvorteile und das schnelle Wachsen der Siedlung zur Kenntnis nahm. Die Legitimierung des usurpierten Besitzes aber wurde 1824 in zwei Verträgen nachgeholt: der eine mit den Holländern, die darin Singapore als britischen Besitz anerkannten, der andere mit Sultan Hussein und seinem Temenggong, welche gegen eine Abfindungssumme und erhöhte Apanagen alle Rechte auf die Insel für immer verloren.

In den Beziehungen zu ihren Straits Settlements wie auch zu den *malaiischen Sultanaten* verfolgten die Briten eine Politik der Nichteinmischung in innere Angelegenheiten, solange der Handel ihrer Kompanie nicht tangiert wurde. Die Settlements wollten weder in lokale Streitigkeiten verwickelt werden, noch in einen Krieg mit Siam, das im 19. Jahrhundert die nördlichen Sultanate in seine Abhängigkeit brachte. Erst in der zweiten Hälfte des 19. Jahrhunderts zwangen die in Perak ausgebrochenen Larut-Kriege (S. 260) die Briten zum Eingreifen. Die sich bekämpfenden Geheimgesellschaften der südchinesischen Minenarbeiter, die seit der Jahrhundertmitte in die Zinngegenden der Westküste strömten, gefährdeten ernsthaft den Zinnhandel. Der Vertrag von Pangkor diente 1874 zur Wiederherstellung der Ordnung, worauf in Perak erstmals britische Residenten als administrative Berater eingesetzt wurden. Damit begann das britische System der Residenten, die nach und nach in allen malaiischen Sultanaten Einzug hielten, um dort zum Rechten zu sehen. Obwohl nur »beratend«, kam das Residentensystem einer indirekten britischen Herrschaft gleich, was die Aufstände malaiischerseits dagegen zeigten. Nicht nur wurde Birch, einer der ersten Residenten Peraks, wegen ungeschickten Vorgehens ermordet, auch Pahang, dessen Handel mit Singapore, u. a. Goldexporte, die Briten interessierte, fand sich erst nach jahrelanger Rebellion mit dem Residentensystem ab. Anderseits waren Negeri Sembilan und Selangor froh, daß britische Residenten sie von Thronnachfolgekämpfen und Bürgerkriegen befreiten. Oberstes Ziel der Briten dabei blieb der vom Frieden garantierte, ungestörte Handel, wofür sie dem Land die infrastrukturellen Verbesserungen bauten. Eisenbahnlinien und Zufahrtsstraßen, aber auch die ersten Spitäler entstanden. Die dazu benötigten Billigarbeitskräfte holten die Briten aus Indien und legten so den Grundstein zum indischen Bevölkerungsanteil in Malaysia, wobei der Haupteinwanderungsschub Anfang des 20. Jahrhunderts in die Kautschuckplantagen erfolgte. Verwaltungsmäßige Veränderungen liefen parallel: Nachdem schon 1867 die drei Settlements zu Kronkolonien erhoben worden waren, wurden 1895 die vier Sultanate Perak, Selangor, Negeri Sembilan und Pahang zur ersten Föderation der »Malay States« zusammengefaßt mit Kuala Lumpur als administrativem Zentrum. Die bisher Siam tributpflichtigen nördlichen Sultanate Kedah, Perlis, Kelantan und Terengganu aber »erbten« die Briten 1909 im Vertrag von Bangkok. Einzig das von durchsetzungskräftigen Sultanen (S. 308) regierte Johor besaß bis 1914 keinen Residenten.

In der Zwischenzeit war auch Borneo unter britischen Einfluß geraten. Als *Brunei* 1906 seinen Residenten bekam, hatte es schon den größten Teil seines ehemaligen Territoriums verloren. Angelockt von den Goldvorkommen im zum Sultanat Brunei gehörenden *Sarawak*, hatten chinesische Aussiedler um 1830 Kuching gegründet. Doch die Revolten der Land-Dayak, die das Erz ausbeuten sollten, machten dem schwachen Sultan zu schaffen, so daß er froh war, als der britische Abenteurer James Brooke in Kuching landete und sich anerbot, die Rebellen niederzuwerfen. Zum

Dank dafür mußte ihn der Sultan 1841 zum Gouverneur von Sarawak ernennen und ihm sechs Jahre später das Gebiet für immer abtreten. Als erster »weißer Raja« begründete so James Brooke eine drei Generationen andauernde Familiendynastie, die vor allem sein Neffe Charles, der ihm 1868 als zweiter Raja nachfolgte, in den 49 Jahren seiner absoluten, aber nicht unbeliebten Herrschaft konsolidierte und ausbaute. Unter ihm sind die meisten historischen Gebäude Kuchings und der Kern des Sarawak-Museums entstanden.

Fast gleichzeitig mit Sarawak verlor Brunei die Insel Labuan an die Briten. Als nächstes kam das Gebiet von *Sabah*, damals Nordborneo, an die Reihe. Wiederum waren westliche Abenteurer am Werk, die die Schwäche Bruneis nutzten: Den ersten Pachtvertrag schloß ein Amerikaner, der ihn an den österreichischen Konsul in Hongkong weitergab, worauf er schließlich an dessen englischen Geschäftspartner Dent überging, der die Pacht in eine Abtretung umwandelte und 1881 die von London unterstützte Chartered Company of British North Borneo zur künftigen Nutzung und Verwaltung des Gebietes gründete. Um das Brunei verbliebene Kerngebiet vor den Ausdehnungsgelüsten Sarawaks und Nordborneos zu retten, verwandelten es die Briten 1888 in ein Protektorat und verfuhren mit den beiden Nachbarn ebenso. Trotzdem verlor Brunei mit dem Limbang-Tal, dessen rebellische Führer sich 1890 Sarawak anschlossen, nochmals einen Teil, der das Sultanat in zwei bis heute getrennte Gebiete zerriß.

Der Anfang des 20. Jahrhunderts stand mit dem Zinn- und Kautschukboom im Zeichen der wirtschaftlichen Prosperität. Doch während Malaysias und Singapores Wirtschaft durch die Inflation der Dreißiger Jahre einen Dämpfer erhielt, wurden in Brunei die reichen Ölfelder von Seria entdeckt, die das Sultanat nicht nur für die schweren Gebietsverluste entschädigten, sondern bis heute zu ungeahntem Wohlstand führten.

Eine schwere Zäsur für alle drei Länder, die vom Ersten Weltkrieg kaum berührt worden waren, brachte die japanische Besetzung im Zweiten Weltkrieg. Am 8. Dezember 1941 waren die japanischen Truppen am nördlichsten Punkt der Ostküste gelandet und rückten im Schnelltempo durch die ganze Halbinsel bis Singapore vor, dessen Fall am 15. Februar 1942 als größte britische Militärkatastrophe galt. Gleichzeitig übernahmen sie die britischen Gebiete Borneos praktisch ohne Widerstand: Am 18. Dezember 1941 besetzten sie die Ölfelder Bruneis, Kuching fiel am Weihnachtstag, die Städte Sabahs im Januar. Als die Briten nach der dreieinhalbjährigen, grausamen Besatzungszeit die ehemaligen Gebiete unter Militärverwaltung wieder übernahmen, gelang es ihnen nicht, das durch den Krieg zerstörte Prestige wiederzuerlangen. Überall erwachten Kräfte, die immer dringender die Loslösung von der alten Kolonialmacht forderten.

3. Auf dem Weg in die Unabhängigkeit

Die Nachkriegssituation brachte verwaltungsmäßige Veränderungen: Nachdem die Briten die Straits Settlements aufgelöst hatten, wurden Penang und Melaka mit den malaiischen Staaten zur Malayan Union zusammengeschlossen, Singapore hingegen zur separaten Kronkolonie gemacht. Auch in Ostmalaysia löste der Status der Kronkolonie das Regime der Brookes in Sarawak und jenes der British North Borneo Company in Sabah ab, während Brunei britisches Protektorat blieb. Diese allgemein auf Opposition stoßenden Veränderungen gipfelten in Sarawak in der Ermordung des zweiten britischen Gouverneurs, während sie auf der Halbinsel in langwierigen Verhandlungen mit den malaiischen Herrschern und den im Krieg erstarkten Parteien 1948 zur Federation of Malaya führten mit einer Bundesregierung in Kuala Lumpur, an deren Spitze aber der britische Hochkommissar stand. Damit hatten die Briten den Weg zur Unabhängigkeit Malayas eingeleitet, die 1957 Realität wurde. Die Zwischenzeit überschattete großteils die »Emergency«, aber auch der Kampf Singapores, sich mit Malaya zu vereinen und so ebenfalls die Selbständigkeit zu erlangen.

Als *Emergency* wird die Zeit zwischen 1948 und 1960 bezeichnet, in der sich das ganze Land im Ausnahmezustand befand, um den vom Dschungel aus geführten Guerillakrieg der Kommunisten abzuwehren. Die 1930 gegründete MCP (Malayan Communist Party), deren Ziel in der Zerstörung des britischen Imperialismus und der Gründung einer kommunistischen Republik Malaya bestand, war zunächst eine Untergrundbewegung und wurde erst nach dem Krieg zur politischen Partei. Als ihr Führer Chin Peng im Februar 1948 zur Revolte gegen die eben gegründete Federation of Malaya aufrief, begann die MCP mit Terrorakten: Sie ließen Züge entgleisen und brannten die Häuser chinesischer und indischer Arbeiter nieder, um diese zum Verlassen der Plantagen und Minen zu zwingen. Der Mord an drei europäischen Plantagenbesitzern bewog den britischen Hochkommissar, am 18. 6. 1948 den Ausnahmezustand über das ganze Land (samt Singapore und Ostmalaysia) zu verhängen, womit der offizielle Krieg begann. Erste deutliche Erfolge der Briten stellten sich ab 1950 dank dem Briggs's Plan ein. Er bestand darin, die in entlegenen Gebieten zerstreuten chinesischen Siedler in bewachten Neubesiedlungszonen zusammenzufassen, damit sie den Kommunisten im Dschungel keinerlei Nachschub oder Information mehr liefern konnten (vgl. S. 77).

Den über 400 000 chinesischen Siedlern, die bis Februar 1952 in rund 400 »Neudörfer« umgezogen waren, boten die Briten zur besseren Verwurzelung die Staatsbürgerschaft an. 1954 besaß das Land die ersten »white areas«, d. h. von kommunistischen Überfällen freie Zonen. Kapitulationsverhandlungen mit Chin Peng an der Thai-Grenze scheiterten, doch erließ am *31. 8. 1957* dem *Merdeka-Tag*, an dem Malaya unabhängig wurde, Premierminister Tunku Abdul Rahman eine Amnestie, und ein Jahr später erklärte die Regierung das Ende der zwölfjährigen Emergency. Die Guerillas hatten dabei rund 13 000 Mann verloren, die Gegenseite beklagte fast 10 000 Menschenleben. Die noch im Dschungel verbliebenen ca. 1200 Aufständischen stellten zwar keine Landesgefahr mehr dar, legten aber erst im Dezember 1989 die Waffen endgültig nieder, als ihr Führer Chin Peng das Friedensabkommen mit Malaysia unterzeichnete, das ihnen nicht nur Amnestie gewährt, sondern auch Wiederaufnahme ins Bürgerrecht und Beteiligung am politischen Leben zusichert.

Hatten die Briten 1957 Malaya in die Unabhängigkeit entlassen, wollten sie dagegen *Singapore* als ihre Flottenbasis behalten. Für die Kronkolonie hieß daher die Strategie, durch Vereinigung mit Malaya die eigene Unabhängigkeit erringen. Zum Durchführer dieses Plans und damit Gründer der Republik Singapore wurde der damals junge Lee Kuan Yew, der in England Recht studiert hatte. Mit den Gewerkschaften und der Studentenschaft im Rücken gründete er 1954 die PAP (People's Action Party), die sich revolutionär geben mußte, wollte sie die kommunistisch gesinnte chinesische Mehrheit hinter sich scharen. Nach den ersten Parlamentswahlen profilierte sich Lee als Oppositionsführer. Als die Briten 1959 Singapore volle innere Selbständigkeit gaben, errang die PAP einen überwältigenden Wahlsieg, und Lee wurde Premierminister. Doch die Möglichkeit einer Föderation mit Malaya schien in weiter Ferne, denn die malaiischen Führer fürchteten nicht nur das radikale Image der PAP, sondern waren auch wenig geneigt, ihrer Bevölkerung über eine Million Chinesen hinzuzufügen. So kam es überraschend, daß der malaiische Premierminister Tunku Abdul Rahman schon zwei Jahre später die Gründung Malaysias (eine Wortschöpfung aus Malaya und Singapore) vorschlug, das die Federation of Malaya, Singapore, Sarawak, Sabah und Brunei umfassen sollte. Singapore wurde einbezogen aus Angst, es könnte als unabhängiger Staat kommunistisch werden. Im September 1963 wurde Malaysia gegen den heftigen Protest von Indonesiens Präsident Sukarno geboren, nachdem sich Brunei in letzter Minute zurückgezogen hatte. Die Differenzen zwischen der allzu konservativen Zentralregierung und Singapore, aus dem Lee ein New York Malaysias bauen wollte, spitzten sich aber bald derart zu, daß Tunku Abdul Rahman wieder eine Trennung vorschlug. Damit war Lees Ziel erreicht: Die malaysische Episode hatte Singapore die ersehnte Unabhängigkeit verschafft, und am 9. August 1965 wurde die Republik ausgerufen. Als Stadtstaat ohne Hinterland und Insel ohne Bodenschätze begann nun ihr Kampf ums Überleben, wobei die Schaffung eines Nationalgefühls unter der heterogenen Bevölkerung eine wichtige Rolle spielte. Lee Kuan Yew, von nun an ständig Premierminister, verstand es, seinen Staat um alle Klippen in den heutigen Wohlstand zu lavieren. Die Tatsache, daß er dabei nicht immer zimperlich zu Werk ging – um jede Opposition im Keim zu ersticken, sperrte er seine kommunistischen Wahlhelfer ins Gefängnis –, hat seine Kritiker veranlaßt, in ihm nur den Diktator zu sehen. Aber auch wenn man in Singapores Aufstieg zu einer Weltmetropole nicht gern das Werk eines einzelnen sieht, muß man doch zugeben, daß die Stadt ohne Lees Charisma und seine zähe, rastlose Energie eine Provinzstadt und ein Warenumschlagplatz von regionaler Bedeutung geblieben wäre.

Der reiche Ölstaat *Brunei* blieb ein konstitutioneller Anachronismus. Sultan Omar Ali Saifuddin III. (1950–67), der seit 1959 die Innenpolitik selber bestimmte, war zuerst von der Bildung Malaysias begeistert; doch aus Furcht, Kuala Lumpur habe es nur auf sein Öl abgesehen, und unglücklich, nur noch ein Herrscher unter vielen zu sein, zog er den Verbleib unter britischer Krone vor. Als Großbritannien 1971 Brunei in die Selbständigkeit entlassen wollte, bat der heutige Sultan Hassanal Bolkiah, es möge Außenpolitik und Verteidigung weiterhin behalten. Die UNO aber kritisierte immer schärfer Bruneis halbkolonialen Status und die Nachbarn Malaysia und Indonesien schürten das Feuer und spornten die Bevölkerung an, für Selbstbestimmung und freie Wahlen zu kämpfen. Um die Wende aufzuhalten, flogen 1978 der Sultan und sein Vater nach London, erreichten aber nur fünf Jahre Aufschub zur Vorbereitung der endgültigen Selbständigkeit. Am 1. Januar 1984 konnte schließlich auch Brunei seine Unabhängigkeit feiern.

Regierung und Staat

Malaysia

Malaysia hat einen König, der den Titel Yang di-Pertuan Agung (»Derjenige, der zum höchsten Herrn gemacht ist«) trägt. Die neun Sultane, die den Teilstaaten vorstehen, wählen ihn für fünf Jahre aus ihrer Mitte. Seit 1989 herrscht der Sultan von Perak als König. Diese Wahlmonarchie, wie sie in ähnlicher Form nur noch in den Vereinigten Emiraten zu finden ist, gibt es erst seit 1957. Sie geht auf einen von den Briten vorgeschlagenen

Kompromiß zurück, denn die Sultane widerstrebten zuerst einem geeinigten und zentral geführten Staat. Die Legislative besteht aus dem Repräsentantenhaus (Dewan Rakyat) mit 177 Mitgliedern, wobei jeder Abgeordnete einen Wahlkreis vertritt, und dem Senat (Dewan Negara) mit 70 Mitgliedern; vierzig ernennt der König, dreißig vertreten zur Zeit die 15 Teilstaaten und Bundesterritorien. Bis 1984 bedurfte jede Gesetzesänderung der königlichen Billigung, heute jedoch tritt nach einer gewissen Zeit ein Gesetz in Kraft, auch wenn der König seine Zustimmung verweigert hat, so daß Malaysias Staatsform einer konstitutionellen Monarchie gleichkommt. Allerdings ermöglicht das Gesetz zur inneren Sicherheit (Internal Security Act, ISA) von 1960 die Regierung, ihre Kritiker zeitlich unbegrenzt zu inhaftieren. Unter den Häftlingen sind Politiker, Schriftsteller und Gewerkschaftsmitglieder, aber auch Christen, die beschuldigt werden, Moslems zu evangelisieren. Der Staat kennt die Todesstrafe. Sie muß verhängt werden für denjenigen, bei dem man mindestens 15 Gramm Heroin oder eine entsprechende Menge anderer Drogen findet. Auch der Besitz von Schußwaffen kann zu einem Todesurteil führen. Gefängnisstrafen werden oft durch körperliche Züchtigung mit einem Rotang-Stock verschärft. Von diesen Menschenrechtsverletzungen bekommen Touristen wenig mit, doch sollen sie hier nicht verschwiegen werden.

Singapore

Singapore ist eine parlamentarische Republik mit einer Kammer, deren Mitglieder einen Staatspräsidenten wählen. Das Parlament zählt 81 Abgeordnete, welche die Wahlkreise und Volksgruppen (Minoritäten) vertreten. Daß nur ein Oppositionsabgeordneter ins Parlament gewählt wurde und alle Sitze sonst von der regierenden People's Action Party (PAP) eingenommen werden, berechtigt nicht, Singapore als Einparteienstaat zu bezeichnen. Die PAP hat in den letzten Parlamentswahlen fast zwei Drittel aller Stimmen bekommen. Die Abgeordneten können ihre Voten in Malaiisch, Mandarin, Tamil oder Englisch halten; eine Simultanübersetzung garantiert die Verständigung für alle.

Für männliche Singaporeans besteht eine zwei- bis zweieinhalbjährige Militärdienstpflicht, die aber auch in der Polizei, bei der Feuerwehr oder in einer Baubrigade geleistet werden kann. Es wird betont, daß mit diesem für alle obligatorischen Dienst das Zusammengehörigkeitsgefühl trotz unterschiedlicher Rassen-, Kultur- und Religionsherkunft gefördert werde. Damit stellt sich Singapore in einen bewußten Gegensatz zu Malaysia.

Auch in Singapore gibt es politische Häftlinge, die auf Grund des Gesetzes zur inneren Sicherheit (ISA), das eine zeitlich unbegrenzte Haft ohne Gerichtsverfahren ermöglicht, gefangen gehalten werden. Den wenigen wird vorgeworfen, Umstürze oder Rassenunruhen geplant zu haben.

Brunei

Brunei schließlich wird von einem praktisch absolut herrschenden Sultan regiert. Da er rechtlich sogar zu den hohen Währungsreserven des Staates Zugriff hat, ist er einer der reichsten Männer der Welt. Die Mitglieder des Legislativrates werden entweder von ihm selbst bestimmt oder haben ex officio ihren Sitz. Zur Zeit ist der Rat aber aufgelöst. Somit kennt Brunei auch kein Wahlrecht.

Schulwesen

Die Schulpflicht beginnt in Malaysia mit einer sechsjährigen Grundschule, in der je nach Schultyp entweder Bahasa Malaysia, Chinesisch oder Tamil Unterrichtssprache ist. Die chinesischen und indischen Volksgruppen haben energisch ihr Recht auf eigene Primarschulen verteidigt, da die Kinder mit der Sprache zugleich Religion, Kultur und Ethik ihres Volkes kennenlernen. Eingeschult sind 97% der Kinder, was auf die großen Anstrengungen des Landes im Bildungssektor hinweist. Remotionen gibt es keine, obwohl Ende der 3. Klasse ein Examen und Ende der 5. Klasse ein Überprüfungstest stattfinden. Der Unterricht ist bis auf die Schuluniform kostenlos. Alle Schüler werden nach der Grundschule in eine dreijährige weiterführende Schule aufgenommen. Einzige Unterrichtssprache ist fortan die Bahasa Malaysia (selbst in Sarawak seit 1990), so daß die Absolventen chinesischer und tamilischer Grundschule ein Zusatzjahr, in dem intensiv Bahasa geübt wird, absolvieren müssen. Begabtere durchlaufen anschließend Sekundarstufe II (»form 4 – form 6«), die mit einer Prüfung abschließt, welche einem Abitur entspricht. Daneben läuft eine zweijährige Berufs- und Gewerbeschule, da man handwerkliche Lehren mit Lehrabschlußprüfungen in Malaysia nicht kennt. Die Ausbildung auf Hochschulniveau übernehmen die sieben Universitäten des Landes.

Der Schulaufbau Singapores entspricht ungefähr dem Malaysias, Unterrichtssprache aber ist Englisch. In den ersten drei Schuljahren werden 50% der Unterrichtszeit für den Sprachunterricht reserviert, da jedes Kind seine Muttersprache lesen und schreiben, zugleich aber Englisch lernen muß. Als wichtiges Fach auf Grundschulstufe gilt ferner die moralische Erziehung. Neuerdings wird den Kunstfächern vermehrtes Gewicht zubemessen. Neben technischen und anderen Spezialinstituten übernimmt die National University of Singapore die Ausbildung auf Hochschulebene.

Internationale Verflechtungen

Die historische Konferenz afro-asiatischer Staaten 1955 in Bandung (Indonesien), aus der die Blockfreien-Bewegung hervorging, hatte die Regierungen Malaysias, Thailands und der Philippinen inspiriert, 1961 die ASA (Association of South East Asia) als losen Interessenverband benachbarter Staaten zu gründen, die 1967 zur ASEAN (Association of South East Asian Nations) mit Indonesien, Singapore und Brunei als neuen Mitgliedern erweitert wurde. Ursprüngliches Ziel war eine regionale Zusammenarbeit im wirtschaftlichen und kulturellen Bereich. 1976 (ein Jahr nach Beendigung des Vietnamkrieges) erklärte sich die Gemeinschaft in einer Deklaration zur ZOPFAN (Zone des Friedens, der Freiheit und Neutralität), ohne daß aber gemeinsame Verteidigungsanstrengungen unternommen wurden. Bemühungen um eine engere wirtschaftliche Zusammenarbeit jedoch müssen innerhalb der ASEAN scheitern, da die Mitgliedstaaten weitgehend Konkurrenten sind; doch wurde die Vereinigung inzwischen zu einer politischen Kraft, die zu Lösungen in den Lokalkonflikten im nördlichen Südostasien beiträgt.

In Malaysia werden gern die kulturellen Aspekte der ASEAN hervorgehoben und der ASEAN-Tourismus gefördert.

Von ihrer Geschichte her stehen Malaysia und Singapore den totalitären Regimes kritisch gegenüber, um so mehr als das benachbarte Thailand immer wieder zu einer Art »Frontstaat« und einem wichtigen Stein in der Dominotheorie wurde. Malaysia erlaubt daher Australien, Singapore den USA, kleinere Militärstützpunkte zu unterhalten.

Wirtschaftliche Strukturen

Die Wirtschaftsstrukturen von Malaysia, Singapore und Brunei sind sehr unterschiedlich, was allein schon aus der Verteilung der Beschäftigten auf die vier Erwerbszweige (Tab. 7) hervorgeht. In Malaysia sind 35% in der Landwirtschaft tätig, in Singapore nur 1%. Hier aber finden 35% in der Industrie ihren Arbeitsplatz, in Malaysia dagegen 18%. Das Bruttosozialprodukt pro Kopf der Bevölkerung von Malaysia liegt in der Größen-

Tab. 7 Beschäftigte: Prozentualer Anteil an den vier Erwerbssektoren

	Landwirtschaft	Bergbau	Industrie, Gewerbe	Dienstleistungen
	%	%	%	%
Malaysia	35	5	18	42
Singapore	1	0	35	64
Brunei	3	2	23	72
zum Vergleich:				
Bundesrepublik Deutschland	5	2	39	54
Österreich	9	1	37	53
Schweiz	6	0	38	56

Tab. 8 Einige Indikatoren zur Entwicklung südostasiatischer Staaten

	Bruttosozialprodukt pro Kopf	Lebenserwartung Frau	Lebenserwartung Mann	Säuglingssterblichkeit	Energieverbrauch in Erdöleinheiten	Schüler an Sekundarschulen
	$	Jahre	Jahre	‰	kg	%
Malaysia	1 700	71	67	27	762	53
Singapore	7 500	75	70	9	1 851	71
Brunei	10 500	74		–	7 669	–
zum Vergleich						
Indonesien	380	58	55	87	213	39
Thailand	820	66	62	41	325	30
Philippinen	560	65	62	46	180	65

ordnung von jenem Mexikos oder Jugoslawiens, das von Singapore ist vergleichbar mit jenem Israels oder Irlands, während das von Brunei zu den höchsten der Welt gehört. Den Touristen wird dies auffallen: Im Vergleich zu anderen Ländern in Südostasien ist in allen diesen Staaten ein gewisser Wohlstand unverkennbar (Tab. 8). Man wird auf keine fehl- oder unterernährten Kinder stoßen und am Rand der Städte keine Elendsviertel treffen; praktisch alle Kinder gehen zur Schule, und das Gesundheitswesen ist auch auf dem Land gut ausgebaut. Allerdings sind in Malaysia regionale Unterschiede nicht zu übersehen: Das Innere und die nordöstlichen Regionen der Halbinsel sind weniger stark entwickelt als der westliche und südliche Teil, und auf Borneo sind vor allem die städtischen Regionen den ländlichen voraus.

Malaysia

Als Malaysia 1957 unabhängig wurde, war seine Außenwirtschaft noch ganz vom Kolonialismus geprägt: Der neue Staat exportierte vor allem Kautschuk (70%) und Zinn (12%); damit aber zeigte sich Malaysia wirtschaftlich äußerst verletzlich, war es doch den enormen Preisschwankungen auf den Rohstoffmärkten der Industriestaaten ausgeliefert. Die Strategie zur erfolgreichen Entwicklung hieß daher Diversifikation auf dem Rohstoffsektor und Industrialisierung auch in ursprünglich ländlichen Gebieten.

Industrie

Ende der achtziger Jahre hat die industrielle Produktion die des Agrarsektors überholt (Tab. 9). Der Staat ist damit auf dem besten Weg, ein Schwellenland zu werden. Der erfolgreichste Zweig ist die Elektro- und die elektronische Industrie, die zum größten Exporteur von Halbleiterelementen in die USA wurde, gefolgt von der Nahrungsmittelindustrie, die auf der reichen landwirtschaftlichen Produktion des Landes aufbauen kann. Es ist für ein fortgeschrittenes Entwicklungsland wie Malaysia typisch, daß die Textilindustrie nur noch mit 2% zur industriellen Produktion beiträgt. Mit besonderem Stolz wird die einheimische Automobilindustrie erwähnt: Ein Joint-Venture-Projekt mit der Mitsubishi-Gruppe ermöglichte es Malaysia, seit 1985 in Shah Alam den Proton Saga herzustellen. Man versucht nun, dieses Auto auch im Ausland zu verkaufen.

Wirtschaftliche Strukturen

Tab. 9 Beitrag der vier Erwerbssektoren an das Bruttosozialprodukt des Landes

	Landwirtschaft	Bergbau	Industrie, Gewerbe	Dienstleistungen	Total Bruttosozialprodukt
	%	%	%	%	in Mia $
Malaysia	21	12	22	45	27
Singapore	1	0	27	72	20
Brunei	1	50	10	39	3
zum Vergleich					
Bundesrepublik Deutschland	2	3	43	52	1 112
Österreich	4	1	38	57	117
Schweiz	3	0	40	57	170

Tab. 10 Landnutzung in Malaysia

	a) Fläche	b) Anteil an der Gesamtfläche des Staates	c) Produktion	d) Anteil am Exportwert
	km²	‰	1000 t	%
Kautschuk	18 580	56	1 624	9,4
Ölpalme	18 060	55	5 400[1]	8,5
Reis	6 000	18	1 680	−0,2[2]
Kakao	3 570	11	220	1,2
Kokosnuß	2 680	8	62	0,2
Tabak	97	0,3	8	
Pfeffer	86	0,3	18	
Ananas	70	0,2	173	
Holz	198 000	599	40,2 Mio. m³	7,1
davon PFE[3]	122 000	369		

[1] Rohes Palmöl, zusätzlich 638 000 t Kernöl;
[2] Reis muß importiert werden;
[3] «Permanent Forest Estates» (siehe S. 116)

Land- und Forstwirtschaft

Trotz der Fortschritte im industriellen Sektor bleibt die Land- und Forstwirtschaft ein wichtiger Produktionszweig Malaysias, sowohl was die Anzahl der Beschäftigten (35%) als auch was den Anteil am erwirtschafteten Gesamtbetrag (21%) betrifft. Zudem leistet die Landwirtschaft 27% zum Exporterlös des Landes (Tab. 10d). Wertmäßig an der Spitze stehen die Gewinne aus den Produkten des Kautschukbaumes und der Ölpalme, die zusammen mehr als ein Zehntel des ganzen Landes (Tab. 10b) decken. Auf einigen Routen der Halbinsel durchquert man daher während längerer Zeit nur Ölpalmen- und Kautschukwälder, so daß sie bald zum gewohnten Bild der Reise gehören.

Kautschuk

Im Jahre 1876 gelang es Henry Wickham, 70 000 Kautschuksamen aus Brasilien zu schmuggeln, das ein Exportmonopol für Kautschuk errichten wollte. Nur 2800 Samen keimten im Orchideenhaus der Kew Gardens in London, wovon der größte Teil nach Ceylon, einige aber auch in den Botanischen Garten nach Singapore und zum britischen Residenten in Kuala Kangsar (Perak) gelangten. Damit begann der Siegeszug des Kautschuks in Süd- und Südostasien, der wenige Jahre später den brasilianischen völlig verdrängte. 1889 kamen die ersten 1100 Pfund asiatischen Kautschuks auf den Weltmarkt; nach einer Anlaufzeit, bedingt durch Schwierigkeiten beim Anbau der Bäume, und dank hoher Kautschukpreise für den steigenden Bedarf an Fahrrad- und Autoreifen, besonders in den USA, ersetzte der Kautschukbaum in Malaysia rasch andere Plantagenpflanzen: 1930 waren zwei Drittel der Nutzfläche auf der Malaiischen Halbinsel mit Kautschukbäumen bedeckt und das damalige Malaya zum wichtigsten Kautschukexporteur der Welt geworden. Heute noch deckt Malaysia ein Drittel des Weltbedarfs und ist mit Indonesien und Thailand nach wie vor der weltgrößte Produzent von Kautschuk. Doch zum Export des Landes trägt dieser Rohstoff nur noch 7% bis 9% bei.

Der Kautschukbaum (Hevea brasiliensis) wird 30 m hoch und wächst nur in der Äquatorialzone zwischen 15°N und 10°S. Er verlangt eine jährliche Mitteltemperatur von 28° und 200 cm bis 400 cm Niederschläge. In seiner Rinde wird Kautschuksaft (Latex) synthetisiert. Mit speziellen Messern entfernt man in einem Winkel von 30° von links oben nach rechts unten 1,5 mm Rinde von ca. 6 mm Dicke, worauf der Latex sofort zu fließen beginnt und über eine Ablaufrinne in ein am Baum befestigtes Gefäß gelangt. Nach ein paar Stunden sammelt man den Latex ein und bringt ihn zur ersten Verarbeitung in eine Sammelstelle. Pro Jahr wird 25 cm Rinde verbraucht; doch nach acht Jahren ist die Rinde soweit regeneriert, daß sie wieder optimal Latex liefert. In verdünnter Ameisensäure koagulieren die Kautschukkügelchen und bilden eine schwammige Masse, die zu einem Tuch (»sheet«) gepreßt und anschließend geräuchert wird.

In Malaysia ist Kautschuk kein eigentliches Plantagenprodukt: 71% des Kautschuks liefern die rund eine halbe Million Kleinbauern, nur 29% kommt von Plantagen, die fast zur Hälfte der öffentlichen Hand gehören. Die beiden wichtigsten Körperschaften, auf deren Anschriften man immer wieder stößt, sind die FELDA (Federal Land Development Authority) und die FELCRA (Federal Land Consolidation and Rehabilitation Authority). Allerdings ist der mittlere Hektarertrag der Kleinbauern wesentlich geringer als derjenige der Plantagen (1135 kg, resp. 1527 kg), da in diesen die Bäume optimaler gehalten und systematisch erneuert werden. Die staatliche RISDA (Rubber Industry Smallholders' Development Authority) unterstützt nur die Kleinbauern und berät sie, wenn sie neue Hochertragsbäume pflanzen wollen.

Als Tourist sollte man sich die Kautschukbäume näher ansehen, das Latexsammeln beobachten und eine Sammelstelle besuchen, die jedoch meist nur morgens in Betrieb ist.

Ölpalme

Die Ölpalme (Elaeis guineensis) stammt vermutlich aus Westafrika und ist die wichtigste ölerzeugende Pflanze der Welt. Sie stellt ähnliche Bedingungen an das Klima wie der Kautschukbaum, muß außerdem aber jährlich mindestens 2000 Stunden Sonnenschein erhalten. Böden des Tropischen Regenwaldes haben sich für den Anbau als sehr günstig erwiesen.

Im Alter von fünf Jahren trägt die Palme erstmals Früchte: In der Blattachse entwickeln sich rund 20 kg schwere Fruchtstände, die aus mehr als tausend kleinen Steinfrüchten zusammengesetzt sind. Die Fruchtstände müssen innert 24 Stunden verarbeitet werden, da sich sonst freie Fettsäuren bilden können, die die Qualität des Öls mindern. Das Öl aus dem Fruchtfleisch wird für Margarine und Kochfett gebraucht, während jenes aus dem Kern wie Kokosöl verwendet wird. Die Preßrückstände schließlich ergeben ein wertvolles Kraftfuttermittel. Interessierte Touristen können versuchen, ein Verarbeitungswerk zu besichtigen. Der qualmende Rauch (die ölhaltigen Kernschalen werden zur Wärmegewinnung verwendet) weist den Weg zur Fabrik (Abb. 31).

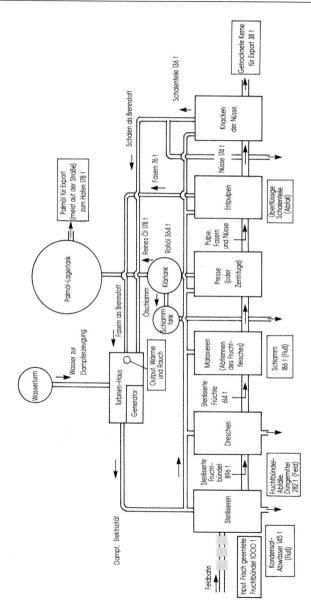

Abb. 31. *Schematische Darstellung der Palmölherstellung*

Forstwirtschaft

Jeden Tag werden in Malaysia (Halbinsel, Sarawak und Sabah) über 4 km² Wald gerodet. Diese Holzexploitation hat seit den späten Sechziger Jahren stark zugenommen und bedroht heute, vor allem in Sarawak, die Waldressourcen bedenklich. Dies hat die Regierung veranlaßt, verschiedene Maßnahmen zur Stabilisierung des Holzeinschlages zu ergreifen. Es geht ihr dabei anscheinend weniger um den Schutz der Regenwälder, die in den Nationalparks erhalten bleiben, als um die Einführung einer eigentlichen Forstwirtschaft. Rund 70% der Waldfläche wurden zu »Permanent Forest Estates« (Tab. 10) erklärt, wo ein Schlagzyklus von 30 bis 55 Jahren die regelmäßige Regeneration der Wälder sichern soll.

Bergbau

Der Anteil der Bergbauprodukte am Exportwert ist von 1965 bis heute auf die Hälfte gesunken. Malaysia konnte sich dadurch weitgehend von den Folgen der unangenehmen Preisschwankungen auf den Rohstoffmärkten schützen. Anderseits bilden die geförderten Energieträger und Mineralien eine wesentliche Grundlage zur Industrialisierung des Landes. Unter den Bergbauprodukten Malaysias spielen der Zinn und das Erdöl die wichtigste Rolle. Mit dem Zinnboom in der Mitte des 19. Jahrhunderts begann die Entfaltung der Westküste, mit den Erdölfunden bei Terengganu vor 25 Jahren dann die rasante Entwicklung der Ostküste der Malaiischen Halbinsel.

Zinn

An den Warenbörsen der Welt fiel 1986 der Preis von Zinn auf 38,7% des Wertes, den das Metall 1980 hatte. Für Malaysias Zinnindustrie waren die Folgen katastrophal. Die Anzahl der Zinnminen, die in Betrieb standen, verminderte sich von 852 auf 197, und die gesamte Zinnproduktion wurde praktisch halbiert. Von dieser Baisse hat sich der Zinnabbau nicht mehr erholt. Obwohl Malaysia der Welt größter Exporteur dieses Metalls geblieben ist, macht der Anteil des Zinns an den Exporteinnahmen des Landes nur noch 1,7% aus.

Von wenigen Ausnahmen abgesehen (S. 317), wird der Zinn im Tagbau aus sekundären Ablagerungen gewonnen. Eine Methode besteht darin, den zinnhaltigen Grund (»karang«) mit einer Art Baggerschiff aus der künstlich überschwemmten Grube zu schaufeln. Bei der anderen Methode wird die Seife in der Tagbaumine mit einem Hochdruckwasserstrahl gelöst und auf einen Holzturm gepumpt. Das trübe Wasser fließt anschließend über eine stufenförmige Rinne (»palong«) ab, wobei sich auf jeder Stufe Grund mit Zinnkörnern absetzt. Da diese spezifisch schwer sind, findet man sie zuunterst im Grund. Die so gewonnene mit Zinnkörnern angereicherte Seife wird noch einmal konzentriert und anschließend in Penang in der Schmelzerei (S. 138), weiterverarbeitet. Exportprodukt sind Barren aus reinem Zinn.

Bei beiden geschilderten Abbaumethoden bleibt eine riesige Grube aus anstehendem Gestein übrig, die einer Mondlandschaft gleicht und nur schwer rehabilitierbar ist. Bei Ipoh im Kinta Valley und bei Kuala Lumpur im Kelang Valley, wo die größten Zinnfelder liegen, wird altes Grubenland für den Bau von ausgedehnten Einfamilienhaussiedlungen genutzt; nach Humuszufuhr gedeihen auch Starfruits (S. 36) und Gartenprodukte recht gut. Seit der Zinnbaisse ist es für Touristen nicht mehr so einfach, eine Zinnmine in Betrieb zu sehen. Man erkundige sich am besten in Ipoh oder direkt vor Ort im Kinta Valley, wo noch Zinn gefördert wird.

Erdöl und Erdgas

Bei Miri in Sarawak wurde schon 1910 die erste Erdölförderungsanlage eröffnet. Ein bedeutender Exportzweig für Malaysia wurde Erdöl aber erst, nachdem in den frühen siebziger Jahren fast gleichzeitig bei Terengganu und in Sarawak und Sabah riesige Offshore-Vorkommen (küstennahe Funde) entdeckt wurden. Heute werden dort pro Tag gegen 600 000 Barrels (1 Barrel = 159 l) Erdöl gefördert, das auf dem Weltmarkt sehr gefragt ist, da es schwefelarm und leicht ist.

Im Aufbau begriffen ist die landeseigene Nutzung von Erdgas. 1984 wurde das erste mit Erdgas betriebene Kraftwerk in Paka am Südchinesischen Meer eröffnet. Zur Zeit wird ein Erdgasleitungsnetz aufgebaut: Die Pipeline von Kerteh (S. 292) nach Segamat, vollendet 1991, wird bis Singapore verlängert werden. Eine zweite Linie schließt Kuala Lumpur und vor allem die Industriekomplexe im Kelang Valley an das Netz an. In der Exportliste steht Erdgas an 6. Stelle.

Die gesamte Erdöl- und Erdgasförderung liegt in der Hand der staatlichen Gesellschaft Petronas (Petroliam Nasional Berhad), die direkt dem Premierminister unterstellt ist. Petronas kann aber mit privaten Gesellschaften Verträge abschließen, die diese berechtigen, Erdöl zu fördern, doch unter der Bedingung, primär malaysische Produkte und Dienstleistungen zu benutzen und einheimisches Personal zu beschäftigen. Zur

Zeit laufen solche Kontrakte mit Agip, Elf Aquitaine, Esso, Shell und Gesellschaften aus Japan, Taiwan und Südkorea.

Für den Touristen bietet die Erdölförderung keine Sehenswürdigkeit, da die Pumpen zu weit im Meer draußen liegen und keine Besichtigungsflüge möglich sind.

Tourismus und andere Dienstleistungen

Dem Entwicklungsstand entsprechend arbeiten rund 4 Mio Malaysier im Dienstleistungssektor. Von den verschiedenen Dienstleistungen (Warenverteilung, Transport, Bankwesen, Handel usw.) soll hier nur der Fremdenverkehr näher betrachtet werden.

Malaysia zählt pro Jahr rund 3 Mio Touristen. Davon sind fast die Hälfte Einheimische. Man wird überall auf Malaysier stoßen, die vor allem in kleineren Hotels und besonders beliebt in einfachen Bungalows nächtigen. Favorisiertes Reiseziel für Einheimische sind die Orte an der Ostküste der Halbinsel, aber auch Städte der Westküste wie Melaka oder Ipoh, während die Ausländer Penang und Kuala Lumpur vorziehen. Besonders viele Singaporeans besuchen die Genting Highlands (S. 297) wegen des dortigen Spielkasinos. Sie bilden mit 70% den größten Anteil an ausländischen Touristen. Aus Thailand stammen 7%, aus Japan 4% und aus Australien 3% der Ausländer. Touristen aus der BR Deutschland tragen nur mit 1% zur Touristenanzahl bei. Doch geben Europäer und Japaner im Land pro Tag am meisten aus. Insgesamt nimmt die Wirtschaft Malaysias durch den Fremdenverkehr rund 1,8 Mia M$ ein. Ein weiterer Ausbau touristischer Infrastrukturen ist daher geplant.

Singapore

Trotz praktisch fehlender Landwirtschaft und ohne eigene Rohstoffe hat die Regierung von Singapore den Weg zu einer äußerst erfolgreichen Wirtschaftspolitik eingeschlagen, so daß sich seit 1970 das Bruttosozialprodukt der Bevölkerung verdreifacht hat und der Staat heute zu den Schwellenländern zählt.

Nur 5% des Bodens werden landwirtschaftlich genutzt. In intensivem Gartenbau wird lokales Gemüse gezogen, das aber nur 9% der Nachfrage decken kann. Für den Touristen interessant ist der Besuch einer Orchideengärtnerei (S. 246), exportiert doch Singapore jährlich für rund 12 Mio S$ Schnittorchideen in alle Welt! Die mit Abstand wichtigste Primärproduktion aber ist die Zucht von Schweinen, Hühnern und Enten, obwohl die Schweinehaltung wegen der Geruchsbelästigung über kurz oder lang aus Singapore verschwinden wird. Erwähnenswert sind ferner die 70 marinen Fischfarmen, die man vom Flugzeug aus erkennen kann, und die Aquariumfischzuchten (Interessierte mögen die Gelben Seiten im Telefonbuch konsultieren): Singapore exportiert für mehr als 60 Mio S$ Aquariumfische und -pflanzen.

In der Statistik können rund 20% Exporte von Rohstoffen wie Erdöl, Kautschuk und Holz nachgewiesen werden, obwohl die Insel – von einem Steinbruch abgesehen – keine Bergbauprodukte besitzt. Sie werden nach Singapore importiert und dort veredelt und gehörten daher schon zum industriellen Sektor. Der Hauptzweig der Industrie aber ist die Herstellung elektronischer Produkte und Komponenten, die wertmäßig 35% zum industriellen Output beitragen. Der restliche Betrag zerfällt auf verschiedene Industriegruppen. Ein Drittel der Industriearbeiter ist in der elektronischen, 10% in der textilverarbeitenden Industrie tätig, während in der eigentlichen Textilindustrie nur noch 1% arbeitet.

Tabelle 7 zeigt den hohen Anteil der im Dienstleistungssektor Beschäftigten. Davon arbeiten 10% beim Staat, 37% im Handel, 16% im Transportwesen und 14% auf Banken und bei Finanzgesellschaften.

Die Regierung Singapores versucht, die Löhne einzufrieren, um ausländischen Investoren stabile Unkosten zu garantieren. Auch die Bemühungen, technologisch hochstehende Industrien und finanzstarke Dienstleistungsbetriebe anzuziehen, gehen weiter. Begünstigt werden diese Bestrebungen durch die zentrale Lage Singapores im südostasiatischen Raum und die optimalen Infrastrukturen.

Brunei

Bruneis Wirtschaft baut auf dem Erdgas auf, dessen Verkauf die Hälfte aller Staatseinnahmen (Tab. 9) bildet. Die eigentliche Förderung aber bietet nur 2% der Beschäftigten Arbeit (Tab. 7). Für 40% der übrigen ist der Staat Arbeitgeber. Im industriellen Sektor hat vor allem das Baugewerbe einen hohen Anteil, während die Landwirtschaft unbedeutend ist. Der Preiszerfall des Erdöls in den achtziger Jahren hat das Bruttosozialprodukt/Kopf um 35% gesenkt. Die Berater des Sultans versuchen nun, eine bescheidene Diversifikation einzuleiten. Vorerst soll die Landwirtschaft gestärkt werden, um die Auslandsabhängigkeit im Nahrungsmittelsektor zu verringern. Daneben bestehen verschiedene Industrie- und Dienstleistungsprojekte, doch ist die Konkurrenz der Nachbarländer in fast allen angestrebten Bereichen groß. Zudem sind viele Vorhaben marginal und mehr für die interne Propaganda bestimmt. Längerfristig gesehen dürfte der Staat primär von der Rendite seiner Finanzanlagen im Ausland leben.

Die Hauptzentren der Kunst und Kultur

Penang

Hauptsehenswürdigkeiten

- Chinatown mit den Shophouses, Kongsi und Tempeln
- Khoo-Kongsi (1)
- Penangmuseum (9)
- Burmesischer Tempel (39)
- Penang Hill (49)
- Kek Lok Si (53)
- Inselrundfahrt mit Schlangentempel (55) und Schmetterlingszoo (57)

(Besondere Sehenswürdigkeiten sind im folgenden Text besprochen, einige weitere nur numeriert oder auf der Karte mit einer Signatur eingetragen.)

Anreise

Flüge von Kuala Lumpur und Singapore (mehrmals tgl.), Bangkok (tgl.), Hat Yai (Thail., tgl.), Hongkong, Medan (Sumatra), Phuket; Ipoh (tgl.), Kota Bharu (tgl.), Langkawi (tgl.), Kuala Terengganu.

Flughafen 16 km außerhalb der City; Taxi und Bus ins Zentrum. Eisenbahn via Butterworth auf dem Festland und von dort mit der Fähre (Tag- und Nachtbetrieb). Straßenbrücke und Autofähren vom Festland.

Touristeninformation

Beim Uhrenturm (20); Hotelinformation am Flughafen.

Hotels

Die Hotels liegen (von zwei Ausnahmen abgesehen) in Georgetown oder im 15 km davon entfernten Badeort Batu Ferringhi. Wer vor allem an Kultur interessiert ist, wählt am besten eine Stadtunterkunft.

Hotels in Georgetown: E & O (F, im Kolonialstil, seit 1885), Shangri-La Inn (F, modernstes Stadthotel, mit chin. Restaurant), Merlin Inn (F/M, neu), City Bayview (M, mit chin. Restaurant), Continental (M).
In Batu Ferringhi: Mutiara (L), Rasa Sayang (F), Holiday Inn (F), Palm Beach (F/M).
Nahe Flughafen: Equatorial (F).
Penang Hill: Bellevue Hotel (E).

Verkehrsverbindungen

Innenstadt zu Fuß oder mit Trishaw. Zum Kek Lok Si mit Mietauto, Taxi oder Bus (Linie 1). Rundreise am besten mit Mietwagen oder Taxi.

Historischer und geographischer Überblick

Die Insel Penang bietet ihren Besuchern auf kleinem Raum eine faszinierende Fülle kultureller Sehenswürdigkeiten und darüber hinaus einen gründlichen Einblick in die Phänomene der tropischen Naturlandschaft. Mit den Kongsi stehen auf Penang ohne Zweifel die schönsten chinesischen Bauwerke Südostasiens und im Kek Lok Si findet man einen der größten buddhistischen Sakralbauten der Welt. Zudem lassen sich ein paar repräsentative Beispiele der islamischen Baukunst entdecken. Auf der Insel aber wohnen vorwiegend Chinesen, welche auch die Innenstadt von Georgetown prägten und zu einer besonderen Sehenswürdigkeit machten: Nirgendwo findet man so ausgedehnte Quartiere mehr mit den von den britischen Kolonialherren initiierten chinesischen Arkadenhäusern, auch »Shophouses« genannt. Doch sind diese Straßenzüge keineswegs museal, sondern voll vom pulsierenden Leben der Einheimischen, und der Besucher fühlt sich bald in eine fremde, exotische Welt versetzt.

Am Stadtrand, wo sich früher ein tropischer Garten ausbreitete, wurden in den letzten Jahrzehnten wegen der starken Bevölkerungszunahme weite Gebiete überbaut. Heute muß man daher etwas länger fahren, um Muskat- und Durianbäume, Naßreisfelder oder Kautschukplantagen auf der Insel zu finden.

Penang wird in Reisekatalogen mit vielen Superlativen angepriesen. Auch wenn die Insel in letzter Zeit ihr Gesicht verändert hat, nicht zuletzt wegen des starken Verkehrs in der Stadt und im Badeort Batu Ferringhi, so gehört Penang weiterhin zu den primären Reisezielen Südostasiens.

Eine Meeresstraße trennt Penang vom Festland. Ihre schmalste Stelle bei Georgetown mißt kaum 3 km, während der südliche Teil Penangs rund 15 km vom Festland entfernt liegt. Eine neue Brücke (Gebühr nur auf dem Hinweg zur Insel) verbindet die südlichen Vororte von Georgetown auf Penang mit Butterworth auf dem Festland, während die alte Fähre (Tag- und Nachtbetrieb, Gebühr ebenfalls nur Richtung Insel) unmittelbar ins Zentrum beider Städte führt. Penang umfaßt 292 km^2. In Nord-Süd-Richtung mißt die Insel rund 23 km, in West-Ost-Richtung ca. 15 km.

Die Stadt selbst liegt in einer weiten Küstenebene. Die ganze westliche Hälfte der Insel jedoch durchzieht ein steil ansteigender Gebirgszug aus Granit, der sich im Norden maximal auf 830 m erhebt. Eine Drahtseilbahn führt nahe an den höchsten Punkt der Insel. Gegen Süden senkt sich der Bergrücken und wird neuerdings bei Balik Pulau von einer Paßstraße durchquert. Für den Betrachter recht überraschend breitet sich an der Westküste zwischen zwei gebirgigen Landvorsprüngen eine 5 km breite Alluvialebene aus, die heute noch ausschließlich von Malaien landwirtschaftlich genutzt wird.

Ursprünglich waren die Berge und die Vorhügelzone von Tropischem Regenwald bedeckt. Ihn findet man nur noch in den Reservaten im Norden der Insel. In den Vorhügelzonen gegen die Stadt baute man später Pfeffer an. Dann brauchten die Chinesen weite Gebiete als Friedhöfe. Der Rest ist heute überbaut: Da die Hügel windexponierter sind als die Ebenen, gelten sie als bevorzugtes Bauland, und auch steile Parzellen werden immer mehr für Hausbauten genutzt.

Was der ungeübte Beobachter in den Bergen Penangs als Wald betrachtet, besteht meist aus Nutzbäumen, vor allem Kautschuk- und vielen Gewürz- und Obstbäumen. Augenfällig breiten sich an den Hängen Rodungen aus, wo verschiedene landwirtschaftliche Produkte angepflanzt werden.

Die Insel wird heute von einer halben Million Menschen bewohnt. Davon sind 63% Chinesen, 25% Malaien und 11% Inder. Vierfünftel der Bevölkerung konzentriert sich auf den Nordosten der Insel, wo die Bevölkerungsdichte durchschnittlich 1630 Einwohner/km^2 beträgt. In Georgetown selbst wohnen mehr als 10 000 Menschen pro km^2, und neuerdings breiten sich Wohnkolonien in westlichem Baustil auch in Flughafennähe aus, während die Bevölkerungsdichte im Westen der Insel im Mittel deutlich unter 5000 Einwohnern pro km^2 liegt.

Mit rund 250 000 Einwohnern ist Georgetown nach Kuala Lumpur und Ipoh die drittgrößte Stadt in Malaysia. Wer allerdings vom Flughafen Richtung City fährt, wird bald ein geschlossenes Siedlungsgebiet durchqueren und einen Übergang von den Vororten zur Stadt gar nicht merken, so daß die Agglomeration mit rund 400 000 Einwohnern in Wirklichkeit als zweitgrößte des Staates zu gelten hat. Dies erklärt auch den dichten Verkehr, den man mit großzügigen Straßenüberführungen und mehrstreifigen Fahrbahnen zu meistern versucht. Trotzdem spricht auf Penang niemand von Georgetown, sondern nennt die Stadt wie die Insel.

Georgetown wurde 1786 vom Engländer Francis Light gegründet. Schon nach einem Jahr konnte er der East India Company nach Calcutta schreiben, daß die neue Siedlung rasch wachse und viele Chinesen aus Melaka herzögen. Nach neun Jahren war die Größe Melakas überholt. Von überall, aus Burma, Thailand, dem südlichen Indien, Java und Europa, wanderten Menschen zu und brachten ihre Religion mit auf die Insel. Die verschiedenartigen Kultstätten, die sie erbauten, haben die kunsthistorische Vielfalt des heutigen Penang begründet.

Zentrum des alten chinesischen Stadtviertels war die China Street (Lebuh China). Mit den benachbarten Parallel- und Querstraßen bildet sie auch noch heute eine große geschlossene »China Town«. Sie besteht ausschließlich aus Arkadenhäusern, die zum Wohnen dienen, gleichermaßen aber auch für Werkstätten und Läden benutzt werden. So reihen sich denn Hunderte von Läden mit chinesischen Anschriften aneinander und sind für den Fremden eine ungewohnte Sensation geblieben, obwohl die City einen sozialen Wandel durchgemacht hat: Häuser, die heute von armen Chinesen, Indern und Malaien bewohnt und oft recht verfallen sind, waren früher einmal Wohnstätten wohlhabender Familien.

Die Chinesen Penangs sind – wie die in anderen Städten Malaysias und in Singapore – aus verschiedenen Gegenden Südchinas eingewandert und sprechen daher jeweils andere Dialekte, die sich wie eigene Muttersprachen verhalten. Unter ihnen dominiert auf Penang das Hokkien. Die Hokkien sprechenden Chinesen kamen aus der Provinz Fukien, und zwar aus einem rund 150 km tiefen Gebiet nördlich der Stadt Hsiamen (Amoy) an der Formosa-Straße. Allerdings dürften heute nur noch ein paar ganz alte Leute Penangs in China geboren sein, die meisten stammen aus der zweiten, dritten oder noch älteren Auswanderergeneration, kennen aber – vor allem wenn es alteingesessene Familien sind – oft noch den Ort ihrer Herkunft. Immer noch besteht ein Zusammenhang zwischen Herkunft und Sprache einerseits und Berufsgruppen andererseits. So sprechen die meisten Goldschmiede kantonesisch, viele Hotelangestellte aber sind Hainanesen. Langsam verwischen sich wohl diese Gegensätze, um so mehr, als die chinesischen Kinder heute in der Schule die chinesische Standard-Sprache Mandarin erlernen.

Sehenswürdigkeiten im Zentrum (Karte I)

Unter allen Kulturen, die in Penang vertreten sind, bietet sich die chinesische als reichste und prächtigste dar. Unsere Stadtbesichtigung beginnt daher mit Malaysias prunkvollstem Clan-Haus, dem

Khoo-Kongsi *(1,* Typ 1, S. 85).

Unter einem Clan-Haus oder Kongsi versteht man eine mit einem Tempel verbundene Versammlungsstätte für Mitglieder, die – wie hier – den gleichen Familiennamen tragen oder aus derselben Gegend oder Schule stammen. Von außen unterscheidet sich ein Kongsi nur unwesentlich von einem Tempel, erst im Innern werden Zusatzfunktionen sichtbar.

Der Eindruck vom Parkplatz zwischen dem Kongsi und dem gegenüberliegenden Opernbühnengebäude ist überwältigend. Die chinesische Tempelbaukunst entfaltet hier ihre üppigste Pracht. Was überladen scheinen mag, soll in einem früheren Bau noch prächtiger ausgesehen haben: Allein die Dachkonstruktion, eine Nachahmung des Kaiserpalastes in Peking, wog ungefähr 25 Tonnen. Sie wie die gemeißelten Steinsäulen und der feinstgearbeitete Schmuck sollten den gewachsenen Wohlstand des Clans zur Schau tragen.

Um die Wende zum 18. Jahrhundert waren die Hokkien sprechenden Khoo aus der südchinesischen Provinz Haiting arm ausgewandert, um in Penang ihr Glück zu suchen. 1835 eröffneten sie einen Fonds zum Bau eines Kongsis, der zugleich Fürsorgeeinrichtung und Denkmal für künftige Generationen werden sollte. Heute zählen sie weit über 10000 Mitglieder, die in zwanzig Treuhandschaften zusammengefaßt sind. Ihr Clan-Haus ist immer noch ein wichtiges Zentrum, doch weit weniger aktiv als im 19. und frühen 20. Jahrhundert, wo es für das soziale Wohl seiner Mitglieder aufkommen mußte, allen kostenlose Schulbildung gab und auch Studien in England und China finanzierte.

1850 erwarben die Khoo das Grundstück, auf dem sie einen ersten bescheidenen Ahnentempel errichteten. 44 Jahre später entstand der oben erwähnte Prunkbau, der kurz vor Vollendung auf ungeklärte Weise niederbrannte. Man munkelte, er sei zu prachtvoll gewesen. Bald darauf begann der Wiederaufbau des etwas kleineren, heutigen Kongsi. Nicht nur Stein und Hartholz – man bevorzugte das chinesische, da es dauerhafter, termitensicherer und zudem wertvoller war – wurden dazu aus China importiert, sondern auch die erfahrensten Handwerker und bildenden Künstler.

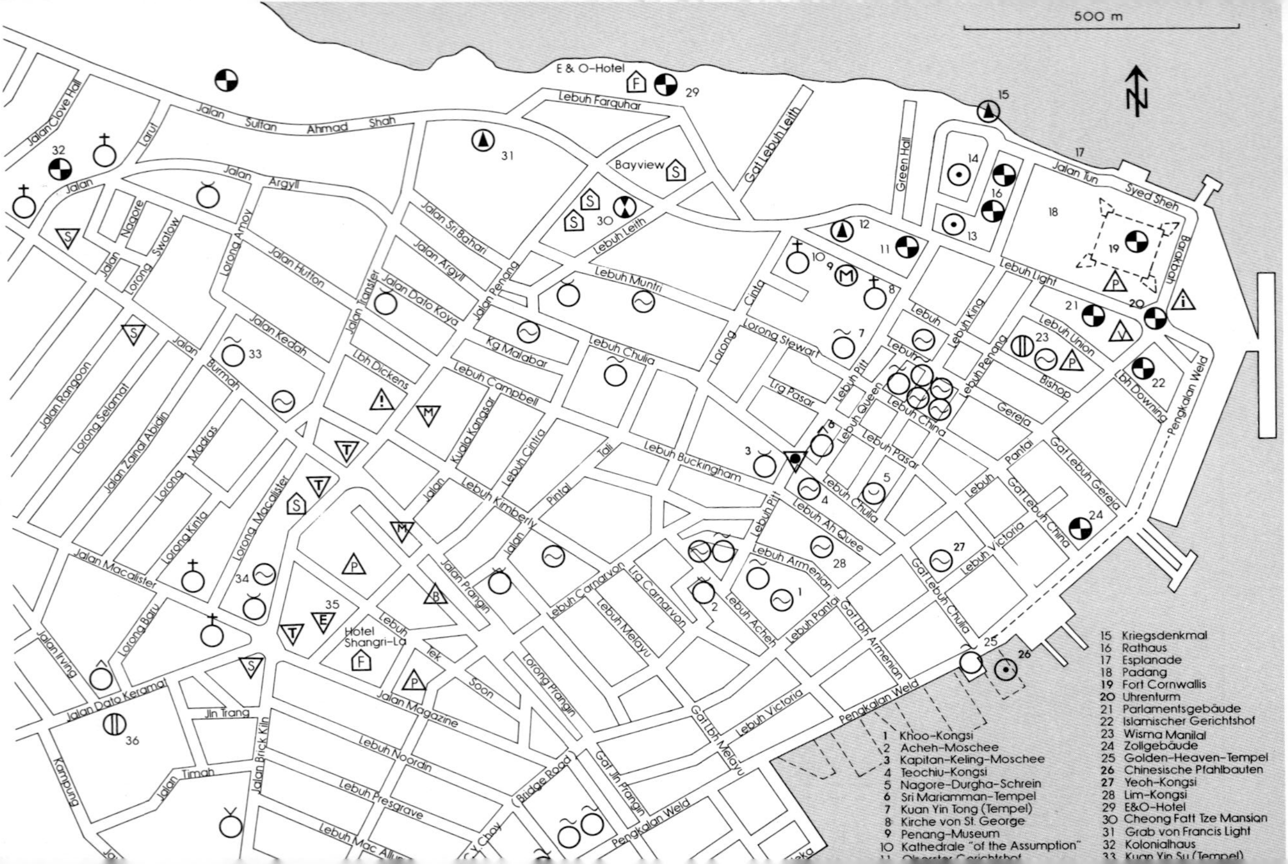

1 Khoo-Kongsi
2 Acheh-Moschee
3 Kapitan-Keling-Moschee
4 Teochu-Kongsi
5 Nagore-Durgha-Schrein
6 Sri Mariamman-Tempel
7 Kuan Yin Tong (Tempel)
8 Kirche von St. George
9 Penang-Museum
10 Kathedrale „of the Assumption"
11 Chinesisches „ostindisches"
15 Kriegsdenkmal
16 Rathaus
17 Esplanade
18 Padang
19 Fort Cornwallis
20 Uhrenturm
21 Parlamentsgebäude
22 Wismacher Gerichtshof
23 Wint-Mansel
24 Zollgebäude
25 Golden-Heaven-Tempel
26 Chinesische Pfahlbauten
27 Yeoh-Kongsi
28 Lim-Kongsi
29 E&O-Hotel
30 Cheong Fatt Tze Mansion
31 Cheong Francis Light
32 Kolonialhaus
33 Kuan Yin Su (Tempel)

Im 2. Weltkrieg zerstörten Bomben die meisten Wohnhäuser der Khoo in Tempelnähe, während am Kongsi selbst nur der zierliche Dachschmuck zerbrach. Er wurde wieder voll restauriert.

Zusammen mit den wie schwere Goldtropfen herunterhängenden Gebälkabschlüssen bestimmen die bunten Dachschilder aus bemalten Porzellanplättchen den Ferneindruck. Sie stellen chinesische Legendenszenen dar und türmen sich jeweils dort auf, wo im Dach eine Tragsäule endet, während Porzellandrachen die geschwungenen Dachfirste krönen. Über vier seitliche Treppen gelangt man durch eine vergoldete Gitterbalustrade in die Vorhalle. Acht schlanke Säulen tragen die schmuckbeladene Dachunterseite. Die beiden Wächterfiguren aus Stein sind Sikhs mit dem typischen Turban, da es zur Entstehungszeit des Kongsi üblich war, nur sie als Wächter anzustellen. Am Geländeraufgang der Mitteltreppe, die zur Haupthalle führt, beachte man zwei 35 cm hohe Figuren. Die linke symbolisiert lachend den Reichtum, denn unter dem Handlauf bei der zweiten Stufe ist eine Münze verborgen; die rechte dagegen zeigt verdrießlich ihre Armut, steckt doch dort nur ein Stückchen Eisen.

Der Außenteil der Haupthalle ruht auf vier prachtvoll gemeißelten Steinsäulen, die als Meisterwerk der Steinmetzkunst wohl ihresgleichen suchen: Voll von kunstvoll herausgehauenem Rankenwerk, Tieren und Fabelwesen, vor allem Drachen, wirken sie wie durchbrochen. Zwischen diesen Säulen neben goldenen Gebälkabschlüssen schweben große bunte Lampions. Die Querbalken – an der Vorhalle fein bemalt und nicht vergoldet – leuchten hier goldrot unter den goldenen Löwenkonsolen und tragen zudem durchbrochene Balkengehänge aus feinster chinesischer Goldschnitzerei. Auch die Dachpfetten sind ornamental bemalt, einzig die Dachsparren wirken bescheiden.

Wie die Säulen ist auch die graugrüne Eingangswand voll bemalter Steinreliefs, die Szenen aus der chinesischen Mythologie und die 24 Formen der Kindesliebe zeigen. Einzelheiten wie ein Paar miteinander schnäbelnder Vögel, Blumen in kostbaren Vasen, Menschen und Pferde sind studierenswert. Das an Tempeln übliche Rundfenster mit den Bambusstäben ist auch hier gemeißelt. Den Haupteingang bewacht das obligate Löwenpaar – auf der einen Seite das Weibchen mit einem Jungen auf dem Rücken, auf der andern das Männchen mit zwei chinesischen Münzen und dem Ball unter der Pfote – doch tragen sie hier, was selten ist, je eine bewegliche Marmorkugel im Maul.

Daß es sich um ein taoistisches Heiligtum handelt, zeigt die goldene Inschrifttafel über dem Eingang. Die drei schwarzen Schriftzeichen »Leong San Tong« bedeuten Drachenberghalle. Dieser andere Name für den Khoo-Kongsi kommt von der »Drachen- oder Tigerbergschule«, wie die

◁ Karte 1. *Georgetown (Penang): Zentrum*

volkstümliche südchinesische Richtung des Taoismus heißt, während sich die nordchinesische »Tempel der weißen Wolken« nennt.

Der Blick ins Innere, wo wieder der Goldeindruck überwiegt, ist nicht weniger erhaben: Ganz mit Reingoldplättchen überzogene Säulen mit eingeätzten schwarzen Zeichnungen stützen die Haupthalle. Der Altar ist Tua Sai Yeah, dem Schutzpatron der Khoo geweiht, der zu Lebzeiten als General Cheah Hean unter der Qin-Dynastie im 4. Jahrhundert ein tapferer Krieger und großer Volkswohltäter war und daher nach seinem Tod zum Gott erhoben wurde. Beachtenswert die vom Firstbalken herunterhängenden Körbe, die zum Worfeln des Reises dienen, hier aber die bösen Geister vertreiben sollen. An der rechten Wand auf Rechteckfeldern die 36 taoistischen Heiligen (S. 64 ff.), ehemals chinesische Heldengestalten, auf ihren Reittieren (u. a. Zebra, Rhinozeros und köstliche Fabelwesen) in bemerkenswerter Radiertechnik. Weitere große Radierungen im hinter dem Altar liegenden Gang. Sie stellen liebevoll ins Detail gehende Hofszenen dar (auf dem mittleren einen Drachen- und Löwentanz sowie Pfeilschießübungen vom laufenden Pferd). Man beachte auch, wie bei einem der Sprichwörter dazwischen die Schriftzeichen aus lauter Vögelchen gemalt sind!

Die rechte Seitenhalle enthält einen schlichten Altar für Tua Peh Kong, den Schutzgott der Übersee-Chinesen (S. 66). In der linken sind Ahnentafeln und Namenstafeln hervorragender Clan-Mitglieder aufgestellt.

Innen ist der Khoo-Kongsi Montag bis Freitag von 9.00–17.00 Uhr, samstags von 9.00–13.00 Uhr zu besichtigen.

Die Lebuh Acheh nennt sich nach dem gleichnamigen Distrikt in Nord-Sumatra, dessen Bewohner nicht nur orthodoxe Moslems sind, sondern auch stolz darauf, daß dort der Islam seinen Siegeszug durch Indonesien begann, von wo er dann auch nach Malaysia übersprang. In dieser Straße steht, zwischen Häusern eingeklemmt, Penangs älteste Moschee. Die 1808 entstandene

Acheh-Moschee (Mesjid Melaya Jamek) (2), eine Freitagsmoschee, für die der reiche Kaufmann Tengku Syed Hussein das Land geschenkt hatte, wirkt recht bescheiden: Ein achteckiges Minarett mit Balustrade erhebt sich rechts neben der von einem Walmdach bedeckten Gebetshalle. Eine Säulenvorhalle mit Hufeisenbögen und auf der rechten Seite ein Zackenportal führen ins schlichte Innere. Architektonisch knüpft der Bau an die Tradition der Melaka-Moschee aus dem 15. Jahrhundert an, die ihrerseits schon verschiedene Einflüsse in sich verarbeitet hatte. Hinter der Moschee das Grab des Stifters.

Die Kapitan-Keling-Moschee (3)

steht als alte Hauptmoschee und eines der Wahrzeichen Penangs unter Denkmalschutz. Der Name Keling stammt von den Kalingas, einem frühen Seefahrervolk am Golf von Bengalen (im heutigen Orissa), von dem sich die südindischen Moslems in Penang herleiten. Seit den Anfängen der Stadt trieb eine indische Moslemgemeinde hier Handel. Der Initiative eines ihrer Führer, Kapitan Cauder Mohudeen, ist denn auch der relativ späte Bau dieser Moschee zu verdanken. Mit ihrer Grundsteinlegung von 1916 vertritt sie den erst Anfang des 20. Jahrhunderts in West-Malaysia aufgekommenen Zwiebelkuppeltyp (S. 82f.).

Zuerst fällt das die Lebuh Pitt überragende Minarett ins Auge. Es besteht aus vier Abschnitten: Auf einen Kubus mit Tordurchgang, den vier Ecksäulen mit Mogultürmchen und verbindender Balustrade krönen, folgt das eigentliche, oktogonale Minarett mit zwei durchbrochenen Balkonkränzen, sog. »Krähennestern«, und zuoberst ein größerer Mogulhutabschluß (S. 82).

An der dreikuppeligen Moschee, die seit der Renovierung in hellbeige mit weißen Zierbändern und Füllungen erscheint, dominiert die Mittelkuppel. Das Eingangstor aus drei verschieden breiten Spitzbogen und Ecksäulen mit Mogulhut ist mit Blendarkaden und geometrischen Mustern verziert. Die Architektur der Gebetshalle und der beiden Vorhallen lebt von rechtwinklig ineinanderübergehenden Umgängen und einer Vielfalt von Bogenmaßen und -formen. Doch was von außen noch als Säulengewirr erscheint, entwickelt sich im Innern zu einem wohlgeordneten Ganzen: Acht polygonale Säulen, zum Teil mit Doppelbögen, bilden den oktogonalen Tambour. Der Mihrab ist auffallend schlicht und niedrig; der holzgeschnitzte Minbar trägt eine kleine Goldkuppel mit Stern und Halbmond. Beidseitig der Moschee befinden sich überdachte Waschbecken sowie ein Ziehbrunnen beim südwestlichen Becken.

Hinter der Moschee befindet sich die Koranschule (Madrasah), in der Knaben und Mädchen gemeinsam unterrichtet werden. Die Moschee besitzt zudem in der Umgebung Land und ganze Häuserzeilen, deren Einnahmen ein religiöser Rat verwaltet.

An der Lebuh Chulia liegt der

Teochiu-Kongsi (4, Typ 2a, S. 85),

das Clan-Haus der gleichnamigen südchinesischen Dialektgruppe. In die Häuserzeile eingebaut, würde er fast übersehen, zwängen einen nicht zwei überlebensgroße bunte Türwächter zu einem Halt. Es sind die beiden oft auf Tempeltüren dargestellten »Men Shen«, von denen folgende Legende kursiert: Kaiser Tai Zhong aus der Tang-Dynastie hörte, schwer erkrankt, Dämonen in seinem Schlafgemach. Die Kaiserin bestimmte zwei Minister, als Türhüter die ganze Nacht vor dem Palast zu wachen. Der Kaiser genas, befreite seine Minister vom Wachdienst, ließ aber sicherheitshalber ihre Porträts auf die Türflügel malen. Bald glaubte auch das Volk, daß solche Türgötter die bösen Geister am Eintritt hinderten, und noch immer werden, besonders am chinesischen Neujahr, »Men-Shen«-Bilder zum Schutz an die Türen geheftet. Bei einem kurzen Blick in den Kongsi beachte man das reich bemalte Balkenwerk, die mit roten Holzpaneelen verkleideten Säulen und die Perlmuttintarsienmöbel.

Schräg gegenüber, wie eine kleine Moschee aussehend, liegt der weiße

Nagore-Durgha-Schrein (5).

Diese Heiligengedenkstätte für Shahul Hamid Durgha aus Nagore (Südindien) haben tamilische Moslems von der Koromandelküste, die »Chulias«, errichtet, die auch der Lebuh Chulia den Namen gaben. Ein etwas größerer Schrein steht in Singapore (s. S. 210). Zwei Zwiebelkuppeln und ein durchbrochenes Dachgeländer mit sich verjüngenden Ecktürmchen im alten Sumatrastil zieren das Äußere, während das Innere Parallelen zum hinduistischen Tempel aufweist. Überhaupt liegt der Schrein mitten im Inderviertel mit den vielen Geldwechslergeschäften und dem Hindu-Hauptheiligtum. Die indischen Moslems hier aber leben friedlich mit den Hindus zusammen.

Der Eingang zum 1852 erbauten

Sri Mariamman-Tempel (6)

liegt an der Lebuh Queen, der Lebuh Pitt kehrt der Hindutempel seine Rückseite zu. Nur sein farbenprächtiger Tempelturm über der Cella (Vimana) überragt weithin sichtbar die Mauer, und über den meist geschlossenen Hintereingang stülpt sich ein kleiner Gopuram (Toraufbau). Der mächtige Vimana besteht aus einem sich verjüngenden Grundquadrat mit verschiedenen Stufen und Erkern, auf denen Götterfiguren thronen. Den obersten Kranz dieses »Götterberges« schmücken Dämonen, den Mittelteil stützen große männliche und weibliche Trägerfiguren, der untere Teil ist rein ornamental. Den Hauptgopuram über dem Eingangstor betrachtet man am besten von der gegenüberliegenden Straßenseite: Er ist wie der Vimana horizontal gegliedert, doch aus einem schmalen Rechteckkörper mit Tonnendach gebildet, um das sich das farb- und formenreiche Schmuckwerk windet.

Betritt man die Kulthalle (Abb. 32), so befindet sich rechts ein Altar für die neun Planetengötter (Navagrahas), die nach südindischer Tradition in eigenen Schreinen verehrt werden. Sie stellen Sonne, Mond und die sieben Wochentage dar und dürfen einander nicht sehen, denn dies würde das Weltende bedeuten.

Vor dem Opferkasten in der Mitte ein Kleinkunstwerk: ein Weihrauchständer mit glöckchenbehangener Messingplatte, auf der vier doppelleibige Kühe stehen. An der Decke ein Quadrat aus dunklen Holzkassetten mit den zwölf Sternzeichen.

Das Tempelinnere dominiert die Cella, das nur zu den Gebetszeiten offene »Allerheiligste«, zu dem allein die Priester Zutritt haben. Den Eingang der Cella bewachen Wächtergötter, und

1 Haupteingang an der Lebuh Queen
2 Nebeneingang an der Lebuh Pitt
3 Cella
4 Nebenraum für den Unterhalt des Tempels
5 Altar
6 Weihrauchständer
7 Schrein mit den 9 Planetengöttern (Navagrahas)
8 Schreine
9 Große Reliefs

 ohne Dach

— — — Schwelle

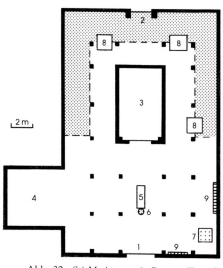

Abb. 32. *Sri Mariamman in Penang. Tempelgrundriß*

über dem Türsturz sitzt zwischen zwei weißen Elefanten Lakshmi, die Göttin der Schönheit, des Glücks und Reichtums. Im Innern der Cella stehen die Statuen der beiden Shiva-Söhne Ganesha (leicht erkennbar am Elefantenkopf) und Subramaniam (letzterer ist mit Gold und Edelsteinen besetzt und wird am Thaipusam-Fest mitgeführt), aber keine Statue Sri Mariammans, obwohl der Tempel ihr geweiht ist. Diese uralte südindische Cholera- und Pockengöttin, die aber auch gütig-mütterliche Züge besitzt, ist erst an der Cella-Rückwand abgebildet, während auf der rechten Längsseite die mächtige Durga als Dämonenbekämpferin dargestellt ist. Ihr gegenüber ein Schrein für Sandkeswar, einen Gott, der fast nichts hört, weshalb die Gläubigen, die zu ihm beten, vorher dreimal in die Hände klatschen.

Morgens um 6.30 und abends um 18.00 Uhr findet die Tempelzeremonie statt. Die Gläubigen spenden Opfergeld und erhalten beim Verlassen zwei kleine Bananen, ein Stück Betelnuß und Päckchen mit rotem und weißem Stirnzeichenpulver in einem Betelblatt eingewickelt.

Ebenfalls an der Pitt-Street liegt der

Kuan Yin Tong oder *Goddess of Mercy-Tempel* (7, Typ 2a, S. 85),

dessen Anfänge ins frühe 19. Jahrhundert zurückgehen. Er ist Penangs ältester Chinesentempel und bis heute der beliebteste und meistbesuchte. An den ursprünglichen Bau aus zwei einfachen Hallen mit geschwungenem Satteldach, die ein Innenhof verbindet, schließt rechts die Küche des Tempelwächters und ein neuerer Anbau mit einem Buddha-Tempel an. In dieser synkretistischen Anlage wird Kuan Yin von Taoisten wie Buddhisten als Hauptgöttin verehrt. Ihre zentrale Stellung ist mit der Marias zu vergleichen, und auch ihre Verehrung findet Parallelen im Madonnenkult.

Vom Tempelvorplatz mit den fast ständig rauchenden Verbrennungsöfen und dem Steinlöwenpaar, das Gerechtigkeit und Ehrlichkeit symbolisiert, hat man den Blick frei auf das Dach, dessen Schmuck übersichtlich und nicht überladen wirkt: Am Ende der Tragbalken auf halber Höhe vier Porzellanschilder mit Krieger- und Heldenlegenden; zum Schutz vor bösen Einflüssen je ein tanzender Drache an den Firstenden und in Firstmitte die Perle als Wunschjuwel.

Unüblicherweise besitzt der Kua Yin Tong keine Eingangshalle, sondern diese hat hier die Funktion der Haupthalle übernommen. Drei Eingänge mit farbigen Wächtern auf den Türflügeln führen ins stark verrauchte Innere, wo unter den gläubigen Besuchern stets große Betriebsamkeit herrscht: Gebete und Opfergaben werden dargebracht, Räucherstäbchen zur verstärkenden Wirkung des Gebetes abgebrannt, nierenförmige Klötzchen, »wen bei«, für ein Ja oder Nein der Gottheit aufgeworfen und ein numerierter Bambusspan, »wen qian«, aus einem Behälter geschüttelt, der sich auf eine gedruckte Weissagung bezieht und vom Tempelwahrsager interpretiert wird. Hat sich das Auge an Qualm und Rauch gewöhnt, so entdeckt man auch hier prachtvoll gemeißelte Steinsäulen und an den Altartischvorderseiten geschützte kostbare Goldschnitzereien. Den Hauptaltar trennt eine Altarabschrankung ab, hinter die nur Frauen treten dürfen, um direkt zu Kuan Yin zu beten. Ihre Götterstatue ist die zweite von links. Wie in den meisten Tempeln hängt rechts beim Verkaufsstand die Tempelglocke, während links auf einem Gestell die Trommel steht.

Verläßt man die erste Tempelhalle in Richtung Innenhof, so steht direkt hinter dem Hauptaltar eine weiße Marmorstatue im Brokatmantel. Es ist der buddhistische Himmelsgeneral Wei-To, der zur Verteidigung des Glaubens ein diamantenes Schwert oder eine Keule trägt. Ihm gegenüber auf dem Mittelaltar der zweiten Tempelhalle drei zentrale Götterfiguren: Zuhinterst Kuan Yin, davor der buddhistische Bodhisatva und Höllenerlöser Ti Tsang Wang (oft mit dem Höllentorschlüssel dargestellt) und zuvorderst Yu Huang, der höchste taoistische Gott und Jadekaiser; in der mittleren Reihe, in der typischen Gelehrtenkappe mit Vollbart, der eher selten abgebildete Konfuzius.

Vom Innenhof öffnet sich nach rechts ein Seitenhof mit einem besonders schönen Exemplar eines bemalten Steinofens. Vor dem Tempel rechts ein sechseckiger Steinbrunnen und am Baum ein kleines Volksheiligtum.

Als nördlichstes an der Lebuh Pitt gelegenes Gotteshaus wirkt die

Church of St. George the Martyr (8)

von 1818 geradezu als ein Ort der Stille. Sie war die erste anglikanische Kirche Malaysias, und ihre heutige Gemeinde besteht vorwiegend aus südindischen Tamilen. In einem kleinen Park erhebt sich der kompakte, helle Baukörper mit vorgebautem Portikus in klassizistischer Schlichtheit. Je ein Architrav und sieben Rundbogenfenster (sechs echte und ein Blindfenster) zieren die Längsseiten. Der kurze Viereckturm, etwas verdeckt von der Dachbalustrade, endet in einer schlanken, pyramidenförmigen Helmspitze. Im Innern bemerkenswert ist der ursprüngliche, oktogonale Taufstein mit Rankenwerk in den Vierpaßreliefs. Vor der Kirche stehen noch zwei der 1885 gepflanzten Mahagonibäume, die der Zerstörung während der japanischen Bombardierung entgangen waren, und ein klassizistischer Rundpavillon zum Gedenken an Francis Light. Sein Grab hingegen befindet sich im nahen Friedhof (S. 137).

In einem der schönsten Kolonialgebäude ist das

Penang-Museum (9)

eingerichtet, das neben St. George an der Lebuh Farquhar liegt. Das Gebäude der ehemaligen Penang Free School umfaßt im Erdgeschoß eine Sammlung wertvoller Dokumente und Gegenstände zur Geschichte Penangs und der Straits Settlement-Chinesen: Dem Eingang gegenüber im History Room u. a. eine Karte von 1832, als Georgetown erst fünf Querstraßen besaß, Stiche von 1818/19, als noch kein Butterworth existierte, und das Originaltestament von Francis Light. Nach der Treppe in verschiedenen Räumen wertvolle Zeugnisse jener Kultur, welche die chinesische Revolution im Mutterland zerstört hat: 1) Salon eines traditionellen chinesischen Hauses mit kunstvoll bestickten Wandbehängen, 2) chinesisches Brautgemach mit Goldschnitzereien am Himmelbett, 3) Goldschnitzwerk aus reichem chinesischem Privathaus (u. a. geschnitzte Trauben, die zwar in China, aber nicht auf Penang wachsen!), Wayangfiguren und Barongmasken für den Löwentanz, 4) Werkzeug für den Reisanbau, u. a. der »Padi-Transplanter«, eine Gabel, mit der die jungen Reispflänzchen vom Saatbeet ins Hauptfeld gesetzt werden, 5) Fauna. – Im hinteren Längsgang Schaukästen zur Zinngewinnung und Verarbeitung, ferner der berühmte »Kavadi«, ein mit Marterwerkzeug bespicktes Holzgestell, das Büßer am Thaipusam-Fest auf dem Rücken tragen. – Beim hinteren Treppenaufgang Fotos zur Baba-Nonya-Kultur (S. 71) und ein Schaukasten mit erschütternden englischen Zeitungsberichten aus der japanischen Besatzungszeit. – Im ersten Stock Wechselausstellungen. – Vor dem Museum eine Statue von Francis Light und ein alter Wagen der Penang-Hill-Bahn. (Öffnungszeiten täglich von 9.00–17.00 Uhr, freitags jedoch von 12.15–14.45 Uhr geschlossen.)

Die graublaue

Cathedral of the Assumption (10)

westlich vom Museum, eine der ältesten römisch-katholischen Kirchen mit zwei stumpfen Türmen, ist innen nicht sehenswert. Ein weiteres schönes Beispiel von Kolonialarchitektur präsentiert sich im pastellbraunen und weißen Gebäude des *Obersten Gerichtshofs (11)* gegenüber von St. George.

Um den Gerichtshof herum gelangt man wieder in die Lebuh Pitt, wo Richtung Meer der moderne *Dewan Sri Penang (14),* ein Kultur- und Kongreßzentrum mit einer Bibliothek, gebaut wurde. Dann folgen, bereits an der Schmalseite des Padang, die beiden weißen Kolonialgebäude des *City Councils* (Rathaus, 16). Am Vorbau des hinteren bemerkt man weite Korbbögen über einer Rundbogen-Pilasterordnung, am reicher gestalteten vorderen von Glockenhaubentürmchen flankierte Renaissance-Giebel über ionischen und korinthischen Säulen. Seitlich davor beginnt die *Esplanade* (17), die breite Meerespromenade, an der sich abends die vielen Foodstalls dicht aneinanderreihen. Der gegenüberliegende *Padang*

(18), der zentrale, für britische Kolonialstädte typische Platz, diente für Feste und Paraden. Zur Erinnerung an den Besuch prominenter ausländischer Gäste wurden an seinem Rand die verschiedenartigsten Bäume gepflanzt, darunter einer des verstorbenen japanischen Kaisers Akihito.

Den nordöstlichen Teil des Padang nimmt das

Fort Cornwallis (19)

ein, dessen Anlage völlig renoviert und mit einer modernen Freilichtbühne ausgestattet wurde. Gleich nach seiner Ankunft 1786 richtete Francis Light einen festen Truppenstandplatz – provisorische Unterkünfte hinter Holzpalisaden – ein. Das nach Lord Cornwallis, dem britischen Generalgouverneur Indiens, benannte Fort entstand erst zwischen 1804 und 1810. Von der Anlage sieht man heute noch die vier Eckbastionen, die mit begehbaren Wällen verbunden sind, und eine Anzahl aufs Meer gerichteter Originalkanonen; ferner im südwestlichen Bollwerk die ehemalige Kapelle und im nordwestlichen das Haus von Francis Light mit Unterständen, vermutlich Munitionsdepots. Der Eingang zum Fort befindet sich zwischen den beiden Bastionen im Westen.

Der ockergelbe *Uhrenturm (20)* am nahen Straßenkreisel, ein Geschenk des chinesischen Millionärs Cheah Chen Eok zum diamantenen Regierungsjubiläum Queen Victorias 1897, ist 60 Fuß hoch, jeder Fuß für ein Regierungsjahr! Sein Geläute soll an Big Ben erinnern. Verschiedene Elemente seines Baus sind dagegen der Minarettarchitektur entlehnt. Einem arkadenverzierten, oktogonalen Unterbau entwächst der zentrale Turmteil mit vier fein gearbeiteten Balkonfenstern; darüber folgt der kleinere Uhrenkubus gekrönt von einem achteckigen Mogulturmhut (S. 82).

Gegenüber das Fremdenverkehrsbüro, dann, wieder in der Lebuh Light, das weiße *Parlamentsgebäude (21)*, ein eingeschossiger Kolonialbau mit Säulenhalle und drei Giebelvorbauten. Gleich nach dem Uhrenturm erscheint in der Lebuh Pantai links noch ein blaugraues Kolonialgebäude, der *islamische Gerichtshof (22)*, der in jedem islamischen Staat zusätzlich zum normalen Gericht besteht und als Zivilgericht und Zivilstandsamt für Muslime fungiert. Der hohe Neubau mit kupferbrauner Fassade, der hinter dem Padang aufragt, ist das *Wisma Manilal (23)*, ein Geschäftshaus.

Von der Lebuh Pantai, Penangs Geschäfts- und Bankenstraße, führt die Gat Lebuh China zur Fährstation, die Penang Tag und Nacht mit Butterworth verbindet, denn trotz der neuen Brücke ist die billigere Fähre keineswegs überflüssig geworden. Vor der Einbiegung in die große Hafenstraße Pengkalan Weld liegt das *alte Zollgebäude (24)* mit einem Uhrturm auf dem Dach. Jenseits der Fährstation, wo der Gat Lebuh Chulia mündet, ragen die

Pfahlbausiedlungen (26)

verschiedener chinesischer Familienclans wie Straßenarme ins Meer. Die beiden vordersten gehören den Lim (Häuser giebelständig zum Ufer) und den Chew (Häuser traufständig zum Ufer), die einst miteinander verfeindet waren und sich noch heute nicht besuchen. Der Fremde aber sollte einen Besuch einer solchen Siedlung auf schmalem Steg nicht auslassen. Die Anwohner nehmen kaum Notiz, um so mehr erhält man Einblick in ihr einfaches Leben. Zwischen den Wohnungen und kleinen Läden herrscht stets ein geschäftiges Treiben. Vor den Pfahlbaustegen über dem Wasser steht der rote *Golden-Heaven-Tempel (25),* ein einfacher Holzbau mit breitem Vordach. In seinem Innern wird das Marterwerkzeug eines Tempelmediums aufbewahrt (S. 67 f.): vor dem Altartisch alte Schwerter und auf beiden Seiten zwei mit Fähnchen besetzte, rote Mediumstühle. Verschiedene weitere solcher einfachen Holztempel befinden sich in diesem Stadtviertel.

Der 1841 erbaute

Yeoh-Kongsi (27)

an der Gat Lebuh Chulia gehört mit seinem großen Grundbesitz zu den fünf reichsten und darf wohl als zweitschönster gelten. Die Haupthalle liegt im ersten Stock, wo zwei prächtige schwarze, mit Gold bemalte Säulen den Terrassenabsatz säumen. Das Äußere ist reich an feinem Goldschnitzwerk, naiv bemalten Deckenbalken und großen bunten Drachenlampions, während im Innern die mattschwarzen, mit Golddrachen bemalten Säulen und die Perlmutterintarsienstühle auffallen. Die Tempelhallenrückwand enthält wieder wie im Khoo-Kongsi radierte Bilderszenen und chinesische Sprichwörter, hier mit aus Blumen zusammengesetzten Schriftzeichen. Schutzpatron des Yeoh-Kongsi ist ein chinesischer Arzt.

Ganz in der Nähe an der Lebuh Ah Quee steht der *Lim Kew Leong Tong-Kongsi (28)* mit schönem Ziertor am Hofeingang (falls verschlossen, frage man nach dem Tempelwart im Häuschen links daneben), einstöckiger Kongsi-Halle und bemaltem Gebälk.

An der Lebuh Farquhar stadtauswärts hat sich das 1885 eröffnete

Eastern & Oriental Hotel (29),

kurz E & O genannt, einen Hauch jener Atmosphäre um die Jahrhundertwende bewahrt, als berühmte Namen wie Rudyard Kipling, Somerset Maugham und Hermann Hesse zu seinen Gästen zählten. Das Hotel gehörte den gleichen Sarkies-Brüdern, die sein bekannteres Gegenstück, das »Raffles« (S. 206) in Singapore, besaßen.

Eines von nur noch drei chinesischen Herrschaftshäusern, die man außerhalb Chinas findet, ist das *Cheong Fatt Tze Mansion (30)* an der Lebuh Leith. Es steht in Privatbesitz und ist daher in der Regel nur von außen zu besichtigen.

Bei der Einbiegung der Lebuh Farquhar in die Jalan Sultan Ahmad Shah beginnt die Mauer des *alten christlichen Friedhofs (31)*, auf dem sich das Grab von Francis Light befindet. Ein Frangipanihain führt zu halbzerfallenen Grabfeldern. Lights renoviertes Grab, ein schlichter Steinsarkophag mit stehender Inschriftplatte, ist schwer zu finden. Man suche zuerst (ca. 20 m von der Straße zwischen beiden Friedhofeingängen) eine auffallend abgebrochene Säule mit deutscher Inschrift »Unserer lieben Frida« und gehe dann noch 22 m diagonal nach Südosten.

Wenn sich die offiziellen Kolonialbauten um den Padang konzentrieren, so findet man in den Außenquartieren noch viele private *Kolonialvillen,* die zur Zeit restauriert werden. Ihre Besitzer waren nicht nur Engländer, sondern auch reiche Chinesen, die den britischen Lebensstil nachahmten. Eine besonders schön renovierte Villa an der Jalan Larut *(32)* hat die »Kentucky Fried Chicken«-Kette übernommen, was erlaubt, auch die stukkaturverzierten Innenräume zu sehen.

Die Jalan Larut führt über die Jalan Anson in die Burmah Road, an der mehrere Tempel liegen. Im Straßenbild von weitem fallen das rote Balkenwerk und die verspielten Dachfirste des

Kuan Yin Su (33)

auf, den man wegen seiner »Opiumgötter« besuchen sollte. In der linken Seitenhalle stehen die beiden taoistischen Volksheiligen Paw Chang mit ihren Bettelsäcken. Ihre Gesichter, vor allem Mundpartie und Kinn, scheinen blutverschmiert, doch sind es kleinste Mengen von Opium, mit dem die vielen Gläubigen sie »ernähren«, da sie jede andere Speise verweigern (s. dazu S. 67). In der rechten Seitenhalle eine prächtige Altarabschrankung, die als drapierter Vorhang geschnitzt auf zwei Phönix-Säulen ruht.

An der Penang Road rechts, kurz vor der Jalan Macalister, kommt man zu einem letzten sehenswerten Kongsi: Etwas zurückversetzt, mit fein bemaltem Balkenwerk, zierlichem Dachschmuck und einem prächtigen Steinlöwenpaar leuchtet in Rot und Weißgrün der *Ong-Kongsi (34)*. Sein Inneres enthält ausnehmend reich beschnitzte Altäre mit Ahnentafeln.

Gegenüber der mächtige Turm des *Komtar (35,* Komplex Tun Abdul Razak), des größten Einkaufszentrums von Penang mit vielen Läden, diversen Restaurants, einem Konzertsaal und einer großen Mehrzweckhalle. An der nahen Kreuzung führt die Jalan Dato Keramat zur gleichnamigen *Zinnschmelzerei (36),* wegen deren Lage mitten in der Stadt es immer wieder zu Klagen kommt. Nach Voranmeldung ist für Interessierte eine Besichtigung möglich.

Am Ende der Jalan C. Y. Choy liegt der *Tokong Cheng Huang* oder Tempel des Stadtgottes *(37,* Karte 2). Sein Tempel sollte in keiner Stadt fehlen, wacht er doch als guter Schutzgeist über ihr. Cheng Huang wird um Frieden, Wohlstand und Gesundheit angegangen und ist an sich ein buddhistischer Gott; hingegen ist sein Tempel hier mehrheitlich taoistisch und enthält auffallend viele Opferspeisen, mitunter Fleischstückchen, was in einem rein buddhistischen Tempel verboten wäre. Auch hier werden den beiden Brüdern Paw Chang und ihren je drei Helfern Opiumopfer dargebracht. So tragen denn alle Lätzchen und sind von unterhalb der Nase bis auf die Brust vollbestrichen. Bemerkenswert noch im Innern links eine seltene Tempeltrommel aus von Kufen gehaltenen Faßdauben.

Stadtrand Richtung Botanischer Garten (Karte 2)

Außerhalb des Zentrums empfiehlt sich ein Besuch der Lorong Burmah, einer Seitenstraße der Jalan Kelawei, wo sich zwei bedeutende buddhistische Tempelanlagen gegenüberliegen: der thailändische Wat Chayamangkalaram und der burmesische Dhammika-Rama-Tempel. Der farbenfrohe

Wat Chayamangkalaram (38)

birgt seit 1958 eine der größten liegenden Buddhastatuen von 33 m Länge, die zur 25. Jahrhundertfeier von Buddhas Geburt aufgestellt wurde, während das Grundstück des Wat auf ein Geschenk Queen Victorias an die thailändische Gemeinde im Jahre 1845 zurückgeht. Vor der im flammenzüngelnden Thaistil erbauten Haupthalle halten zwei überlebensgroße groteske Figuren Wache. Daneben je ein mehrköpfiger,

Wat Chayamangkalaram

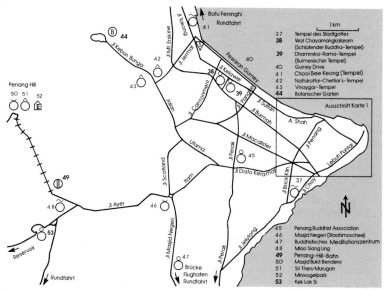

Karte 2. *Georgetown (Penang): Umgebung*

schlangenähnlicher Drache und ein Kinnara (Himmelsmusikant in Gestalt eines Vogelmenschen). Im Innern beeindruckt mehr die Dimension als der künstlerische Ausdruck des ruhenden Buddha, der wie die übrige Anlage eher der thailändischen Volkskunst zuzurechnen ist. Beachtenswert die Nischen hinter der Buddhastatue, die wertvolle chinesische Urnenvasen enthalten.

Rechts hinter der Haupthalle erhebt sich, dem Meer zugewandt, der 50 m hohe Stupa (thail.: Chedi), der schon von der Hauptstraße her sichtbar ist; an seinem oberen Teil mehrmals das Rad der Lehre. Rechts vor der Haupthalle ein sehenswerter Volksreligionstempel: Unter einem Pavillon thront in unüblicher Fußhaltung der vierköpfige Vajrasattva, eine vom Hinduismus beeinflußte Form des absoluten Buddha. Er, wie die ihn umgebenden Elefanten, werden von den Gläubigen mit feinsten Goldplättchen überklebt.

Stilverwandt, doch feiner gebaut ist der burmesische

Dhammika-Rama-Tempel (39)

von 1803. Nach dem Eingangstor mit zwei weißen Elefanten rechts der heilige Bo-Baum, dann hinter einer Buddhahalle der Stupa mit windspielbesetztem goldenen Ehrenschirm an der Spitze. Man geht den Weg an den neu aufgestellten Figuren, die dem religiösen Volksgeschmack entgegenkommen, vorbei zu einem Wasserbecken, aus dem sich ein dreifacher Tempelpavillon mit zierlichen Dachaufbauten erhebt. Er ist dem heiligen Arahant Upagutta geweiht, der besonders in Examensnöten als Helfer angerufen wird. Seine liebliche, ca. 80 cm hohe Figur aus weißem Marmor ruht auf einem über 2 m hohen, mit Halbedelsteinen besetzten Goldthron. In der Hand hält er den Almosentopf, der ihn als ehemaliges Ordensoberhaupt kennzeichnet; auch fehlt ihm der für Buddha typische Schädelwulst. Daneben in einem Glaskasten als besonders kostbares Kleinod verwahrt, eine äußerst fein geschnitzte goldplattierte Holzente mit der burmesischen Göttin Surasatti auf dem Rücken.

Sehenswert in der neuen Halle gegenüber sind neben den überlebensgroßen Figuren zwei ähnlich kunstvolle Goldthrone. Der linke trägt einen grazilen burmesischen Buddha mit der siebenfachen Krone. In seiner Nähe zwei prachtvolle Zeremonialgefäße. Der Goldthron rechts ist leer; davor ein Sitzbett für den predigenden Mönch.

Dem Meer entlang zieht sich der Gurney Drive (*40*, Pesiaran Gurney), wo abends – vor allem am Wochenende – mobile Garküchen (Foodstalls) Speise und Trank anbieten.

In Tanjong Tokong dem Feuerwehrmagazin gegenüber der taoistische *Chooi Bee Keong (41)* mit fester Opernbühne. Im roten Innern auf dem vorderen Altartisch (Mitte) mit Perlenschnüren am Hut der Jadekaiser Yu Huang. Eine fein geschnitzte Altarabschrankung gibt den Blick frei auf drei Schreine, deren mittlerer den Hauptgott der Hokkien-Gemeinde Choo Ong Ya und seine beiden Brüder beherbergt. Rechts Sue Mah Kong, der Affengott, nach dem der Tempel oft benannt wird.

Nun zurück zur Jalan Jermal, die nach 1½ km in die Jalan Kebun Bunga mündet. Diese führt Richtung Botanischer Garten. An ihr liegen zwei Hindutempel.

Pilaster, Fenster und Dachbalustrade erinnern an eine italienische Villa, doch der Pfau, Subramaniams Reittier, oberhalb des Eingangs weist auf einen Tempel: Der

Nattukottai Chettiar's (42),

von der südindischen Geldverleiher- und Händlerkaste 1857 gegründet, ist der zweitälteste und größte Hindutempel auf Penang. Er besitzt weder Gopuram noch Vimana. Im Innern wirkt er weit und licht. Bemerkenswert am Holzwerk der Vorhallengänge sind die an Bauernmalerei erinnernden Figurenbänder. Die Pfeiler der Haupthalle sind aus kubenförmigen Teilen zusammengesetzt und tragen die verschiedensten Muster. Über der Cella thront Lakshmi zwischen zwei Elefanten, während in der Cella selbst der Hauptgott Subramaniam, Zentrum jedes Thaipusam-Festes (S. 72), unter silbernem Torbogen steht.

Schräg gegenüber am Fuß des Penang Hills ein hinduistischer Naturtempel *(43)* für Subramaniams Bruder Ganesha, der hier unter dem Namen Vinaygar, »Herr über alle Hindernisse«, auftritt. Der Tempel liegt derart in die Natur eingebettet, daß weder ein Wasserfall noch wilde Affen fehlen.

Etwas weiter beginnt links bei einem beschrifteten Torbogen der Fußweg auf den Penang Hill.

Die Straße endet im *Botanischen Garten (44)*. Er sollte eher als tropischer Garten denn als systematische Sammlung von Pflanzen betrachtet werden. An der Stelle eines alten Granitbruchs 1884 angelegt, lieferte der Garten zuerst Stecklinge für verschiedene Gewürzpflanzen wie Pfeffer und den Gewürznelkenbaum; heute können 300 einheimische und fremde Baum- und Straucharten betrachtet und ca. 500 wilde Affen (2 Arten) gefüttert werden. Der Park wird gern zum Joggen benutzt.

Richtung Kek Lok Si

Wir verlassen das Zentrum auf der Jalan Dato Keramat. An einer weiten Grünfläche liegt das Gebäude der

Penang Buddhist Association (45).

Die weite Halle des villenartigen Baus hinterläßt, wie die meisten rein buddhistischen Tempel, einen kühlen Eindruck. Diesen verstärkt die weiße Marmorgruppe auf dem Hauptaltar, die Buddha auf einem Lotosblütentambour mit Swastikas (Hakenkreuzen) über seinen Jüngern thronend darstellt. Der mit kleinen Doppelsäulen und Blumenmilieus geschmückte Unterbau ist nur aus Stuck, kostbarer sind die vielen schwarzen Perlmuttintarsienmöbel, darunter zwei Altartische in Liegebettform.

Ferner bemerkenswert die verschieden großen Schlitztrommeln vor dem Hauptaltar. Alle Mitglieder der Penang Buddhist Association bewahren ihre Ahnentafeln (die neueren mit Foto-Oval) in den prachtvoll geschnitzten, schwarz-rot-goldenen Schreinen der Seitennischen auf.

Im Kreuzungsdreieck Jalan Masjid Negeri / Jalan Ayer Itam steht die

Masjid Negeri (46)

in einer hübschen Grünanlage. Der 1980 vollendete Betonbau ist vor allem auf Fernwirkung ausgerichtet. Das Dach der Staatsmoschee von Penang stellt eine umgekehrte Hibiskusblüte, Malaysias Nationalblume, das Minarett den Blütenstempel dar. Was jedoch in der Landschaft als zierliches Gebilde mit zwei Goldtupfen, den Kuppeln, erscheint, wirkt aus der Nähe erdrückend groß und schwer, kann die Moschee doch 5000 Gläubige fassen. Der Innenraum ist schlicht und elegant mit blauem Teppich und Riesenkronleuchter ausgestattet. Den Mihrab umrahmen helle Marmorplatten, denen weitere in kontrastierenden Brauntönen folgen. Als Geländer zieht sich um den ersten Stock ein schwarzes Band mit goldenen Koransprüchen.

An der Hauptstraße in Richtung Penangbrücke, 1,2 km von der Staatsmoschee entfernt, liegt links ein jedermann offenstehendes buddhistisches Meditationszentrum *(47)* burmesisch-thailändischer Prägung.

Vor der Abzweigung zur Bahn auf den Penang-Berg steht rechts an der Straße ein muslimischer Friedhof und nach der Abzweigung links der große chinesische *Miao Siang Ling (48),* der ein sehenswertes Kolumbarium (Urnenhaus) enthält.

Der Ausflug mit der Standseilbahn auf den über 700 m hohen

Penang-Berg (Penang Hill) (49)

kann – allein schon wegen der Aussicht auf Georgetown und die Meeresstraße – sehr empfohlen werden. An Wochenenden und während der malaysischen Ferienzeit (Nov. / Dez., April / Mai, Aug.) ist die Kolonne der Wartenden zwar oft lang, sonst geht es ohne größere Wartezeit in 2 Sektionen auf den Hügel, wo es ca. 4 °C kühler ist als am Bergfuß.

Auf dem Hill befindet sich ein barackenartiger Hindutempel für Subramaniam (hier: Sri Theru Murugan) *(51)* mit reich dekoriertem Vimana und links oberhalb die schlichte Masjid Bukit Bendera *(50).* Rund fünf Minuten nach der Bahnstation gelangt man zum Hotel Bellevue, das seinen Namen wirklich verdient, und zum kleinen Vogelpark mit schönen Nashornvögeln. Ein zweites Hotel, das frühere Crag-Hotel, das von

Hermann Hesse während seines Penang-Aufenthaltes besucht wurde, steht heute leer.

Da die Fahrt mit dieser Standseilbahn, die 1923 gebaut und 1977 von einer Schweizer Firma neu konstruiert wurde, auch für Eisenbahnfreunde ein Erlebnis ist, seien hier einige technische Daten angegeben:

	Sektion I	Sektion II
Höhe der Talstation	34 m	353 m
Höhe der Bergstation	353 m	726 m
schräge Länge	907 m	1312 m
mittlere Steigung	38,1 %	36,2 %
maximale Steigung	50,5 %	51,3 %
Spur	100 cm	100 cm
Fahrgeschwindigkeit	1,4 m/s	1,8 m/s
Zugseil-Durchmesser	32 mm	32 mm

Kurz nach der Talstation ein taoistischer Chinesentempel.

Auf den Penang Hill wurde keine öffentliche Fahrstraße gebaut. Ein Fußweg zweigt vor dem Botanischen Garten (S. 141) von der Hauptstraße ab und führt hinauf. Der Aufstieg ist recht mühsam, vor allem wenn der Weg naß ist. Von einigen Zwischenstationen der Bahn aus ist es ebenfalls möglich, den Hügel zu besteigen. Vom südlichen Gipfel (Tiger Hill) schließlich führen Wege via Wasserfall auf die Straße Balik Pulau-Telok Bahang hinunter.

Von der Talstation fährt man wieder zurück zur *Jalan Ayer Itam,* die zum gleichnamigen Dorf führt, wo eine der größten Sehenswürdigkeiten Penangs, der Kek Lok Si, steht. Im Zentrum der Ortschaft gabelt sich die Straße und darf nur noch in einer Richtung befahren werden. Man verpasse die folgende Abzweigung nach rechts nicht, die in ein Gewühl von Menschen und Autos führt. Dort geht es rechts wieder zurück Richtung Stadt; links halten und dann vor der Brücke, wo der Fußweg zum Tempel beginnt, rechts hinauf zum bewachten Parkplatz auf halber Höhe fahren.

Kek Lok Si (53)

Der »Tempel des Paradieses« oder Kek Lok Si in Ayer Itam gilt als eine der größten und malerischsten Tempelanlagen Südostasiens. Er ist Penangs meistbesuchte Pilgerstätte und vertritt den Mahayana-Buddhismus.

Der frühere Priester des Kuan Yin-Tempels in Penang Beow Lean suchte, vom religiösen Eifer seiner Gläubigen beeindruckt, nach einem nahen Ort für den Bau eines Klosters. Die Hügel von Ayer Itam schienen ihm geeignet, erinnerten sie ihn doch an seine chinesische Heimatprovinz Foochow, in der berühmte Klöster standen. Die Suche nach Geldgebern für den Klosterbau erwies sich jedoch als langwierig; 1891 war erst die Bodhisattvahalle gebaut. Als 1904 der ganze Tempel außer der Pagode fertig war, wurde Beow Lean auf Veranlassung des chinesischen Konsuls in Penang an den Kaiserhof in Peking gerufen, um Bericht zu erstatten. Beow Lean hat sich seiner Sache so gut entledigt, daß er vom Kaiser nebst einem Dekret siebentausend Bände buddhistischer Sutras und Schriften zum Geschenk erhielt, die sich noch immer in der Klosterbibliothek befinden. Das wertvollste Stück ist eine verblichene chinesische Handschrift, die nur in drei Exemplaren existiert und mit Menschenblut geschrieben wurde. 1905 hat man Beow Lean als ersten Abt des Klosters eingesetzt. Der Turm der heiligen Bücher ist heute Abtswohnung, und auch die neue Bibliothek ist ohne Spezialerlaubnis nicht zugänglich.

Die Besichtigung des Kek Lok Si kann von zwei Punkten aus begonnen werden. Wer mit dem öffentlichen Verkehrsmittel herkommt, wird den Tempelberg vom Dorf Ayer Itam aus besteigen, doch besteht, wie erwähnt, die Möglichkeit, sich mit dem Taxi oder im Mietwagen auf mittlere Höhe zu begeben, wo sich der bewachte Parkplatz befindet.

Im Sommer 1989 hat man unbegreiflicherweise den ganzen unteren Teil der Tempelanlage abgerissen und dabei unersetzliche ältere Kunstwerke zerstört. Es sollen dort moderne, größere Tempelbauten neu entstehen!

Auf Parkplatzhöhe links vom einstigen Felsengarten befindet sich der Hauptkomplex. Durch ein Tor und nochmals treppauf gelangt man zur Halle der Dewas, die in der buddhistischen Hierarchie an vierter Stelle kommen. Ein anderes Tor führt links zum neuen dreigeschossigen Pavillon, das leider nur mit Plastik-Buddhas geschmückt ist. In der Halle der Dewas erscheint zuvorderst die große, vergoldete Statue des lachenden Maitreya; daneben zwei Deckengehänge aus Messing. Hinter ihm der Chef der Dewas, Wei-To, mit dem Diamantschwert zur Verteidigung des Glaubens und dem Blick zur Buddhahalle gerichtet. Rechts und links in Überlebensgröße die vier Himmelskönige, Bewacher der Himmelsrichtungen, mit ihren Attributen: Auf der rechten Seite der Hüter des Westens mit der magischen Gitarre und der des Ostens mit dem Zauberschwert; auf der linken der Wächter des Nordens mit Reptil und Perle in den Händen und der des Südens, den Schirm des Chaos haltend. Man beachte, wie alle vier unter ihren Füßen Bösewichte zertreten. Im Zwischenhof der

Die giftigen Vipern im »Schlangentempel« von Penang (S. 147) ▷

Trommelturm (links) und der Glockenturm. Die nächste Haupthalle, »kostbare Buddhahalle« genannt, ist dem Gründer des Buddhismus geweiht. In drei zentralen Schreinen steht je eine Buddhastatue mit Heiligenschein: links Amitabha Buddha, der Herrscher über das westliche Paradies, in der Mitte Sakyamuni (oder Gautama) Buddha mit seinem Lieblingsschüler Ananda (links) und rechts der »heilende Buddha« Yao Shih Fo. An den Hallenwänden die 18 Lohans, Heilige, von denen sich die Gläubigen die Zukunft voraussagen lassen.

Es schließt das höchste Gebäude mit der Abtswohnung an, in dem sich auf Terrassenniveau ein Restaurant und ein Souvenirladen befinden, beide von den Mönchen und Nonnen geführt. Vor der Terrasse hängt ein alter Holzfisch, der früher durch Hin- und Herschwingen angeschlagen wurde. Man überquert einen Vorplatz an der heutigen Bibliothek vorbei und gelangt zum obersten Tempelteil mit der alles dominierenden Pagode. Sie entstand zwischen 1915 und 1930 für 200 000 M$. König Rama VI. von Siam hat den Grundstein gelegt.

Die Aussicht auf die Tempelanlage, das Dorf Ayer Itam und Georgetown ist faszinierend, auch wenn einige Wohnblöcke bedenklich nahe an den Tempelbezirk gebaut worden sind. Man beachte auch den Terrassenfeldbau links am Abhang, wo durch geschickte Neigung der Terrassen in Längsrichtung ein erodierender Abfluß des Regenwassers verhindert wird.

Die siebenstöckige Pagode der »Tausend« Buddhas ist 33 m hoch und vereinigt in sich Elemente von drei verschiedenen Baustilen: Einem chinesischen Unterbau folgt ein siamesischer Mittelteil, gekrönt von einer burmesischen Spitze. Im 2., 4. und 5. Stockwerk befinden sich einige besonders schöne burmesische und thailändische Buddhafiguren. Vor der Pagode links eine sekundäre Halle, die nur interessant ist, weil sie vom »Tiger-Balsam-König« Aw Boon Haw und seiner Frau gestiftet wurde und ihre Fotos darin hängen.

Hoch über dem ganzen Kek Lok Si thront eine Riesenstatue von Kuan Yin, die aus dem Grün der Bäume hervorsticht. Der Weg führt weiter zum Ayer-Itam-Staubecken.

Inselrundfahrt (Karte 3)

Mit Recht kann man behaupten, auf Penang seien die Tropen und Malaysia auf kleinstem Raum zusammengefaßt. Eine Inselrundfahrt sollte daher in keinem Besuchsprogramm fehlen, bietet sie doch einige unvergeßliche Eindrücke und überrascht durch die Vielfalt der Sehenswürdig-

◁ *Ein Wasserbüffel zieht traditionellen Pflug durch ein Reisfeld im Osten der Insel Penang (S. 148)*

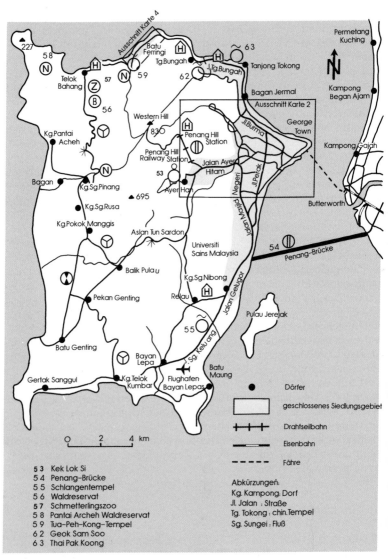

Karte 3. *Insel Penang*

keiten. Tropische Nutzpflanzen säumen den Weg, man fährt an typischen Malaiendörfern vorbei und durch solche mit chinesischer Bevölkerung, blickt über weite Reisfelder und erhält einen Eindruck vom Tropischen Regenwald. Auch einige Tempel säumen den Weg.

Wer auf das öffentliche Verkehrsmittel angewiesen ist, nehme in Georgetown an der Penang Road den Bus Nr. 66 via Schlangentempel nach Balik Pulau; die Nr. 73 und 74 bedienen die ländliche Gegend Richtung Batu Genting. Nr. 76 schließlich führt von Balik Pulau nach Telok Bahang, von wo man über Batu Ferringhi leicht wieder in die Stadt kommt.

Verläßt man die Stadt Richtung Süden durch die Jalan Perak (vgl. Karte 3) und benutzt dazu das kurze Stück Autobahn, so wird der Blick frei auf die

Penang-Brücke (54).

Eröffnet im September 1985, wurde sie in 3 Jahren konstruiert, um die Fähren und damit die Stadtzentren von Georgetown und Butterworth zu entlasten. Man darf nicht übersehen, daß die Insel nur 30% des Staates Penang ausmacht, 70% befinden sich auf dem Festland, was zu starken Pendlerströmen führt, denen die Fähren und die innerstädtischen Straßen nicht mehr gewachsen waren. Die Brücke kam, zusammen mit den Anschlußbauten, auf 1,2 Mia M$ zu stehen; sie gilt mit 13,5 km Länge (über Wasser 8,4 km) als drittlängste Brücke der Welt und als längste Asiens. Ihre maximale Höhe über Wasser beträgt 33 m, während sich die Pfeiler 101,5 m über dem Wasserspiegel erheben.

Auf der Weiterfahrt folgt rechts bald der Universitätscampus, wo ein kleines volkskundliches Museum besichtigt werden kann (am Campuseingang melden). Anschließend fährt man an Zollfreizonen vorbei, wo bekannte japanische und amerikanische Industrien von den Billigarbeitskräften Malaysias profitieren, Penang auf der anderen Seite aber für die wachsende Bevölkerung die dringend notwendigen Arbeitsplätze bringen. Bald steht auf der rechten Straßenseite etwas erhöht der

Schlangentempel (55, Typ 1, S. 85).

Er ist wegen der grüngelben Vipern (Trimeresurus wagleri, Waglers Lanzenotter), die darin hausen, eine Sensation. Die giftigen Baumschlangen gelten als sehr träge, sind vielleicht auch vom starken Weihrauchgeruch betäubt und liegen meist bewegungslos am Boden, auf Balken und

Altären oder den »Astkörbchen« in chinesischen Vasen. Mutige Besucher lassen sich mit einer dieser Schlangen um den Hals fotografieren trotz der deutlichen Warnung, daß das Berühren und Anfassen auf eigenes Risiko geschehe. Diese Grubenottern sollen der Legende nach bei Vollendung des Tempels eingezogen sein. Trotzdem sind nicht sie Gegenstand der Verehrung. Die Gläubigen sehen in ihnen nur die Bewacher des Tempels oder dessen Glücksboten. Schutzgott dagegen ist der in China populäre Chor Soo Kong, dessen Abbild ein Mönch im letzten Jahrhundert nach Penang gebracht hatte, um damit erfolgreich Krankheiten zu heilen. Der auf solche Weise genesene Gutsbesitzer David Brown schenkte das Bauland, auf dem der Tempel 1873 entstand.

Eine Treppe führt empor. Eine quadratische offene Vorhalle mit geschweiftem Dach und zierlichen Dachaufbauten steht vor der breiteren Haupthalle, deren Dach ebenfalls geschwungen ist und das Perlenjuwel in der Mitte trägt. Man beachte die feinen Malereien am Dachgebälk und die Vogelnester dahinter. Bunte Türwächter in Gestalt von Kriegsgöttern hüten die Eingänge. Auf dem Hauptaltar Chor Soo Kong und links das Haupt der Hölle. Sehenswert auf beiden Seiten die 36 fein geschnitzten taoistischen Heiligen, die den 18 buddhistischen Lohans entsprechen und in Palastschreinen stehen. In der angebauten Ruhehalle auf der rechten Seite zwischen Bambusstabfenstern zeigen fein bemalte Keramikfliesenbilder chinesische Alltagsszenen. Hinter dem Tempel ein kleiner Felsengarten und davor, vom vordersten Souvenirladen links verdeckt, die alte Gußeisenglocke.

Bayan Lepas bietet keine Sehenswürdigkeiten. Ein Weg um die Piste des Flughafens herum führt zum chinesischen Fischerdorf Batu Maung mit einem Restaurant auf Pfählen. In Telok Kumbar dreht man rechts ab und fährt auf kurviger Straße an Durian- und Kautschukbäumen vorbei und durch Reisfelder nach Pekan Genting. Man kann nun den zentralen Ort Balik Pulau mit chinesischen Arkadenhäusern erreichen oder aber den empfehlenswerteren Weg durch die Ebene Richtung Bagan Kampong Sungei Pinang wählen. Die Straße durchquert Reisfelder. Leider liegen neuerdings einige brach oder sind schlecht unterhalten. Der Rhythmus des Reisanbaus auf Penang entspricht dem des Festlandes: Im Mai oder Juni wird gepflügt und zugleich werden die kleinen Dämme zwischen den Feldern vorbereitet. Im August wird in speziellen Saatbeeten ausgesät und nach 40–45 Tagen, also Mitte September bis Anfang Oktober, umgepflanzt. Die Ernte erfolgt Ende Januar. Neue Reissorten ermöglichen zwei Ernten pro Jahr: Dann wird im Januar und Juni gepflügt und Ende Mai und im Dezember geerntet.

Nach den Reisfeldern biegt man in einen Palmenhain ein, wo sich entlang der Straße ein Reihendorf mit typischen und zum Teil sehr schönen Malaienhäusern erstreckt. Ein eigentlicher Ortskern ist schwer zu erkennen. Nach einigen Kilometern erreicht man Bagan Kampong Sungei Pinang. Das Dorf dürfte rund 150 Jahre alt sein. Die Bewohner stammen meist vom Festland (Perlis und Kedah), einige jedoch aus Nordsumatra. Nach dem Dorf beginnt die Straße zu steigen. Muskatnuß- und Gewürznelkenbäume säumen den Weg. Nach dem 20. Meilenstein überquert die Straße auf der Titi Kerawang (Titi = kleine Brücke) den Sungei Pinang. Von hier führen Wege zu einem kleinen Süßwasserbecken, das an Wochenenden von Einheimischen viel besucht wird, und auf den Penang Hill. Nach 900 m folgt links ein Unterstand, wo Getränke verkauft werden, wo man aber auch einheimische Gewürze ansehen und erstehen kann. Hier und 700 m weiter hat man einen grandiosen Blick auf die Ebene, aus der man eben kommt.

Rimba Rekreasi (56)

ist ein Wald- und Erholungspark mit einem kleinen Holzmuseum, 1½ km vor Telok Bahang. Im steilen Gelände sind einige Bäume mit den malaiischen und wissenschaftlichen Namen bezeichnet. 150 m weiter trifft man auf den

Schmetterlingszoo (57, Penang Butterfly Farm).

In einem begehbaren Gehege von 40 m Seitenlänge fliegen gegen 4000 Schmetterlinge von über 100 Arten herum. Man sieht die Pflanzen, an denen die Schmetterlinge die Eier ablegen und kann die Raupen und Puppen beobachten. Mehr als 70 Arten werden hier gezüchtet, wobei für jede Schmetterlingsart jeweils die spezielle Futterpflanze für die Raupe gepflanzt werden muß. Sehenswert sind ferner die Gottesanbeterinnen und Heuschrecken mit ihrer Mimikry. Der Schmetterlingszoo ist täglich von 9.00–17.00 Uhr, an Wochenenden bis 18.00 Uhr geöffnet. Der Besuch ist sehr zu empfehlen, um so mehr als man hier eine reichhaltigere Auswahl sieht als im Schmetterlingszoo auf Sentosa (Singapore).

In Telok Bahang ist die Abzweigung zum *Pantai Archeh-Waldreservat (58),* das man auf markierten Wanderwegen durchqueren kann. Der Pfad dem Meer entlang führt zum Muka-Head-Leuchtturm (227 m NN).

Batu Ferringhi

Drei Kilometer östlich von Telok Bahang beginnt die Ortschaft Batu Ferringhi (Karte 4), wo die meisten ausländischen Touristen Penangs übernachten. Die Entwicklung des Fremdenverkehrs begann 1973, als die ersten beiden Hotels eröffnet wurden. Vorher war Batu Ferringhi ein bekannter Treffpunkt für Aussteiger, die bei Einheimischen wohnten und Drogen konsumierten, was behördliche Interventionen zur Folge hatte. Heute stehen über 2000 Zimmer in Hotels mit internationalem Standard zur Verfügung. Die Konsumentenorganisation von Penang (die erste in Malaysia!) hält die Kapazitätsgrenze Batu Ferringhis für erreicht, da das Meerwasser bei weiterer touristischer Entwicklung zu stark verunreinigt werde. In den letzten Jahren wurde die touristische Infrastruktur stark ausgebaut: Zahlreiche Läden mit kunsthandwerklichem Angebot, eine Galerie und einige Restaurants wurden eröffnet, auch kann man Autos und Fahrräder mieten, und am Strand stehen dem Touristen verschiedene Wassersportmöglichkeiten zur Verfügung.

Am westlichen Dorfeingang in einem idyllischen Waldtal mit Wasserfall und Fischzuchtanlage steht ein einfacher *Tua Peh Kong-Tempel (59)*. Die aufgerollten Schlangenkopfpeitschen auf dem Altar stehen für ein Medium bereit. In der Dorfmitte zweigt ein schmaler Weg zu einer *Eisengießerei (60)* ab, wo Alteisen in einem einfachen Hochofen verarbeitet wird.

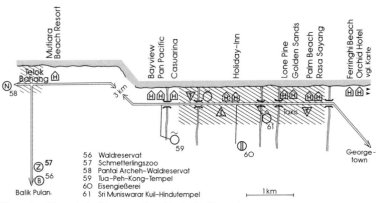

Karte 4. *Schematische Karte von Batu Ferringhi (Penang)*

Zwischen Batu Ferringhi und Georgetown wurden neue Hotels und Blocks mit Eigentumswohnungen gebaut.

Der synkretistische

Geok Sam Soo (62)

stellt eine einfache Zwischenhofanlage (S. 85) dar. Die Außensäulen stellen eine Billignachahmung jener des Khoo-Kongsi dar. Auf dem Hauptaltar Kuan Yin (links). Interessant im rechten Nebenraum die beiden Opiumbrüder (s. S. 67). Vor dem Tempel die Opernbühne und links ein kleiner Doppelschrein, dessen rechte Hälfte ein malaiisches Heiligtum enthält: einen Stein, der den alten Lokalgeist der Gegend anruft!

Nach weiteren 2,5 km zweigt man nach dem chinesischen Schwimmclub und einem hohen Häuserblock nach links Richtung Meer ab und erreicht durch eine Toreinfahrt die Tempelanlage des

Thai Pak Koong (63),

eine Hakka-Bezeichnung für Tua Peh Kong (s. S. 66), der hier nicht nur einen Tempel, sondern seine Grabstätte besitzt. Der Tempel ist ein Felsenheiligtum. Neben dem Hauptaltar links führt ein Gang in eine kleine Opferhöhle und dann ins Freie zu den Gräbern Tua Peh Kongs und seiner als »Brüder« bezeichneten Gefährten.

Von Georgetown aus sieht die Kilometerzählung wie folgt aus:
0   km   Kreisel Jln Jermal/Jln Tokong/Jln Kelawei (vgl. Karte 2)
0,2 km r Choi Bee Keong (41)
2,6 km r Thai Pak Koong (63)
4,3 km r Orchid Hotel
5,1 km l Geok Sam Soo (62)
6,2 km r Moschee in Tanjung Bunga (Masjed Jamek)
8   km l Ferringhi Beach Hotel
10 km   Dorfeingang Batu Ferringhi

Von Penang aus kann man den Norden der Halbinsel (Alor Setar) in einem ein- oder besser zweitägigen Ausflug erkunden.

Für die Weiterfahrt von Penang aus Richtung Cameron Highlands oder Kuala Lumpur ist ein Tag relativ knapp bemessen, möchte man unterwegs Taiping, Kuala Kangsar und Ipoh eingehend besichtigen. Dagegen läßt sich Kota Bharu am Südchinesischen Meer gut in einem Tag erreichen.

Kuala Lumpur

Hauptsehenswürdigkeiten

- Innenstadt mit Jame-Moschee (1), den Kolonialgebäuden am Padang (6–10), dem chinesischen Sze Ya-Tempel (15) und dem hinduistischen Sri Mahamariamman (17).
- Nationalmoschee (20) und Nationalmuseum (25)
- Zoologischer Garten (48)
- Batu Caves (49)
- neue, monumentale Staatsmoschee in Shah Alam (Ausflug 1)

Anreise

Direkte Flüge von Frankfurt und Zürich, ebenso von den südostasiatischen Hauptstädten. Verbindungen zu allen fahrplanmäßig angeflogenen Flughäfen und -plätzen der Halbinsel, nach Kuching und Kota Kinabalu (mehrmals tgl.), nach Bandar Seri Begawan.

Touristeninformation

Zahlreiche Prospekte liegen schon im Flughafen auf. Touristeninformation gegenüber Bahnhof und im Putra World Centre (44).

Hotels

Die Auswahl an Hotels ist groß. Davon seien erwähnt (zur Lage vgl. Abb. 33):
Shangri-La (L, bestes Hotel), Regent (F), Pan Pacific (F), Hilton (F), Merlin (M), Federal (M).
Hotel am Flughafen: Hyatt (F)
Hotel in Petaling Jaya: Hilton (F)

Verkehrsverbindungen

Innenstadt zu Fuß oder Taxi (ohne Taxameter, doch günstig; kein Trinkgeld). Außenquartiere mit Bus (Bus-Guide an Zeitungskiosken, Busnummern zu den wichtigsten Sehenswürdigkeiten auch in den Broschüren des Touristenamts) oder Taxi. Mietauto für Ausflüge empfohlen.

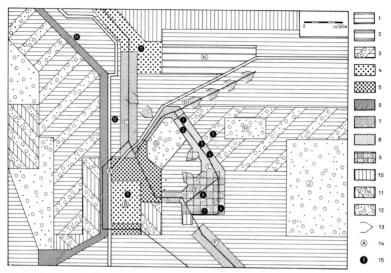

Abb. 33. *Innere Differenzierung von Kuala Lumpur (Modell)*
Legende: *1 Wohngebiete, z. T. dichte Besiedlung; 2 Wohngebiete mit Kampongcharakter; 3 Wohngebiete mit Residenzcharakter; 4 CBD, Chinatown (multifunktional); 5 CBD, Verwaltung und Banken; 6 Verkehrsflächen (Straßen, Bahn); 7 CBD, Einkauf; 8 CBD, Tourismus und Unterhaltung; 9 CBD, Einkauf, Tourismus und Unterhaltung; 10 Öffentliche Gebäude; 11 Öffentliche Gebäude in oder mit Grünanlagen; 12 Grünanlagen; 13 derzeitige Ausdehnungstendenzen und -richtungen; 14 (vgl. Erläuterungen im Text, A Zusammenfluß von Sungei Gombak (von Norden) und Sungei Kelang, B zentrale Chinatown, C Jalan Abdul Rahman, D Jalan Ampang, E Jalan Bukit Bintang, F Jalan Pudu, G Bukit Nanas, H Pferderennbahn, J Golfclub, M Malaiisches Kampong); 15 Hotels (1 Merlin, 2 Shangri-La, 3 Equatorial, 4 Hilton, 5 Holiday Inn on the Park, 6 Regent, 7 Prince, 8 Federal, 9 Malaya, 10 Pan Pacific, 11 South East Asia, 12 Holiday-Inn City Centre)*

Historischer und geographischer Überblick

Kuala Lumpurs Entstehungsgeschichte und der Aufstieg zur Hauptstadt Malaysias und zu einer südostasiatischen Metropole steht den Städtegründungen im »Wilden Westen« Nordamerikas in nichts nach, was Zufälligkeit, Risikobereitschaft seiner Pioniere und blutige Kämpfe rivalisierender Clans betrifft. Die erste, seit 1824 nachgewiesene Siedlung war Sungei Lumpur, eines der sieben Dörfer nahe der Zinnvorkommen im Kelang-Tal. Die Gegend war sumpfig und malariaverseucht und so scheiterten die ersten Versuche, hier erfolgreich Zinn zu fördern. Da stieg der Raja von Kelang, dem der Sultan von Selangor die Distriktverwaltung übergeben hatte, ins Geschäft ein mit dem Ziel, bei Ampang – heute ein vorstädtisches Viertel und in Abbildung 33 etwas außerhalb des Kartenrandes – neue Minen zu eröffnen. Dazu stellte ihm sein Bruder aus dem zinnreichen Distrikt Lukut 87 Minenarbeiter zur Verfügung, von denen aber nur 18 die ersten harten Monate überlebten. Doch der Erfolg auf den Ampang-Minenfeldern sorgte für ständig neue Arbeitskräfte. Es waren alles Hakka-Chinesen, die 1868 den energischen Yap Ah Loy zum neuen Kapitän China wählten. Er sollte es bald zu sagenhaftem Reichtum und zum praktisch uneingeschränkten »Herrscher« von Kuala Lumpur bringen.

Der Abtransport der Zinnerde und der Nachschub an Nahrungsmitteln und anderen Gütern konnte auf dem Sungei Kelang nur bis zur Einmündung des Seitenflusses Sungei Gombak erfolgen (in der Abbildung 33 mit A bezeichnet). Daher entwickelte sich an dieser Güterumschlagsstelle rasch ein Chinesenstädtchen, das anfänglich nur aus einer Ansammlung übervölkerter Attap-Hütten und schmutziger Straßen bestand. Kaum eine andere Landeshauptstadt besitzt einen so wenig schmeichelhaften Namen wie Kuala Lumpur, was »schlammverschmutzte Mündung« bedeutet. In den Kampongs ringsum hatten sich meist aus Sumatra zugewanderte Malaien niedergelassen, die ihren Friedhof an der Stelle der heutigen Masjid Jame am Zusammenfluß von Gombak und Kelang anlegten. Nachdem Kuala Lumpur 1873 im Selangor-Bürgerkrieg dem Erdboden gleichgemacht worden war, ließ Yap Ah Loy die Stadt wieder aufbauen. Gleichzeitig ernannte ihn der Sultan von Selangor in feierlicher Zeremonie zum Kapitan China für den ganzen Staat. Von da an bis zu seinem Tod 1885 kontrollierte Yap mit seiner Macht das Wirtschaftsleben der Stadt, über die er bis zur Ankunft des britischen Residenten auch die volle Herrschaft besaß. Als jener 1880 von der aussterbenden Hauptstadt Kelang nach Kuala Lumpur übersiedelte, empfing ihn Yap nur widerstrebend. Die Stadt besaß zwar eine rund um die Uhr offene Spielhölle und ein Bordellviertel, war aber noch immer gleich verschmutzt und seuchengefährdet. Erst Frank Swettenham, der nächste britische Resident, baute aus den Einnahmen des Zinnbooms Kuala Lumpur völlig neu auf, gab ihm eine moderne Verwaltung und eröffnete 1886 die erste Eisenbahnstrecke nach Port Kelang. 1890 konnte man in Kuala Lumpur die wichtigsten städtischen Funktionen nachweisen, so das erste Hotel, eine Eisfabrik und einen »French-Hairdresser«. Das Geschäftsleben konzentrierte sich primär auf die Chinatown (B in Abbildung 33).

Straßenzug für Straßenzug erhielt die Stadt nun Backsteinhäuser, die vor allem die Feuergefahr eindämmten. Die neue Administration sorgte für Straßenbeleuchtung, und 1894 entstand als einer der ersten öffentlichen Bauten das markante Staatssekretariat (Bangunan Sultan Abdul Samad), das eines der Wahrzeichen der Stadt geblieben ist. Im Jahr darauf ernannten die »Federated Malay States« Kuala Lumpur zu ihrer Bundeshauptstadt, ein Schritt, der es später nahelegte, daraus die Landeshauptstadt zu machen. – In einem Gürtel, der fast die ganze zentrale Chinatown umfaßt, errichteten die Briten um die Jahrhundertwende ihre Verwaltungsgebäude, die noch heute vom malaysischen Staat genutzt werden. Die Chinesen erweiterten ihr Geschäftsviertel, indem sie entlang der Ausfallstraßen Shophouses bauten (C, F). Der Verdichtungsraum wird heute durch einige große Grünanlagen aufgelockert, so durch einen bewaldeten Hügel nahe des Zentrums (G, Bukit Nanas), durch die Pferderennbahn (H) und den Golfplatz (J), aber auch durch das Malaienviertel (K), wenn auch der Dorfcharakter nicht so ausgeprägt ist wie in den Kampongs von Ipoh. Das moderne Geschäftsviertel aber hat sich von der alten Chinatown ins »Goldene Dreieck« (L) verschoben, wie die Bewohner von Kuala Lumpur dieses Quartier nicht zuletzt wegen der hohen Bodenpreise zu bezeichnen pflegen.

Die heutige Millionenstadt hat ihre Expansionsphase noch nicht abgeschlossen. Auch wenn die historischen Gebäude mit Liebe gepflegt und unterhalten werden, so versucht vor allem die moderne islamische Architektur mit ebenbürtigen Leistungen und origineller Akzentsetzung immer neu hervorzuragen.

Sehenswürdigkeiten in der Stadt

Innenstadt (Karte 5)

Es empfiehlt sich, für diese Stadtrundfahrt ein Taxi zu benutzen, da Parkplätze im alten Kuala Lumpur rar sind. An Sonntagen dagegen kann man es wagen, diese Rundfahrt mit dem Mietwagen durchzuführen. Verpflegungsmöglichkeiten gibt es unterwegs wenig; man muß in die Hotelzone zurückfahren oder findet welche im Central Market, wo es – wie in vielen Moscheen und Tempeln – auch Toiletten gibt.

Mitten im hektischen Großstadtgetriebe entdeckt man unter Palmen den zierlich luftigen Bau der

Masjid Jame (1),

der alten Freitagsmoschee. Umspült von Gombak und Kelang ruht sie als Oase der Stille auf der historischen Landspitze, wo einst der erste Moslemfriedhof stand. Von nordindischen Vorbildern inspiriert, ent-

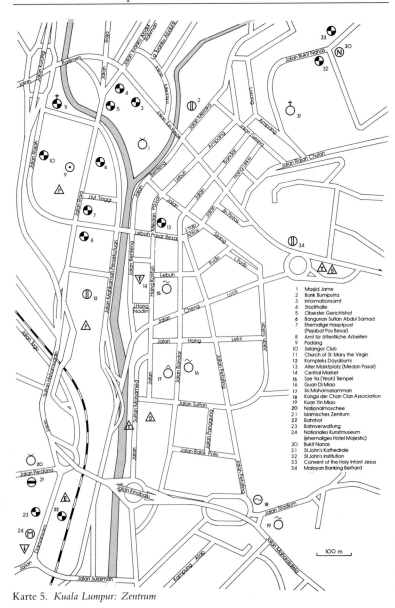

Karte 5. *Kuala Lumpur: Zentrum*

stand 1909 der rot-weiße Zwiebelkuppelbau, der ursprünglich nur aus Gebetshalle und Vorhof bestand und erst in neuerer Zeit um zwei große Ruhehallen links und rechts erweitert wurde. Eine größere und zwei kleinere Kuppeln auf je einem achteckigen Tambour erheben sich über der Gebetshalle, während den ummauerten Vorhof die beiden Minarette flankieren. Sie – wie auch die von Mogultürmchen gekrönten Pfeiler – sind aus rotem Backstein mit weißen Ringen. Ebenfalls weiß sind die Bogen und Säulen der Hallen, rot wiederum die Füllungen, wodurch von weitem der Eindruck eines durchbrochenen Raumkörpers entsteht. Die neuen, mit spiegelndem Marmor belegten Ruhehallen sind durch schmale Zwischengänge unter kunstvoller Verwendung desselben Lappenbogenmusters mit dem Mittelteil verbunden. Nahe der Landspitze und hinter der Rückwand der vorderen Halle stehen asymmetrisch zwei sternförmige Brunnenbecken. In der Gebetshallenrückwand sind dagegen noch die ursprünglichen mit Ziergittern verschlossenen Hufeisenbogenfenster zu sehen.

Der an der Jalan Melaka sichtbaren *Bumiputra-Bank (2)* scheint ein traditioneller Holzpavillon vorgebaut. Nur von sehr nahe betrachtet erkennt man, daß der kleine Bau aus braunem Langkawi-Marmor besteht.

Durch die Jalan Tun Perak geht man nun am *Staatlichen Informationsamt (3)*, der *Stadthalle (4, ehemals Gesundheitsamt)* und dem *Obersten Gerichtshof (5)* vorbei in die Jalan Raja bis zu einer weiten Grünfläche, dem *Padang (9)*. Hier steht das ehemalige weltliche Zentrum der Stadt, das *Bangunan Sultan Abdul Samad (6)*. Früher beherbergte es das Selangor Staatssekretariat, heute sind darin u. a. das Schatzamt und das Standesamt. Mit dem eckigen Uhrturm und den beiden runden Treppentürmen eines der Wahrzeichen der Stadt, kehrt es dem Padang die lange Schauseite zu. Als erstes öffentliches Gebäude wurde es zwischen 1894 und 1897 im Kolonialstil der Zeit erbaut. Der englische Architekt A. C. Norman ließ zwar die indisch-islamischen Züge unter Verwendung von Hufeisenbogen, Arkadengängen und Zwiebelkuppeln vorherrschen, fügte aber auch britische Elemente, am deutlichsten am 41 m hohen Uhrturm, hinzu.

Vom selben Architekten stammen weitere imposante öffentliche Kolonialgebäude; alles zweigeschossige, weiß eingefaßte Backsteinbauten, doch jedesmal etwas variiert im Stil: Rechts (südlich) vom Bangunan Sultan Abdul Samad an der Jalan Raja die *ehemalige Hauptpost (7)* und das *Amt für öffentliche Arbeiten* mit der landwirtschaftlichen Bank *(8)*, beide von 1896, und in entgegengesetzter Richtung jenseits des Gombak die oben schon erwähnten Bauten des Obersten Gerichtshofes von 1909 und der Stadthalle und des Informationsamtes, ebenfalls von 1896.

Der Padang (9) gibt nicht nur den Gebäuden an der Jalan Raja Weite, er dient für Umzüge und Nationalparaden, aber auch das englische Kricketspiel wird hier noch immer ausgetragen. Vorübergehend ist allerdings seine Benutzung wegen eines Tiefgaragebaus darunter eingestellt.

Zwei völlig verschiedene Zweckbauten an der West- und Nordseite des Padang sind ebenfalls von Architekt Norman errichtet worden: Der eine ist die im Fachwerkbau der Tudorzeit 1890 erbaute und später erweiterte Anlage des *Selangor Club (10),* wo sich die gesellschaftliche Elite der Stadt noch heute trifft. Da der Fachwerkbau wie schwarz und weiß gefleckt erscheint, hatten ihn die Briten scherzhaft »Spotted Dog« getauft. Ein ähnlicher Bau entstand 1929 mit dem Selangor Chinese Recreation Club (36), wo sich die reichen Chinesen, die meist vom britischen Gesellschaftsleben ausgeschlossen waren, ihren eigenen Treffpunkt schufen. Der andere Bau am Nordende des Padang ist die 1894 errichtete anglikanische *Church of St. Mary the Virgin (11).* Das weißgetünchte Backsteinkirchlein ist neugotisch mit festungsartigem Chor und ohne Turm.

Am nahen Flußufer erhebt sich der moderne *Komplex Dayabumi (12)* mit neuer Hauptpost, »City Point« und einem staatlichen Verwaltungsturm dazwischen. Dieses Hochhaus gehört architektonisch zum Schönsten, was die Hauptstadt bietet. Es hat dem heutigen Stadtbild nicht nur einen neuen prägenden Akzent aufgesetzt, sondern darf darüber hinaus als eines der gelungensten Beispiele moderner islamischer Profanarchitektur gelten. An den vier Ecken vorspringende Dreieckkanten und gestuft hervortretende Seitenwände, die durch je drei schmale, die ganze Wandhöhe hinaufgezogene Spitzbogenfenster unterbrochen sind, beleben den hoch emporragenden Block. Das wie lange weiße Spitzenvorhänge wirkende Gitterwerk der Fensterfüllungen und die marmorweiße Mauerverkleidung bestimmen den Gesamteindruck des Baus, der vornehme Zurückhaltung und majestätischen Glanz zugleich ausstrahlt. Die im Vergleich dazu niedrig gehaltenen Seitengebäude bilden eine passende Stilvariante. Über die Brücke der Leboh Pasar Besar zum *alten Marktplatz (13),* der mit schönen dreigeschossigen Shophouses um den Uhrenturm den Anfang der Chinatown markiert; von hier führt die Jalan Hang Kasturi in südlicher Richtung zum großen *Central Market (14),* der modernisierten Markthalle, in der die alte Marktatmosphäre einem klimatisierten Shoppingcenter mit Restaurant und Souvenirläden gewichen ist.

Mitten in der Chinatown liegt der von seiner Lage her merkwürdigste Chinesentempel dem Besucherauge völlig verborgen in Häusern eingebaut. Dies war nicht immer so. Als der

Sze Ya (oder Yeoh)-Tempel (15)

1883 gebaut wurde, stand er frei. Erst durch eine Straßenkorrektur kam er schräg zum Straßennetz zu liegen. Das dadurch an der Kreuzung Jalan Bandar / Lebuh Pudu entstandene Dreieckfeld aber wurde mit einer um die Straßenecke laufenden Front zweistöckiger Shophouses ausgefüllt, die den Tempel fortan von der Straße abschlossen. Die einzige Zufahrt führt von der Jalan Bandar her durch ein wenig auffälliges, eingebautes Tempeltor, dem auf der Gegenseite des Tempelhofes ein nur für Fußgänger berechnetes schmales Tor entspricht, durch das man mitten ins Gewühl einer Hintergasse mit »Hawkerstalls« (Eßständen) gelangt.

Der rein taoistische Sze Ya ist eng mit der Person Yap Ah Loys, dem über ganz Selangor mächtigen Kapitan China und reichsten Chinesen aus der Pionierzeit der Stadt (s. S. 154), verbunden. Er hat kurz vor seinem Tod nicht nur das Land und das meiste Geld zum Bau des Tempels gegeben, sondern war schon 1864 bei der Ankunft und Aufstellung der aus China hergeholten beiden Götterstatuen zugegen, denen der zunächst nur in einer Hütte untergebrachte Tempel geweiht wurde. Sen Sze Ya und Sey Sze Ya, zwei zu ihren Lebzeiten befreundete kaiserliche Generäle mit denselben Vornamen, wurden wegen ihrer Taten zu Gottheiten erhoben und von den ausgewanderten Pionieren als anspornende Vorbilder verehrt. Dies gilt übrigens für viele der unzähligen taoistischen Götter, die über die lokale Bedeutung hinaus kaum Bekanntheitsgrad erlangt haben.

Die Tempelanlage stellt einen Sonderfall dar: im wesentlichen eine Zwischenhofanlage vom Typ 2a (S. 85), besitzt sie zusätzlich eine Vorhalle und den Vorhof mit 2 Torhallen des Kompakttempels.

Vom Vorhallendach hängen Lampions und große Räucherspiralen. Über dem Eingang prangt ein kostbares Gehänge mit einer geschnitzten Palastszene. Überall, wo solche Motive in Tempeln auftauchen, beziehen sie sich auf den chinesischen Kaiserhof. Da der Kaiser von China als Gott galt, hatten er oder seine Attribute auch einen festen Platz im Tempel. So bedeuten die reich geschnitzten und vergoldeten Holzfächer rechts und links vom Eingang kaiserliche Staatsfächer, und an den Seitenwänden stehen die Zeremonialwaffen. Auf dem vordersten Altartisch liegt links, symbolisch in ein Goldtuch eingewickelt, das kaiserliche Beamtensiegel. Denn die Mandarine gaben in China keine Unterschriften, sondern benützten nur das wohlverwahrte Siegel. Rechts davon ein kleiner roter Stuhl mit Fähnlein, vor denen im Kriegsfall die Offiziere für ihre Einheiten beteten. Am zweiten Altartisch eine prachtvoll geschnitzte Vorderplatte in Gold und Rot. Hinter einer Innenhofsäule warten zwei bemalte Riesenkraniche, um den Göttern Botschaften zu überbringen. Auf dem

Mittelaltar die beiden Göttergeneräle und hinten links Yap Ah Loys Foto auf einem Altartisch. Das Tempelinnere ist hier übrigens wie in vielen taoistischen Tempeln nicht nur stille Andachtsstätte, sondern zugleich Eß-, Arbeits- und Spielplatz der ganzen Tempelwartfamilie, inklusive der Haustiere!

Die Jalan Bandar birgt (schräg gegenüber des Sri Mahamariamman-Tempels) noch einen besuchenswerten Chinesentempel, den *Guan Di Miao (16,* Typ 2a, S. 85). Auch er ist rein taoistisch und Kuan Ti (= Guan Di) geweiht. Der Kriegsgott (s. S. 65f.) thront auf dem schwarzen Holzaltar in der Haupthalle. Links an der Wand stellt eine große schlanke Gestalt in sackartiger Trauerkleidung, hohem Hut und Fächer den Gott des Reichtums (Choy Sun) dar, der hier als volkstümlicher Opiumgott verehrt wird. Er ist von der Nase bis zur Brust mit Opium beschmiert, das ihm die Gläubigen als seine einzige Nahrung aufkleben (s. S. 67). Auf dem Altartisch daneben die fünf Tigergötter (vgl. S. 67), zu denen man hier nicht nur für kranke Kinder betet, sondern auch, um sich vor bösen Wünschen zu schützen oder um Streitigkeiten im Geschäftsbereich zu lösen. Der Ahnenaltar in der linken Seitenhalle mit beachtlich schönem Goldschnitzwerk ist all jenen gewidmet, die am Tempel mitbauten. In der Eingangshalle schließlich sitzen sich in üppigen »barocken« Goldschreinen gegenüber Konfuzius rechts, hier speziell fürs Studium zuständig, und links der nur außerhalb Chinas verehrte Tua Peh Kong, den man um gute Geschäfte bittet; dazwischen über der Eingangsmitte wie im Sze Ya ein großes geschnitztes Goldgehänge.

Wie in Singapore und Penang befindet sich der älteste hinduistische Tempel der südindischen Pocken- und Regengöttin Mariamman in der Chinatown (*17,* ebenfalls Jalan Bandar), nur daß er hier *Sri Mahamariamman,* also große Mariamman heißt. Er ist das einzig bedeutende Hinduheiligtum in Kuala Lumpur und wurde in seiner heutigen Form erst sehr spät (1965–1972) erbaut. Ursprünglich handelte es sich um einen privaten Tempel, der seit 1873 bestand und 1930 an die indische Gemeinde überging. Sein markanter Gopuram über dem Eingang ist, obwohl recht neu, ganz nach tamilischer Tradition von südindischen Künstlern mit dem gewohnt reichen Figurenschmuck geschaffen. Das Tempelinnere ist im Vergleich dazu eher enttäuschend; wenn man es aber besichtigt, ist es ratsam, seine Schuhe an der bewachten Aufbewahrungsstelle links vom Tempel abzugeben.

An der Ostseite eines großen ovalen Platzes, an dem mehrere verkehrsreiche Straßen zusammenströmen, liegt – noch an der Jalan Petaling – der schöne Kongsi der Chan Clan Association,

Die taoistischen Tigergötter im Sze Ya-Tempel, K. L. (S. 159f.)

Der Gopuram, »Götterberg«, am hinduistischen Sri Mahamariamman-Tempel, K. L. (S. 160)

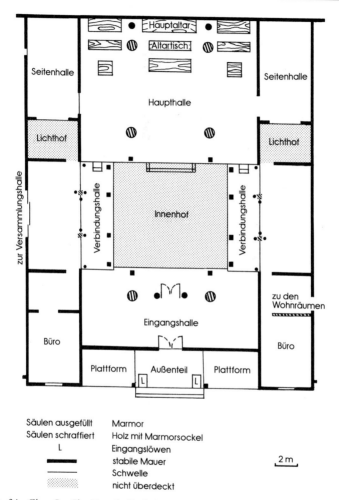

Säulen ausgefüllt   Marmor
Säulen schraffiert   Holz mit Marmorsockel
L   Eingangslöwen
━━━   stabile Mauer
───   Schwelle
▓▓▓   nicht überdeckt

Abb. 34. *Chan See Shu Yuen in Kuala Lumpur: Tempelgrundriß*

Chan See Shu Yuen *(18,* Typ 2a, S. 85)

Längst nicht so prunkvoll wie der berühmte Khoo-Kongsi von Penang, besitzt er doch ein paar unverwechselbare, originelle Merkmale und bemerkenswerte Einzelheiten.

Die Chan See Shu Yuen-Gesellschaft wurde 1897 gegründet, um kranken und bedürftigen Mitgliedern der Geschlechter Chan, Chin und Tan in Malaysia zu helfen. Der 1906 entstandene Kongsi dient den Familien für Versammlungen und religiöse Zeremonien.

Mit seiner Außenwand aus grünen Keramikfliesen und den dazu kontrastierenden roten Türen und Abschlußbändern leuchtet er von weitem. Diskreter, aber um so kostbarer sind die als Reliefbilder in die Wand eingelassenen und die Dachkanten zierenden chinesischen Palast- und Legendenszenen, ebenfalls aus Keramik. Man betrachte die zerbrechlich feinen Figuren, die leider schon an vielen Stellen beschädigt sind. Ein einmaliges Merkmal sind die in zwei schwungvollen Stufen hinaufgezogenen Doppelgiebel beidseits der Eingangshalle, die sich an der Haupthalle wiederholen. Sie trennen architektonisch den Haupttrakt des symmetrisch aufgebauten Kongsi entlang eines überdachten durchgehenden Korridors von den separat zugänglichen Nebengebäuden (Abb. 34).

In der Mitte der Eingangshalle ein prachtvoll geschnitztes Goldgehänge und rechts und links wie im Guan Di Miao Konfuzius als Hüter der Gelehrsamkeit und Tua Peh Kong, der Gott des Reichtums. Das Innere wirkt licht, wobei das rote Gebälk und die roten Tragsäulen ihm einen fröhlichen Akzent verleihen. An diesen runden Holzsäulen hängen wie in manchem Tempel lose Paneele mit aufgemalten Sprüchen. Auffallend und einmalig die vielen Kobaltvasen auf den Altartischen, von denen die größeren einen Goldlöwendeckel tragen. Die fünf goldenen Schnitzaltäre dahinter (zwei in den Seitenhallen) mit einem Sonnensymbol in der oberen Rahmenmitte sind alle Ahnenaltäre. Selbst der Mittelaltar der Haupthalle ist drei vergöttlichten Vorfahren aus dem Geschlecht der Chan geweiht: im Zentrum der berühmteste Chan, ein früherer Kaiser von China, hier als Jadekaiser dargestellt; rechts von ihm ein südchinesischer General und links einer der Pioniere Kuala Lumpurs.

Auf dem Hügel gegenüber (Jalan Stadium / Jalan Maharajalela) der über neunzigjährige, synkretistische *Kuan Yin Miao (19);* er führt eine eigene Räucherstäbchenfabrikation.

Am südwestlichen Stadtrand

Die folgenden Sehenswürdigkeiten sind zu Fuß kaum erreichbar, da mehrspurige Autostraßen den Weg kreuzen. Man nehme am besten ein Taxi oder das Mietauto.

Am südwestlichen Rand der City, wo die Jalan Perdana in die Jalan Sultan Hishamuddin mündet, steht seit 1965 die

Masjid Negara (20, Nationalmoschee).

Sie gab den Auftakt zum Bau von Monumentalmoscheen, ist inzwischen aber längst nicht mehr die größte und wirkt selbst im Stadtbild neben den neuen Hochhausbauten nicht mehr monumental. Die Idee zum Bau einer Nationalmoschee stammte schon von 1957, als Malaysia die Unabhängigkeit erlangte und zur Erinnerung an den Merdeka-Tag eine Moschee errichten wollte. Der in Malaysia so beliebte erste Premierminister, Tunku Abdul Rahman, nach dem man die Moschee benennen wollte, lehnte ab und schlug den heutigen Namen vor. Die Grundsteinlegung erfolgte erst sechs Jahre später, nachdem zuvor der »Kiblat«, die Gebetsrichtung gegen Mekka, in welcher der Mihrab steht, genau festgelegt worden war. Die Bauzeit dauerte fünf Jahre. An den Baukosten von 10 Mio beteiligten sich alle 13 Teilstaaten. Das Konzept der Moschee, das vom damals jungen malaysischen Architekten Baharuddin stammt, bricht bewußt mit den landesweit üblichen Zwiebelkuppelbauten und will zeitgenössische Architektur mit herkömmlichen islamischen Mustern und lokaler Tradition verbunden wissen. So basieren das dekorative Gittermuster rund um die Moschee und die zahlreichen kleinen Kuppeln auf dem Dach der Wandelgänge auf sarazenischen Vorbildern. Der Hauptblickfang, das sternförmige Faltdach über der Gebetshalle und das aus einem Wasserbassin 74,7 m hoch aufsteigende Minarett, aber sind Symbole des lokalen Sultanats: die Minarettspitze stellt den geschlossenen königlichen Sonnenschirm, das Gebetshallendach den entfalteten dar.

Die zentralen Moscheeteile liegen im 1. Stock. Man beginnt die Besichtigung am besten beim Haupteingang (Abb. 35), wo Besucherinnen der obligatorische »Chador« mit Kopftuch erwartet. Von dort gelangt man in den überdeckten Innenhof aus 48 »schattenspendenden Sonnenschirmen«, die aus hohen, weißen Säulen mit Goldmosaikbändern an den Enden und kleinen, abwärts zeigenden Pyramidendächern bestehen. Dabei tauchen die mit blauem Glas raffiniert ausgefüllten Dachzwischenräume den ganzen Innenhof in ein zauberhaftes Licht ein, dessen Effekt noch durch das Wasserspiel der beiden flankierenden Bassins erhöht wird.

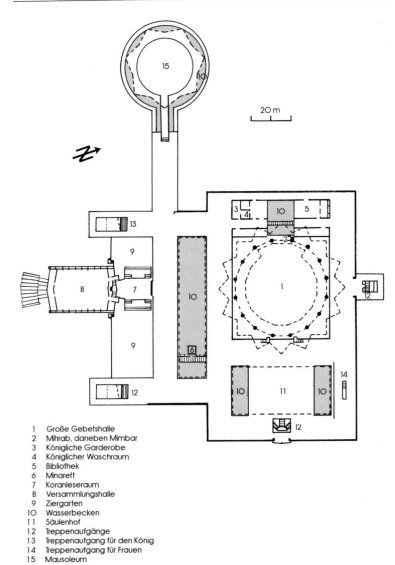

Abb. 35. *Nationalmoschee in Kuala Lumpur. Grundriß des Hauptgeschosses*

Der Innenhof führt zur großen Gebetshalle, die jedoch Nichtmuslime und Frauen nur von der Galerie aus besichtigen dürfen. Dem Quadrat der Halle ist ein Inkreis mit sechzehn runden Säulen eingeschrieben, welche die ebensovielen Faltdachenden tragen. Von diesen bis in halbe Säulenhöhe zieht sich ringsum ein prächtiges Gitterband, das die Galerie verbirgt. Die mit italienischem Marmor überzogenen Wände sind an drei Seiten von je drei Schiebetoren mit weißem Gitterwerk durchbrochen. Darüber und in den vom Dach freigelassenen Zwickeln belichten verschiedenfarbige Glasscheiben den Raum. In die Spitze der Faltdachkuppel ist eine Aluminiumrosette mit einer Koraninschrift im Zentrum eingefügt, die eine Nachbildung aus der Blauen Moschee von Istanbul darstellt. Der Mihrabteil an der Westwand wird durch ein dunkles Wandstück betont. Davor hebt sich der vergitterte Mihrab ab als hohes Tor, umzogen von einem blauen Marmorband mit kufischer Goldschrift, das sich im oberen Wandteil um die Gebetshalle fortsetzt.

Die Gebetshalle bietet 3000 Gläubigen Platz. Weitere 5000 können die an drei Seiten angebauten Wandelhallen fassen. Im Gegensatz zur Vorhalle tragen darin schwarze Säulen mit Goldmosaikabschlüssen eine geschlossene Pyramidendecke. Im Westteil außerhalb der Mihrabwand folgt ein überbrücktes Wasserbecken, das rechts zur Bibliothek und links u. a. in den königlichen Waschraum führt. Alle übrigen Gebäude befinden sich im Südteil der Moschee. Parallel zur Südwand der Gebetshalle erstreckt sich zwischen Wandelhalle und -gängen das längste Wasserbecken mit dem bereits erwähnten Minarett am östlichen Ende. Durch den überdachten Gang an der Beckenaußenseite gelangt man zum hinter der Moschee liegenden Mausoleum mit Gräbern für sieben Nationalhelden. Der runde Bau ist von Wasser umgeben und mit einem siebenteiligen Faltdach überdeckt, dessen Enden zeltartig den Boden berühren. Jenseits des Mausoleums, zwischen dem Südeingang und dem für den Sultan reservierten, umrahmen Gartenanlagen den Koranleseraum, dem ein für religiöse Konferenzen bestimmter Dewan mit einem vom Minangkabaustil inspirierten Zackendach vorgebaut ist. Die Waschanlagen im Grundgeschoß unter der Vorhalle sind ebenfalls von Wasserbassins umgeben. Insgesamt bietet die Masjid Negara einen ästhetisch gelungenen Beitrag zur modernen Moscheenarchitektur. Ihr gegenüber steht der Neubau des Islamischen Zentrums.

Von der Nationalmoschee aus in Sichtdistanz erhebt sich als weiteres Wahrzeichen der Stadt die *Setesyen Keretapi,* der märchenhafte Bahnhof *(22)* Kuala Lumpurs. Die palastartige Gebäudefront in weiß, deren Zweck man nie errät, wenn man die dahinterliegenden Zugshallen nicht sieht, ist 1911 vom englischen Architekten Hubbock, der zuvor in Indien gearbeitet hatte, entworfen worden. Die ganze Vielfalt der an früheren Stadtbauten vorhandenen Bogenformen wird hier an der durch Vorsprünge belebten Fassadenfront durchgespielt. Das Dach aber krönen die von den Moscheen her bekannten Mogultürmchen die an den Eckstellen zu Pavillons erweitert sind, wie sie an indischen Palästen vorkommen.

Der Hauptbahnhof findet sein entsprechendes Pendant, diesmal mit Treppenturm, Kuppeln und streng regelmäßiger Fassadenfront, im Bahnverwaltungsgebäude *(23)* gegenüber.

Auf der Seite der Bahnverwaltung stadtauswärts, an der Jalan Damansara, ist das nationale Kunstmuseum *(24)* im ehemaligen Hotel Majestic untergebracht, das mit 51 Zimmern 1932 das größte und vornehmste Hotel Kuala Lumpurs war. Das Museum zeigt vor allem Werke einheimischer Künstler. Es handelt sich dabei um zeitgenössische, aber noch stark dem Realismus verhaftete Malerei.

Unbedingt besuchenswert ist das

Nationalmuseum (25, Muzium Negara),

ebenfalls an der Jalan Damansara (Karte 6).

Das Museumsgebäude von 1963, dessen Form sich am Malaienhaus inspiriert, wird zur Zeit renoviert und soll als Eingangstor eine Kopie des Festungstorbogens von Kuala Kedah erhalten. Die Öffnungszeiten sind täglich von 9.00–18.00 Uhr, mit Ausnahme der Goldsammlung, die 1 Stunde früher schließt und freitags von 12.15–14.45 Uhr zu ist. Die Beschriftung der Ausstellungsstücke ist überall auch auf englisch. Zusätzliches Informationsmaterial bietet der Verkaufsstand am Eingang. Da die Sammlungen reorganisiert werden, erkundige man sich an Ort und Stelle nach ihrer neuen Lage.

Steht nur wenig Zeit zur Verfügung, so besuche man zuerst die 1984 neu dazugekommene *Goldsammlung* (Balai Warisan Emas). Sie enthält vor allem Kult- und Schmuckgegenstände und zeigt deren Bearbeitungsmethoden. Beachtenswert der »dokoh«, der traditionelle Männeranhänger aus einem rotgebeizten Brotfruchtblatt, und der »modesty disc«, eine Schambedeckung für kleine Kinder, sowie beim Ausgang links die »bunga mas«, ein dem König von Siam entrichteter Tribut in Form von Gold- und Silberblumen (s. S. 282). In der *historischen Abteilung* bemerkenswert das ohne Nägel gezimmerte Malaienhaus in Originalgröße; dann der Terengganu-Stein von 1303 mit der ältesten malaiischen Inschrift (s. S. 288) und die beiden Thronsessel.

Die *ethnologische Abteilung* zeigt eine reiche Kollektion der aus den Langhäusern Sabahs und Sarawaks stammenden »Martaban«-Krüge, einen geschnitzten Nashornvogel und die technisch komplizierten Ikatstoffe (s. S. 91).

In der *Kulturgalerie* (Balai Kebudayaan) wird zentral das »bersanding« dargestellt, der Höhepunkt einer Malaienhochzeit, wo das Brautpaar auf einem Thron die Glückwünsche entgegennimmt; dahinter eine Beschneidungszeremonie. Ferner eine große Schattenspielkollektion und Baba-Nonya-Abteilung. Die *naturkundliche Abteilung* mit Schaukästen und Dioramen gewährt einen wertvollen Einblick in die malaysische Fauna. Das *Freilichtmuseum* hinter dem Gebäude enthält den ersten »Proton Saga«, das malaysische Nationalauto, und das Modell eines Baggerschiffs zur Zinngewinnung; ferner an der Museumskurzseite zwei geschnitzte Begräbnispfähle der Kajang aus Sarawak und der »Istana Satu«, ein Minipalast mit zu besichtigender Innenausstattung.

Hinter dem Museum beginnt die größte Grünanlage der Stadt. Die 60 ha umfassenden *Lake Gardens (26)* mit dem Tasek Perdana, einem künstlichen See zum Bootfahren, wurden von den Engländern angelegt und dienen heute der Bevölkerung als Naherholungszone.

An ihrem nördlichen Ende an der Jalan Parlimen wurde 1966 das *Nationalmonument (27)* errichtet. Die weitläufige Anlage besteht aus einem Wasserbassin mit Springbrunnen, in dessen Mitte das Denkmal steht, einer halbmondförmigen Gedenkhalle und einem Kenotaph für die Toten beider Weltkriege. Das Denkmal selbst, eine mächtige Bronzefigurengruppe aus fünf triumphierenden Helden, die über zweien ihrer gefallenen Feinde stehen, stammt vom amerikanischen Bildhauser Felix de Weldon und stellt den Sieg der demokratischen Kräfte über den Kommunismus dar, der in Malaysia erst nach jahrelangem Ausnahmezustand (1948–60) errungen wurde.

Die Jalan Parlimen führt nordwestlich der Lake Gardens zum 1963 errichteten *Parlamentsgebäude (28)*. Schon von weitem erkennbar ist der zwanzig Stockwerk hohe Büroturm neben dem nur vierstöckigen Senat und Repräsentantenhaus. Aus dem Innenhof dieses weiten Rechteckbaus ragt das Dach des Dewan Rakyat (Repräsentantenhaus) aus elf miteinander verbundenen Betondreiecken empor und verleiht ihm eine originelle Note. Beide Gebäude besitzen eine in Brise-Soleil-Technik weiß verblendete Außenfassade, die nicht nur Hitze fernhält, sondern den Bauten ihre Schwere nimmt.

Das Stück zwischen der Jalan Parlimen und der nach Süden führenden Ausfallstraße heißt Jalan Tangsi. Dort fällt ein Neurenaissancebau aus der Jahrhundertwende auf, der früher Loke Yew, einem der reichsten Chinesen, als Privatvilla diente und heute das *Malaysische Architekturinstitut (PAM, 29)* beherbergt.

Südlich der Lake Gardens sind noch der singhalesisch-buddhistische Tempel und – jenseits des Flusses – der Staatspalast zu erwähnen. Beide kann man auslassen, denn der Istana Negara *(46)*, 1928 für einen chinesischen Millionär erbaut und heute offizielle Residenz des Staatsoberhaupts, liegt in einer Parkanlage halb versteckt und ist unzugänglich; der Tempel der Sasana Abhiwurdhi Wardana Society aber ist wenig sehenswert. Sein *International Buddhist Pagoda (45)* genannter Stupa mit einem Meditationsraum im Innern wurde erst 1971 hinzugefügt. Man findet die Anlage, indem man auf der Jalan Sultan Hishamuddin, dann Jalan Bangsar, die Stadt verläßt und nach dem Muzium Negara nach links in die Jalan Travers einbiegt. Von hier sind es gute 600 m zum Wat.

Nicht nur der Islam neigt heute zum Bau von Monumentalmoscheen. Ein chinesisches Gegenstück, den jüngsten Monumentaltempel der Hainanesen, *Thean Hou (47)*, der sich auf einem Hügel im Süden der Stadt erhebt, sollte man vielleicht der Kuriosität halber besichtigen. Man fährt auf der Jalan Syed Putra stadtauswärts. 1 km nach der Kreuzung (Unterführung) mit der Jalan Istana, die zum Nationalmuseum führt, folgt eine mit »Volvo« und »Hill Temple« bezeichnete Ausfahrt. Dieser aufwärts folgen.

Die aus Spendengeldern von 7 Mio. M$ 1984 eröffnete Anlage ist ein aktives Glaubenszentrum mit einer »Berghalle« für kulturelle Zwecke, über der sich der eigentliche Tempel erhebt. Er ist Thean (Tien) Hou geweiht, der ursprünglich taoistischen Jadegöttin, die nun auch dem Buddhismus angehört. In der weiten Hauptgebetshalle werden neben ihr rechts Kuan Yin und links eine chinesische Lokalgöttin namens Siew May angebetet. Damit ist der Thean Hou-Tempel ein seltenes Beispiel eines buddhistischen Heiligtums, das ausschließlich dem weiblichen Aspekt, der Muttergottheit, geweiht ist. Zur rechten Hand des Tempels entspringt eine Quelle mit heilspendendem Wasser. Der mächtigen und farbenfrohen Anlage fehlen zwar die Feinheiten der kleinen alten Tempel, doch ist sie ein verblüffendes Werk moderner Sakralarchitektur von einem Ausmaß, wie sie das Christentum nicht mehr baut.

Die östliche City

Die alte Chinatown und das Verwaltungszentrum werden vom Einkaufs- und Hotelviertel durch einen bewaldeten, rund 70 m hohen Hügel, den *Bukit Nanas* (Ananashügel, *30*, Karte 5), getrennt. Kurze Wanderwege führen durch das Waldreservat. An der sich um den Südwestfuß des Bukit Nanas hinaufziehenden Straße gleichen Namens liegt eine ganze

Reihe christlicher Institutionen. Angefangen mit der 1955 errichteten *St. Johns's Kathedrale (31)*, neben der sich noch die frühere Kirche von 1886 befindet, gefolgt vom rotweißen Backsteinbau der *St. John's Institution (32)*, einer der besten Schulen der Stadt, und vom *Convent of the Holy Infant Jesus (33)*, dem 1899 begründeten Waisenhaus mit Schule, sind sie jedoch alle architektonisch wenig sehenswert.

Dagegen sei der neueste originelle Hochhausbau, an denen Kuala Lumpur reich ist, hervorgehoben: der Turm der *Malayan Banking Berhad (34)* mit seiner Pultdachspitze, der zur Zeit das stadthöchste Bauwerk ist.

Östlich des Bukit Nanas erstreckt sich entlang der Jalan Sultan Ismail und Jalan Bukit Bintang das Hotel- und Einkaufsviertel. Alle großen Hotels haben ausgedehnte Shopping Arcades, d. h. im Hotel mieten sich viele, meist vornehme Läden ein. Dem Regent-Hotel gegenüber liegt eines der größten Einkaufszentren Südostasiens mit vielen Restaurants und sogar einer Kunsteisbahn! Auch das staatliche *Kunsthandwerkszentrum (35,* Karyaneka Handicraft Centre, täglich geöffnet von 9.30–18.00 Uhr, montags bis 17.00 Uhr) wurde in diesem Stadtviertel neu aufgebaut.

Von der Jalan Pudu zweigt die Jalan Robertson ab, an welcher der schon erwähnte Selangor Chinese Recreation Club *(36)* liegt – das Pendant zum Selangor Club (10) am Padang. Dahinter die architektonisch wenig bedeutende St. Anthony's Church *(37)* von 1911, errichtet für die indischen Eisenbahnarbeiter.

An der langen Jalan Ampang verdient in Nr. 119 nicht nur die von 1929 stammende *Bok-Villa (38)*, sondern auch das in ihr eingerichtete Coq d'or-Restaurant einen Besuch. Von der Hotelzone ist das Gebäude zu Fuß oder mit dem Taxi erreichbar. Chua Cheng Bok, der verstorbene Erbauer, legte testamentarisch die Unverkäuflichkeit der von einem Garten umgebenen Villa fest. Man besichtige innen ihre noch ursprüngliche Jugendstilausstattung! Das im Neorenaissancestil einer italienischen Palladio-Villa nachempfundene Äußere besteht in beiden Stockwerken aus weiten Veranden, die sich gestuft hintereinander um das Gebäude ziehen. Balustradengeländer vom Erdgeschoß bis zum obersten Dachterrassenkranz gliedern horizontal den Bau, während ionische Säulen, die an den Portikusvorsprüngen über beide Geschosse führen, die Vertikale betonen. Der Herrschaftssitz spiegelt sich prachtvoll in einer gegenüberliegenden Glasfassade.

Dem Ming Court-Hotel (ebenfalls an der Jalan Ampang) gegenüber steht der synkretistische

Khoon Yam-Tempel (39, Typ 2a erweitert, S. 85)

von ca. 1880, der später um das Vorhoftor und die Seitenhallen ergänzt wurde. Er ist Kuan Yin geweiht, aber auch Konfuzius und Laotse werden darin verehrt. Am Tor der Eingangshalle wachen zwei farbenprächtige Men Shen. Das rote Gebälk und die schwarzen Säulen mit den Goldinschriften bestimmen den vorherrschenden Farbeindruck. In der Haupthalle stehen drei große Altartische hintereinander vor einem prachtvoll geschnitzten, goldenen Flügelaltar, in dessen Mitte eine Kuan Yin »mit den tausend Händen« thront; an beiden Seitenwänden die 18 Lohans und links davor Wei-To, der Verteidiger des buddhistischen Glaubens. Im Seitengang gegenüber der Ahnenhalle findet man ein selten aufgestelltes Götterpaar, die »Moh Hab«, die man vor der Heirat konsultiert, um zu erfahren, ob der Partner zu einem passe. Ein idyllischer Zwischenhof führt zu einer hinteren, zweistöckigen Halle, deren Altar den »Drei Weisen«, nämlich Buddha, Konfuzius und Laotse, gewidmet ist. Man beachte die entsprechenden Opfergaben, die aus neuen Schulheften, Kugelschreibern, Bleistiften und Maßstäben bestehen. Im rechten Seitenhof ist der linke Altar der vorderen Halbhalle noch interessant, da er für den selten abgebildeten Küchengott bestimmt ist.

Etwas stadtauswärts auf der gegenüberliegenden Straßenseite findet man den Ampang Park Shopping Complex *(40);* er stammt von 1973 und gilt als ältestes Einkaufszentrum Kuala Lumpurs.

Eine der ältesten Stadtresidenzen, das *Wisma Loke (41),* befindet sich im nördlichen Stadtteil an einer Seitenstraße der Jalan Tuanku Abdul Rahman. Das Neorenaissance-Gebäude von 1904 ist mit der PAM-Villa (29) nicht nur stilverwandt, sondern gehörte demselben Besitzer.

An der Fortsetzung der Jalan Tuanku Abdul Rahman am Anfang der Jalan Pahang liegt im Institut für Medical Research das kleine *Medizin-Museum (42).* Es zeigt Exponate zur Bekämpfung tropischer Krankheiten in Malaysia, die auch heute noch nicht überwunden sind. So wird die Malaria weiterhin durch Soldaten und Lastkraftwagenfahrer, die im Urwald übernachten müssen, verschleppt. Die Hauptträger, die Orang Asli, sind dagegen selbst immun. Der Besuch des Museums ist besonders Medizinern und Zoologen zu empfehlen.

Auf der Weiterfahrt Richtung Zoo kann man noch kurz jenseits der Jalan Tun Razak den *Wat Meh Liew (43),* eine halb versteckte Thai-Anlage mit einem alten Bodhi-Baum besichtigen. Nicht unerwähnt bleiben darf schließlich das überall auf Wegweisern angekündigte *Putra World Trade Centre (44)* im Nordwesten der Stadt, eines der größten Kongreßzentren mit einem Dewan Merdeka (Unabhängigkeitshalle) im traditionellen Ma-

Nähere Umgebung

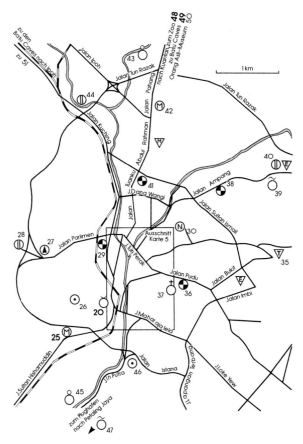

20	Nationalmoschee	37	St. Anthony's Church	45	International Buddhist Pagoda
25	**Nationalmuseum (Muzium Negara)**	38	Bok-Villa (Coq d'or Restaurant)	46	Istana Negara
26	Lake Gardens	39	Khoon-Yam-Tempel	47	Thean Hou-Tempel
27	Nationalmonument	40	Ampang Park Shopping Complex	**48**	**Zoologischer Garten**
28	Parlamentsgebäude	41	Wisma Loke	**49**	**Batu Caves**
29	Malaysisches Architekturinstitut	42	Tropenmedizin-Museum	50	Orang Asli-Museum
35	Staatl. Kunsthandwerkzentrum	43	Wat Meh Liew	51	Templer Park
36	Selangor Chinese Recreation Club	44	Putra World Trade Centre		

Karte 6. *Kuala Lumpur*

laienhausstil. In die Anlage sind ein Einkaufszentrum und das Hotel Pan Pacific integriert.

Die nähere Umgebung

Zoologischer Garten (48)

Für interessierte Europäer ist der Zoologische Garten von Kuala Lumpur sehenswerter als der von Singapore, stellt er doch eine Vielzahl von einheimischen, oft sehr seltenen Tieren vor, denen man in der Wildnis kaum je begegnet. Der Zoo in Singapore dagegen bietet eine ähnliche Tierauswahl wie unsere zoologischen Gärten. Einige besonders auffallende Tiere oder Anlagen sind in Abb. 36 eingezeichnet.

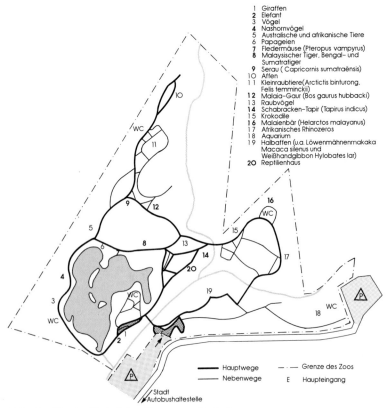

Abb. 36. *Plan des Zoologischen Gartens von Kuala Lumpur*

Man erreicht den Zoo
- mit dem Mietwagen (Ausfallstraße siehe Karte 6, vom Kartenrand in ca. 9 km),
- mit dem Taxi (Ziel: Zoo Negara) oder
- mit dem öffentlichen Bus (Linie 170, Minibus 17, 177, 237a und 255).

Die Batu Caves (49)

Befinden sich bei Ipoh die bedeutendsten Höhlentempel der Chinesen, so besitzt Kuala Lumpur in den nahen Batu Caves das größte hinduistische Höhlenheiligtum, beide in stehengebliebenen Kalksteinfelsen einer alten Karstlandschaft. Die »Gua Batu« sind aber darüberhinaus noch wegen ihrer großen Fledermauskolonie berühmt, deren Guano als Düngemittel gesammelt wurde. Von Höhlenmalereien in den schon zu prähistorischer Zeit besiedelten Kalksteinhöhlen ist daher keine Spur mehr zu sehen. Auch haben die ersten chinesischen Siedler die kleineren Höhlen als Steinbrüche benutzt und völlig zerstört.

Die Batu Caves erreicht man auf zwei Wegen:
- Jalan Kuching als Ausfallstraße nach Norden benutzen. 8,25 km vom World Trade Centre (44 auf Karte 6; Hotel Pan Pacific) von der Autobahn rechts ab zum Batu Caves-Felsen.
- Stadt Richtung Kuantan auf der Jalan Pahang verlassen; nach 4 km auf der Autobahn vor der Steigungsstrecke links ab zum Batu Caves-Felsen.

Die Erforschung der Höhlen begann unter den Briten, als H. N. Ridley, Direktor der Gärten und Wälder in den Straits Settlements, zwischen 1889 und 1920 seine botanischen und zoologischen Exkursionen – die erste noch auf dem Ochsenkarren, die letzte bereits im Auto – unternahm. Heute unterhält die Universität von Malaysia ein fruchtbares Forschungsprogramm für Zoologen und Parasitologen in den »Dark Caves«.

Seit 1892 war die Tempelhöhle Ziel des Thaipusam-Festes, konnte aber anfänglich nur durch Klettern erreicht werden. Mit dem Bau einer zwar steilen Steintreppe wurde der Zugang erleichtert. Die spätere Standseilbahn ist meistens außer Betrieb; man muß den Aufstieg über 272 Treppenstufen zu Fuß bewältigen und wird dabei von den wild im Fels lebenden Affen begleitet. Am Treppenfuß und am Höhleneingang empfangen den Besucher hinduistische Tempeltore. Im reichen Figurenkranz des unteren Einganges steht im Zentrum Subramaniam auf seinem Reittier, dem Pfau, als Symbol der Schönheit.

Wie jedes Bergheiligtum ist auch der Batu-Höhlentempel nach südindischer Tamilentradition Shivas jüngerem Sohn Subramaniam geweiht; sein Götterbild wird denn auch jährlich am Thaipusam-Fest aus dem Sri Mahamariamman-Tempel (17) hierher geführt. In der langen Prozession befinden sich auch die berühmten Kavadi-Träger, die so Buße tun oder ihren Dank für eine Wünscherfüllung entrichten.

Wer die Tempelhöhle betritt, den erwartet im Gegensatz zu den Höhlen von Ipoh keinerlei Kunstgenuß, dafür ein großartiges Naturerlebnis. Zwei miteinander verbundene Kammern der »Dark Caves« bilden die Tempelhöhle, die überraschend in einer Trichteröffnung endet. Dieser Felskamin wirft Tageslicht in die hintere Kammer, wo sich auch der Altar für Subramaniam befindet, während die vordere nur schwach beleuchtet ist. Diese, eine Riesentropfsteinhöhle, wirkt erst in ihrer vollen Größe, wenn man sie im Gegenlicht von der hinteren aus betrachtet.

Am Fuß der Batu Caves noch der Eingang zum volkstümlichen »Museum Cave«, in dessen Felsengrotten das ganze hinduistische Götterpantheon, farbig angestrahlt, vor gemaltem Landschaftshintergrund versammelt ist.

Östlich der Batu Caves in Richtung Autobahn Kuala Lumpur-Kuantan liegt an der Hauptstraße links eine kleine Batikfabrik, die zu besichtigen ist. Man sieht das Druckverfahren wie auch die Malereitechnik.

Orang Asli-Museum (50)

Mit Orang Asli werden die Eingeborenen der Halbinsel Malaysia bezeichnet (S. 74ff.), die nur noch in wenigen Rückzugsgebieten auf ursprüngliche Art und Weise leben. Dieses kleine Museum 24 km außerhalb der Stadt birgt eine aufschlußreiche ethnologische Sammlung an Werkzeug und Hausrat und alte Fotos zur Kultur und Geschichte der Asli. Zudem sind die primären Lebensräume der 18 Stämme auf einer Karte festgehalten. (Außer freitags tägl. von 9–17 Uhr geöffnet.)

Das Museum liegt an der alten Straße nach Genting (S. 296). Nach 14 km stadtauswärts auf der Jln Pahang zweigt man links in die Jln Gombak ein, der man bis 1 km nach dem Mimaland, einem Freizeitpark für Einheimische, folgt. Vor dem Meilenstein »Bentong 52« führt ein Weg halbrechts zum Museum.

Templer Park (51)

Der 12 km² große Wald mit vielen Wanderwegen ist beliebt bei Einheimischen. Er liegt an der Ausfallstraße Richtung Norden, rund 20 km von der City entfernt.

Ausflüge von Kuala Lumpur

Wer in Kuala Lumpur Standquartier bezogen hat, kann von hier aus leicht die weitere Umgebung erkundigen. Mit einem Mietauto oder Taxi (Pauschalpreis vorher vereinbaren) lassen sich die Ziele zu zwei interessanten Rundfahrten verbinden, während man mit dem öffentlichen Verkehrsmittel nur Teilausflüge unternehmen kann.

Rundfahrt 1: K. L. – Petaling Jaya – Shah Alam – Kelang – Kuala Selangor – K. L. (ca. 170 km, ausgedehnte Tagestour)
Rundfahrt 2: K. L. – Fraser Hill (S. 280) – Bentong (S. 297) – Genting Highlands (S. 297) – K. L. (ca. 240 km, Übernachtungsmöglichkeit in Fraser Hill oder Genting).

Petaling Jaya

Petaling Jaya (Karte 7) wurde nach dem 2. Weltkrieg gemäß dem Vorbild englischer Satellitenstädte auf dem Reisbrett geplant und 1953 gegründet. Ursprünglich sollten hier Beamte und Büroangestellte wohnen, doch vorerst zogen nur Angehörige von niedrigeren sozialen Klassen in die Neustadt. Es brauchte eine lange Anlaufzeit, bis Petaling Jaya ein gesuchter Wohnort wurde. 1957 zählte die Siedlung 16 600 Einwohner, heute sind es weit über 200 000. Eines ihrer Merkmale besteht darin, daß die Rassen nicht voneinander getrennt wohnen, sondern eine Durchmischung stattgefunden hat; so gibt es keine Chinatown und – mit Ausnahme des Sektors 3 – kein malaiisches Viertel mit Dorfcharakter (Kampong) im städtischen Gefüge.

Ursprünglich bewegte sich der ganze Pendlerverkehr auf der Alten Kelang-Straße, die heute südlich der Stadt verläuft. Später wurde der Federal Highway mitten durch die Stadt gebaut, was unter Planern zu heftigen Kontroversen führte. Wer sich für Stadtplanung interessiert, dem sei ein Abstecher in diese Neustadt, die auf ehemaligen Zinngruben

3	Wohngebiete mit Sektornummer
▨	Industrie
▨	Verwaltung, Hotels, Spitäler
▨	Einkaufszentren
⋯	Grünanlagen

1 Kota Darul Ehsan
2 Wat Chetawan
3a Alter Stadtkern
3b Neues Stadtzentrum
4 Masjid Kolej Islam
5 Museum für asiatische Kunst

Karte 7. *Petaling Jaya: Sehenswürdigkeiten und funktionale Strukturen (nach Kühne 1976 und eigener Kartierung)*

und altem Kautschukland steht, sehr empfohlen. Auf einer kurzen Rundfahrt erhält man den Eindruck vom Siedlungsraum und besichtigt zugleich einige wenige moderne Sehenswürdigkeiten.

Man verläßt Kuala Lumpur Richtung Flughafen. Nach rund 6 km überspannt an der Grenze zum Teilstaat Selangor ein Ehrenbogen mit der

Die Batu Caves bei Kuala Lumpur, das größte hinduistische Höhlenheiligtum Südostasiens (S. 173f.)

Aufschrift »Kota Darul Ehsan« (»fester Hafen des Glücks«, *1*), die Autobahn. An der nächsten Ausfahrt nach ca. 700 m links abbiegen zum

Wat Chetawan (2),

einem sehenswerten Buddha-Tempel im flammenzüngelnden Thai-Stil. Besonders reich verziert sind die trapezförmigen Fenster und Türen. Im Innern thront im Lotossitz ein meditierender Buddha aus schwarzem Marmor, bekleidet mit dem safrangelben »uttarasanga« (Mönchsobergewand) und der gefalteten roten »samgahti« (Stola). Unter dem Baldachin vor dem Tempel beachte man die vom Hinduismus beeinflußte vierköpfige Buddhastatue, die die Gläubigen mit Goldplättchen überkleben.

Vom nahen Bukit Gasing (mit Fernsehsendeanlage) besitzt man bei klarer Witterung eine bis Kuala Lumpur reichende Rundsicht. Den dortigen Hindutempel kann man vernachlässigen.

Durch die Jalan Gasing weiter erreicht man am Schnittpunkt der Sektoren 1–4 den alten Stadtkern von Petaling Jaya (Bandar Lama, *3a*). Dann fährt man zuerst auf der Jalan Penchala an Industriegebieten vorbei zum neuen Stadtzentrum (Pusat Bandar *3b*), wo auch die Hotels stehen, und über die Autobahn bis zur

Masjid Kolej Islam (4).

Neben der malaysischen Universität existiert auch eine islamische für Moslems arabischer Länder, an der auf Englisch und Arabisch unterrichtet wird. Die dazugehörige Moschee ist ein moderner, sehenswerter Bau aus einem hohen Sechseck mit Glockenfalten-Kuppel und pfeilförmigem Minarett. Die sechs vorkragenden Kuppelteile und die Fenstergitter sind reine Elemente der Brise-Soleil-Technik, die zusätzlich zu den den farbigen Glasscheibenfenstern als Schattenspender dienen.

Von hier geht die Rundfahrt auf das Universitätsgelände. Dort befindet sich in einem dreigeschossigen Rundbau das kleine

Museum für asiatische Kunst (5, Muzium Seni Asia)

mit malaysischem Kunsthandwerk (Erdgeschoß), chinesischen Töpfereien und indischen Steingötterbildern (1. Stock) sowie islamischen Kalligraphien aus arabischen Ländern (2. Stock). Es ist von Montag bis Freitag von 9.00–17.00 Uhr (außer der Mittagspause) und samstags von 9.00–12.30 Uhr geöffnet.

Man verläßt den Campus bei der Universitätsmoschee, wo man wieder

◁ *Tanzender Shiva als Teil des Hindu-Götterpantheons am Fuß der Batu Caves (S. 174)*

die Autobahn zur Rückfahrt nach Kuala Lumpur oder zur Weiterfahrt nach Shah Alam erreicht.

Shah Alam

ist die zweite Siedlung im Kelang-Tal, die auf dem Reißbrett entstand. Im Gegensatz zu Petaling Jaya besitzt die Stadt aber mit ihrer monumentalen neuen Moschee eine Sehenswürdigkeit ersten Ranges. Wenn man sich über deren künstlerischen Wert auch streiten mag, so beeindruckt doch der Gigantismus des Baus wohl jedermann; die Diskrepanz zwischen der Manie, das Größte und Schönste bauen zu wollen, die sich auch anderswo zeigt, und der ländlichen und städtischen Armut, die in Malaysia zwar weniger manifest als in anderen Entwicklungsländern, nicht aber verschwunden ist, dürfte manchem Besucher unangenehm auffallen.

Shah Alam wurde 1968 entworfen. Doch die Entwicklung ging nur sehr schleppend voran, bis 10 Jahre später der Sultan den Ort anstelle von Kelang zur Hauptstadt von Selangor erhob. Zudem mußte dieser Teilstaat 1974 die alte Metropole Kuala Lumpur an die Regierung abtreten, die daraus rechtlich ein Bundesterritorium machte. Die Entwicklung von Shah Alam fördern dabei allerdings auch die jährlichen M$ 300 Mio, die Selangor von der Staatsregierung für den Verlust von Kuala Lumpur vorläufig noch bekommt. Trotzdem liegt auch heute noch die reale Bevölkerungszahl im Vergleich zur geplanten weit zurück: Das Siedlungsgebiet zählt keine 100 000 Einwohner, wie es vor 1980 schon hätte der Fall sein sollen. Die Planungsstrategie, den Menschen in Shah Alam zugleich Wohnung, Arbeitsplatz und Freizeitzerstreuung zu bieten, konnte noch nicht realisiert werden. Zwar gibt es schon 200 Betriebe, doch mangelt es an den internen Transport- und Unterhaltungsmöglichkeiten. Viele Wohnungen stehen leer, da man darauf achtet, daß 70% der Bewohner Malaien sind, und so bleibt es fraglich, ob sich Shah Alam wie geplant zu einer Traumstadt entwickelt.

Man erreicht Shah Alam auf der Autobahn von Kuala Lumpur nach Kelang. 7,7 km nach dem Ehrentor (1 auf Karte 7) folgt die Flughafenausfahrt. Nach weiteren 6,75 km verläßt man die Autobahn Richtung »Istana Bukit«. Im folgenden Kreisel rechts halten und über die Autobahnüberführung vorbei an einigen Industriewerken wie der Elektrolux und am Shah Alam Golf Club mit seinem auffallenden Clubhaus auf dem Hügel rechts, bis sich plötzlich der Ausblick auf die riesige Moschee bietet. 1,5 km nach der Autobahnausfahrt geht es dann rechts zur neuen Prunkvilla des Sultansohnes und geradeaus zur Moschee; nach 1 km links abbiegen.

Masjid Sultan Salahuddin Abdul Aziz Shah

Dato Baharuddin, dem bereits bewährten Architekten der Masjid Negara in Kuala Lumpur und der Staatsmoschee Sabahs in Kota Kinabalu, gab man den Auftrag für diesen bisher monumentalsten Moscheenbau Malaysias. Auftraggeber war der noch im Amt stehende Sultan von Selangor, dessen Namen die Moschee auch trägt. Ihre Ausmaße sind gigantisch: Die Höhe der Minarette beträgt 142 m gegenüber einer Gesamthöhe bis zur Kuppelspitze von 107 m. Die Hauptgebetshalle faßt 10 000 Menschen.

Bei einer Bauzeit von 1983–87 beliefen sich die Totalkosten auf 169 Mio M$. Von der Ausstattung und den Baumaterialien ist nur der weiße Marmor einheimisch (Insel Langkawi); der schwarz-weiße stammt aus Italien wie auch das Holzgetäfel an den Dachschrägen und die vier riesigen Muranolüster. Der Sternmusterteppich kommt aus Belgien, Fiberglas und Aluminiumtüren und -fenster aus Deutschland, die obligate Standuhr dagegen ist »made in Hongkong«.

Ebenso vielfältig wie die Herkunft des Materials ist das Konzept der Moschee, das von überall her Elemente bezog: So ist das Kuppelmuster türkischer Provenienz, das darunterliegende Schrägdach und die oberen Fenster dem Felsendom in Jerusalem entlehnt; die unteren Fenster zeigen pakistanischen Einfluß, und die Veranda um den Innenhof nahm sich Mekka zum Vorbild. Daß trotz soviel Vielfalt ein harmonisches Ganzes entstand, ist dem Können des erfahrenen Architekten zuzuschreiben. Da und dort ging zwar die Feinheit auf Kosten der Größe verloren, ist doch das imposante Bauwerk vor allem auf Fernwirkung hin konzipiert. Tatsächlich erblickt man die blau-weiße Kuppel und die vier Minarette schon von weitem; selbst vom Flughafen sind sie zu sehen.

Die Moschee erstrahlt in Weiß und Blau: Während der Innenraum der Gebetshalle ganz in Blau getaucht erscheint – selbst die Besucherinnen erhalten einen blauen »Chador« umgehängt! –, dominiert in den vergitterten Wandelgängen und offenen Säulenhallen reinstes Marmorweiß. Gegen außen aber halten sich beide Farben die Waage: Der Hauptblickfang, die zentrale Kuppel, ist von einem blauweißen Rautenmuster überzogen. Ein Tambour aus einem weißen Band mit blauer Koranschrift leitet zum weißen Schrägdach über. Die weißen Achteckpfeiler der vier Minarette sind mit je drei »Krähennest«-Balustraden und einer Helmspitze in blau verziert. Auch ein Element der Masjid Negara wird wieder aufgegriffen: der von hohen Säulen getragene Innenhof mit den kleinen, abwärtsgerichteten Pyramidendächern und blauen Dachzwischenräumen – hier ebenfalls aus kleinen Pyramiden, jedoch aufwärts zeigend.

Auch mit technischen Schikanen ist die Moschee ausgerüstet: Von den Gläubigen bestaunt werden die automatisch funktionierenden Waschanlagen und die Belüftungsrohre mit Propellern im Gebetshalleninnern.

Für Besucher ist die Moschee täglich außer freitags von 9.00–12.00 und 14.00–16.00 Uhr geöffnet, am Samstag, Sonntag und an öffentlichen Feiertagen zusätzlich noch von 17.00–18.30 Uhr.

Das weite Moscheegelände enthält auch einen künstlichen See, an dem sich eine Bibliothek, ein kleines Museum und ein Hotel im hohen, blauen Pultdachgebäude befinden.

Kelang

Das Conurbationsband, das an den Bergen bei Kuala Lumpur beginnt, endet in der Hafenstadt Kelang. Die Stadt hat ca. 230 000 Einwohner, wovon überdurchschnittlich viele Inder sind (ca. 20%). Nach dem Ende der Autobahn fährt man Richtung Innenstadt und überquert den Sungei Kelang. Nach 1¼ km folgt ein Kreisel. In südöstlicher Richtung geht es zur

Istana Alam Shah.

Diese funktionale Betonvilla mit Zwiebelkuppelturm hat 1950 leider den früheren Mahkota Puri-Palast, der stilmäßig dem Bahnhof von Kuala Lumpur glich, ersetzt. Kelang hatte ihn 1898/99, als es neu königliche Hauptstadt wurde, für Sultan Suleiman erbaut. In südlicher Richtung folgt die

Masjid Sultan Suleiman.

Die graue Betonmoschee, die der 5. Sultan von Selangor Suleiman 1932 erbauen ließ, besitzt als einzige Jugendstilelemente, was besonders schön am Innern der Hauptkuppel sichtbar wird. In sie ist eine Gitterhaube aus Jugendstilornamenten gehängt, deren buntes Glasscheibenmilieu von kleinen Außenfenstern Licht erhält. Neben der Hauptkuppel über der achteckigen Gebetshalle wird das Äußere vom massiven Turm des Minaretts bestimmt – einem Kirchturm zum Verwechseln ähnlich, wenn auf seiner Kuppelspitze nicht der goldene Halbmond prangte – und den größeren und kleineren Kuppeln über Flügeln und Umbauten, die ebenfalls Halbmonde auf langen Stäben tragen.

Makam Di Raja

Links hinter der Moschee ein kleiner Friedhof mit zwei Grabhallen der Sultansfamilie: In der moderneren sind die Plätze für acht Frauengräber noch zur Hälfte leer, während die ältere im maurischen Stil und mit Bogenfeldern aus Buntglasscheiben hintereinander das weiße Marmorgrab Suleimans (1865–1938), das grünbraune, größere seines Sohnes und das eines weiteren Verwandten enthält. Man beachte die für Männergräber typischen Urnenaufsätze. In beiden Hallen steht ein großes mit schwarzem Tuch überdecktes Räuchergefäß, dessen sich der jetzige Sultan beim Grabbesuch bedient.

Wieder zurück auf das rechte Kelang-Ufer geht die Route nordwärts durch eine schöne, meist intensiv agrarisch genutzte Landschaft über Meru und Jeran in 48 km nach

Kuala Selangor

Bukit Malawati

Von der Parkanlage auf dem Malawati-Hügel genießt man eine prächtige Weitsicht über die Sumpfwälder im Mündungsgebiet des Selangor. Ein Rasthaus, ein Leuchtturm und eine restaurierte Festung mit alten Kanonen befinden sich dort.

Wie das kleinere Fort Utrecht im Nordwesten trägt Fort Altingsburg seinen holländischen Namen seit 1784, als die Vereinigte Ostindische Handelsgesellschaft in einer Strafexpedition von Melaka aus Kuala Selangor erobert hatte und bis zum Gegenschlag des vertriebenen Sultans fast ein Jahr lang hielt. Der Grund dazu lag im Versuch der Herrscher von Selangor, Johor und Riau, Melaka den Holländern zu entreißen, um so deren lästige Handelsprivilegien abzuschütteln. Da dies mißlang, wurde bald vertraglich festgelegt, daß die beiden Forts zwar bestehen blieben, aber keine Handelsschiffe auf dem Selangor mehr behindern durften.

Auf der Hügelrückseite liegt das Mausoleum der drei ersten Sultane von Selangor, die von 1742–1857 regierten, und unterhalb des Hügels die sieben Brunnen des Forts.

Die 42 km zurück nach Kuala Lumpur fährt man am besten über Kampok Ijok und Sungei Buloh.

Die Sehenswürdigkeiten der Rundfahrt 2 sind bei den Routenbeschreibungen erwähnt: Fraser Hill (S. 280) und Genting (S. 297).

Melaka *(Malacca)*

Hauptsehenswürdigkeiten

- Cheng Hoon Teng (8) und Masjid Kampong Keling (10) in der Chinatown
- Koloniales Zentrum mit »Stadthuys« (1) und St. Paul's-Hügel (3)

Anreise

Mit Mietauto oder Bus (Jebat Expreß von K. L., Melaka-Singapore Expreß usw.)

Touristeninformation

Touristenamt am Anfang der Jalan Kota.

Hotels

Ramada Renaissance (F), City Bayview (F/M), Merlin (M); ca. 12 km außerhalb der Stadt in Ayer Keroh Richtung Autobahn: Malacca Village (F);
einfachere Hotels vgl. Faltprospekt des Touristenbüros von Malaysia.

Verkehrsverbindungen

Die Innenstadt ist relativ klein und kann zu Fuß oder mit einem Trishaw besichtigt werden.

Geographischer Überblick

Melaka ist die Hauptstadt des gleichnamigen Teilstaates, der mit 1650 km^2 nach Perlis und Penang der drittkleinste Malaysias, mit 560 000 Einwohnern aber relativ dicht bevölkert ist. Mit dem Niedergang der Seeschiffahrt haben die modernen Verkehrsachsen Melaka umgangen: Eisenbahn und Hauptstraße Kuala Lumpur-Singapore machen geradezu einen Bogen um den Staat, und erst die Autobahn, die im Südabschnitt noch im Bau ist, schließt das Gebiet an das überregionale Verkehrsnetz an. Die industrielle Entwicklung konnte daher nicht so recht in Gang kommen, obwohl ihr von der Regierung in ihren Programmen erste Priorität zugesprochen wurde. Man hofft, daß sich irgendeine Großindustrie ansiedelt – es ist die Rede von einer Ölraffinerie –, die positive Effekte auf Folgeindustrien ausüben würde. Auch versucht man, arbeitsintensive Industrien von Singapore wegzulocken, sind doch die Löhne in Melaka viel niedriger, und zudem erhalten die Industrien zu sehr günstigen Konditionen Bauland in acht Industriezonen. Nach wie vor aber sind die Hauptprodukte des Staates Reis und Kautschuk.

Die touristische Entwicklung geht ebenfalls langsam voran. Die Sehenswürdigkeiten Melakas werden oft von Kuala Lumpur aus in einem Tagesausflug besichtigt, obwohl die Stadt einen längeren Aufenthalt verdienen würde. Immerhin sind die Hotel-Infrastrukturen seit ein paar Jahren in genügendem Ausmaß vorhanden, doch fehlt die touristische Erschließung mancher Sehenswürdigkeit. Gefördert wird eher der Binnentourismus durch die Einrichtung verschiedener Freizeitanlagen.

Die Stadt zählt um die 100 000 Einwohner, wovon dreiviertel Chinesen sind. Sie ist im 14. Jahrhundert an der schmalsten Stelle der Malaccastraße entstanden. Für die Wahl der Siedlung waren die Flußmündung mit einer

Abb. 37. *Melaka Mitte 17. Jahrhundert (die ummauerte Stadt mit der St. Paul's Kirche auf dem Hügel, der Brücke über den Melaka-Fluß und die Vorstadt)*

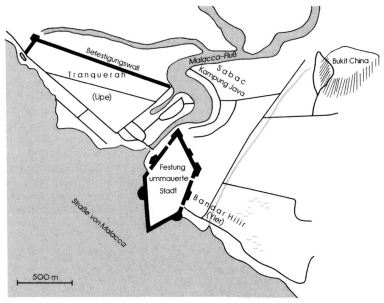

Abb. 38. *Das portugiesische Melaka*

von Riffen und Sandbänken freien Zufahrt und ein Hügel (Bukit St. Paul), den man befestigen konnte, maßgebend. Auf ihm baute d'Albuquerque die Festung »A Famosa«. Diese ummauerte Siedlung in der Form eines Fünfecks enthielt die Garnison, die Kirche und die Regierungsgebäude (Abb. 37 und 38). Außerhalb der Mauern lagen die drei Vorstädte Tranquerah, Bandar Hilir und Sabac. Um die Siedlung erstreckten sich Reisfelder, Kokoshaine und Obstgärten, während das nahe Hinterland von Primärwald überzogen war.

Die koloniale Altstadt blieb durch die Jahrhunderte erhalten, verlor allerdings immer mehr ihre zentralen Funktionen. Im Norden und am rechten Ufer des Malacca-Flusses breitet sich die Chinatown aus. Das Geschäftszentrum befindet sich nördlich im Bereich von Jalan Munshi Abdullah, Jln Bunga Raya und Jln Bendahara, während am gegenüberliegenden Ufer chinesische Wohn- und Handwerksviertel liegen mit für Touristen eingerichteten Antiquitätenläden. Es darf nicht verschwiegen werden, daß manche Bauten in der Chinatown arg vernachlässigt aussehen, was besonders von der Flußseite her auffällt und auf innerstädtische Armut weist. Neue Kleinzentren wachsen an der Peripherie des alten Kerns, vor allem auch in der Landgewinnungszone im Süden der Stadt. Vom Planerischen her gesehen, macht die Stadt einen zwiespältigen Eindruck, und so empfiehlt es sich für den Touristen, die Besichtigung des kolonialen Zentrums und der rechtsufrigen Chinatown mit dem ältesten chinesischen Tempel Malaysias und einigen interessanten Moscheen zu genießen. Ein Tag ist zu knapp bemessen für alle Sehenswürdigkeiten der Stadt und der Umgebung, mindestens eine Übernachtung ist daher anzuraten.

Das koloniale Zentrum (Karte 8)

Üblicherweise beginnt eine Stadtbesichtigung Melakas im ehemals holländischen Verwaltungszentrum auf dem sog. »Roten Platz«, wo auch das *Touristenamt* seinen Sitz hat. Die auffallend rot getünchten Gebäude liegen nah beisammen und sollen an das Backsteinrot der alten Bauten Rotterdams erinnern.

Am Fuß des St. Paul's Hügels beherrscht die Fassade des zwischen 1641 und 1660 errichteten

»Stadthuys« (1)

den Platz. Es gilt als ältestes holländisches Gebäude in Südostasien, da diejenigen Batavias (Jakartas) nicht mehr existieren. Massive Mauern, breite, weißgerahmte Fenster und ein von Treppen flankierter Altan kennzeichnen die frühere Residenz der holländischen Gouverneure. Wegen Renovierung wurden die Museumsbestände des »Stadthuys« ins Muzium Budaya (s. S. 188) überführt, doch soll im erneuerten »Stadthuys« ein historisches Museum und eines für religiöse islamische Literatur eingerichtet werden.

Auf der linken Seite des Platzes erhebt sich die

Christ Church (2)

mit halbrundem Giebelfeld unter offenem Glockenbogen. Bis sie 1753 eingeweiht wurde, hatten die holländischen Protestanten die katholische St. Paul's-Kirche der Portugiesen (3) weiterbenutzt. In der Christus-Kirche aber fand später der anglikanische Gottesdienst statt, wobei die Briten neben liturgisch bedingten Veränderungen die dreibogige Loggia vor die

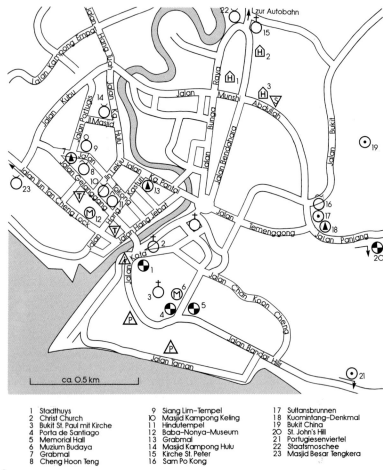

1 Stadthuys	9 Siang Lim-Tempel	17 Sultansbrunnen
2 Christ Church	10 Masjid Kampong Keling	18 Kuomintang-Denkmal
3 Bukit St. Paul mit Kirche	11 Hindutempel	19 Bukit China
4 Porta de Santiago	12 Baba-Nonya-Museum	20 St. John's Hill
5 Memorial Hall	13 Grabmal	21 Portugiesenviertel
6 Muzium Budaya	14 Masjid Kampong Hulu	22 Staatsmoschee
7 Grabmal	15 Kirche St. Peter	23 Masjid Besar Tengkera
8 Cheng Hoon Teng	16 Sam Po Kong	

Karte 8. *Melaka (Malacca): Zentrum*

Fassade bauten. Ein Stück Kolonialgeschichte erzählen die Wand- und Bodengräber im Innern: Unter holländischen, britischen und auch französischen Namen befinden sich zwei portugiesische Grabplatten mit lateinischer Inschrift, die ursprünglich in St. Paul gestanden hatten und den holländischen Grabsteinen weichen mußten; da die Holländer aber nichts

Katholisches in ihrer Kirche duldeten, mögen sie erst in britischer Zeit in die Christ Church versetzt worden sein.

Daneben links das ebenfalls rote *Hauptpostamt* und in der Mitte des Platzes der rote *Uhrenturm,* beide mit dem neubarocken *Queen Victoria-Brunnen* erst in britischer Zeit erbaut. Tan Beng Swee, dessen Vater die nahe Brücke gestiftet hatte, ließ der Stadt den Turm 1886 in passendem Stil errichten. Doch löste die neue Glocke, die Japan 1982 zur Wiedergutmachung schenkte, vorübergehend den Zorn der Bevölkerung aus, die das ihr im Zweiten Weltkrieg zugefügte Leid noch nicht vergessen hatte.

Am Rand des »Roten Platzes« beim Trishaw-Standquartier kann man die selten gewordenen Schreiber beobachten, die für ihre Kunden u. a. sogar Liebesbriefe verfassen. Oberhalb des »Stadthuys« liegt der

Bukit St. Paul (3).

Auf dem Hügel präsentiert sich eine schöne Sicht über die Melaka-Straße und die Stadt, wobei man auch die neue Landgewinnungszone erkennt. Vor dem Leuchtturm die *Marmorstatue des heiligen Franz Xaver,* der als Mitgründer des Jesuitenordens und Asienapostel mehrmals nach Melaka kam. 1545 hatte er zum erstenmal auf dem Bukit St. Paul gepredigt, und sieben Jahre später wurde der Leichnam des auf einer China-Mission Verstorbenen vorübergehend hier begraben, bevor er im südindischen Goa seine letzte Ruhestätte fand. Von dort hat der Papst zur Heiligsprechung die rechte Hand als Reliquie gefordert. Der zu seinem 400. Todestag gestifteten Statue hier in Melaka aber fehlt dieselbe Hand, da sie kurz nach Errichtung von einem niederstürzenden Casuarinabaum abgeschlagen wurde. Hinter der Statue die Ruinen der

St. Paul's Kirche,

die Jesuiten anstelle einer Marienverkündigungskapelle zwischen 1566 und 1593 errichtet hatten. Heute schreitet der Besucher durch die nackte Portalwand zwischen dachlosen Seitenmauern, an die sich holländische Grabsteine lehnen, zum überwölbten Chor. Dort befindet sich unter einem Drahtgeflecht das leere Grab Franz Xavers, in dem der Leichnam des Heiligen vom 22. März bis 11. Dezember 1553 ruhte, da das Schiff, das ihn nach Goa bringen sollte, auf günstigen Monsunwind warten mußte. Rechts im Chor der einzige Grabstein mit lateinischer Inschrift für den zweiten Bischof von Japan, der 1598 bei Singapore starb. Daneben zwei portugiesische Grabsteine mit berühmten Namen:

Dom Miguel de Castro, Festungskommandant und Sohn des portugiesischen Vizekönigs von Indien, gehörte zu den Eroberern der Stadt, während de Pinto, der 1635 starb, einer der letzten portugiesischen Generalgouverneure Melakas war.

Als die Holländer ihre Christus-Kirche (2) erhalten hatten, wurde St. Paul in die Melaka-Festung einbezogen, verlor das Dach und erhielt auf den Seitenmauern Wehrgänge. Die Sakristei diente – wie schon unter den Portugiesen – als Geschützstand, bis sie die Briten zum Pulvermagazin machten und zugleich einen Leuchtturm anstelle des Kirchturms setzten. Denn früher war die Kirche weißgetüncht, um den Schiffen, die die Melaka-Straße passierten, als weithin sichtbare Landmarke zu dienen.

Steigt man den Treppenweg auf der entgegengesetzten Hügelseite hinunter, stößt man direkt auf die

Porta de Santiago (4),

den einzigen Überrest der Portugiesenfestung »A Famosa« (vgl. S. 184). Während der holländischen Angriffe auf Melaka stark beschädigt, wurde sie, wie das »Anno 1670« im Torbogen zeigt, wiederhergestellt. Das Wappen der Vereinigten Ostindischen Kompanie, die von 1602–1795 den holländischen Handel besorgte, zeigt ein Handelsschiff, umrahmt von zwei allegorischen Figuren für Krieg und Frieden: Ein Mann in Rüstung rechts und eine Frau mit Friedenspalme. 1807 rettete Raffles während eines Melaka-Besuchs die Porta de Santiago für die Nachwelt vor der bereits angeordneten britischen Schleifung.

Gegenüber das Kolonialgebäude der *Memorial Hall (5),* wo am 31. August 1957, dem Merdeka-Tag, die Ausrufung der Unabhängigkeit Malaysias stattfand.

Hinter der Porta de Santiago das besuchenswerte

Muzium Budaya (6, Kulturmuseum)

in einem dunklen Holzpalast, der einem in den malaiischen Annalen beschriebenen Idealpalast nachgebaut wurde. Die Exponate sind im oberen Stock, während sich in den beiden unteren Flügeln zwei große Schaubilder befinden. Das Museum ist täglich von 9.30–16.30 Uhr geöffnet (Eintritt frei; die Schuhe sind draußen zu lassen).

Die Aufgangstreppe führt mitten in den »Balai Islam«, doch beginnt man am besten hinten rechts bei der Baba-Nonya-Kultur (s. S. 71): Die mehrstöckigen Flechtkörbe dienten zur Aufbewahrung der Aussteuer und der »ketur« als Spucknapf für die im Mund zerkauten Betelblätter; beim Baldachinbett ein vollständiges Betelkau-Set (»tepak sirih«). Die Sitte stammte aus Indien und wurde hier nur von den Frauen nachgeahmt, während die Männer die Opiumpfeife rauchten. – Die Islamabteilung enthält vor allem Kopien der Megalithe von Pengkalan Kempas (S. 304), des Steins von Terengganu mit der ältesten Islaminschrift (S. 288) und früher Sultansgräber. – Am Gangende hinten links der »Balai Busaneka«, die Volkstrachtenabteilung, mit traditionellem Goldschmuck und den noch immer hergestellten kostbaren Brokatstoffen (s. S. 91).

Rechts im Untergeschoß das Schaubild des historischen Heldenkampfes zwischen Hang Jebat und Hang Tuah. Straßen in Melaka tragen ihre Namen, und auch ihre Gräber kann man noch besichtigen: Nicht Ehebruch oder Eifersucht, sondern das Aufeinanderprallen verschiedener ethischer Haltungen ist der Grund des Dramas. Admiral Hang Tuah war von Sultan Mansur Shah (1459–77) nach Intrigen zum Tod verurteilt worden, konnte jedoch heimlich fliehen. Hang Jebat erbte die Ämter seines Freundes; doch er wußte von dessen Unschuld und wollte ihn rächen, indem er sich mit den Konkubinen des Sultans einließ. Mansur Shah bereute inzwischen Hang Tuahs Tod, worauf der Justizminister dessen Rettung gestand und ihn zurückbrachte. Nun aber prallen die beiden Freunde aufeinander: Hang Jebat, der auf seine Weise das Unrecht am Freund rächte, und Hang Tuah, der, dem Sultan blind ergeben, sich jegliche Rache verbat. Im anschließenden Duell trägt er, nicht der Rebell, den Sieg davon. Eine typisch malaiische Lösung?

Das linke Schaubild stellt den Sultan von Melaka in der Audienzhalle dar, wie er sich, umgeben von Ministern und den vier Shahbandar (grau gewandete Hafenmeister), die zum Tod Verurteilten vorführen läßt.

Die große, doppeltürmige *Church of St. Francis Xavier,* die im Stadtzentrum auffällt, ist neugotisch und nicht besuchenswert.

Sehenswürdigkeiten in der Chinatown

Die Chinatown am linken Melakaflußufer erreicht man am besten über die Brücke beim Touristenamt. An der Jalan Gelanggang geradeaus (vormals »Jonker Street«, wo die holländischen Junker wohnten) gibt es zahlreiche Antiquitätenläden mit hauptsächlich chinesischen Kunst- und Gebrauchsgegenständen und Geschäfte mit »Malacca-Möbeln«. Vor ihrem Ende rechts das schmucklose Grabmal *Hang Kasturis (7),* eines Freundes von Hang Jebat (s. oben). Es stammt aus Melakas Blütezeit unter Sultan

Mansur Shah (2. Hälfte 15. Jh.), doch zeigt allein seine Größe, daß es für einen Adligen bestimmt war. Man biegt nun in die Jalan Tokong ein.

Cheng Hoon Teng (*8*, erweiterte Typ 1-Anlage, S. 85)

Der Cheng Hoon Teng, »Tempel der freudestrahlenden Wolken«, wird auch nur Tokong (Tempel), wie die Straße, an der er liegt, genannt. Man betritt diesen ältesten Tempel Malaysias durch eine dreiteilige Torhalle mit Golddrachen auf schwarzen Portalen. Im Tempelhof Zeremonialmasten für die Fahnen bei Tempelfesten. Auf der rechten Vorhofseite der Verbrennungsofen und Schildkrötenweiher, links Verkaufsstände. Um drei Seiten des Haupttempels reihen sich die Nebentempel. Von Anfang an als synkretistische Anlage konzipiert, enthält der Cheng Hoon Teng eigentlich drei Tempel unter einem Dach, was hier drei Löwenpaare vor den drei Eingängen zur Haupthalle anzeigen, während anderswo nur ein Paar vor dem Haupteingang steht.

Der Gründer und Landgeber Lee Wei King (1614–1688), der als Kapitan China der chinesischen Gemeinschaft von Melaka vorstand und ihr auch das Land des Bukit China (s. S. 195) für einen chinesischen Friedhof schenkte, wollte die drei Glaubenslehren des Taoismus, Konfuzianismus und Buddhismus in einem Tempel vereinigen. Erst 1704 war der Haupttempel fertig, für den das Baumaterial wie die Künstler und Handwerker aus Südchina geholt worden waren. Er diente der chinesischen Gemeinde als religiöses und gesellschaftliches Zentrum. Auch ließen die einzelnen Clans, um ihre Mitglieder zu beschützen, Inschrifttafeln mit Glücks- und Segenswünschen anbringen, die noch immer im Tempel hängen.

Eine überdachte offene Vorhalle, in der die Gläubigen die ersten Räucherstäbchenopfer darbringen, ist vorgebaut. Die drei Haupteingänge entsprechen den drei Hauptaltären im Innern: Dem buddhistischen in der Mitte, auf dem nur Blumen und Früchte geopfert werden, und den zwei taoistischen, wo man auch Fleischopfer findet. Als Priester amtieren nur taoistische Mönche, die aber alle die buddhistischen Sutras kennen. Sie hüllen sich in gelbe Ärmelgewänder im Unterschied zu den buddhistischen Mönchen, die immer wie Buddha die rechte Schulter entblößt halten. Die taoistischen Nonnen dagegen tragen hier als Tempelwächterinnen die violette chinesische Kleidung.

Der Mittelaltar ist Kuan Yin geweiht: Eine ältere, indische Statue zeigt sie als weibliche Gottheit der Barmherzigkeit, während die weiße Marmorfigur sie als männlichen Bodhisattva Avalokitesvara darstellt. Der rechte Nebenaltar ist dem rotgesichtigen Kuan Ti, Kriegsgott und Beschützer der Literatur, gewidmet. Neben ihm mit goldenem Gesicht Sui

Tai, der Gott des Reichtums und Schutzpatron der Kaufleute. Auf dem linken Nebenaltar wird Ma Chu Poh (familiär für Tien Hou, die Himmelskönigin) als Beschützerin der Seeleute und Fischer verehrt. Die Altarabschrankung mit Goldschnitzereien und durchgehendem Band in Goldlackarbeit, welches das Leben Buddhas erzählt, gehört zu den Originalteilen des Tempels. Rechts und links am üblichen Ort Tempelglocke und -trommel.

Die Beschreibung der Nebentempel beginnt im rechten Seitenhof: Im vordersten die Donatorensteine, hinten links jener für Kapitan Lee, den Tempelgründer. – Die folgende Halbhalle ist Konfuzius geweiht: Auf dem rechten Altar seine Namensplatte und Zitate, nur auf dem Mittelaltar eine kleinere, goldbekleidete Konfuziusfigur. – Der erste Tempel rechts im hinteren Gang ist für den Schutzpatron des Dschungels; unter dem Altartisch die 5 Tigergottheiten, die vor allem Kinder vor Krankheit schützen. – Daneben die teuerste der in drei Klassen eingeteilten Ahnenhallen, wo der Platz M$ 850.– kostet. Nur Taoisten ehren ihre Verstorbenen hier und bringen Tieropfer dar, manchmal ein ganzes Schwein. Die Buddhisten bewahren ihre Urnen im rein buddhistischen Siang Lim-Tempel schräg gegenüber auf. – Dann die von Queen Victoria gestiftete Grotte für Kuan Yin und die zweite Ahnenhalle, wo der Platz für ein Ahnentäfelchen nur noch M$ 250.– kostet. – Daneben diejenige der Kapitan Chinas mit einem Bild von Lee Wei King. Gegenüber an der Haupttempelrückwand ein langes Band von interessanten, leider beschädigten Malereien. – Die erste Halbhalle im linken Seitenhof ist den taoistischen Mönchen vorbehalten, daneben die »Dritte-Klasse«-Ahnenhalle, wo ein Platz für M$ 36.– erhältlich ist, abschließend Donatorentafeln.

Gegenüber dem Tempeleingang befindet sich die Bühne für chinesische Opernaufführungen und etwas weiter der 1986 vollendete

Siang Lim-Tempel (9).

Er steht unter gleicher Tempelverwaltung wie der Cheng Hoon, ist aber rein buddhistisch. Im Erdgeschoß auf dem Hauptaltar Buddha mit dem Swastika zwischen zwei Kuan Yin (mit Lotos und mit Krug), dahinter buddhistische Ahnentafeln; am Altartisch prachtvolle Goldschnitzerei. Im ersten Stock eine Buddhastatue aus Carrara-Marmor, die von einem Römer Künstler geschaffen wurde, zwischen Ananda links und einem zweiten Jünger. Zu beiden Seiten reitet Kuan Yin auf einem Elefanten, dem Symbol der Weisheit.

Um zur nächsten Sehenswürdigkeit, der Keling-Moschee, zu gelangen, geht man die Jalan Tokong wieder zurück Richtung Zentrum, wobei man schräg gegenüber des Cheng Hoon unbedingt die *Devotionalienläden* genau betrachten sollte: Neben Bündeln von Höllengeld, das als Opfer verbrannt wird, gibt es einen Höllenpaß, Bankcheques, Fernseher und Kühlschränke aus Karton, die bei der Beerdigung mitverbrannt oder den verstorbenen Buddhisten neben die Urne gestellt werden.

Die Masjid Kampong Keling (10)

von 1748 ist ein schönes Beispiel einer »Melaka-Moschee« (vgl. S. 82), des ältesten in Malaysia erhaltenen Moscheentyps. Hauptmerkmale sind die einfache, schlichte Grundkonzeption und die klare Form des dreigestuften Pyramidendaches. Durch einen verzierten Torbogen in der Umfassungsmauer betritt man den außerhalb der Gebetszeiten stillen Moscheehof. Vorislamischen Ursprungs ist das dreigestufte Pyramidendach, das von Indonesien übernommen wurde. Die Steinkanten, welche die vier Seitenflächen betonen, und die Steinkrone zuoberst sind typisch für den Melaka-Stil. Die Masjid Kampong Keling besitzt eine besonders schön durchbrochene, mehrstufige Abschlußkrone, die sich etwas kleiner auf dem Minarett wiederholt. Im Innern der Moschee steht noch der ursprüngliche, goldverzierte Holzminbar, während außen ein paar seltene Blumenkacheln die Basis der Verandasäulen schmücken. Das pagodenähnliche Minarett rechts ragt als sich verjüngender Viereckturm mit Blendarkaden und kleinen Rundbogenfenstern empor.

Auf derselben Straßenseite der *Sri Poyyatha Vinayagar Moorthi (11)*. Der Ganesha geweihte, älteste Hindutempel ist wenig sehenswert.

An der einstigen Heerenstraat, heute Jalan Tun Tan Cheng Lock, Nr. 50, liegt Malaysias größtes

Baba-Nonya-Museum (12),

das man bei genügend Zeit ansehen sollte (vgl. S. 71; die beiden anderen Museen befinden sich in Penang, S. 134, und Singapore S. 229). Tägliche Öffnungszeit von 10.00–12.30 Uhr und 14.00–16.30 Uhr. Da der hohe Eintrittspreis (M$ 7.–) eine gute englische Führung mit einschließt, genügen hier ein paar ergänzende Hinweise: Das Museum befindet sich in einem doppelten »Shophouse«, das 1910 elektrifiziert wurde. Außen über der Tür steht als Glücksbringer der Geschäftsname, den jede Familie zum Geschlechtsnamen hinzu frei erfindet; innen sind diverse Glückwünsche angebracht. Nach der Eingangstür folgt hier nicht der typische Altarabschluß, sondern eine zweite Tür, die den Blick zum Innenaltar freigibt. Unter den wertvollen Einrichtungsgegenständen beachte man die Stühle aus grünweißem Yünnan-Marmor, dessen Maserung einen Landschafts-

Die Minarette der Monumentalmoschee in Shah Alam messen 142 m (S. 179)

eindruck erwecken und bei längerem Betrachten eine beruhigende Wirkung ausüben soll. – Eine Treppe mit reich geschnitztem Geländer führt zum Brautgemach im ersten Stock. – Im Erdgeschoß wird gezeigt, wie verderbliche Waren wie Krabben und Käse ohne Kühlschrank in der Küche aufbewahrt wurden. Das blauweiße Geschirr diente nur bei Trauerfeierlichkeiten.

An der Jalan Tokong Kuli, einer Seitenstraße der Jalan Hang Kasturi, liegt in einem stillen Gärtchen das bescheidene *Mausoleum von Hang Jebat (13)*, dessen tragischer Tod im Duell gegen Hang Tuah unter Sultan Mansur Shah im 15. Jh. erfolgte (s. S. 189).

Die Masjid Kampong Hulu (14)

von 1728 ist die älteste Moschee auf Stadtgebiet. In der Bauweise gleicht sie der Masjid Kampong Keling, doch besitzt sie das einfachste Minarett: Der fensterlose, achteckige Schaft, der sich nach oben verjüngt, gibt ihm einen strengen Ausdruck, der nur durch den offenen, von einem Pyramidendach gekrönten Arkadengang etwas gemildert wird. Wegen der stark befahrenen Jalan Kampong Hulu ist der Haupteingang geschlossen, und man muß die Moschee durch den Seiteneingang in der Jalan Masjid betreten. Dabei darf man aber die alte Moscheetrommel nicht übersehen: Sie hängt über dem Haupteingang in einem eigenen Pavillon mit »meru«-Dach, Steinkanten und -krone.

Sehenswürdigkeiten am Rand der Innenstadt

Die älteste in Gebrauch stehende katholische Kirche ist

St. Peter (15)

an der Jalan Tun Sri Lanang, welche von der portugiesischen Gemeinde 1710, unter der Herrschaft der Holländer, erbaut worden war. Die holländische Regierung, die zuvor die Katholiken Melakas verfolgt hatte, gab selbst das Land dazu. Ihre plötzliche Toleranz war auf den Ausbruch des Spanischen Erbfolgekrieges in Europa zurückzuführen, in dem sich Holland aus politischen Gründen mit den katholischen Seemächten verband, was auch in Melaka zu einem religiös entspannten Klima beitrug. St. Peter ist eine typisch portugiesische Kolonialkirche einfacherer Art, wie man sie ähnlich in Südindien oder Brasilien findet. Alljährlich wird hier am Karfreitag die in der Kirche aufgebahrte Christusstatue in einer Kerzenprozession herumgeführt.

◁ *Opium als Götterspeise in einem Tempel der Chinatown Singapores (S. 211)*

Drei sehr unterschiedliche Sehenswürdigkeiten liegen an der Jalan Laksamana Cheng Ho dicht beisammen: der chinesische Tempel Sam Po Kong, der Sultansbrunnen und das Kuomintang Ehrendenkmal.

Der *Sam Po Kong (16,* »Drei-Juwelen-Gottheit«-Tempel, Typ 1, S. 85), ist dem berühmten chinesischen Eunuchen und Admiral Cheng Ho geweiht, der unter dem dritten Mingkaiser lebte und auf seinen Handelsexpeditionen zwischen 1405 und 1431 Melaka mehrmals anlief. Obwohl er aus Yünnan, der ersten islamischen Gegend Chinas, stammte und selber Moslem war, ist er zu einer chinesischen Gottheit erhoben worden.

Weniger prunkvoll als der Cheng Hoon Teng, besitzt der Tempel ein paar sehenswerte Einzelheiten: Von den auf beiden Seiten aufgestellten chinesischen Steintafeln erzählen die zwei vorderen rechts den Melaka-Besuch von Admiral Cheng Ho im Jahre 1409, die übrigen sind Donatorentafeln. Auf dem Hauptaltar erkennt man Tua Peh Kong, den Gott des Wohlstands, als mittlere Figur mit weißem Bart, und Sam Po Kong, den vergöttlichten Admiral. Interessanter aber sind die fünf Tigerfiguren unter dem Altartisch. Sie stehen immer am Boden und gelten als die Schutzpatrone der chinesischen Kinder. Als Kind gilt man bis zur Heirat und, wenn man ledig bleibt, sein Leben lang! Die Eltern eines erkrankten Kindes beten zu diesen Erdgottheiten, um die Macht der krankmachenden Einflüsse zu brechen. Dazu wird an die Altarwand ein rotes Papier gehängt, in dem ein grünes in Tigerform steckt. Beides bleibt solange im Tempel, bis die Heilung erfolgt ist.

Hinter dem Tempel links die Sam Po Kong-Quelle, deren kristallklares Wasser im Tempel zum Trinken ausgeschenkt, doch vorher zur Sicherheit abgekocht wird. Die Sage geht, daß Admiral Cheng Ho überall, wo er hinkam, solche Wasserquellen entdeckte. Der älteste Stadtbrunnen jedoch entstand ein halbes Jahrhundert später: Rechts vor dem Tempel steht der

Sultan's Well (17)

(Perigi Raja), den Sultan Mansur Shah 1459 für sich und seine chinesische Gemahlin erbauen ließ und der Melaka jahrhundertelang mit Trinkwasser versorgte. Zweimal in der Portugiesenzeit hört man von Brunnenvergiftungen, an deren Folgen mehrere hundert Leute starben: 1551 sind javanische Truppen, die mit dem Sultan von Johor zusammen die Stadt belagerten, die Täter, 1629 angreifende Achinesen. Auf alle Fälle ließen die Holländer nach ihrer Machtübernahme um den Brunnen eine Mauer mit einem Wachhaus daneben bauen. Acht kleine Kanonen sollten das Wasser fortan vor feindlichen Angriffen schützen. Die dafür bestimmten rechteckigen Löcher kann man noch in der Mauer sehen, das runde diente für den Wasserstrahl. Heute ist der Brunnen nicht mehr in Funktion, und die Besucher werfen Münzen hinein in der Hoffnung, Melaka wiederzusehen.

Auf dem Gelände neben dem Brunnen rechts (Zugang nur von der Straße) wurde 1948 das

Kuomintang-Denkmal (18)

errichtet. Es ist den Chinesen von Melaka geweiht, die hier im Zweiten Weltkrieg für ihren anti-japanischen Widerstand sterben mußten. Als Übersee-Chinesen hatten sie zuerst finanziell die chinesische Nationalbewegung (Kuomintang) im Kampf gegen Japan unterstützt, dann, als Japan Malaysia überfiel, auf malaiischer Seite mitgekämpft, um schließlich nach dem Fall Melakas am 15. Januar 1942 in den Widerstand zu gehen. Unter den barbarischen Vergeltungsmaßnahmen der Japaner verloren jedoch Tausende von Chinesen ihr Leben. Daß dabei mehrere hundert lebendig in einem Brunnen begraben oder Kinder in die Luft geworfen und beim Herunterfallen mit den Bajonetten aufgespießt wurden, waren nur zwei der unmenschlichen Exekutionsmethoden. Nach dem Krieg wurden alle Überreste dieser Märtyrer gesammelt und in einem Massengrab in der Nähe des Kenotaphs beigesetzt.

Im Nordosten der Stadt liegt der aus dem 17. Jahrhundert stammende Chinesenfriedhof auf dem

Bukit China (19).

Die Benennung des Hügels geschah schon im 15. Jahrhundert, als Mingkaiser Yung Lo seine Tochter Sultan Mansur Shah zur Frau übersandte. Prinzessin Hang Li Po, die mit 500 Gefolgsleuten in Melaka ankam, erhielt eine kleine Residenz auf dem Hügel, der fortan Bukit China hieß. Dem Beispiel der Prinzessin folgend, ging auch ihr Gefolge Mischehen mit Einheimischen ein, von denen die ersten Babas und Nonyas abstammten (s. S. 71).

Erst in holländischer Zeit schenkte derselbe Lee Wei King, der den Cheng Hoon-Tempel gestiftet hatte, den 26 ha umfassenden Hügel der chinesischen Gemeinde als Beerdigungsgrund. Mit ca. 12500 Gräbern war er damals der größte Friedhof außerhalb Chinas. Im 19. Jahrhundert wurde diese Schenkung von Tan Kim Seng, dem Vater des Uhrturmstifters, noch überboten, der am nahen Bukit Jelutong 62 ha für einen weiteren Friedhof zur Verfügung stellte. Zur Zeit wehren sich traditionsbewußte Chinesen gegen die Stadtplaner, die einen Teil der Friedhofshügel überbauen möchten.

Besuchenswerter als der Bukit China, wo die Residenz der Hang Li Po verschwunden und die Gräber verwittert sind, ist der Bukit Senjuang oder

St. John's Hill (20)

südöstlich der Stadt, auf dem ein restauriertes Fort steht. Vom Sultan's Well sind es 800 m bis zur Auffahrt zum Fort. Ein mehrstöckiger Wohnblock behindert zwar den Blick auf die Melaka-Straße, und ein großes Wasserreservoir verunstaltet die Landschaft, sonst aber genießt man eine schöne Rundsicht auf die Stadt und Umgebung. Zur Zeit der Portugiesen stand eine Johannes-Kapelle auf dem Hügel. 1628 nahmen die Achinesen bei einem ihrer Angriffe den Hügel in Besitz. Das jetzige Fort wurde von den Holländern zwischen 1760 und 1778 erbaut, um befürchtete Landangriffe der Bugis abzuwehren. Alle Kanonen waren daher landeinwärts gerichtet, denn vom Meer her drohte keine Gefahr. Heute stehen noch fünf holländische Kanonen (gegossen 1706) im Fort. Der Bukit Senjuang aber gilt wieder als Stätte des Gebets, wo man die Aufforderung liest »Pray for the Nation«.

Am Fuß des Bukit St. John biegt man scharf nach rechts in den Lorong Bukit Senjuang und dann nach links in die Jalan Ujong Pasir. Nach 200 m führt ein Wegweiser „Perkampongan portugis« zum

Portugiesenquartier (21)

(»Portuguese Settlement«), einem Viertel mit portugiesischen Straßennamen, wo die Abkömmlinge der großen Seefahrernation versuchen, ihr christlich-portugiesisches Kulturgut zu bewahren. Sie werden mit Recht als Eurasier bezeichnet, da sie aus schon zur Portugiesenzeit geförderten Mischehen mit Einheimischen stammen, die aber zum christlichen Glauben übertreten mußten. Noch heute sprechen sie einen eigenen portugiesischen Dialekt, das Cristao. Da es nur mündlich fortgelebt hat, ist es eine archaisierte, zusammengeschrumpfte Sprache geworden, die mit dem heutigen Portugiesisch nurmehr ferne Verwandtschaft aufweist. Hingegen sind etliche Ausdrücke als Lehnwörter ins Malaiische eingegangen.

Zentrum der portugiesischen Siedlung ist der *Medan Portugis* oder *Portuguese Square,* ein offener Platz, auf dessen einer Seite eine Art Marktgebäude steht. In seinem Innenhof, der sich gegen das Meer hin öffnet, befinden sich drei kleine Restaurants, die bescheidene portugiesische Gerichte servieren, und wo hin und wieder Volkstänze aufgeführt werden.

Auch pflegen Kinder den ausländischen Besuchern gegen ein Trinkgeld portugiesische Liedchen vorzusingen. Man hege aber keine allzu hohen Erwartungen, ist doch im ganzen »settlement« vom einstigen Reichtum der Portugiesen nichts mehr zu verspüren und das Zentrum allzu stark auf die Touristen ausgerichtet.

Seit 1989 besitzt Melaka mit der
Masjid Al'Azim (22)

seine erste Staatsmoschee. Zu diesem Monumentalbau für 17 Mio M$ hatten nicht nur die malaysische Bundesregierung, sondern auch islamische Bruderländer aus dem Nahen Osten Geld gegeben. Außer den Ziegeln aus Japan wurde im Unterschied zu Shah Alam (s. S. 178 ff.) nur Baumaterial aus Malaysia verwendet. Die Form des gestuften Pyramidendaches folgt den lokalen Vorbildern. Die Gesamtmoschee aber will als harmonische Stilmischung aus chinesischen, malaiischen und Minangkabau-Elementen verstanden werden. Das Minarett mißt 57 m; die quadratische Gebetshalle von je 73 m Seitenlänge stützt sich auf 4×3 sechzehneckige Pfeiler von 1,5 m Durchmesser, die mit Platten aus weißem Ipoh-Marmor verkleidet sind. Der schwarze Marmor, u. a. am weiß-schwarzen Mihrab zu sehen, kommt von der Insel Langkawi. Die Innendecke folgt der Dachform bis in die Spitze. Die Gebetshalle besitzt drei Eingänge: einen Haupteingang, der links zur Frauengalerie führt, einen Nebeneingang und einen speziellen für VIP-Gäste! Die Ausgewogenheit in den Proportionen, wie sie die alten Moscheen zeigen, wird hier aber leider nicht mehr erreicht.

Die außerhalb des engeren Stadtgebiets (2,25 km vom Stadthausplatz) an der gleichnamigen Straße (Richtung Port Dickson auf der linken Seite) liegende
Masjid Besar Tengkera (23)

verdient als dritte alte Melaka-Moschee einen Besuch. Im gleichen Jahr wie die Hulu-Moschee entstanden, besitzt sie ein etwas später dazugekommenes, achteckiges Minarett, das, mit Blendarkaden und kleinen Rundbogenfenstern verziert, am stärksten einer Pagode gleicht. Rund 700 m zuvor befindet sich auf der rechten Straßenseite ein ähnlicher Pagodenturm allein, der auf eine nicht mehr bestehende alte Moschee hinweist. Zur Tengkera-Moschee gehört ein kleiner islamischer Friedhof mit dem Grab von Sultan Hussein Shah, den Raffles 1819 gegen Abtretung der Rechte auf Singapore für kurze Zeit auf den Thron von Johor zurückgebracht hatte (vgl. S. 101), bevor er nach Melaka flüchten mußte und dort starb.

Zwölf Kilometer außerhalb der Stadt Richtung Autobahn entwickelte sich ein Freizeitzentrum u. a. für Einheimische mit einem Waldpark, einem See, Zoo, Golfplatz und dem Hotel Malacca Village Resort.
Sehenswürdigkeiten Richtung Norden und Süden siehe unter Route 10.

Singapore

Hauptsehenswürdigkeiten

Schwerpunkte:
- alte Chinatown (38) mit chinesischem (34) und Hindutempel (37).
- Marina City (20) mit Kolonialviertel.
- Newtown (Satellitenstadt), z. B. Ang Mo Kio (80).

Vgl. die Nummern in den Plänen und Legenden.

Anreise

Direkte Flüge von Frankfurt, Wien und Zürich, ebenso von den südostasiatischen Hauptstädten; ferner direkte Verbindungen u. a. mit Bandar Seri Begawan (Brunei), Hat Yai und Phuket (Thailand), Kota Kinabalu, Kuantan, Kuching, Langkawi, Penang, Tioman (Malaysia), Pontianak (Indonesien). Straßen- und Zugverbindung mit Malaysia.

Einreisebestimmungen

Gültiger Paß, kein Visum für einen Aufenthalt bis 2 Wochen. Todesstrafe für den Besitz von mehr als 15 g Heroin. Alle Videobänder und -filme müssen dem Zensurbüro vorgelegt werden; freizügige Zeitschriften können konfisziert werden.

Touristeninformation

Zahlreiche kostenlose Publikationen und Stadtpläne liegen im Flughafen und in den Hotels auf. Informationsbüro: Raffles City Tower (19 auf Karte 9, NO-Ecke!)

Hotels

In Singapore gibt es rund 70 Hotels von internationalem Standard mit fast 25 000 Zimmern. Die meisten liegen im Gebiet der Orchard Road. Von der Bettenzahl her hat sich ein zweiter Schwerpunkt nahe dem Kolonialviertel am Meer entwickelt. Eigentliche Mittelklassehotels fehlen.

Hier eine kleine Auswahl:
Shangri-La (L, im Grünen, eines der besten Hotels der Welt), Oriental (L, am Meer, ebenso), Regent (L), Westin Stamford / Westin Plaza (F, Raffles City, zusammen über 2000 Zimmer), Raffles (F, berühmtes Kolonialhotel), Goodwood (F, altes Kolonialhotel), Tai-Pan Ramada (F/M), Garden Hotel (F/M) usw. – Nähe Flughafen: Meridien Changi (F).

Verkehrsverbindungen
- MRT (Mass Rapid Transit), die Metro Singapores; Streckenpläne liegen auf.
- Bus (Linienverzeichnis an Zeitungskiosken und in Buchhandlungen; Vorsicht: Routenführung ändert sich rasch).
- Taxi (alle mit Taxameter, günstig).
- Mietauto (teurer als in Malaysia; Einreise von dort aber möglich).

Das Area Licensing Scheme (ALS) bestimmt, daß werktags von 7.15–10.15 und von 16.15–19 Uhr (außer Sa-Nachmittag) nur Autos, die mit 4 Personen besetzt sind, in die City fahren dürfen; für andere ist eine Bewilligung (Area licence S$ 3.–) nötig, die an sog. »Sales Booths« (Wegweiser beachten) verkauft wird. Parken mit »Parking Coupon« (in der Regel –.80 S$ pro halbe Std.).

Einführung

Singapore liegt nur 140 km vom Äquator entfernt. In dieser Breitenzone gibt es keine andere Stadt der Welt, wo Trinkwasser aus der Leitung fließt, wo niemand mehr in menschenunwürdigen Slums wohnen muß, sondern der Staat für eine Wohnung sorgt, wo alle Kinder zur Schule gehen können, keine Arbeitslosigkeit herrscht, eine Altersfürsorge soziale Sicherheit gewährt und die medizinische Versorgung aller gewährleistet ist. Diese Fakten sind zu erwägen, wenn man dem Verschwinden der zerschlissenen, doch fremdartig anmutenden Chinatown nachtrauert, wenn die Häuser der City an eine westliche Stadt erinnern und einem dabei das exotische Flair fehlt. Doch gerade dieses neue Singapore mit seiner Atmosphäre der Emsigkeit und Sauberkeit ist eine echte Sehenswürdigkeit geworden. Dem wird im folgenden Rechnung getragen, indem nicht nur auf die alten Tempel, Moscheen und Quartiere, sondern auch auf die modernen Bauten und die Neustädte hingewiesen wird.

Singapore (626 km^2) besteht aus der Hauptinsel, die etwas größer ist als der Bodensee, und 57 vorgelagerten Inselchen. In westöstlicher Richtung

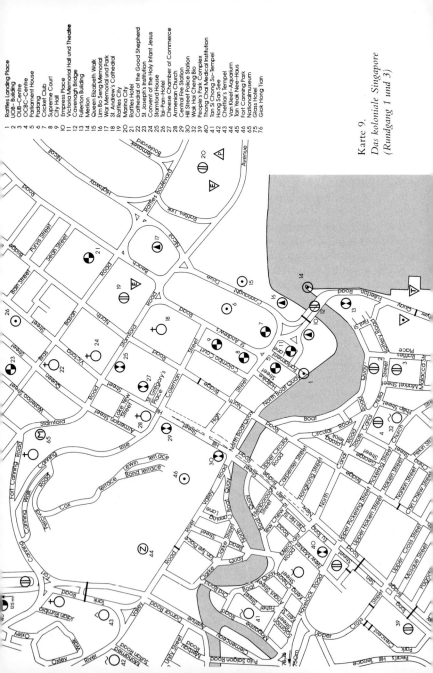

Karte 9.
Das koloniale Singapore
(Rundgang 1 und 3)

1 — Raffles Landing Place
2 — UOB–Building
3 — OUB–Centre
4 — OCBC–Centre
5 — Parliament House
6 — Padang
7 — Cricket Club
8 — Supreme Court
9 — City Hall
10 — Empress Place
11 — Victoria Memorial Hall und Theatre
12 — Cavenagh Bridge
13 — Fullerton Building
14 — Merlion
15 — Queen Elizabeth Walk
16 — Lim Bo Seng Memorial
17 — War Memorial und Park
18 — St. Andrew's Cathedral
19 — Raffles City
20 — Marina City
21 — Raffles Hotel
22 — Cathedral of the Good Shepherd
23 — St. Joseph's Institution
24 — Convent of the Holy Infant Jesus
25 — Stamford House
26 — Tai-Pan-Hotel
27 — Chinese Chamber of Commerce
28 — Armenian Church
29 — Central Fire Station
30 — Hill Street Police Station
32 — Wak Hai Cheng Bio
39 — People's Park Complex
40 — Thong Chai Medical Institution
41 — Tan Si Chong Su–Tempel
42 — Cheffier's Tempel
43 — Hong San See
44 — Van Kleef Aquarium
45 — Tan Yeok Nee–Haus
46 — Fort Canning Park
65 — Nationalmuseum
75 — Glass Hotel
76 — Giok Hong Tian

Das koloniale Singapore   201

mißt die Insel maximal 40 km, in nordsüdlicher 23 km. 49% der Fläche ist überbaut, besonders dicht das Zentrum im Süden der Insel, während sich in der Mitte ein großes Trinkwasserschutzgebiet mit weiten Wäldern erstreckt. Der Inselstaat, der durch einen Damm (Causeway, S. 246) mit Malaysia verbunden ist, wird von 2,7 Mio Menschen bewohnt.

Stadtzentrum

Rundgang 1: Das koloniale Singapore

Der erste Rundgang (Karte 9) beginnt im Herzen des alten Singapore, am Singapore-River (Taxiziel: Raffles Landing Place, nächste U-Bahnstation: Raffles Place). Hier soll Raffles am 29. Januar 1819 an Land gegangen sein. Schon im selben Jahr ließ er das nördliche Ufer für die Regierungsge-

Abb. 39. *Singapore um 1830. Im Hintergrund der alte Regierungshügel, vorn der Singapore River.*

bäude einebnen, 1822 erschloß er das Land am gegenüberliegenden Ufer (Abb. 39). Früher herrschte hier reges Leben: Der Fluß war voll von Sampans, den breiten Holzbooten, die Lasten zu den großen Schiffen draußen im Reederhafen brachten und sie mit Lebensmitteln und Trinkwasser versorgten. Diese Ladeboote hatten oft seitlich am Bug aufgemalte Augen, die mithelfen sollten, Gefahren zu sehen. Unzählige Kulis schleppten die Waren von den Lagerhäusern zu den Booten, doch heute ist es still geworden am Fluß: Einige wenige Sampans liegen noch im Wasser, doch wo früher Handels- und Lagerhallen standen, erheben sich die Hochhäuser. Im letzten Moment konnte man verhindern, daß die chinesischen Shophouses am südlichen Ufer auch dem Bagger zum Opfer fielen. So ist wenigstens eine Uferpartie erhalten geblieben.

Raffles Landing Place (1)

An jener Stelle, von der man annimmt, Raffles sei am 29. Januar 1819 an Land gegangen, wurde seine weiße Marmorstatue aufgestellt. Auf der Widmungstafel liest man, daß er mit genialem Weitblick Singapores Schicksal von einem obskuren Fischerdorf in einen großen Seehafen und eine moderne Weltstadt gewandelt habe.

Die gegenüberliegende Häusersilhouette wird einerseits durch die erwähnten Shophouses, anderseits durch markante Hochhäuser charakterisiert. Drei Komplexe sind erwähnenswert: Am Fluß und damit in unmittelbarer Nähe zum historischen Kern steht das rund 30-geschossige *UOB-Building* (2, United Overseas Bank), das mit dem achteckigen Grundriß ein chinesisches Formenelement einbringen wollte. Es wird von den beiden dreieckigen Prismen des 1986/88 entstandenen *OUB-Centre* (3) überragt. Dem Landeplatz gegenüber erhebt sich das *OCBC-Centre* (4, Overseas Chinese Banking Corporation) von 1975. Der Architekt versuchte, die Fassade zu beleben, indem er je 13 Geschosse so zusammenfaßte, daß sie von weitem als drei riesige »Fenstergitter« erscheinen.

Etwas oberhalb des Raffles Landing Place befindet sich die Anlegestelle für eine kleine Rundfahrt auf dem Singapore River und der davor liegenden Marina Bay.

Gegen den Padang hin liegt links das älteste Regierungsgebäude, das *Parliament House (5)*.

Vom ursprünglichen Bau, den Raffles erster Stadtarchitekt Coleman im italienischen Palladio-Stil 1826–27 errichtet hatte, ist nach den vielen Veränderungen und Erweiterungsbauten kaum mehr viel übrig, dennoch hat man einen wohlproportionierten, stattlichen Kolonialbau vor sich. Der Bronze-Elefant davor ist ein Geschenk des siamesischen Königs Chulalongkorn Rama V., der Singapore 1871 besucht hatte.

Gegenüber erstreckt sich der *Padang (6)* mit dem Gebäude des Singapore *Cricket Club (7)*. Die weite Rasenfläche im Zentrum ist für den kolonialen britischen Städtebau charakteristisch. Der Padang wurde für Militärparaden verwendet, und Kricket spielte man darauf schon in den dreißiger Jahren des letzten Jahrhunderts. Die ersten Teile des Clubhauses dürften nun 130 Jahre alt sein.

Supreme Court (8)

Als letztes Beispiel britischer Kolonialarchitektur entstand am Padang 1937/39 der Monumentalbau des Obersten Gerichts, der weder in seinen Proportionen noch in der wie aufgeklebten Kolonnadenfront befriedigt.

City Hall (9)

Weniger pompös daneben wirkt das um zehn Jahre ältere städtische Rathaus, dessen vorgebaute Kolonnadenreihe ihm Schatten und Tiefe verleiht. Seine Freitreppe war Zeuge großer historischer Momente: Am 12. 9. 1945 nahm dort Lord Mountbatten die japanische Kapitulation von General Itagaki entgegen, und am 9. 8. 1959 erklärte Premierminister Lee Kuan Yew Singapores Unabhängigkeit.

Zurück zum *Empress Place (10):* Die wohl älteste Fußgängerzone inmitten einer Parkanlage erhielt ihren Namen 1907 in Erinnerung an Queen Victoria, die zugleich den Titel einer Kaiserin von Indien führte. Am Empress Place wurde das stilvoll renovierte viktorianische Gebäude mit einstigen Regierungsbüros neu für kulturhistorische Ausstellungen eröffnet.

Wir wenden uns gegen die Cavenagh-Brücke, von wo aus man das Ensemble der

Victoria Memorial Hall und Theatre (11) besonders gut sieht. Anfänglich bestand von diesem viktorianischen Zwillingsbau mit seinem Uhrenturm nur der linke Flügel (erbaut 1856–62), der zunächst als Rathaus, dann als Stadttheater diente. 1905 wurden zum Gedenken an Queen Victoria der Uhrenturm und die Memorial Hall im gleichen Neurenaissancestil angebaut. Letztere beherbergt heute Ausstellungen und Kongresse, während das Theater offizieller Sitz des 1978 gegründeten Singaporer Symphonieorchesters wurde.

Die Cavenagh Bridge (12) von 1869 ist die älteste Brücke über den Singapore-River. Vorher mußte man den Fluß auf einer Fähre überqueren. Die seit der Errichtung der Anderson-Brücke nur noch für den Fußgängerverkehr offene Brücke gehört zudem zu den ersten Eisenkonstruktionen Singapores. Früher führte sogar eine Tramlinie hindurch!
Man umgeht nun das

Fullerton Building (13), das zu einer Reihe von Bauten aus den zwanziger Jahren gehört, die Firmen aus China in einem schwerfälligen Stil entwarfen, der nicht in die Tropen paßte. Von 1829 bis 1873 stand hier eine Fortifikation, die die Einfahrt zum Singapore River schützte.

Bei der Anderson Bridge in einem kleinen, nachts romantisch beleuchteten Park blickt der von weitem sichtbare, weiße *»Merlion« (14)* in die Marina Bay. Bevor die Aufschüttungen vorgenommen wurden, schaute die Figur aufs Meer. Das Fabelwesen mit Löwenkopf und Fischleib, das Prinz Tri Buana (vgl. S. 100) einst gesehen haben soll und darauf das frühere Temasek in Singapura (Löwenstadt) umtaufte, ist längst zum Symboltier der Stadt geworden.

Auf die Anderson Bridge folgen die beiden berühmtesten Parkanlagen, die *Esplanade* und der *Queen Elizabeth Walk (15),* die auf 1943 aufgeschüttetem Land erbaut wurden. Darin das *Lim Bo Seng Memorial (16),* ein Kenotaph in Pagodenform, der an den im Zweiten Weltkrieg von den Japanern zu Tode gefolterten Generalmajor Lim Bo Seng, den Führer der chinesischen Zivilverteidigung in Singapore erinnert.

Man gelangt nun zum

War Memorial (17).

Das 68 m hohe Denkmal von 1964, das aussieht wie zwei Paar »chopsticks« (chinesische Eßstäbchen) und im Volksmund auch so genannt wird, besteht aus vier an der Basis verbundenen, schlanken Pfeilern, welche die vier ethnischen Gruppen Singapores (Chinesen, Malaien, Inder und übrige Minoritäten) symbolisieren. Es ist den zivilen Opfern aus der japanischen Besatzungszeit geweiht.

Etwas im Straßenverkehr verloren steht die

St. Andrew's Cathedral (18).

1973 zum Nationaldenkmal erklärt, ist die heutige anglikanische Kathedrale bereits das dritte Kirchengebäude an jener Stelle. Das erste war ein von Coleman im Palladio-Stil errichteter Bau, das zweite erwies sich als unstabil und wurde zweimal so vom Blitz beschädigt, daß man beschloß, es abzureißen. Zwischen 1856 und 1861 entstand der jetzige Bau im neugotischen Stil. Colonel R. MacPherson, ein Amateurarchitekt, war wie seinerseits Coleman leitender Stadtbauingenieur und zugleich Oberaufseher über die meist indischen Strafgefangenen, mit denen er den Kirchenbau ausführte. Als Vorbild diente ihm seine Erinnerung an die aus dem 13. Jahrhundert stammende Zisterzienserabtei Netley in Hampshire (England), die er in einer vereinfachten Neugotik, wie sie für Indien und Südostasien typisch ist, wiederaufleben ließ: Klare, einfache Linien und wenig dekorative Elemente bestimmen die Bauweise. Kunstvolles Maßwerk und Rosetten oder reichverzierte Kapitelle fehlen. Ursprünglich sollte St. Andrew einen doppelt so hohen Turm ohne Turmspitze tragen, doch waren die Grundmauern dafür nicht stark genug, so daß man die jetzige leichte Helmspitze auf einen etwas kurzen Turm aufsetzte. Im Innern kommt die Farbigkeit der einfachen Glasscheiben durch die hohen weißen Stützwände, die das offene Holzgiebeldach tragen, besonders zur Geltung. 1870 wurde St. Andrew zur Kathedralkirche erhoben.

Bis Mitte der achtziger Jahre beschränkte sich das moderne Geschäftszentrum auf die Orchard Road (S. 222 ff.). Durch den Bau der **Raffles City** und die Urbarmachung der Aufschüttungen des Marina Parks erfuhr die City die nun vor uns liegende Erweiterung nach Osten. Zum alten Teil des Zentrums führt eine Fußgänger-Passage. Erschlossen wird das Gebiet ferner durch die Metro, die in der Raffles City einen Umsteigebahnhof hat. Aus einem ehemaligen Randgebiet der Stadt ist so ein moderner Kernraum entstanden, in dem Hunderte von Geschäften ihre Waren anbieten und zahlreiche Firmen ihren Sitz haben. Der Betrieb während der Hauptverkehrszeiten weist darauf hin, wieviele neue Arbeitsplätze hier geschaffen wurden.

Vor uns erhebt sich die

Raffles City (19) mit dem Westin Tower, dem zur Zeit höchsten Hotelturm der Welt. Man sehe sich auch die gigantischen Maße im Innern des Gebäudekomplexes an, in dem der Mensch fast verlorengeht. Es ist mit modernen Kunstwerken ausgestattet, u. a. dem Mobile »3 Blue Discs«

von Alexander Calder und einem bemalten Holzrelief von Donn Moulton, das lokale Früchte darstellt. In der Raffles City hat auch das *Touristenamt* seine Hauptgeschäftsstelle.

Gegen das Meer hin erstreckt sich die

Marina City (20) mit einer äußerst gelungenen Hoteldreiergruppe, die der amerikanische Architekt John Portman entworfen hat. Jedes Hotel trägt sein eigenes Gesicht, gehört aber für den Betrachter zu einem Ganzen, dessen harmonisches Formenspiel dem Auge nie mehr als eine gerade Zimmerfront präsentiert. Wer sich für moderne Architektur interessiert, sollte unbedingt die drei prachtvoll gestalteten Hotelhallen aufsuchen, die sich wie Variationen zu einem Thema ausnehmen und wertvolle Einzelkunstwerke (besonders das »Oriental«) besitzen. Die drei Hotels sind durch das Einkaufszentrum miteinander verbunden (Wegweiser).

Der Gegensatz zwischen den diskutablen Bauformen der Raffles City und dem gegenüberliegenden

Raffles Hotel (21) ist sehr groß. Das legendäre Raffles von 1899 blieb vor dem Abbruch knapp verschont und gehört heute, unter Denkmalschutz gestellt, mit zum historischen Erbe Singapores. Es hatte seinen festen Platz unter den Grandhotels Südostasiens, und sein Gästebuch umfaßte die Namen Joseph Conrad, Somerset Maugham, Rudyard Kipling, Noel Coward, Ava Gardner und vieler anderer Berühmtheiten. Gegründet wurde das Hotel von drei armenischen Brüdern, Martin, Tigran und Arshak Sarkies, die bereits zwei andere bekannte Hotels, das »E & O« in Penang (S. 137) und das »Strand« in Rangoon besaßen. Das Raffles erfuhr zahlreiche Veränderungen durch An- und Umbauten (die umfassendste 1989/91), ohne jedoch im Kern von seinem kolonialen Charme zu verlieren. Von den Innenhöfen ist der Palm Court mit seinen Gartenstatuen und den alten Fächerpalmen etwas vom Romantischsten. Singapores erster öffentlicher Atriumbau ist der elegante Tiffin Room. Ein Besuch darin zum Lunch und am Abend im Palm Court sind immer noch zu empfehlen, auch wenn der einst so berühmte Singapore Sling, nun in Massen im voraus zubereitet, an Qualität eingebüßt hat. Geschichte machte der Billard Room, wo 1902 ein Tiger die Spieler in Panik versetzte; zum Glück war er schon altersschwach und nur einem Zirkus entlaufen! Ferner die Writer's Bar, wo sich mancher Literat Anregungen aus den herumgebotenen Skandalgeschichten holte.

An der Bras Basah Road befinden sich gleich drei katholische Bauten aus der Frühzeit Singapores: Die neubarocke *St. Joseph's Institution (23)*, von einem Pater der französischen Mission erbaut, steht auf dem Grund der ersten katholischen Kapelle von 1830, die bald zu klein war und abgerissen wurde. Als Ersatz entstand gegenüber die heute zu den Nationaldenkmälern zählende *Cathedral of the Good Shepherd (22)*. Der schlichte spätklassizistische Bau von 1843–46 zeigt in den Säulenvorhallen wieder palladianische Einflüsse, die Coleman eingeführt hatte, während der Turm von der Armenian Church inspiriert ist. Im Innern eine dreiteilige Holzdecke.

Wie die St. Joseph's Institution wurde auch die neugotische Kirche im Schulkomplex des *Convent of the Holy Infant Jesus (24)* von einem Pater der französischen Mission erbaut. Alle drei Gebäude zusammen spiegeln die architektonische Vielfalt des angehenden Historismus wieder.

Das *Stamford House (25)* gegenüber an der Stamford Road stammt von 1904, aus der zu Ende gehenden viktorianischen Aera.

Den Rundgang beenden wir im *Tai-Pan-Hotel (26)*, wo im 1. Stock ein sehr sehenswerter, 300 Jahre alter chinesischer Lack-Paravent (Kangxi-Periode, datiert zwischen 1667 und 1688) ausgestellt ist. Das 5,33 m auf 2,51 m große Bild zeigt Lehrer und Schüler, die sich verschiedenen Künsten widmen, in einer Gartenlandschaft.

Etwas abseits des Rundgangs befinden sich vier Sehenswürdigkeiten an der Hill Street. Zuerst fallen zwei mächtige Gebäude ins Auge: Ecke River Valley Road die ehemalige *Hill Street Police Station (30)* von 1930 und die im pseudochinesischen Stil prunkende *Chinese Chamber of Commerce (27)* von 1964, welche die Architektur des Dynasty Hotels (57) beeinflußte. Als architektonisches Kuriosum sei noch der Backsteinbau der *Central Fire Station (29)* von 1909 erwähnt. Zwischen Hill Street und Armenian Street dagegen befindet sich ein Kleinod unter den frühen Architekturbauten Singapores: Architekt Colemans Meisterwerk, die *Armenian Church (28*, ebenfalls Nationaldenkmal). Die kleine, dem heiligen Gregor dem Erleuchter geweihte Kirche war als erstes christliches Bauwerk Singapores von den anfänglich nur zwölf armenischen Familien, die hier lebten, in Auftrag gegeben worden. Es sollte wie die Mutterkirche in Echmiadzin (Nordarmenien) ein Zentralbau werden. Colemans ursprüngliche Ausführung von 1835, die später verändert wurde, sah an drei Seiten des Zentralbaus je einen Portikus aus dorischen Säulen und einem Giebelfeld und an der Hinterseite die Chorrundung vor. Der Ostportikus um den Chor ist ein späterer Zusatz, ebenso die heutige Form der Turmspitze. Im ganzen aber blieb trotz Umbauten der lichte und klare Aufbau in palladianischem Spätklassizismus – Coleman inspirierte sich auch an der älteren St. George-Kirche in Penang – bis heute erhalten. Das Innere ist äußerst schlicht: vertiefte Fenster und Türen um den Zentralraum und im halbrunden Chor der Altar. Die Gemeinde der vor dem Islam geflüchteten armenischen Familien wuchs zeitweise stark an, doch assimilierten sie sich gut, so daß es heute nicht mehr viele rein armenische Familien gibt.

Rundgang 2: Chinatown

Der Rundgang (Karte 10) kann begonnen werden
- beim Telok Ayer Market (31) oder, falls man diesen nicht besichtigen will,
- beim etwas abseits gelegenen Wak Hai Cheng Bio (32) oder, falls man sich auf das Wichtigste beschränken muß,
- beim Nagore-Durgha-Schrein (33)
    Für alle drei Startplätze ist »Raffles Place« die nächste Metro-Station.

Telok Ayer Market (31), heute ein Food Centre: Der erste städtische Markt war ein Fischmarkt an der Telok Ayer Street, als jene noch direkt am Meer lag. Der jetzige Marktpavillon von 1894 wurde bereits auf einer Landgewinnung erbaut. Die zierliche, oktogonale Gußeisenkonstruktion mit einem Uhrtürmchen im Zentrum ist typisch viktorianisch: Schlanke Säulen mit Kompositkapitellen stützen die Tragbalken mit ihren filigranartigen Füllungen. 1973 von der Regierung in ein »food centre« verwandelt und zum Nationaldenkmal erklärt, wurde der Markt Ende der achtziger Jahre sorgfältig restauriert.

Etwas abseits des Weges befindet sich an der Philip-Street der *Wak Hai Cheng Bio (32,* Typ 2, S. 85): Dieser rein taoistische »Tempel der ruhigen See«, den die Gemeinschaft der Teochew-Fischer und -Seeleute 1852 anstelle einer früheren Attap-Hütte erbaute, um den Schutz der zwischen Singapore und China hin- und herfahrenden Handelsleute zu erflehen, gehört zu den ältesten chinesischen Tempeln Singapores. Es ist ein symmetrisch angelegter Zwillingstempel, in dem rechts Yu Huang, der Jadekaiser, und links Tien Hou angerufen werden. Die mit reichem Dachschmuck versehene Anlage ist leider alt und zerfallen, doch innen voll bestickter roter Altartücher, Gehänge und Glitzerwerk.

China Town 209

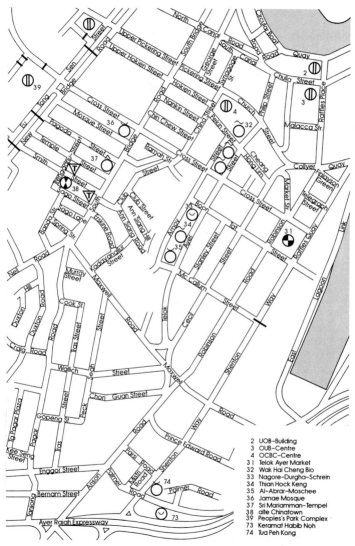

2 UOB-Building
3 OUB-Centre
4 OCBC-Centre
31 Telok Ayer Market
32 Wak Hai Cheng Bio
33 Nagore–Durgha-Schrein
34 Thian Hock Keng
35 Al-Abrar-Moschee
36 Jamae Mosque
37 Sri Mariamman-Tempel
38 alte Chinatown
39 Peoples's Park Complex
73 Keramat Habib Noh
74 Tua Peh Kong

Karte 10. *Die Chinatown (Rundgang 2)*

Nagore-Durgha-Schrein *(33)*

Wie die Masjid Jamae (36), so ist auch der Nagore-Durgha-Schrein von südindischen Moslems der Koromandelküste, den Chulias, errichtet worden. Heiligengrab und Gebetsstätte zugleich, wurde der Schrein 1828–30 gebaut, um Shahul Hamid Durgha aus Nagore (Südindien) die letzte Ruhestätte zu geben. Das Gebäude liegt an einer Straßenecke und hat damit zwei Schauseiten. Wieder dominieren Ecktürme – diesmal vier. Das originellste Element ist die Balustrade, die die Türme bis fast auf halbe Höhe miteinander verbindet. Ihr feines Gittermuster erscheint als eine Reihe giebelständiger, von verschiedenartigen Öffnungen durchbrochener Häuschen. Der Unterbau aus kannelierten Pilastern mit korinthischen Kapitellen und Rundbogen, ausgefüllt mit fächerförmigen Halbmondfenstern, mag im ersten Moment nicht dazupassen, doch besteht gerade der Reiz in dieser Architekturmischung aus abendländisch-klassischen und asiatisch-islamischen Motiven (Nationaldenkmal).

Thian Hock Keng (*34,* auch Tian Fu Gong, erweiterte Typ 2-Anlage, S. 85)

Wo der Thian Hock Keng (Nationaldenkmal) heute steht, befand sich Singapores früheste chinesische Tempelstätte: Nur zwei Jahre nach Raffles Landung – damals lag die Telok Ayer-Straße noch direkt am Meer – bauten chinesische Einwanderer aus der Provinz Hokkien einen ersten einfachen Tempel, um darin nach glücklicher Ankunft in der neuen Heimat Tien Hou als besonderer Beschützerin der Seefahrer für die überstandenen Gefahren zu danken. Die taoistische Himmelskönigin und Jadekaiserin, die der buddhistischen Kuan Yin entspricht, wird im Volk nur Ma Chu Poh, d. h. »geachtete Großtante« genannt. Als der heutige Thian Hock Keng noch im Bau stand, ließ man ihre Statue aus China kommen und holte sie in feierlicher Prozession ab. Unter den Hauptgeldgebern für den jetzigen Tempel figuriert wiederum der Stifter des Tan Si Chong Su (s. S. 214f.) und dessen Vater.

Der von 1839–42 entstandene Neubau ist traditionellerweise nordsüd gerichtet. Planer, Kunsthandwerker und Baumaterial stammen wie üblich aus China. Besonders beachtenswert ist die Dachkonstruktion des Thian Hock Keng. Die Tempeldächer in Singapore sind im allgemeinen schlichter und nicht wie z. T. in Malaysia mit Zierschildern und Fabelwesen überladen. Der nur sparsam an den Dachkanten und -firsten eingesetzte Schmuck (Drachen, Wunschjuwel und Blumenbänder) läßt die elegant geschwungenen Einzeldächer, das dreigeteilte Fußwalmdach der Eingangshalle und das gestufte der Haupthalle, hier besonders schön zur Geltung kommen. Die senkrechten Rippen der konkav und konvex gelegten Röhrenziegel mit den runden und dreieckigen Schmuckscheibenenden bilden dabei das Gegengewicht zum stark hervortretenden First und weit ausladenden Traufvorsprung, die die Horizontale betonen. Die beiden Pagodentürme links und rechts, wohl einst als Trommel- und Glockentürme erbaut, gehören nicht mehr zum eigentlichen Tempel, sondern zu unzugänglichen, im Zerfall befindlichen Flügeltempeln. Auf ihre sekundäre Bedeutung weist das Fehlen von Fußsteinen am Toreingang hin.

Man betritt den Thian Hock Keng, »Tempel der Himmelsgefilde« durch den dreitorigen Mittelteil der Eingangshalle, der auf zwei mit skulpierten Drachen umwundenen Granitsäulen ruht. Goldene Drachen zieren die Türflügel des Haupttors, mit dem obligaten Steinlöwenpaar davor, während die Nebentore goldschwarze Wächter in kaiserlicher Beamtentracht tragen im Gegensatz zu den bunten Wächtern der seitlichen Türen, vor denen spiralförmige Fußsteine stehen. Über den Toren stützen fantastisch geschnitzte Konsolen das Dach ab. Um die Dachornamentik doppelt zur Geltung zu bringen, besitzt die Eingangshalle innen einen Scheinfirst. An ihren Seitenenden die häufig dargestellten Reliefs des Weißen Tigers (links) und Blauen Drachens (rechts), die vor bösen Einflüssen schützen. Damit kennzeichnet sich der Tempel im Populärtaoismus als zur »Drachen- und Tigerberg«- oder Süd-Schule zugehörig. In der Eingangshalle innen links und rechts auf Steintafeln die Donatorenlisten.

Nach dem ersten Innenhof die mit einem gehobenen Dach versehene Haupthalle, deren Außendach sich wiederum auf zwei skulpierte Granitsäulen abstützt. Im rauchgeschwärzten Innern tragen 16 einfache Säulen das wenig verzierte Gebälk.

Man beachte die bestickten roten Vorhänge. Im Hauptaltar zwei Statuen der Tien Hou, daneben rechts der Kriegsgott Kuan Ti und links Bao Sheng Da Di, »der, welcher das Leben beschützt«. Interessanter aber sind die beiden vor dem Hauptaltar aufgestellten Diener Ma Chu Pohs, Chien Li Yen »Tausend-Meilen-Auge« links und Shun Feng Erh »Günstig-Wind-Ohr« rechts (zu ihrer Legende vgl. S. 65). Hier sind sie zugleich Opiumgötter, d. h. die Gläubigen opfern kleinste Mengen auf Papierblättchen klebenden Opiums, das sie ihnen als Götterspeise um den Mund streichen, bevor sie um ein gutes Gehör und gute Augen bitten. Die Haupthalle ist somit taoistisch; der buddhistische Teil des Thian Hock Keng schließt sich dahinter an.

Im Zentrum des zweiten Innenhofs steht ein Altartisch mit einer Buddhastatue und im Altarraum gegenüber eine weitere; davor eine Kuan Yin mit den tausend Händen. Als Rarität aber beachte man in den beiden

Nebenaltären die goldenen Holzstatuen des personifizierten Yin und Yang: links die Mondgöttin »Tai Yin« mit Vollmondscheibe, rotem Gewand und doppelter Perlenkette und rechts »Tai Yang«, ein pausbäckiger Sonnengott mit Diadem und erhobener Sonnenscheibe. Im Altarraum des rechten Seitenganges auf der Erde die Tigergötter und zwei weitere Opiumgottheiten. Vor dem linken Seitengang der Verbrennungsofen.

Weiter südwärts an der gleichen Straße die

Al-Abrar-Moschee (*35*, Nationaldenkmal)

Die kleine, 1850–55 entstandene Moschee ist die jüngste und unscheinbarste der drei südindischen Gebetsstätten. Die typischen Merkmale sind hier aufs einfachste reduziert: die Balustrade mit regelmäßigem Rautenmuster, die Ecktürme nur noch verlängerte Pfeiler.

Durch die Cross Street kommen wir zu den Sehenswürdigkeiten in der South Bridge Road:

Jamae Mosque (*36*, Nationaldenkmal)

Mit ihrer schmalen Straßenfront und den beiden langgestreckten Ecktürmen, an denen horizontale Gesimsbänder mit doppelten Fensternischen bis zur Miniaturkuppel hinauf abwechseln, ist die Masjid Jamae eine verkleinerte Spielform des Nagore-Durgha-Schreins. Beide wurden kurz nacheinander von den Chulias, südindischen Moslems der Koromandelküste, erbaut. 1826–27 wurde die Freitagsmoschee begonnen, doch in der heutigen Form erst 1835 vollendet. Über dem Eingangstor verbindet eine anderthalb Gesimskränze hohe, durchbrochene Balustrade mit einem Miniaturtor die beiden Ecktürme. Ein Innenhof umschließt die Gebetshalle. Die Gesamtgestalt der Freitagsmoschee klingt an die frühen Moscheen Melakas und Penangs an, die ihrerseits in ihren Türmen an die chinesische Pagode erinnern.

Sri Mariamman-Tempel (*37*, Nationaldenkmal)

Mitten im Gewirr der Chinatown in unmittelbarer Nähe der gleichaltrigen Freitagsmoschee befindet sich Singapores ältester Hindutempel. Das Land dazu erhielt 1823 ein gewisser Naraina Pillai, der Raffles bei dessen zweitem Singaporebesuch im Jahre 1819 auf der »Indiana« von Penang her begleitet hatte und damit der erste namentlich bekannte indische Immigrant in der Geschichte Singapores wurde. Zuerst Schatzbeamter, dann erster indischer Bauunternehmer mit eigener Ziegelbrennerei und einem Textilgeschäft daneben, wurde er zum Führer der Tamilengemeinde, für die er einen Tempelstandort suchte. 1827 wurde ein erster strohgedeckter Holztempel errichtet, dem erst 1843 ein von indischen Strafgefangenen ausgeführter Steinbau folgte. Aus alten Fotographien geht hervor, daß der damalige Gopuram weit weniger untergliedert war und noch fast keinen Figurenschmuck besaß. Dagegen saßen schon die vielen weißen Stiere, die noch immer diesen Tempel von allen übrigen unterscheiden, auf der Umfassungsmauer. Es sind lauter Abbilder Nandis und damit Symbole Shivas. Der jetzige Figurenreichtum entstand zwischen 1932 und 1935 und wurde inzwischen zweimal restauriert.

Der fünfstöckige, etwas schräg zur Straße stehende Gopuram ist das Prunkstück dieses Tempels. Stufe um Stufe stellt sich darauf die hinduistische Götterwelt in voller Farbenpracht zur Schau. Es sind keine leblos hingestellten Figuren, vielmehr ergibt sich aus ihren verschiedenen Körperhaltungen ein anmutiges Bewegungsspiel, wobei einzelne Köpfe schon ins nächste Geschoß hineinragen. Die Spitze krönt das südindische Tonnendach mit von Dämonenmasken gehaltenen Flammenbögen, die sich verkleinert am ganzen Aufbau wiederfinden. Über Haupt- und Nebenschreinen erheben sich drei zwiebelförmige Vimanas.

Den Tempel betritt man durch reich geschnitzte Holzportale, deren Lotosblütenfelder in der unteren Hälfte abwechselnd einen Knauf oder ein Glöcklein tragen, das von den Gläubigen zur Ankündigung ihres Kommens geläutet wird. Über der Mandapa in einem Dreierbogen thront als Hauptgöttin Mariamman zwischen Vishnus Gattin Lakshmi, die eine Trommel hält, und Brahmas Gattin Saraswati, die die Laute schlägt, flankiert von den Söhnen Shivas, Ganesha, wie üblich links, und Subramaniam rechts. Die von Wächterfiguren beschützte Cella aus grauem Marmor enthält die Götterstatue Sri Mariammans, die nur während der Pooja-Zeiten zu sehen ist. Die Nebenschreine wie auch weitere Schreine im Hof sind verschiedenen Göttern geweiht. Der Kuriosität halber erwähnt sei hier derjenige Sri Aravans hinten im rechten Seitenhof, der nur aus einem Riesenkopf besteht. Im Mahabharata-Epos wird erzählt, der heldenhafte Aravan habe sich den Göttern geopfert, um seiner Familie den Sieg im Kampf zu sichern. Aus der gleichen Dichtung bezieht die Feuerläuferzeremonie ihren Ursprung. Als Abschluß und Höhepunkt des im Juli oder August stattfindenden Thimitri-Festivals müssen die Läufer im Hof des Sri Mariamman-Tempels eine 3 m lange Mulde voll Aschenglut durchqueren, wobei sie keinerlei Schmerz verspüren.

Im Bereich der Trengganu Street ist ein kleiner Rest der alten *Chinatown (38)* stehen geblieben. Die mehrgeschossigen Shophouses aber befinden sich in einem desolaten Bauzustand und sind brandgefährdet. Dessenungeachtet werden viele Touristen von den farbenprächtigen alten Läden im Erdgeschoß begeistert sein. Die Regierung aber hat schon mit der Sanierung begonnen, wobei die Mieten der Läden bis auf das Zehnfache steigen werden. Dadurch verschwinden wohl die Hersteller der Papiermodelle für Beerdigungen (S. 192), die Wahrsager, chinesischen Apotheken, Kalligraphen und Laternenmacher, die sich die neue Miete nicht leisten können.

Schon von der Chinatown aus erblickt man den Hochhausblock des

People's Park Complex (39).

1970/73, als er erbaut wurde, handelte es sich um das erste Stadterneuerungsvorhaben dieser Art. In den unteren Geschossen bilden die zahlreichen eingemieteten Läden ein Einkaufszentrum, das für die folgenden die Maßstäbe setzte. Darüber befinden sich Wohnungen.

Nach 450 m trifft man an der New Bridge Road (Karte 9) auf die

Thong Chai Medical Institution (40).

Die 1867 gegründete Institution zog 1892 in das als Spital konzipierte Gebäude um. Mit dem Hauptquartier der Heilsarmee (45) zusammen gehört es heute zu den beiden einzigen chinesischen Profanbauten Singapores. Öffentliche und private Zuwendungen ermöglichten damals den Bau, in dem Chinesen wie Nicht-Chinesen gratis behandelt und mit Medikamenten versorgt wurden. Es dokumentiert somit den Geist gegenseitiger Hilfe, der die frühe chinesische Gemeinschaft in Singapore auszeichnete. Während des Malariaausbruchs von 1911 wurde hier Chinin an die Armen abgegeben. Das zweistöckige, sich über vier Hauseinheiten erstreckende Gebäude mit dreifach geschwungenen Giebeln ist im chinesischen Palaststil errichtet und besitzt einen kleinen und einen großen Innenhof, letzterer mit einem kreisrunden »Mondtor«.

Pfeiler, Balken und Holzschnitzereien entstammen bester chinesischer Tradition. Nachdem der Staat das baufällig gewordene Spital 1972 gekauft und unter Denkmalschutz gestellt hatte, wurde es einer achtjährigen Renovation unterzogen und beherbergt heute ein frei zu besichtigendes Antiquitätengeschäft.

Durch die Havelock Road gelangt man nach etwa 10 Minuten Fußmarsch zum

Tan Si Chong Su (41, erweiterter Typ 2a, S. 85) an der Magazine Road.

Unter den zahlreichen chinesischen Tempeln Singapores ist der zum Nationaldenkmal erklärte Tan Si Chong Su – auch Po Chiak Kung, »Beschütze den Südtempel!«, da die Tan als Hokkien aus Südchina stammten – einer der besuchenswertesten. Dieser Hokkien-Ahnentempel, der dem Tan-Clan als Versammlungsstätte dient, wurde 1876 von Tan Kim Cheng und Tan Beng Swee, zwei reichen Kaufleuten, gestiftet. Allein die Kosten für das Hauptgebäude, dessen kostbares Material ganz auf China importiert wurde, beliefen sich auf 35 Mio S$. Die Lage direkt am Ufer des Singapore Rivers galt den Erbauern als günstiges »feng shui«.

Wie an anderen chinesischen Tempeln ist der geschwungene Dachfirst mit den um das Perlenjuwel tanzenden Drachen verziert. Seltener sind die fein gemeißelten Steindrachen an den insgesamt sechs Hauptsäulen. Sie halten einen Goldball im Mund, sind jedoch nicht bunt bemalt, sondern durch weißschwarze Konturen hervorgehoben.

Die Tempelanlage mit den beiden Innenhöfen und den Gebetshallen entspricht dem chinesischen Gesetz des »li«, d. h. der Selbsterniedrigung aus Respekt vor anderen. An der sorgfältig restaurierten Eingangshalle beachte man das Dachgebälk voller Balkengehänge, Goldlöwen und Trägerfiguren, herunterhängenden Goldlotosabschlüssen und Laternen. In der Wand zwei Rundfenster mit Relieformantik, am Eingang vier Torwächter in Beamtentracht, links und rechts davon die Donatorentafeln.

Ein zusätzliches Löwenpaar mit beweglichem Steinball im Mund statt Zunge wacht vor dem Innenhof, in dessen Mitte die acht Trigramme um das Yin- und Yang-Symbol in den Boden eingelassen sind.

In der Haupthalle ein prachtvoll geschnitzter Altartisch mit Goldmedaillons in farbigen Steinrahmen; an den Querbalken in der Höhe goldschwarze Lackarbeit. Zwischen den Stützbalken, die Goldpaneele mit schwarzer Inschrift tragen, die Altarabschrankung und dahinter als separates kleines Tempelhaus der Hauptaltar – Nebenaltäre fehlen – mit dem Jadekaiser Yu Huang (hintere Mitte mit Perlenkrone) inmitten von Helfern und Hofgefolge. Bemerkenswertes Detail: das in ein gelbes Tuch eingewickelte kaiserliche Beamtensiegel, das in einem Holztragkästchen auf einer Altartischecke ruht (vgl. S. 159).

Es folgt der zweite Innenhof und die hintere Tempelhalle mit dem verschlossenen Ahnentafelaltar. Im linken Seitenhof (rechts nur Abstellräume) eine Tempelerweiterung; zuhinterst wieder der Jadekaiser und in schönem Altarschrein Kuan Yin »mit den tausend Händen«, dann die moderne fünfstöckige Pagode mit farbigen Legendenszenen. Zuvorderst eine Felsgrottenlandschaft mit den Tigergöttern.

Rundgang 3: Die Umgebung des Fort Canning

Wegen des Verkehrs und der zum Teil fehlenden Gehsteige kann dieser Rundgang (Karte 9) nicht gerade als fußgängerfreundlich bezeichnet werden. Das House of Tan Yeok Nee (Heilsarmee Hauptquartier) liegt allerdings nahe der Orchard Road und 400 m von der Metrostation Dhoby Ghaut entfernt, während die übrigen Sehenswürdigkeiten durch den öffentlichen Verkehr schlecht erschlossen sind. Hier empfiehlt sich, ein Taxi zu nehmen. Den Fort Canning Park kann man auch vom Nationalmuseum (65) aus besichtigen, da von dort der Zugang am nächsten ist, falls man zu Fuß unterwegs ist.

Hong San See (42, Mohamed Sultan Road 31, Typ 2a, S. 85, Nationaldenkmal)

1829 errichteten Hokkien-Emigranten aus der Provinz Fukien ihrem lokalen Gott der Mildtätigkeit Kok Seng Wang einen ersten Tempel in der Tras Street. Als die Regierung 1907 eine Straßenerweiterung vorsah, bot sie der Tempelverwaltung Geld, um den Hong San oder »Berg des Windes« anderswo neu zu errichten. So entstand von 1908–13 an einem Hügel oberhalb der Mohamed Sultan Road ein prachtvoller Neubau, der in Anlage und Ausstattung dem Thian Hock Keng (34) und dem Tan Si Chong Su (41) vergleichbar ist. Einzig die mit modernen Kacheln belegten Treppenaufgänge und Nebengebäude stören den Gesamteindruck. Nur der Haupttempel ist besuchenswert.

Das elegant geschwungene Fußwalmdach der Eingangshalle trägt in der Firstmitte statt des buddhistischen Wunschjuwels den magischen Flaschenkürbis der Taoisten, zugleich Symbol eines der acht Unsterblichen. Zwei mit gemeisselten Drachen und Rankenwerk geschmückte Marmorsäulen flankieren den Haupteingang. Ihre Konturen sind wie am Tan Si Chong Su weiß-schwarz hervorgehoben. Die beiden inneren Säulen der Eingangshalle sind dagegen voller zart farbiger Blumenranken und Vögel. Man bewundere die liebevoll gearbeiteten Details! Zwischen ihnen ein dreifüssiger Weihrauchkessel mit Lotosblüten und Drachenhaltern. Reich an Goldschnitzereien präsentiert sich das Gebälk der Eingangshalle, auch hier wieder mit den als Lotosblüten herabhängenden Balkenabschlüssen und den Löwen als Konsolenträgern. Goldene Türhüter weisen über den kleinen Innenhof zur Haupthalle. Sie wird von schlichten schwarzen Holzsäulen mit Goldinschrift getragen. Die meist roten Balken und die abwechselnd orange und grünen Dachsparren bringen die Deckenkonstruktion schön zur Geltung; aber auch hier ist der Eindruck des überreichen, doch fein geschnitzten Goldschmucks am Gebälk überwältigend. Eine Altarabschrankung umgibt die drei Schreine. Der Hauptaltar für Kok Seng Wang ist selbst wie ein kleiner Tempel gebaut. Interessant die Schlitztrommel, die links davor auf einem Kissen ruht.

Chettiar's Tempel (Sri Thandayuthapani-Tempel, 43)

Der Nattukottai Chettiar der südindischen Geldverleiher- und Händlerkaste, der dem Kriegsgott Subramaniam geweiht ist, ist der reichste Hindutempel Singapores. Im Madrasstil erbaut, strahlt er in seiner Größe ein Gefühl von Distanz und vornehmer Kühle aus, was noch durch die vorherrschenden Farbtöne Graublau und Pastellgelb unterstrichen wird.

Der erste Tempel aus den Jahren 1855–60 war, obwohl in den sechziger Jahren komplett renoviert, Anfang der achtziger Jahre abgerissen worden, um einem imposanteren Neubau im traditionellen Stil Platz zu machen. Die umfangreichen Geldspenden ermöglichten es, dazu eigens Architekten und Bildhauer der Mamallapuram-Schule in Madras herkommen zu lassen. Der 23 m hohe Gopuram zeigt nicht den üblichen Figurenreichtum, sondern ist mehrheitlich mit Miniaturtempeln, Flammenbögen und Dämonenköpfen verziert. Der Tempel besitzt nur eine Kuppel über dem Hauptschrein. Die über 6 m hohen Eingangstore sind wie beim Sri Mariamman aus Massivholz mit Lotosblüten in den Feldern, an denen Glöcklein hängen. In der Vorhalle links eine Statue des Shiva Nataraja, des Königs des Tanzes, umgeben von der Flammenaureole. Die weite, bis tausend Personen fassende Mandapa wird von verzierten Pfeilern mit Götterstatuen auf halber Höhe getragen. Auffallend an den Kapitellen sind die in kurzem Bogen tropfenförmig herausragenden Abschlüsse, die stilisierte Blütenknospen darstellen. In der Cella des Hauptschreins wird die Statue Subramaniams – hier als Thandayuthapani bezeichnet – aufbewahrt, bis man sie wieder in der jeweils im Januar oder Februar stattfindenden Kavadiprozession des Thaipusam-Festes mitführt. Rechtwinklig zum Hauptschrein stehen auf der rechten Seite zwei weitere, Shiva und Parvati gewidmete Schreine. Hinter demjenigen Shivas befindet sich das Hinterteil eines ruhenden Elefanten, eine architektonische Rarität, wie sie nur noch in vier indischen Tempeln existieren soll.

Beachtenswert an den Tempelaußenwänden sind die mit schönen Leibungen eingefaßten Fenster, die an anderen Tempeln fehlen, und das Hoftor auf der linken Seite mit sich aufbäumenden Pferden über den Kapitellen (Nationaldenkmal).

Gegenüber befindet sich das besuchenswerte *Van Kleef-Aquarium (44)* mit mehr als 4000 Arten von Fischen, Korallen, Stachelhäutern und Weichtieren. Auch Piranhas sind ausgestellt, deren Haltung sonst in Singapore unter Strafe steht. Man befürchtet, die südamerikanischen Raubfische könnten sich bei unsachgemäßer Haltung in den Gewässern der Insel ausbreiten.

Weiter gegen Norden (Karte 12) an der Clemenceau Avenue (benannt nach dem französischen Ministerpräsidenten des Ersten Weltkriegs, der in den zwanziger Jahren Singapore besuchte) das

Tan Yeok Nee-Haus (45, Heilsarmeehauptquartier)

Neben der Thong Chai Medical Institution ist das Tan Yeok Nee-Haus der einzige chinesische Profanbau, der als Nationaldenkmal gilt. Leider ist der einstige Garten einer Straßenerweiterung zum Opfer gefallen. Das repräsentative Stadthaus wurde von 1865–85 für Tan Yeok Nee, einen reichen Teochew-Kaufmann, der in Singapore und Johor Gambir- und Pfefferplantagen besaß, erbaut. Es gilt als eines der besten Beispiele der zu jener Zeit in Südchina üblichen Bauweise. Stattlich und wohlproportioniert strahlen die einzelnen Räume und Innenhöfe eine der chinesischen Tradition eigene Harmonie und Ruhe aus. Granitsäulen und Holzschnitzereien aus dem Mutterland, die geschwungenen Einzeldächer und viele Einzelheiten erinnern an den Tempel, doch bleibt hier, wie es sich für ein Privathaus gehört, alles in bescheidenerem Rahmen.

Das Gebäude besitzt eine bewegte Geschichte: Anfang des 20. Jahrhunderts als Familiensitz im Stich gelassen, als man die heute nicht mehr bestehende Eisenbahnstrecke an der Clemenceau Avenue baute, diente es zunächst dem Stationsvorstand als Wohnung, dann wurde es Internat der St. Mary's-Mädchenschule. Seit dem Kauf durch die Heilsarmee im Jahre 1940, ist es bis auf einen dreijährigen Unterbruch während der japanischen Besatzungszeit in ihrem Besitz und fungiert als ihr Hauptquartier. Tagsüber steht es für Besucher offen.

Fort Canning Park (46, Karte 9)

Park und Hügel sind reich an Singapores Geschichte, doch sind die Spuren zum größten Teil verschwunden. So befindet sich der heutige Aussichtspunkt, von dem man eine ausgezeichnete Sicht auf den Hafen, den Singapore River und Teile der Stadt genießt, genau dort, wo 1823 Raffles' palmstrohbedecktes Holzhaus auf dem damaligen Regierungshügel stand. Daneben hatte Raffles einen christlichen Friedhof angelegt, der später hügelabwärts verlegt wurde. Heute sind nur noch wenige Grabsteine und das neugotische Eingangstor davon übrig; davor der Keramat Iskandar Shah, ein einfacher, grabloser Schrein, der des Gründers von Melaka gedenkt. An den nördlichen Hängen wurden Fußpfade angelegt und fünf moderne ASEAN-Skulpturen aufgestellt. – Raffles hatte 1822 Teile des Parks für einen botanischen Garten bestimmt, der aber kostenhalber schon 1829 wieder geschlossen wurde. Aus jenen Tagen aber ist noch eine Originalsonnenuhr in Aussichtspunktnähe zu sehen.

Rundgang 4: Einige Sehenswürdigkeiten im Nordosten der City

Das Raffles Hotel *(21)* wurde damals im Europäerviertel erbaut. Später zogen die Weißen auf die Hügel in der Umgebung des Botanischen Gartens, wo es frischer war. Hier in der City aber drängten die Chinesen nach, so daß das Raffles bald an eine Chinatown grenzte. Ans ehemalige Quartier der Europäer schloß schon sehr früh das Malaienviertel an, von dessen Existenz noch mehrere Moscheen zeugen. Heute ist das ganze Gebiet im Umbau begriffen; überall werden Wohnblöcke und auch kleinere Einkaufszentren errichtet, so daß von den alten Strukturen nur noch wenig zu sehen ist. Geblieben sind die Moscheen, einige renovierte chinesische Shophouses und – gleichsam als Inseln – Straßenzüge mit Läden, die sich primär an Touristen richten (siehe Karte 11).

Die Sehenswürdigkeiten sind untereinander nicht mit öffentlichen Verkehrsmitteln verbunden. Der ganze Rundgang mißt 1,7 km, ist aber wesentlich kürzer, wenn man auf die Besichtigung der Malabar-Moschee verzichtet.

Sultanmoschee (47, North Bridge Road)

Religiöses Zentrum des islamischen Glaubens in Singapore und Hauptmoschee unter über 80 muslimischen Gebetsstätten ist die Masjid Sultan (Nationaldenkmal). Der ursprüngliche Bau von 1824 wurde größtenteils auf Land, das von Tengku Alam, dem späteren Sultan von Johor und Pahang, geschenkt wurde, und mit Geld gebaut, das Raffles von der Britisch-Ostindischen Gesellschaft zur Verfügung stellte. Ein Jahrhundert später beschlossen die dort ansässigen, im Gewürzhandel reich gewordenen Araberfamilien den Bau einer neuen Moschee und beauftragten das englische Architekturbüro Swan & Madaren mit dem Plan. So entstand zwischen 1924 und 1928 Singapores größte Moschee. Ihretwegen

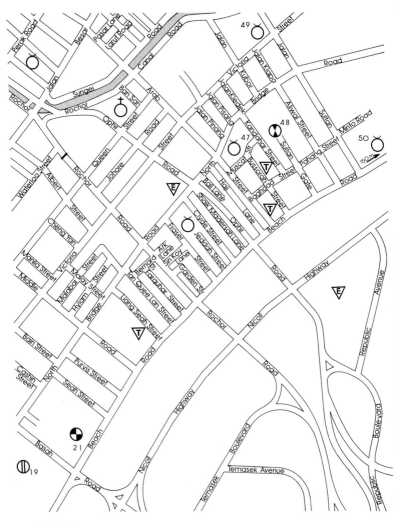

19 Raffles City
21 Raffles Hotel
47 Sultanmoschee
48 Istana Kampong Glam
49 Malabar-Moschee
50 Hajjah Fatimah-Moschee

Karte 11. *Der Nordosten der City (Rundgang 4)*

mußte die fast gleichzeitig erbaute North Bridge Road einen Knick in der Straßenführung in Kauf nehmen!

Den Hauptakzent an der Sultanmoschee setzen zwei große, vergoldete Zwiebelkuppeln auf hohen Vorbauten: die eine über der Vorderfassade, die man besonders schön von der Arab Street aus sieht; die andere über dem rückseitigen Mihrabteil an der Muscat Street. Vier Eckminarette mit sog. »Krähennest«-Balkonen und den Mogulturmabschlüssen, die sich etwas größer auf den Vorsprüngen neben den Kuppeln wiederholen, nadelförmig aufschießende Eckpfeiler, Zinnenkränze, Spitz-, Kiel- und Dreipaßbogen an den Fensteröffnungen und verzierte Brüstungen charakterisieren im weiteren das maurisch-mogulindische Äussere. Im Vergleich dazu ist die Innenausstattung spärlich: Zwei Kielbogenarkaden unterteilen den Gebetsraum in Längsrichtung. Die Seitenschiffe tragen die traditionellen Galerien für die Frauen (zugänglich). Goldverzierte Bogen und Inschriften in den Bogenfeldern umrahmen den Mihrab in der grünen Kiblat-Wand. Das ebenfalls vorwiegend grün erscheinende Innere strahlt Ruhe aus.

Istana Kampong Glam (*48,* Sultan Gate)

Am Ende einer Sackgasse steht die halb zerfallene, von 1836–43 erbaute Residenz Sultan Alis, des Sohnes von Sultan Hussein, der Singapore 1824 für immer der Britisch-Ostindischen Gesellschaft abgetreten hatte. Dafür sollte Kampong Glam als historischer Sitz der malaiischen Könige in Singapore der Sultansfamilie, so lange sie dort lebten (in Wirklichkeit aber nur bis 1897), erhalten bleiben. Der Name Kampong Glam kommt vom »Glam«-Baum, der einst hier wuchs und dessen Öl für einen medizinischen Extrakt verwendet wurde. Das Gebiet umfaßte 22,9 ha Land und lag, an den ehemaligen europäischen Stadtteil östlich anschließend, zwischen dem Rochor River und dem Meer.

Malabar-Moschee (*49,* Victoria Street/Jalan Sultan)

Neben einem kleinen, halb aufgegebenen Friedhof von 1819 für die von der Malabarküste stammenden indischen Sunniten steht die blau und weiß gemusterte Malabar-Moschee von 1962. Erbauer war ein nordindischer Immigrant, der einen Fernkurs in Baukunst absolviert hatte und danach viele Bauten in Singapore ausführte. Neben der üblichen Zwiebelkuppel und einem Minarett mit »Krähennest«-Balkon und Mogulturmabschluß besitzt die Malabar-Moschee eine baulich bemerkenswerte Eigenheit: Das Hauptgebäude steht auf freien Säulen, von denen eine Treppenflucht zur

Gebetshalle im oberen Stockwerk führt. Diese ist auf drei Seiten von einem doppelstöckigen Umgang umgeben, welcher sich mit je drei Hufeisenbogen nach außen auf überdachte Balkone öffnet. Unter der Gebetshalle liegt ein Raum zum Studium des Korans. Die Gebete werden hier auf Arabisch oder – eine weitere Besonderheit – in Malayallam, der Sprache der Malabar-Inder, abgehalten.

Hajjah Fatimah-Moschee (50, Beach Road)

Auf einer Wiese von Kampong Glam (vgl. S. 221) einst freistehend, ist die zierliche Hajjah Fatimah-Moschee nun auf drei Seiten von hohen Wohnblöcken eingeschlossen. In der nüchternen Umgebung überrascht den Besucher um so mehr ihr unerwartet lieblicher Anblick. Sie entstand 1845–46, gestiftet von Hajjah Fatimah aus Melaka, Gemahlin eines Bugis-Kaufmanns von Celebes, die zusammen mit ihrer Tochter Rajah Sitti und deren Mann Syed Ahamed in dem an der Moscheerückseite angebauten Mausoleum beigesetzt ist.

Den zentralen Blickfang bildet das aus vier immer kleineren Baukörpern ineinandergesteckte Minarett an der Stirnseite der Umfassungsmauer: Auf einen unteren Kubus folgen die beiden Tambours und die Kegelspitze. Die drei unteren Abschnitte gliedern dorische Pilaster und Halbsäulen, Balustradengeländer mit durchbrochenen chinesischen Keramikkacheln und je ein mittleres Bullaugenfenster. Die dagegen konventionelle Gebetshalle – ein quadratischer Bau mit Zwiebelkuppel und Zinnenkranz aus Mogultürmchen – steht originellerweise diagonal zu Minarett und Umfassungsmauer, so daß von den vier dadurch entstandenen freien Dreieckfeldern die hinteren als Friedhof dienen und die vorderen für Waschanlagen und Nebengebäude genutzt sind. Ein separater Toreingang führt rechts vom Minarett ins Moscheegelände. Der architektonische Synkretismus der Hajjah Fatimah-Moschee entstammt dem ursprünglichen Plan eines unbekannten britischen Architekten, der von malaiischen Arbeitskräften unter zeitweisem Beizug chinesischer Architekten ausgeführt wurde (Nationaldenkmal).

Rundgang 5: Vom Botanischen Garten durch die Orchard Road zum Nationalmuseum

Dieser Rundgang (Karte 12) verbindet Gegensätze: Von der geruhsamen Oase des Botanischen Gartens geht es durch den lebhaften Betrieb des modernen Einkaufsviertels von Singapore zum beschaulichen Nationalmuseum. Obwohl der Weg nur 3,75 km mißt, empfiehlt es sich, ein Stück des Rundganges mit dem Bus zurückzulegen (durch die Orchard Road führen zahlreiche Buslinien) oder aber den Botanischen Garten früh am Morgen oder am Spätnachmittag in Verbindung mit einem anderen Rundgang zu besichtigen.

Der Botanische Garten (51, Holland/Cluny Road)

»Der botanische Garten ist schön, erregte mein Interesse aber nicht so sehr ..., weil die ganze Insel Singapore ein wahrer botanischer Garten ist«, schreibt Karl Tanera in seiner »Reise um die Welt« von 1905. Inzwischen aber wurde die Insel weitgehend überbaut oder urbar gemacht, so daß der Botanische Garten ein Eiland in der Großstadt geworden ist, wo man sich vom hektischen Getriebe erholen kann. Mit Recht gehört er zu den schönsten und interessantesten Gärten der Welt, der einen Besuch lohnt.

Der Botanische Garten ist abends bis 23.00 Uhr (an Wochenenden bis Mitternacht) offen und beleuchtet (Eintritt frei).

Nachdem Raffles' erster botanischer Garten am Fort Canning nur von 1822–29 bestanden hatte, vergingen 30 Jahre, bis am heutigen Standort ein neuer Garten eingerichtet wurde, den man 15 Jahre später dem Publikum zugänglich machte. 1877 wurden hier die ersten Kautschukpflänzchen der Hevea brasiliensis aus den Londoner Kew Gardens gesetzt. Heute steht ein kleines Denkmal in Form eines angezapften Kautschukbaumstrunks an jener Stelle, wo die ersten elf Setzlinge so erfolgreich gepflanzt worden waren, daß damit 1888 unter dem neuen Direktor Henry N. Ridley der zunächst schwierige Aufbau der Kautschukindustrie in ganz Malaya beginnen konnte.

Über 3000 Arten von Bäumen und Sträuchern wachsen auf dem 37 ha großen Areal. Der Garten umfaßt u. a. ein Stück Tropischen Regenwaldes mit vielen Farnbäumen und Epiphyten, künstliche Weiher und eine Orchideenschau, wo man sich in einer kleinen Ausstellung über die Orchideenzucht, die hier seit 1928 betrieben wird, informieren kann. Seit 1880 besitzt der Garten auch ein erstrangiges Herbarium mit heute über 500 000 getrockneten Exemplaren und eine umfangreiche Bibliothek. Als Premierminister Lee Kuan Yew 1963 die »Garden City«-Kampagne durchführte, lieferte der Botanische Garten über 6000 Jungbäume zur Begrünung der Stadt.

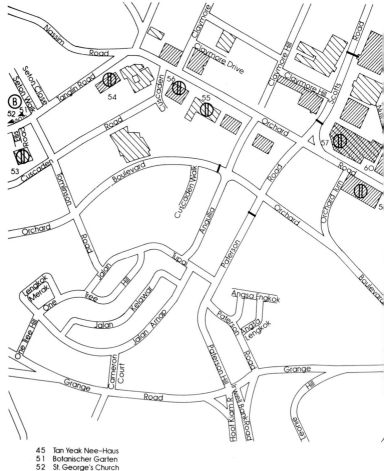

- 45 Tan Yeak Nee-Haus
- 51 Botanischer Garten
- 52 St. George's Church
- 53 Regent
- 54 Tanglin Shopping Centre
- 55 Hilton
- 56 Forum Galleria
- 57 Dynasty Hotel
- 58 Goodwood Park Hotel
- 59 Wisma Atria
- 60 Lucky Plaza
- 61 Mandarin Hotel
- 62 Peranakan Place
- 63 Cockpit Hotel
- 64 Istana Negara

▧ Shopping Complex

▨ Hotel

Vom Botanischen Garten zum Nationalmuseum

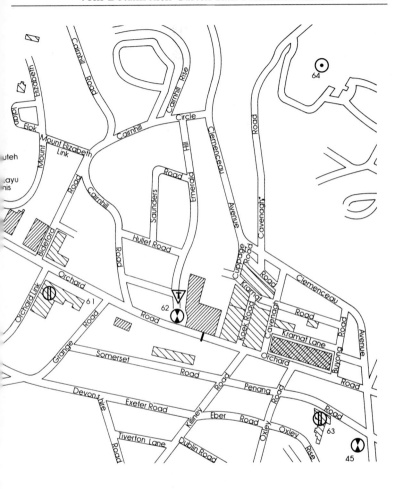

Karte 12. *Das Gebiet der Orchard Road (Rundgang 5)*

Ein Abstecher führt zur
St. George's Church (52, Minden Road).

Man geht vom Botanischen Garten 75 m westlich durch die Holland Road, wo von Süden her die Minden Road (500 m) einmündet. Die St. George's Church war die Garnisonkirche der bis 1971 in der Tanglin-Kaserne stationierten britischen Streitkräfte. Der mit einem Satteldach gedeckte Backsteinbau von 1911 wurde unter der japanischen Besetzung zum Munitionsdepot und dient heute der anglikanischen Kirche. Neoromanische Fenster und Rundbogenarkaden, von denen die sichtbaren Dachstreben und Balken ausgehen, geben dem Innern sein Gepräge (Nationaldenkmal).

Wir wenden uns zurück zur Holland und der östlich anschließenden Napier Road, die uns zum Marco Polo Hotel und zur Tanglin Road bringt. Hier beginnt die Hotel- und Einkaufszone, die sich neuerdings bis zur Marina City am Meer erstreckt. Die Stadtplaner Singapores haben die Konzentration der Hotels und Einkaufszentren entlang eines einzigen Straßenzugs gewählt. Ob die Entscheidung glücklich ist oder ob eine Dezentralisation auf mehrere Zentren besser gewesen wäre, läßt sich nicht schlüssig belegen. Doch der immense Verkehrsstrom auf der Straße und die vielen Menschen auf den Gehsteigen weisen darauf hin, daß die Kapazität des Stadtviertels erreicht ist.

An der Tanglin und der Orchard Road mit den Nebenstraßen stehen über 20 große Hotels, die 9840 Hotelzimmer anbieten. Rund 11 000 Beschäftigte sorgen sich um das Wohl der Gäste! Dazu kommt ein gutes Dutzend Einkaufszentren. Die größten bieten weit über 100 Einzelläden Raum. Wer im Detailhandel Rang und Name hat, ist an der Orchard Road vertreten. Als Zielpublikum werden nicht nur Touristen aus Übersee angesprochen, die Orchard Road ist das zentrale Einkaufsgebiet der Stadt, ja sogar der Großregion: Reiche Indonesier pflegen hier ihre Weihnachtseinkäufe zu tätigen, und auch eine Klientel aus den Golfstaaten trifft man nicht selten an.

Nur noch ihr Name »Obstgarten-Straße« erinnert daran, wie die Orchard Road früher ausgesehen hat: Ein ungeteerter Weg aus roter Erde, der von der Stadt durch Muskatgärten, Kakaoplantagen und Bananenpflanzungen zum Ladyhill führte, wo die vornehmen Europäer ihre Villen hatten.

An Sehenswürdigkeiten bietet dieser Straßenzug einen mehr oder weniger begeisternden Überblick über die Architektur der letzten 25 Jahre, vor allem im Bereich der Hotels und Geschäftsbauten. Es ist auffallend, wie die einzelnen Komplexe in keinem stilistischen Zusammenhang mit den Nachbargebäuden stehen, sondern so entworfen wurden, als ständen sie allein da. Den Belangen der Fußgänger wurde zudem zuwenig Beachtung geschenkt: Autoeinfahrten kreuzen den Weg, Stufen erschweren das Weitergehen und Taxis versperren den Platz. Im folgenden sollen einige architektonisch hervorragende oder für den Stadtbau bemerkenswerte Bauten aufgeführt werden: Das

Regent Singapore (53)

ist das erste Hotel, das der amerikanische Architekt John Portman 1982 in Singapore erbaut hatte, bevor er einige Jahre später den großen Hotelkomplex der Marina City (20) kreieren durfte. Seine Hotels sind durch die großzügige Gestaltung der Eingangshalle (Lobby) charakterisiert. Sie reicht jeweils bis zum Dachgeschoß. Die Zimmertüren gehen auf Galerien, die sich um die Lobby ziehen. Die Glasaufzüge sind – wie auch hier – in die Architektur der Lobby integriert, und die Fahrt damit verschafft ein besonderes Raumerlebnis. Vor dem Hotel steht die Stahlplastik »Harmony« von Stephanie Scuris.

Tanglin Shopping Centre (54)

Frühes Beispiel eines Einkaufszentrums, das 1971, ein Jahr nach dem ersten, dem People's Park Complex (39), erbaut wurde. Die Treppenaufgänge sind noch wenig repräsentativ gestaltet, nüchterne Sachlichkeit herrscht vor.

Hilton (55)

Mit dem nahen Ming Court zusammen gehört das Hilton zu den ersten Großhotel-Bauten an der Orchard Road (1970). Es repräsentiert einen Stil, den man überall auf der Welt antreffen könnte; Anklänge an lokale Formen fehlen ganz. Am

Forum Galleria (56)

von 1984 wurde erstmals in Singapore Glas in solchem Ausmaß als Element der Fassadengestaltung verwendet. Da sich bei diesem Material aber in den Tropen erhebliche Schwierigkeiten wegen starker Insolation und Wärmeleitung ergeben, wurden im Innern Jalousien montiert, womit aber nur ein Teil der Probleme gelöst wurde.

Dynasty Hotel (57)

Mit einem Pagodendach auf dem oktogonalen, 33stöckigen Turm hat das Architektenteam 1982 versucht, ein chinesisches Zierelement mit »westlicher« Fassadengestaltung zu verbinden. Soll man diese Lösung als besonders gelungen oder als kitschig bezeichnen? Sehenswert ist ferner die Lobby, wo in Teakholztafeln Szenen aus chinesischen Legenden geschnitzt sind; die Leuchter stammen aus Österreich.

Goodwood Park Hotel (58, Scotts Road)

Das Gebäude wurde 1899 vollendet und diente bis 1914 dem Teutonia Club, dem damaligen Verein der Deutschen in Singapore, als Clubhaus. Den Entwurf gestalteten dieselben Architekten, die kurz vorher das Raffles Hotel (19) gebaut hatten. 1929 wurde aus dem Club das erste Hotel außerhalb der damaligen Stadt. Ein großer Teil der alten Baulichkeiten existiert immer noch und ist vorzüglich renoviert worden.

Wisma Atria (59)

Der stahlblaue Glasbau über der Metrostation gibt der südlichen Straßenseite einen gelungenen Akzent.

Lucky Plaza (60)

Dank seiner Lage mitten an der Orchard Road ist es eines der belebtesten Einkaufszentren von Singapore. Im Gegensatz zu den älteren Shopping-Komplexen (39, 54) wurde im Innern viel offener Raum für Treppenaufgänge und Aufzüge eingeplant (1981 erbaut).

Mandarin Hotel (61)

Die Architekten versuchten 1973, dem Baukubus in der Dachpartie ein exotisches Gepräge zu geben. Leider ließ sich dies mit der Konstruktion eines drehbaren Dachrestaurants schwer verbinden. 1980 wurde rechtwinklig zum ursprünglichen Bau ein Erweiterungsblock angefügt, was den Gesamteindruck nicht verbessert.

Peranakan Place (62)

1984 wurden an der Emerald Hill Road und Orchard Road mehrere chinesische Arkadenhäuser, die aber nicht den typischen Grundriß aufweisen (S. 56), renoviert und zum Peranakan Place zusammengelegt. Damit besitzt auch Singapore einen Ort, wo – wie in Melaka und Penang – die Baba-Nonya-Kultur (vgl. S. 71) oder das kulturelle Erbe der »peranakan«, der in den Straits Settlements geborenen Chinesen, gezeigt wird. Peranakan Place enthält neben einem Nonya-Spezialitätenrestaurant, wo u. a. die berühmten Süßigkeiten auch über die Gasse verkauft werden, ein kleines Baba-Nonya-Museum mit guten englischen Führungen (täglich von 11–18 Uhr offen). Man hat dabei Gelegenheit, eines dieser schmalen, doppelstöckigen Arkadenhäuser (die Hausfront entspricht einer Zimmerbreite) zu besichtigen, in dem 2 bis 3 Räume mit Innenhöfen hintereinanderliegen. Die Inneneinrichtung (Möbel, Porzellan, Schmuck und Kleidungsstücke) zeigt neben chinesisch-malaiischen Gegenständen auch solche in viktorianisch-britischem Stil; Hauptschaustück ist das Brautgemach. Ein sehenswertes Detail stellt das kleine in den Holzfußboden eingelassene Loch im 1. Stockwerk dar: Die Frauen des Hauses schauten von dort, wenn es an die Haustür klopfte, ungesehen auf den Besucher herunter. Der Einschnitt ist übrigens auch von außen her in der Arkadendecke erkennbar.

Cockpit Hotel (63)

Der Architekt des 1972 errichteten Hotels hat in Anklang an einheimische Formen versucht, der Fassade durch eigenwillige Gestaltung der Fenster- und Balkontüren ein eigenes Gesicht zu geben, das sich wohltuend von der Monotonie anderer Hotelfronten unterscheidet.

Istana Negara (64)

Die nur zu besonderen Anlässen zugängliche, offizielle Residenz des Präsidenten der Republik befindet sich am Ende eines großen Parks, dessen Eingangstor an der Orchard Road auf der Höhe des Plaza Singapura liegt.

Am Ende der Orchard Road (Karte 9) befindet sich das

Nationalmuseum (65).

Zum 50. Regierungsjahr von Queen Victoria wurde 1887 der Neurenaissancebau des Nationalmuseums (damals noch »Raffles Museum and Library«) eröffnet. Zwei breite Flügel, ein vorspringender Mittelteil und hintere Anbauten verdecken die zentrale, von einer Silberkuppel überwölbte Rotunde. Nach der Renovierung von 1985 besitzt das Museum folgende Abteilungen:

Erdgeschoß: In der Rotunde symbolisieren die Glocken der verschiedenen Religionen Singapores kulturelle Vielfalt.

– Die »*History of Singapore Gallery*« im linken Seitenflügel zeigt neben verschiedenartigen Dokumenten zur Geschichte in 20 Minidioramen historische Szenen von Raffles Landung bis zum ersten Parlament der Republik. Besonders eindrücklich ein »Kuli-Zimmer« um 1900 (Nr. 12).

– Die »*Straits Chinese Gallery*« im rechten Flügel bietet einen interessanten Einblick in die Wohn- und Lebensgewohnheiten der Babas und Nonyas von Singapore (vgl. Melaka, S. 192): Gleich zu Beginn ein sog. Opiumbett mit den zum Opiumrauchen nötigen Utensilien davor. Vor dem Zweiten Weltkrieg war Opiumrauchen in Singapore weit verbreitet, und der Verkauf machte fast die Hälfte der Einnahmen der Kronkolonie aus. Erst in der Nachkriegszeit kam es zum Verbot. Das Opiumbett hat in China eine lange Tradition und war bei den Straits Chinese ein sehr beliebtes Sitzmöbel im Empfangssalon; in den Privaträumen diente es als Sofa oder Liegestuhl. Die dunklen Möbel mit Perlmutteinlegearbeit kamen aus Kanton und repräsentieren den südchinesischen Geschmack. Danach ein anglo-chinesisches Zimmer, dessen in Singapore hergestellte Teakmöbel englische Einflüsse zeigen, doch dominieren die chinesischen Goldschnitzereien. An der Rückwand der Ahnenaltar, meist aus zwei ungleichen Tischen. Das traditionelle Straits Chinese-Haus besitzt zwei Altäre: in der Eingangshalle einen für die Hausgötter und im nächsten Raum den Ahnenaltar.

1. Stock: Die kostbarste Abteilung im oberen Stockwerk ist der »Jade Room« mit der 1980 dem Museum geschenkten Haw Par Collection. Die Brüder Aw Boon Haw und Par, die ihren Reichtum vor allem mit dem weltbekannten »Tigerbalsam« gemacht hatten, besaßen die wertvollste Jadesammlung, die sich je in Privatbesitz befand. Die rund 400 Einzelstücke stammen u. a. aus der Qianlong-Zeit (18. Jh.), in der die Jadesteinverarbeitung mit dem burmesischen Jadeit eine Renaissance erlebte, und vor allem aus der späten Qing (Mandschu)-Dynastie (19./20. Jh.).

Seit jeher galt der Jadestein in China wegen seiner Kostbarkeit, vor allem aber wegen seiner Symbolkraft, als das edelste Material, dessen Bearbeitung die chinesischen Kleinbildhauer und Steinschneider zu allen Zeiten bevorzugt haben. Er symbolisiert den Samen des Himmelsdrachen und den Keim des himmlischen Prinzipes »Yang«. Gefäße aus Jade besitzen somit die Kraft, das Leben ins Unendliche zu verlängern. Der Halbedelstein Jade ist den Nephriten verwandt und besitzt einen Härtegrad von 6,5–7. Die Farbnuancen reichen vom milchigen Weiß und Grau über hell- bis moosgrün mit Verfärbungen von gelb bis dunkelbraun. Am meisten geschätzt ist die leuchtend grüne Jade. Als sich die Fundstellen in China erschöpften, wurde seit dem 18. Jahrhundert das aus Burma stammende Jadeit verwendet. Aber auch andere Halbedelsteine (Achat, Rosenquarz, Lapis-Lazuli und Malachit) wurden – wie die Haw Par Collection zeigt – zu prachtvollen Kleinodien verarbeitet. Es sei hier besonders auf ein Phönixpaar aus Rosenquarz hingewiesen, von dem jeder Vogel eine Päonie (Pfingstrose) hält, die bei den Chinesen als Königin der Blumen gilt wie der Phönix als König der Vogelwelt. Die Themen der Jadeskulpturen umfassen Tiere (Pferde, Drachen, Löwen, Phönixe) und Gottheiten, besonders beliebt Kuan Yin und die Unsterblichen. Die Ausstellungsstücke sind gut beschriftet mit genauer Materialangabe.

Im oberen Stockwerk befindet sich weiter
- die »*Chinese Theatre Gallery*«, mit prunkvollen Kostümen der chinesischen Oper, Musikinstrumenten und einer Sammlung von Stabpuppen und Marionetten;
- die »*Trade Ceramics Gallery*«, welche die Wichtigkeit der Keramik im Südostasienhandel von der Song-Dynastie (960–1279) bis ins 19. Jh. zeigt und auch, wie sich in Europa ein Modesturm auf Blauweißporzellan entfachte, seit die Holländer 1603 ein portugiesisches Schiff mit chinesischem Blauweißporzellan nach Amsterdam entführt hatten, und die holländische Delfter Porzellanindustrie davon nachhaltig beeinflußt wurde;
- die »*National University of Singapore Gallery*« mit mehreren Sälen enthält einen weiteren »*Ceramics Room*«, der einen chronologischen Überblick über Entstehung und Entwicklung des chinesischen Porzellans gibt. Aus allen wichtigen Dynastie-Epochen sind Exemplare ausgestellt;
- der anschließende Saal ist der Vorgeschichte der Region gewidmet und stellt dar, wie die seit dem 3. Jh. v. Chr. in Südchina entwickelte Bronzetechnik mit dem Malaiischen Archipel in Berührung kam. Etwas vom Höchstentwickelten waren die in erster Linie für rituelle Zwecke geschaffenen, gongartigen Bronzetrommeln. Das hier ausgestellte Exemplar aus Südwestchina besitzt auf der Metalloberfläche 19 und auf der Wandung 28 Zonen mit verschiedenen Reliefdarstellungen. Sie sind in Zeichnungen festgehalten. – Zwei Seitenwände des Saals sind den Ausgrabungen in den Niah-Höhlen (Sarawak, S. 334) gewidmet. –

Im nächsten Saal Bronze-, Stein- und Holzskulpturen aus dem südostasiatischen Raum.
- Im *Umgang der Rotunde* ist neben Kultgegenständen aus den verschiedenen Religionen der Schaukasten über den Chinahandel von Interesse: Es sind Opiumwaagen mit den Opiumgewichten in kleinen geigenförmigen Kästchen ausgestellt; dann, als anderes Handelsprodukt, getrocknete Haifischflossen zur Herstellung der exquisit-teuren Haifischflossensuppe und Schildpatt, das zur Herstellung von Brillengestellen und Kämmen in den Westen gehandelt wurde. – Am Eingang zum linken Seitenflügel noch eine Karte über die Herkunftsgebiete der diversen Einwanderergruppen nach Singapore.

Im hinteren Teil des Obergeschosses befindet sich eine »Art Gallery« mit zeitgenössischer Malerei aus Singapore und Südostasien. Man kann sie auslassen.

Vom Dienstag bis Sonntag zeigt das Museum viermal täglich (10.15, 12.15, 14.45 und 15.45 Uhr) eine ca. halbstündige Diaschau über »Singapore: The Nation« und jeweils um 9.45 und 13.30 eine täglich wechselnde Schau über »Our historical sites«: »The Singapore River« (Di), »Chinatown« (Mi), »Serangoon Road« (Do), »Malay Kampong« (Fr), »Raffles Place« (Sa) und »Concrete Impressions« (das architektonische Erbe, So). Das Museum ist montags geschlossen, sonst täglich von 9–16.30 Uhr offen.

Vor dem Museum eine ins Auge fallende, moderne Plastikgruppe mit drei originell gekleideten Figuren, die auf einer Straßenbank warten.

Rundgang 6: Serangoon Road und anschließende Straßen (Karte 13)

Bis um die Jahrhundertwende war das Gebiet der heutigen Serangoon Road Sumpfland, das zum Teil als Weide benutzt werden konnte. In den späten zwanziger Jahren des letzten Jahrhunderts nutzte die Regierung einige Kalksteinbrüche und richtete Ziegelbrennereien ein, in denen traditionellerweise Inder arbeiteten. Die Nähe zum Arbeitsplatz und die Möglichkeit, ihr Vieh weiden zu lassen, bewog sie, hier Wohnsitz zu nehmen, ohne daß dies von den Behörden geplant gewesen wäre. Bis zum heutigen Tag ist die Serangoon Road Zentrum der indischen Gemeinde Singapores geblieben. Davon zeugen einige Hindutempel, aber auch viele Läden, in denen vor allem Stoffe verkauft werden. Interessanterweise konnte sich in diesem indischen Viertel kein eigener städtischer Haustyp entwickeln. Wir finden die üblichen chinesischen Shophouses vor. In manchen Stra-

Kavadi-Träger am Thaipusam-Fest in Singapore (S. 217) ▷

Serangoon Road 233

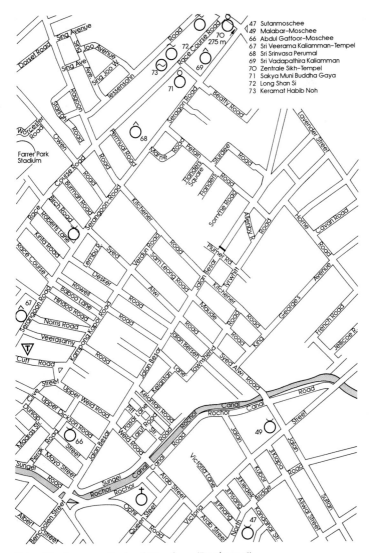

47 Sutanmoschee
49 Malabar-Moschee
66 Abdul Gaffoor-Moschee
67 Sri Veerama Kaliamman-Tempel
68 Sri Srinivasa Perumal
69 Sri Vadapathira Kaliamman
70 Zentrale Sikh-Tempel
71 Sakya Muni Buddha Gaya
72 Long Shan Si
73 Keramat Habib Noh

Karte 13. *Serangoon Road und Umgebung (Rundgang 6)*

◁ *Sorgfältig renoviertes Arkadenhaus am Peranakan Place in Singapore (S. 228f.)*

ßenzügen wurden sie in den letzten Jahren liebevoll restauriert und zum Teil mit Läden für den gehobenen Bedarf in Wert gesetzt. Andere Arkadenhäuser hat man bis zur Fassade niedergerissen und innen modern wieder aufgebaut. Schöne Beispiele von restaurierten Häusern findet man in folgenden Straßen (von Süd nach Nord):
- Dunlop Street
- Kerbau Road (ab Serangoon Road knapp außerhalb des Planes)
- Upper Dickson Road
- Dickson Road
- Upper Weld Road
- Jalan Besar/Veerasamy Road
- Desker Road
- Jalan Besar/Syed Alwi Road
- Syed Alwi Road
- Petain Road

Mit dem Besuch des Inderviertels kann die Besichtigung der Abdul Gaffoor-Moschee an der Dunlop Street verbunden werden:

Abdul Gaffoor-Moschee (66)

Von der Dunlop Street rechtwinklig abgewandt, richtet sich ihre Vorderfront gegen einen von zweigeschossigen Wohnhäusern umsäumten idyllischen Hof. Nachdem Shaik Abdul Gaffoor, der bereits 1881 eine erste Holzmoschee gestiftet hatte, mit seinen »Shophouses« genügend verdient hatte, um einen Neubau aus Stein zu finanzieren, wurde die heutige Abdul Gaffoor-Moschee 1907–10 errichtet. Auffällig ist die ungewöhnliche Vorderfassade, die ein Ziergiebel über dem Eingangstor krönt, während korinthische Säulen das von einem Geländer überhöhte, massig wirkende Dachgesims stützen und maurische Zackenbogenöffnungen die breite Vorhalle belichten. Aus dem Flachdach ragt halb verdeckt eine kleine dunkelgrüne Kuppel empor, die auf einem pavillonartigen Achtecktambour mit länglichen Fenstern ruht. Im Innern wird die Kuppel von vier kräftigen kurzen Säulen gestützt. Die Moschee besitzt kein Minarett, dafür eine Anzahl Rundsäulentürmchen, die den Dachrand und das Kuppelgesims schmücken. Von den Moscheen Singapores am stärksten westlich geprägt, stellt die Abdul Gaffoor-Moschee ein architektonisches Kuriosum dar (Nationalmonument).

An der Serangoon Road befinden sich gleich drei Hindutempel, die alle zum Typ des Sri Mariamman gehören. Der erste ist der

Sri Veerama Kaliamman-Tempel (67).

Er wurde 1987 im traditionellen Stil für 2,5 Mio S$ neu erbaut. Zur Einweihungszeremonie brachte man 1,5 t Blumen aus Madras und 1000 l Wasser aus fünf indischen Flüssen herbei. 1881 hatten bengalische Kalksteinbrucharbeiter ein unscheinbares Heiligtum erbaut und ihrer Muttergottheit Kali geweiht, die den Emigranten ein Gefühl der Sicherheit in der neuen Heimat gab. Auch für die über tausend chinesischen Hindus in Singapore ist Veerama Kaliamman die Hauptgottheit geworden. Ihr ist der Mittelschrein zwischen dem für Vinayagar (Ganesha) links und für Subramaniam rechts zugedacht. Rechtwinklig zum letzteren stehen ein Shiva Nataraja- und ein Durga-Schrein. Auf der rechten Hallenseite nach dem Seitenhof auf einem Podest die neun Navagrahas oder Planetengötter. Alle Götter tragen hier übrigens tamilische und englische Namensschilder. Bemerkenswert in der Hallenmitte vorn der hohe, kupferne Glöckchenbaum. Außen höchst sehenswert der feine Figurenschmuck des Vimana und Gopuram, zu dem die rot-weiß gestreifte Fassadenwand nicht recht passen mag.

Ebenfalls mit gestreifter Tempelwand und dem in seiner verblichenen Farbe noch feiner wirkenden Gopuramreichtum steht der zweite Tempel, der

Sri Srinvasa Perumal (68),

wieder schräg zur Straße wie der Sri Mariamman. Insofern ist er aber eine Ausnahme, als er das einzig bedeutende Vishnu-Heiligtum (hier sein lokaler Name Perumal) darstellt. Nicht nur der Hauptschrein ist ihm geweiht, er tritt auch überall im Figurenschmuck unter verschiedenster Inkarnation in Erscheinung, so in Form seines Symboltiers Garuda, dem halbmenschlichen Adler, oder in Begleitung seiner Hauptgemahlin Lakshmi.

Im Perumal-Tempel nimmt sowohl die Feuerläufer- wie die Thaipusam-Prozession ihren Anfang. Der ursprüngliche Tempel, dessen Land 1855 von der Britisch-Ostindischen Gesellschaft geschenkt worden war, besaß einen Weiher, der in den zwanziger Jahren aus Gesundheitsgründen geschlossen wurde. Auch der Perumal wurde neu gebaut und um eine separate Halle für Hochzeiten erweitert, die der reiche Kaufmann und Wohltäter G. Pillai stiftete. Erst 1979 erhielt der Tempel seinen Gopuram (ebenfalls ein Geschenk von Pillai), der von aus Südindien hergeholten Kunsthandwerkern gestaltet wurde. Leider beeinträchtigen unschöne Betonflachdächer und unharmonische Mosaikmuster, so die rot-weißen Wandstreifen, die Gesamteinheit des Bauwerks.

Noch stärker als am Perumal kommt dies am

Sri Vadapathira Kaliamman (69)

zum Ausdruck. Im Vergleich zu den beiden anderen ist hier der Figurenschmuck entschieden gröber. Auch sind die in jahrmarktschreierischen Farben bemalten, zum Teil überlebensgroßen Statuen nur noch als Volkskunst anzusehen. Dieser dritte Tempel genießt denn auch ganz besonders die Gunst der kleinen Leute und erfreut sich zu den Pooja-Zeiten eines besonders großen Zudrangs. Er ist ebenfalls der Göttin Kali geweiht, doch thront Shiva mit dem Dreizack im Zentrum des breiten Gopuram. Auf dem gleichen Tempelareal steht rechts daneben noch ein schmaler *Sri Rama-Tempel* für den Helden des Ramayana und siebte Inkarnation Vishnus. Den Tempeleingang hüten überlebensgroß der jugendliche Rama und der Affengott Hanuman als sein Helfer – eine Seltenheit, die zeigt, wie tief dieses zweitgrößte indische Epos noch im Volksglauben verankert ist.

Einen modernen Gegenpol zu den Hindutempeln bildet der immer noch an der Serangoon Road, 275 m außerhalb des Kartenbildes stehende

Zentrale Sikh-Tempel (70).

Der originelle Bau von 1986 bricht, ausgenommen für die Form der Kuppel, mit jeder Tradition. Als Außenmaterial diente polierter Rosagranit aus Sardinien, während im Innern verschiedene Marmorsorten Verwendung fanden.

Parallel zur Serangoon Road verläuft die Race Course Road. Hier leben viele Tamilen; auch schöne chinesische Shophouses findet man an dieser Straße und eine Sehenswürdigkeit, die – obwohl von fraglichem Wert – auf keiner Stadtrundfahrt fehlt:

Sakya Muni Buddha Gaya oder »Temple of 1000 Lights« *(71)*

Das Thai-Heiligtum leitet seinen Namen von den farbigen Glühlämpchen her, die als Flammenaureole eine 15 m hohe und 300 t schwere Statue des sitzenden Buddha in Bezeugergeste umgibt. Die bis in die Lotoskuppel reichende Buddhastatue, in deren Rückwand noch ein kleiner Raum mit einem liegenden Buddha eingelassen ist, sowie der ganze übrige Tempel sind das Werk eines thailändischen Mönchs namens Vutthisasara, der nach Vollendung seines Baus 1927 noch lange selbst darin lehrte. Vutthisasara bereicherte später seinen Tempel noch durch zwei kostbare Reliquien: ein Rindenstück vom Bodhi-Baum, unter dem Gautama Buddha gelehrt haben soll, und eine aus Ebenholz mit Perlmutterintarsien geschaffene Nachahmung dessen, was man auf Sri Lankas heiligem Berg als Buddhas Fußabdruck verehrt. Die Innenausstattung samt Riesenbuddha wie auch der Fassadenschmuck des einfachen Giebelbaus mit einem Buddha, Tigern und Elefanten sind der naiven Volkskunst zuzuordnen. Der volkstümliche Tempel ist täglich von 7.30–16.45 Uhr geöffnet.

Gegenüber steht der

Long Shan Si (72, Race Course Road, Typ 2; S. 85)

Der buddhistische Long Shan Si oder Drachenberg-Tempel geht auf einen gleichnamigen in der südostchinesischen Provinz Fukien zurück. Von einem Mönch begründet, wurde er 1926 im traditionellen chinesischen Palaststil in den Grundfarben Rot, Schwarz und Gold neu erbaut dank der großzügigen Finanzierung durch den bekannten Kaufmann Tan Boo Liat, der auch Sun Yat Sen (s. S. 239) bei dessen letztem Singapore-Besuch in seiner Villa beherbergte. Leider ist die Harmonie des Gebäudes durch spätere Zusätze und Veränderungen empfindlich gestört worden; trotzdem gehört der Long Shan Si zu den besuchenswerten schönen Tempeln. Auf dem Hauptaltar steht eine Kuan Yin »mit den tausend Händen«, davor ein Buddha aus weißem Porzellan als Symbol des ewigen Friedens. Die Mönche führen neben dem Tempel eine Schule, wo Kinder armer Familien aus der Nachbarschaft kostenlosen Unterricht erhalten.

Links daneben im *Haus Nr. 365* wohnt ein Tempelmedium, das auf Anfrage hin in Erscheinung tritt. Die Fahne vor dem grünen, zweigeschossigen »shophouse« und das Marterwerkzeug in seinem Innern kennzeichnen den Medientempel, von dem es in Singapore noch viele gibt. Einer der interessantesten liegt an der *Rowell Road,* ist aber tagsüber geschlossen; doch kann der davor aufgestellte große, rote Käfig mit einer Boa constrictor kaum übersehen werden, besonders wenn während ihrer Fütterung die Gittertüren offen stehen und Schaulustige sich hinzudrängen.

Citynahe Sehenswürdigkeiten

Im Süden der City

Zwei Sehenswürdigkeiten befinden sich an der Palmer Road im Süden der Innenstadt nahe den Hafenanlagen. Man erreicht sie durch den Shenton Way (Karte 10).

Keramat Habib Noh (73)

Dieses seltsame Bauwerk in der Höhe, zu dem eine steile Treppe hinaufführt, ist das besterhaltene islamische Keramat (wunderwirkender Heiligenschrein) der Insel. Es wurde für den 1866 verstorbenen Habib Noh aus Penang errichtet, dem man schon zu Lebzeiten übernatürliche Kräfte zuschrieb, und ist eine von Gläubigen viel besuchte Gebetsstätte.

Der kleine *Tua Peh Kong (74)* schräg gegenüber ist ein interessanter taoistischer Volkstempel mit einem großen Tigergott am Eingang. Gläubige bringen ihre Tiere – Affen, Schlangen und Vögel – zur vorübergehenden Aufbewahrung hierhin!

An der Fortsetzung der Havelock Road (vgl. Karte 9 und Vorsatzkarte) erhebt sich das

Glass Hotel (75)

Zwar bleibt sehr fraglich, ob sich Glas für Fassadenelemente in den Tropen eignet, doch ist den Architekten mit dem 1985 erbauten Hotel ohne Zweifel ein großer Wurf gelungen. Den Zylinder des Zimmertraktes haben sie durch Erkersäulen aufgelockert und dem fünfstöckigen Podium durch Bogenelemente die Schwere genommen.

Westlich davon steht der

Giok Hong Tian (76, Typ 2, S. 85).

Der kleine, rote Giok Hong Tian mit dem weißen Verbrennungsofen davor ist ein beliebter synkretistischer Tempel, obwohl er Yu Huang, dem taoistischen Götteroberhaupt, geweiht ist. Als private Stiftung des Cheang Hong Lim, eines wohlhabenden Hokkien-Kaufmanns, 1887 errichtet, besaß er ein ausgesprochen gutes »feng shui«, denn er lag damals zwischen Hügel und Fluß an einer »friedlichen und gesundheitsfördernden Straße«. Der Dachaufsatz der Eingangshalle mit vier auffallenden Wächterfiguren auf den Graten, die als Sonnen-, Wind-, Regen- und

Donnergott den Tempel vor Unglück bewahren, und im Innnern die kostbaren Goldschnitzereien am Gebälk sind am Giok Hong Tian besonders hervorzuheben.

Zwischen der City und Ang Mo Kio

An der Südgrenze der Satellitenstadt Toa Payoh, von der nächsten Metrostation (Novena) 1,5 km entfernt, steht an der Ah Hood Road, die von der Balestier Road abzweigt, die

Sun Yat Sen-Villa (77, Vorsatzkarte)

Seit 1966 ist sie Gedenkstätte und Museum für jenen Mann, der als Vater des modernen China gilt. Um 1885 erbaut, war das anmutige viktorianische Kolonialgebäude für die Konkubine eines reichen Chinesen bestimmt und nach ihr Bin Chan-Haus genannt. Anfang des 20. Jahrhunderts wurde die Villa von Teo Eng Hock, einem der Führer der chinesischen Gemeinde, gekauft und Sun Yat Sen (1866–1925) als revolutionäres Hauptquartier zur Verfügung gestellt. Von seinen acht Singapore-Aufenthalten hat der chinesische Arzt und Revolutionär denn auch drei dort verbracht und dabei manchen seiner Pläne zum Sturz der korrupten Manchu-Herrschaft in China ausgeheckt. Nach der Revolution von 1911 wechselte die Villa wieder den Besitzer und wurde erst zum hundertsten Geburtstag Sun Yat Sens wiederhergestellt und unter dem Patronat der chinesischen Handelskammer dem Publikum zugänglich gemacht.

Von dort sind es weitere 1,5 km zum

Siong Lim-Tempel (78)

an der Jalan Toa Payoh (Ausfahrt 16 A). Man erreicht die Tempelanlage auch von der Toa Payoh-Metrostation nach einem viertelstündigen Fußmarsch durch die Lorong 6 Toa Payoh in östlicher Richtung. Die bis zu den jüngsten Tempelschöpfungen am Bright Hill Drive (79) größte buddhistische Klosteranlage ist der Siong Lim- oder »Zwillingshain«-Tempel, benannt nach den beiden Hainen in der Nähe Patnas (Indien), wo Buddha ins Nirvana einging. 1898 stiftete einer der ersten Bankiers von Singapore, Low Kim Pong, nicht nur 4 ha Land, sondern zusammen mit Yeo Poo Seng, einem andern Hokkien-Kaufmann, eine halbe Million S$ für eine Klosteranlage, die elf Jahre Bauzeit in Anspruch nahm.

Ein prachtvoll gestuftes fünfteiliges Ziertor mit einem Haupt- und zwei Seiteneingängen, geschwungenen Teildächern und den um das Wunschjuwel tanzenden Drachen darauf empfängt den Besucher. Ein weiter Vorhof führt zum baulich ältesten und schönsten Teil, der »Halle der Dewas«, die mit ihren Granitsäulen, gemeißelten Rundfenstern und Reliefs an der Außenwand an gewisse Kongsi in Penang erinnert. Der Zukunftsbuddha Maitreya wird darin verehrt, und an den vier Seiten wachen 5 m hoch die Himmelskönige. Zum Zeichen ihrer Macht tragen sie geschwärzte Gesichter und zertreten die Dämonenwelt mit ihren Füßen; im Hintergrund ein gerüsteter Wei-To zur Verteidigung der buddhistischen Lehre. Zur Hauptbuddhahalle führt ein Innenhof mit dem Glockenturm rechts und dem Trommelturm links. Trommel- und Glockenschläge (zweimal täglich 108mal, entsprechend den vom Buddhismus festgelegten 108 Sünden) begleiten den Gebetsgesang der Mönche. Die Haupthalle beherrschen die Marmorstatuen von Gautama oder Sakyamuni Buddha (Mitte), Amitabha Buddha (rechts) und des »heilenden Buddha« Yao Shi Fu (links), dazwischen die beiden Lieblingsschüler Kasyapa und Ananda; an den Wänden entlang die 18 Lohans. Man beachte die drei mächtigen Weihrauchgefäße aus Bronze, von denen jedes rund 2 t wiegt. Im gleichen Bau auf der Rückseite liegen die Mönchsquartiere mit einer separaten Gebetshalle. Ein nächster als Garten gestalteter Innenhof verbindet die Haupthalle mit einem dritten Tempelgebäude neueren Datums, das im Grundgeschoß wieder Wohnräume enthält. Eine Freitreppe führt direkt in den ersten Stock zu einem zweigeschossigen Kuan Yin-Heiligtum. Interessant ist, daß hier die Göttin der Barmherzigkeit von Yu Huang und Kuan Ti begleitet ist. Es handelt sich aber nicht mehr um den taoistischen Jadekaiser und den Kriegsgott, sondern der Buddhismus hat in der Tat eine Reihe taoistischer Götter inkorporiert und mit buddhistischen Inhalten neu versehen. So ist aus dem Kriegsgott der Bewacher des westlichen Paradieses geworden. Das taoistische Götterpantheon ist aber trotzdem nicht aus dem Siong Lim-Tempelkomplex verbannt, sondern lebt in der vom Volk stark besuchten Tempelhalle westlich der buddhistischen weiter.

Trotz vieler neuer Nebengebäude besitzt das Siong Lim-Kloster nicht mehr die ursprüngliche Landfläche, hat es doch in den fünfziger Jahren die Hälfte seiner 4 ha der Regierung zum Bau von Billigwohnungen abgetreten (Nationaldenkmal).

Mit öffentlichen Verkehrsmitteln schwer erreichbar (die Metrostation Ang Mo Kio ist 2 km entfernt, doch gibt es dort Taxis, vgl. Abb. 17) ist an der Sin Ming Avenue die Anlage des

Liebevoll geschmückter Tua Peh Kong in einem taoistischen Volkstempel Singapores (S. 238) ▷

Kong Meng San Phor Kark See-Tempels (79).

Die Singapore Buddhist Sangha Organisation baut seit 1981 an einer gigantischen Tempelfriedhofanlage von 12 ha Fläche. Das einstöckige Krematorium im Thai-Stil hat 10 Verbrennungsöfen, und das vierstöckige »Kolumbarium« kann 300 000 Urnen fassen. In chinesischem Stil sind die achteckige »Halle der großen Tugend« und die für 1200 Gläubige konzipierte »Halle des großen Erbarmens«. Die mit Gärten und Weihern, einem vegetarischen Restaurant, einem Altersheim und weiteren Meditationshallen ausgestattete Anlage ist trotz des »Hollywood-Einschlags«, den sie für uns hat, sehenswert. Daneben steht als buddhistische Konkurrenz der Sin Ming-Tempel, ebenfalls mit einem Urnenhaus.

Ang Mo Kio (80)

Wer von Singapore nur die Orchard Road und die Chinatown sieht, kennt die Stadt nicht. Viel charakteristischer als das Hotel- und Einkaufszentrum oder die engen Straßen mit den Arkadenhäusern sind die Satellitenstädte wie Toa Payoh oder eben Ang Mo Kio, wo die meisten Einwohner Singapores leben. Es empfiehlt sich daher sehr, eine dieser New Towns zu besuchen.

Ang Mo Kio ist mit der Metro gut erreichbar. Die Station liegt fast im Zentrum der New Town, die in 49 500 Wohnungen 212 800 Einwohnern Unterkunft bietet (Karte 14).

Wie auf S. 59 erwähnt, besteht eine New Town aus dem Town Centre (zentrales Quartier) und einigen Wohnquartieren. Ang Mo Kio hat sechs solcher »Neighbourhoods« (Abb. 17). Von der Metrostation sind es wenige Schritte bis zum Busbahnhof und zum Zentrum mit den vielen Läden, der Poliklinik, einer geburtshilflichen Klinik und den drei Kino-Theatersälen. Jenseits der Avenues folgen die »Neighbourhoods« mit den Wohnblocks.

Sehenswürdigkeiten im Westen der City

Tiger Balm Gardens (81, Pasir Panjang Rd, 10 km vom Stadtzentrum, auch Haw Par Villa genannt)

Seit ihrer Entstehung 1931 stoßen die auf einem Hügel mit Meeresblick gelegenen Tiger Balm Gardens sowohl auf Begeisterung als auch Ablehnung. Aw Boon Haw, der ältere der beiden durch die Tigerbalsamsalbe zu Millionären gewordenen Brüder, ließ gleich deren zwei, zuerst in Hong-

◁ *Thailändischer Buddha-Tempel im Norden Malaysias (S. 255)*

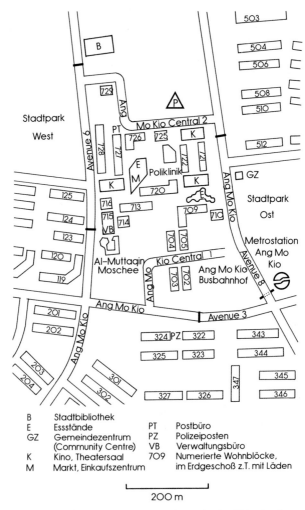

Karte 14. *Das Stadtzentrum von Ang Mo Kio mit umgebenden Wohnvierteln*

kong, dann in Singapore schaffen. Dieser typisch chinesische Mythologiepark dient nicht nur der reinen Unterhaltung, sondern erfüllt zugleich den Zweck, das Volk zu belehren und Andacht zu erwecken. In einer faszinierenden Schau aus Steinkulissen und Papiermaché-Figuren wird die in der chinesischen Legendenwelt enthaltene Moral an Themen wie Kindesliebe, Ehrlichkeit, Fleiß und Bestrafung der Bösen grotesk-ergötzlich dargestellt. Zur Zeit befinden sich die Gärten im Erweiterungsbau, um künftig noch mehr Besucherscharen anzulocken.

Auf zwei künstlich geschaffenen Inseln von je ca. 13 ha wurden 1974 im hier zum See erweiterten Jurong-River ein *chinesischer* und ein *japanischer Garten* angelegt (Metrostation Chinese Garden). Beide sind von 9–19 Uhr, sonntags sogar von 8.30 an geöffnet. Letzter Einlaß 1 Std. vor Schließung.

Von den beiden Gärten erfreut sich der *chinesische »Yu Hwa Yuan« (82)* eindeutig größerer Beliebtheit. Auch wird hier das chinesische Neujahrsfest gefeiert. Die Anlage ist in Anlehnung an den Pekinger Sommerpalast und den Baustil der Sung-Dynastie (960–1279) gestaltet. Eine Bogenbrücke und ein dreiteiliges Palasttor führen in den Innenhof, dem links ein prächtiger Bonsai-Garten mit einem Mondtor angebaut ist. Am Brückenende des mit einem Steinboot geschmückten Sees steht eine Konfuziusstatue, vor der sich chinesische Pärchen gern fotografieren lassen. Der Garten enthält ferner ein Teehaus, einen Bambushain, Pagoden und diverse Pavillons.

Dem farbenfrohen chinesischen Garten gegenüber wirkt der *japanische »Seiwaen«* oder »Garten der Ruhe« *(83)* viel verhaltener. Ein bekannter Gartenbauarchitekt aus Kyoto hat ihn entworfen und sich dabei an Vorbildern des 15. und 16. Jh., als Japans Gartenbaukunst auf dem Zenith stand, inspiriert. Mit seinen Karpfenteichen, Steinlaternen, langsam fließenden Gewässern und breiten Rasenflächen bildet der japanische Garten einen wohltuenden Kontrast zur nahen Jurong-Industriezone; dieser Gegensatz führte zu lebhaften Disputen unter Stadtplanern.

In der Nähe das attraktive *Singapore Science Centre (84),* eine moderne Art von technischem Museum (Mo. geschlossen, sonst 10–18 Uhr).

Drei Kilometer weiter liegt der *Jurong Bird Park (85)* am Westhang des Jurong Hügels. 1970 wurde dieser größte Vogelpark mit über 7000 Vögeln von mehr als 350 Arten auf einem fast 22 ha großen Gelände errichtet, wobei ein Beraterteam aus dem Londoner Zoo mitwirkte. Hauptattraktionen sind die auf mehreren Höhen begehbare Riesenvoliere mit einem 30 m hohen künstlichen Wasserfall, die Singvogel-Terrasse und das Nachthaus.

Daneben befindet sich das *Jurong Crocodile Paradise (86)* mit über 2500 Tieren. Die Fütterungen, in der Regel um 10.30, 13.30 und 16.30 Uhr, sind höchst eindrücklich.

Sehenswürdigkeiten im Osten der City

Changi-Wandmalereien (87, abseits der Cranwell Rd.)

Mitten im militärischen Sperrgebiet des alten Changi-Luftstützpunktes muß am Tor in der Martlesham Road der Schlüssel geholt werden zur Besichtigung der Wandmalereien, die sich in Block 151, einem alten RAF-Gebäude befinden. Sie entstanden 1942 unter größten Entbehrungen: Mit gestohlener Billardkreide und grauer Kriegsschiffarbe malte der britische Bombenschütze Stanley Warren diese fünf religiösen Wandbilder, die er bisher zweimal restaurierte und dazu eigens von der RAF nach Singapore geflogen wurde.

Changi-Kriegsgefangenenmuseum (88, Upper Changi Road, 18 km)

Das kleine, aber beeindruckende Museum enthält Fotos und Gefangenenzeichnungen über das Lagerleben während der japanischen Besetzung. Rechts hinter dem Museum steht eine offene Holzkapelle, die der ursprünglichen nachgebaut wurde. Die Besucher werden aufgefordert, Blumen aus dem nahen Garten zu pflücken und sie im Gedenken an alle, die im Zweiten Weltkrieg im Changi-Gefängnis gelitten haben, auf dem Altar niederzulegen (geöffnet Mo–Fr 8.30–12.30 u. 14.00–16.45 Uhr; samstags von 8.30–12.30 Uhr).

Es ist zu empfehlen, für die Rückfahrt den *East Coast Parkway* zu wählen und sich auf den dortigen Aufschüttungen die Freizeitattraktionen der Singaporeans anzusehen: Die künstliche Lagune, die Ferienchalets, Picknickplätze, Fahrradverleihstationen, das Golfübungszentum und die riesige Wasserrutschbahn »Big Splash«. Im Meer draußen sieht man die vielen Schiffe in der Reede liegen.

Inselrundfahrt

Es empfiehlt sich, mit dem Auto eine Inselrundfahrt (Vorsatzkarte) zu unternehmen, um einige abgelegene Sehenswürdigkeiten besichtigen zu können und dadurch zugleich einen Eindruck von Singapore außerhalb

Inselrundfahrt 245

des City-Raums zu erhalten. Man verläßt die Stadt via Newton Circus-Bukit Timah Road; 12,5 km außerhalb des Zentrums im Kreisel beim Bukit Timah Shopping Centre nach Südosten unter der Bahnlinie durch (Hindhede Drive) zum

Bukit Timah-Naturreservat (89).

In der Morgenfrühe an Werktagen ist es im 75 ha großen Naturreservat so ruhig, daß man auf dem Weg zum 162 m hohen Hügel (dem höchsten Punkt des Staates!) einige Kleinsäuger im zwar recht lichten Regenwald beobachten kann.

Singapore Zentralfriedhof (90, Kreuzung Lim Chu Kang Road/Choa Chu Kang Road)

In einer garten- und parkähnlichen Landschaft liegen die Grabfelder der verschiedenen Religionen vereint nebeneinander. Am sehenswertesten ist der riesige Chinesenfriedhof: Die hufeisenförmigen Nischengräber tragen nicht nur eine erhöhte Rückwand, sondern stehen außerdem vor einem Grabhügel. Dieser doppelte Schutz gegen böse Einflüsse gilt als gutes »feng shui«. Bei den meisten Gräbern ist noch zusätzlich unten rechts ein kleineres Grab mit einem Schutzgott des Verstorbenen errichtet.

Auf dem gleichen Areal folgt auf den ebenfalls großen mohammedanischen Friedhof das merkwürdige Bahai-Grabfeld aus lauter diagonal ausgerichteten Rechtecksteinen. Der buddhistische Friedhof daneben ist nicht sehenswert: Man erkennt ihn nur an den in die Erde gesteckten Räucherstäbchen; denn, da die Seele längst in einem neuen Körper lebt, wird kein Grabeskult getrieben. Jenseits der Hauptstraße liegen neben dem christlichen Gräberfeld die großen Plattengräber der Parsi und des jüdischen Friedhofs. Auch einige Hindugräber sind hier zu finden. – Diverse städtische Friedhöfe wurden aufgehoben und die Urnen in platzsparenden Kolumbarien (S. 142) untergebracht.

Man folgt der Lim Chu Kang Road Richtung Norden und durchquert dabei eine recht ländliche Gegend, in der viele Gemüsebauern leben. Im Weiler Thong Hoe biegt man nach rechts in die Neo Tiew Road ein, die nach 6 km zum Kranji Dam führt. Bei Kilometer 22 erreicht man die Woodlands Road, und 2,7 km südlich zweigt kurz vor dem Woodland Cinema nach links der Lorong Fatimah ab, welcher der Bahn entlang zum *Kampong Mandai Kechil (91)* führt, einem über fünfzig Jahre alten Wasserdorf, dessen Häuser auf Pfählen im Meer stehen.

1923 wurde der 1050 m lange Damm, *Johor Causeway (92),* zwischen der Insel Singapore und dem asiatischen Festland gebaut. Heute führen eine mehrspurige Straße, die Eisenbahn und mächtige Trinkwasserleitungen über diese wichtige Verbindung. Malaysia liefert Singapore Wasser, wovon ein Teil zu Trinkwasser aufbereitet nach Johor Bahru zurückfließt.

In der Nähe des Causeway erstreckt sich Singapores größte Satellitenstadt (Newtown) *Woodlands (93),* die einmal 280 000 Einwohnern Wohnraum bieten soll. Als Blickfang stehen nahe beim Causeway 25stöckige Blocks, während dahinter 9–13stöckige, z. T. farbige Wohnhäuser errichtet wurden, in denen heute 100 000 Menschen leben.

Kranji War Memorial (94, Woodlands Rd; 21,8 km)

Die eindrückliche Gedenkstätte für die im Zweiten Weltkrieg hier Gefallenen liegt auf einem grünen Hügel mit schönem Blick über die Straße von Johor, die Singapore von Malaysia trennt. Die Gedenkstätte besteht aus dem Kranji-Kriegsfriedhof mit dem die drei Waffengattungen symbolisch darstellenden Denkmal in der Mitte und 4000 Soldatengräbern sowie aus dem Singaporer Staatsfriedhof, der namentlich an die über 20 000 Männer und Frauen erinnert, deren Grabstätte unbekannt ist.

Mandai Orchid Gardens (95, Mandai Lake Road; Bus 171)

Ein Privatbetrieb, der Orchideen in alle Welt exportiert, zeigt in einem 4 ha großen Garten alle in Singapore gezüchteten Orchideensorten von der Nationalblume »Vanda Miss Joachim« bis zu den hybriden Dendrobien. Die Firma mit dieser einzigartigen Orchideenschau ist 1960 aus einer Hobbyzucht hervorgegangen. Täglich von 9–17.30 Uhr geöffnet.

Zoological Gardens (96, Mandai Lake Road; Bus 171 und »Zoo Express« von verschiedenen Hotels aus)

Der modern konzipierte Zoo, in dem die meisten Tiere in Freigehegen leben und dem die größte Orang-Utan-Kolonie der Welt gehört, hat eine eigenartige Entstehungsgeschichte: Die ersten Tiere stammten von Familien britischer Militärangehöriger, die in der Dekolonisierungsphase aus Singapore fortgehen und ihre oft fremdländischen »Haustiere« zurücklassen mußten. Geöffnet täglich von 8.30–18.30 Uhr.

Seletar Reservoir (97)

Im Innern der Insel erstreckt sich ein weites Trinkwasserfassungsgebiet mit drei Seen, die 1969 aufgestaut wurden, und zahlreichen Freizeiteinrichtungen.

Die Mandai Road mündet in die Sembawang Road Richtung Norden, wo nach 3 km *Yishun (98)*, eine neu konzipierte Satellitenstadt und, wenn man nach weiteren 2 km halbrechts die Canberra Road wählt, der *ehemalige britische Flottenstützpunkt (99)* folgen, an den noch zahlreiche Häuser im Kolonialstil erinnern.

Vorgelagerte Inseln

Sentosa (100; zum World Trade Centre mit Bus 143)

Auf der »Insel des Friedens« hat eine Privatfirma ein Freizeitparadies mit zahlreichen Sehenswürdigkeiten eingerichtet. Eine 1700 m lange, horizontale Kabinenseilbahn aus der Schweiz verbindet sie mit dem Mt. Faber und dem World Trade Centre, von wo auch Fährschiffe zur Insel verkehren. Dank Einschienenbahn auf einer 6 km langen Strecke und Autobus oder mit gemietetem Fahrrad können die wichtigsten Attraktionen mühelos besucht werden:
- Maritime Museum (Schiffsmodelle und Geschichte des Hafens)
- Badelagune
- »Rare Stone Museum« (einzigartig auf der Welt: In den natürlichen Strukturen und Färbungen der Steine sehen die Chinesen Landschaften, Tiere, Götter, ja sogar Zahlen)
- Schmetterlingszoo (4000 Insekten im Museum, dazu lebende Schmetterlinge in einer begehbaren Volière)
- »Surrender Chamber« (zeigt die Unterzeichnung der japanischen Kapitulation vom September 1945 in Wachsfiguren)
- »Fort Siloso« am westlichen Inselende ist ebenfalls von historischem Interesse. 1880 von den Briten als Küstenbefestigung für den Hafen Singapores gebaut, benutzten es die Japaner im Zweiten Weltkrieg als Gefangenenlager. Seine unterirdischen Tunnel, Munitionsbunker und Geschützstände sind noch intakt und können besichtigt werden.
- »Underseaworld« (Großaquarium)

Kusu Island (*101;* Abfahrt vom World Trade Centre zweimal täglich, an Sa/So achtmal)

Drei Kilometer vor Singapore liegt das unbewohnte Inselchen, das – neben einem Badestrand – einen chinesischen Wallfahrtstempel und ein malaiisches Keramat beherbergt. Im 9. chinesischen Monat (Sept./Okt.) pflegen Tausende von chinesischen Singaporeans nach Kusu in den synkretistischen Tempel zu pilgern, um Tua Peh Kong (Da Bo Gong), den Gott des Wohlstands, um gute Gesundheit, gehorsame Kinder und natürlich Reichtum zu bitten. Dieses Pilgerziel besteht seit 1923, als ein reicher Geschäftsmann zum Dank für die Geburt eines Kindes den Tempel errichten ließ. Hauptgottheit neben Tua Peh Kong ist Kuan Yin, hier als Spenderin von Kindersegen. Der Tempel an sich ist nicht sehenswert. Auf der anderen Seite des Inselchens steht als Pendant der malaiische Heiligenschrein (Keramat Kusu) für Haji Syed Abdul Rahman und seine Familie. 133 Treppenstufen führen auf das 30 m hoch gelegene Hügelheiligtum, wo viele kinderlose Ehepaare um Fruchtbarkeit bitten. An die Bäume entlang der Treppe hängen die Gläubigen Wunschsteine in Plastiktüten. Nach der Erfüllung des Wunsches pilgern sie ein zweites Mal dorthin, um die Tüten zu entfernen.

Routen auf der Halbinsel

Route 1: Von Penang über Alor Setar zur thailändischen Grenze

Hauptsehenswürdigkeiten

- Archäologische Ausgrabungen im Bujang Valley
- Alor Setar (Zahir-Moschee und umgebende Gebäude)
- Reisanbau

Hotel in Alor Setar: Hotel Merlin (M)

Verkehrsverbindungen

Straße, Eisenbahn; Flugplatz von Alor Setar: Verbindungen mit K. L. (mehrmals tgl.), Kota Bharu (tgl.), Ipoh, Kerteh, Langkawi.

Historischer und geographischer Überblick

Der ganze nach Thailand hineinreichende Landzipfel im Nordwesten Malaysias wird von den beiden Teilstaaten Kedah und Perlis eingenommen. Die Beziehungen zum Nachbarn Thailand waren seit jeher sehr eng, wenn auch nicht immer friedlich: So stand Kedah bis ins 15. Jahrhundert, als der Aufstieg Melakas begann, in der Einflußsphäre der Thais, was eine frühe Islamisierung des Raumes verhinderte. Mit dem Niedergang Melakas pendelten sich die alten Machtverhältnisse wieder ein, und im 19. Jahrhundert schließlich war der Sultan von Kedah Vasall des thailändischen Herrschers. Damals wurde auch Perlis selbständig, das vorher ein Teil von Kedah war. 1909 kam das Gebiet unter die Macht der Briten, wenn der Sultan auch innenpolitisch eine gewisse Selbständigkeit behielt. Doch die japanischen Besetzer schlugen Kedah und Perlis 1941 wieder zu Thailand! Eher widerwillig unterzeichnete der Sultan von Kedah nach dem Krieg das Abkommen, das den Staat in die Malaiische Föderation führte.

Nach wie vor gilt der Nordwesten Malaysias als die Reiskammer des Landes. In Perlis wird auf 35% der Landfläche Reis kultiviert. Besonders im Sommer, wenn der Reis heranwächst, beeindrucken den Reisenden die sattgrünen Felder, die am Horizont malerisch durch Palmenhaine begrenzt werden. Nach der Ernte weiden Wasserbüffel auf den Stoppelfeldern. Die Anbaumethode ist ausschließlich die des Naßreisfeldbaus. Eine staatliche Behörde sichert die Bewässerung fast aller Reisfelder. Auf unbewässerten Feldern wird vor allem in Perlis Gemüse, aber auch Mais gezogen. Die stärkere Ausprägung der Regen- und Trockenzeiten im Vergleich mit südlicheren Gebieten der Halbinsel ermöglicht diesen Anbau. Auf rund 1000 ha werden neuerdings Mangobäume kultiviert, und es bestehen Pläne, die Anbaufläche zu verfünffachen und ein Verarbeitungswerk einzurichten. – An der Küste dagegen hat die Fischerei beachtliche wirtschaftliche Bedeutung erhalten, da in der Straße von Melaka günstige Fanggründe vorgefunden werden.

In Perlis und Kedah fehlen große Städte. Die Bevölkerung ist daher zu 74% malaiisch. In den Dörfern trifft man überall auf schöne Beispiele des traditionellen Malaienhauses.

Man verläßt Penang auf der Fähre oder über die Brücke und fährt auf dem Festland Richtung Norden. Die verkehrsreiche und enge Hauptstraße wird durch eine Autobahn ersetzt, die in Richtung Alor Setar schon im Betrieb ist. Ungefähr auf halbem Weg in Bedong zweigt man nach links ab (Wegweiser!), bis nach rund 6 km im Dorf Pekan Merbok ein weiterer Wegweiser nach rechts zum Museum zeigt.

Bujang Valley

Die Sultansfamilie von Kedah kann ihren Stammbaum bis in die hinduistische Zeit zurückverfolgen, als Kedah im 7. und 8. Jahrhundert zum großen Sri Vijaya-Reich auf Sumatra gehörte. Aus jener Zeit stammen die hinduistischen Tempelfunde des Bujang Valley.

Das kleine archäologische Museum *Muzium Arkiloji Lembah Bujang* in Merbok ist einer der wenigen Orte, wo man Funde zur Frühgeschichte Malaysias sehen kann. Es handelt sich – wie man annimmt – zur Hauptsache um Tempelbeigaben aus dem 9. Jahrhundert, die in einem hinduistischen Heiligtum am Fuß des nahen Gunung Jerai gefunden wurden. Das Heiligtum selbst, der »Chandi Bukit Batu Pahat«, »Schrein auf dem gemeißelten Steinhügel«, war bis auf das Fundament zerfallen. Dieses und weitere Überreste hat man 1960 ausgegraben und von ihrem ehemaligen Standort in der Flußebene weggeholt, um sie im Park des Museums aufzustellen. Was man also vom Heiligtum sieht, ist nur die Rekonstruktion seiner Steinbasis und unteren Terrasse.

Anhand der im Fundament entdeckten Reliquiare muß es sich, wie ähnliche Funde aus Java beweisen, auch hier um einen für einen Gottkönig errichteten Tempel gehandelt haben. Dies bedeutet, daß das damals unter der Oberherrschaft des mächtigen javanischen Sri Vijaya-Reiches stehende Kedah von einem eigenen »raja« regiert worden wäre, den man im Bujang Valley als »Bergkönig« verehrte. Den Titel »Bergkönig« aber führten ursprünglich die Herrscher der javanischen Sailendra-Dynastie, für die ebenfalls Hindutempel am Ort eines uralten Bergheiligtums errichtet worden waren, womit sich eine interessante, aber noch nicht ganz gelöste Beziehung zwischen Java und dem Bujang Valley-Heiligtum ergibt.

Die aufgefundenen 6 Reliquiare sind mit ihrem Inhalt im Museum ausgestellt. Im Boden der mit Innenrand und Deckel versehenen Granitkästchen befinden sich 9 Vertiefungen mit einem Kupfertopf über der mittleren, der neben etwas Goldstaub winzige Halbedelsteine und Spuren von organischem Material enthielt. Unter dem Topf aber fand man kleine Verehrungsgegenstände aus Blattgold und reinem Silber, u. a. eine sitzende weibliche Figur mit Dreizack und Lotosblüte sowie ein Lingam und den Stier Nandi, womit sich der Tempel als ehemaliges Shiva-Heiligtum erwies. Später wurden in der Umgebung weitere Überreste gefunden, die auf mehrere solcher hinduistischen Steinheiligtümer deuten.

Die Ausgrabungen des Bujang Valleys liegen am Fuß des Gunung Jerai (1217 m). Nördlich von Gurun an der Hauptstraße nach Alor Setar gibt es eine Abzweigung, die zum Rasthaus auf rund 1000 m Höhe führt. Allerdings ist die Aussicht nur gegen Norden offen, da der Gipfel zum militärischen Sperrgebiet gehört, doch fasziniert die Vegetation, an der man den Wechsel einzelner Höhenstufen beobachten kann.

Allerdings empfiehlt es sich, vom Bujang Valley nicht zurück zur Hauptstraße, sondern weiter nach Westen bis Singhir Darat am Meer zu fahren und dann dem schmalen, landschaftlich aber reizvollen Küstensträßchen bis Kota Kuala Kedah zu folgen. Entlang der Straße stehen typische Malaienhäuser, und in Sungei Limau findet sich links eine hübsche kleine Dorfmoschee. Man durchquert weite Reisfelder, auf denen nach der Ernte Wasserbüffel weiden; die vielen Bewässerungskanäle weisen auf die hohe Intensität des Anbaus hin.

Kota Kuala Kedah liegt im Mündungsbereich des Sungei Kedah. Seine Bewohner sind Fischer und Reisbauern, deren Felder bis an den Dorfrand stoßen. Ein Teil der Häuser steht auf Pfählen im Fluß. Auf dem rechten Flußufer baute 1771 der damalige Sultan von Kedah ein Fort gegen die Bedrohung durch die Thais. Es wurde teilweise restauriert und kann besichtigt werden, wenn man sich mit einem Boot über den Fluß setzen läßt.

Alor Setar

Alor Setar kann nicht gerade als schöne Stadt bezeichnet werden. Der Platz mit der Moschee auf der einen und den alten weltlichen Repräsentativbauten auf der anderen Seite macht zwar einen geschlossenen und gediegenen Eindruck, doch grenzen daran neuerdings Hochhausblöcke, die architektonisch gar nicht passen, geschweige denn, daß Alor Setar dadurch großstädtischen Charakter erhielte. Erwähnenswert ist aber die schöne Lage der Stadt in der tiefgrünen Reisebene Kedahs, aus der schroff einige Kalkkegel stechen.

Die Stadt ist dort entstanden, wo der Sungei Anah Bukit in den Sungei Kedah mündet. Im Dreieck zwischen beiden Flüssen erstreckt sich die kleine Chinatown. Daran schließt im Nordosten der Platz mit der Moschee an, die von Vierteln umgeben ist, wo die moderne Architektur vergebens um einen Stil ringt. Am Stadtrand drängen sich einige dorfähnliche Malaienquartiere. Denn von den rund 80 000 Einwohnern sind immerhin 42% Malaien.

Wie in einem Miniaturstaat lagen einst das religiöse und weltliche Zentrum nah beisammen: Auf der einen Seite des Platzes erhebt sich die Zahir-Moschee und schräg gegenüber die ehemalige Audienzhalle des Sultans, der Balai Besar; dazwischen ein moderner Springbrunnen mit der nationalen Hibiskusblüte als Brunnensäule, die ein »Tengkolok«, der turbanähnliche Sultanshut, krönt. Weitere Blickpunkte bilden das wie ein Uhrenturm außerhalb der Staatsmoschee stehende Minarett und der Balai Nobat gegenüber, in dem die Instrumente des königlichen Orchesters eingeschlossen sind.

Balai Nobat

Obschon er »Balai« heißt, ist er keine Halle, sondern ein dreigeschossiger, oktogonaler Turm mit Pilastern, Rundbogenfenstern und einer gelben Zwiebelkuppel. Kein malaiischer Sultan wurde als Herrscher anerkannt, wenn bei seiner Thronbesteigung nicht die Trommeln des Nobat schlugen. Damit wurde dieses Zeremonialorchester zum wohlbehütetsten Schatz der königlichen Insignien. Es besteht aus fein ziselierten Silberinstrumenten: einer Becher- und zwei Kesseltrommeln, einer Trompete und ein bis zwei Oboen und darf nur auf des Sultans Geheiß von den

Hofmusikanten gespielt werden. Der Balai Nobat kann innen nicht besichtigt werden, dagegen der Balai Besar.

Balai Besar

Er besteht aus einer langen doppelstöckigen Halle, deren Schmalseite die Eingangsfront bildet. Für den keineswegs pompösen Bau von 1898 wurde dreierlei Material verwendet: Das auf massiven Säulen und Bogen ruhende Untergeschoß, von dem vorn zwei geschwungene Treppen hochführen, ist aus Stein. Darüber wölbt sich gelb und dunkelgrün eine Holz-Eisen-Konstruktion aus schlanken hohen Pfeilern, welche das Dach der Vorhalle, der Seitengänge und der offenen Audienzhalle im ersten Stockwerk tragen. Der kleine Frontgiebel des Holzdachs mit den kreuzweise verlängerten Sparren erinnert an den Palast in Sri Menanti (s. S. 302f.). Als liebevolles Detail seien die Knospenzweigreliefs an der dunkelgrünen Dachablaufröhre erwähnt.

Das lokalgeschichtliche »Muzium Raja« im dahinterliegenden Sultanspalast (erste Hälfte 20. Jahrhundert) ist nicht besuchenswert; auch wohnt der jetzige Sultan bereits wieder in einem neuen Palast außerhalb der Stadt im Grünen.

Quer zum Platz auf der Südseite das elegante Neokolonialgebäude des *Balai Seni Negeri*, der lokalen Kunstsammlung.

Zahir-Moschee

Jenseits der Jalan Pekan Melayu erhebt sich als Wahrzeichen der Stadt die zwischen 1912 und 1915 erbaute Zahir-Moschee. Sie ist das bedeutendste Kunstwerk in Alor Setar und stellt wie die Kapitan-Keling-Moschee in Penang eine frühe Variante der Zwiebelkuppelmoscheen dar. Noch ohne goldglänzende Kuppeln wie die ein Jahr später entstandene Ubudiah-Moschee von Kuala Kangsar, besticht sie durch farbliche Zurückhaltung und Feinheit in den Details. Dabei lassen die schwarzbraunen Kuppeln den beigen Baukörper mit den sandbraunen Konturen besonders gut hervortreten.

Die Architektur ist eine arabisch-indische Mischform, wobei das maurische Element der Zackenbögen überwiegt. Den Gebetsraum überwölbt die zentrale Kuppel auf viereckigem Tambour, der im Innern in ein Achteck übergeht. Vier kleinere Kuppeln krönen die gleichseitig vorspringenden Flügel mit Veranda undEcktürmchen. Das nadelspitze Minarett über dem Ostflügel ist jedoch nicht das Hauptminarett. Dieses steht als Kuriosum außerhalb des Moscheenkomplexes in nordöstlicher Richtung und ahmt einen Uhrenturm nach, der sich in Stil und Farbe völlig unterscheidet.

Man betritt den Moscheehof durch ein hohes Eingangstor in der Form des Haupteingangs. Ein Umgang mit Zackenbögen läuft um die Moschee und setzt sich links in zwei später angebauten, kreuzgangartigen Hallen auf gedrungenen Doppelsäulen fort. Weitere Zackenbögen auf einfachen Säulen, umrahmt von grünen Flechtmotiven oder Koraninschriften, sowie durchbrochene Wandauflösungen schmücken das lichte Innere. Der Mihrab birgt eine seltene Konstruktion: Man findet dahinter einen getrennten Raum mit einem zweiten Mihrab, was der üblichen mohammedanischen Bauregel widerspricht (vgl. S. 81).

Muzium Negeri Kedah

Das kleine, in nördlicher Richtung an der Jalan Bakar Bata gelegene Landesmuseum, dessen Äußeres an den Balai Besar erinnert, enthält zum Teil sehr schöne Exponate zu Kedahs Geographie, Geschichte, Natur- und Volkskunde. Das Museum ist montags ganz und freitags über Mittag geschlossen, sonst von 10.00–17.00 Uhr zugänglich.

Wat Nigrodharam

Der Einfluß des nahen Thailand wird in Alor Setar an einer buddhistischen Klosteranlage sichtbar. Um das Wat Nigrodharam zu besuchen, fährt man nordwärts zum großen Kreisel an der Jalan Stadium. Dort präsentiert sich im Ratanakosin-Stil der zierliche Vihan (Haupttempel) mit seinen grünen, ineinandergeschobenen Dächern, den reich verzierten Fenstereinfassungen und Seepferdchen als Gebälkstützen. Wie ein Fremdkörper wacht vor dem Haupteingang ein chinesisches Steinlöwenpaar. Das Tempelinnere birgt eine einzige Buddhastatue; daneben und über den Leuchtern das Rad der Lehre. Interessant an den recht volkstümlichen Wandmalereien ist die Darstellung der acht berühmtesten Pagoden Asiens, darunter heute praktisch unzugängliche wie jene von Kambodscha.

Das kreuzförmige Tempelchen links des Vihan mit buntglitzernden Schlangen an den Treppenläufen enthält die vergoldete Statue des Tempelstifters. Die Halle auf der rechten Seite ist das Lehrgebäude, in dem man junge Mönche beim Studium trifft. Die Gesamtanlage des Klosters wird ständig erweitert.

Nördlich Alor Setar

Von Alor Setar empfiehlt es sich, einen Abstecher nach Perlis in den kleinsten malaiischen Staat an der Grenze Thailands zu machen. Ursprünglich gehörte das 795 km² große Gebiet zu Kedah. Als das mächtige Thailand 1842 den abgesetzten Sultan wieder auf den Thron zurückbrachte, trennte es das grenznahe Perlis von Kedah ab, um es unter Kontrolle zu behalten. Obwohl Perlis darauf von einem Sohn des Sultans von Kedah regiert wurde, sollte es nicht mehr mit jenem vereinigt werden. So besitzt dieser Zwergstaat seinen eigenen »Raja« und eine kleine Residenz in Arau.

Weder Arau noch Kangar, die Verwaltungshauptstadt, verdienen eine Fahrt weiter nordwärts. Dagegen lohnt sich vom landschaftlichen Reiz her das Stück bis in den Distrikt von Jitra. Im Städtchen selbst fällt die originelle Achteckkonstruktion der neuen Moschee ins Auge. Während man in den Dörfern unterwegs immer wieder auf sehr schöne, noch strohbedeckte Malaienhäuser stößt, besitzt die Ortschaft Tunjang (ca. 8 km nordwestlich von Jitra) als eine Seltenheit geschlossene Zeilen von holzgebauten chinesischen »Shophouses«. Das eigentliche Ziel der Fahrt aber ist etwa 16 km hinter Jitra an der Hauptstraße nach Arau rechts der

Buddha-Tempel von Padang Sera,

die andere bedeutende thailändische Klosteranlage im Ratanakosin-Stil. Durch ein Tor mit flammenzüngelndem Dreieckgiebel betritt man einen kleinen Park, aus dem einem der prunkvoll verzierte Vihan in Gold, Rot und Blau entgegenstrahlt. Von vorn wirkt der Tempel sehr schmal und hoch. Die Halle besitzt je fünf Seitenfenster und zwei neben dem Haupteingang, alle mit kunstvoll geschnitzten Fensterrahmen, die in Thaikronen enden. Die Goldaltärchen um den Tempel, »Lokmit« genannt, enthalten eine Tafel mit dem Rad der Lehre.

Im Innern ruht der zentrale Buddha auf einem mehrfachen Lotossitz mit Strahlenkranz und Schädelwulst, die rechte Hand gesenkt in der Erdberührungsgeste. Von den Mönchen wurde ihm der »uttarasanga« als goldenes Tuch über die linke Schulter gelegt. (Er wird einmal im Jahr am Geburtstag Buddhas, dem »Wesakday«, gewechselt.) Davor zwei kleinere Buddhastatuen. An den Wänden ringsum wird in naiv gemalten Szenen das Leben Gautama Buddhas erzählt (vorne rechts das vergebliche Locken durch tanzende Mädchen und in der Mitte rechts die Bannung eines Meerungeheuers); darüber ein breites Band im Rautenmuster und Girlanden zwischen Garudas, die die Decke halten. Besonders prächtig gearbeitet sind die Fensterländen: die Holzrelieffiguren – meist Wärter und Wärterinnen – sind vergoldet und die Zwischenräume mit blaugrünen Glasspiegelchen ausgefüllt. Hinter dem Tempel stößt man auf ein Blindfenster mit über 100 Donatorenfotos.

Nebenan rechts liegt der Mönchsfriedhof, auf dem der kleine gelbe Chedi das Grab des ersten Mönches bezeichnet.

Weiter im Norden verdient noch die 600 m lange Höhle Erwähnung, durch die eine Art Brücke Kaki Bukit mit dem Grenzdorf Kampong Wang Keliang verbindet.

Route 2: Nach Langkawi

Sehenswürdigkeit:

Strand, Natur.

Verkehrsverbindungen:

Tägliche Flugverbindungen mit Penang und Kuala Lumpur; dreimal wöchentlich mit Alor Setar, Ipoh und Kerteh. Einmal pro Woche internationaler Flug auf die thailändische Insel Phuket.

Mehrmals täglich Fährbetriebe von Kuala Perlis aus; 14täglich von Penang (Auskunft bei Asian Overland). Hin und wieder ist auch ein Fährbetrieb von Kota Kuala Kedah in Betrieb (man erkundige sich auf Penang oder in Alor Setar im Touristenamt).

Hotels:

Mutiara Beach Hotel (F, Sandstrand auf der Nordseite der Insel)
Langkawi Island Resort (F, Schlickstrand auf der Südseite der Insel)
Über die Eröffnungsdaten der geplanten Surfers Hotel, Paradise Hotel, Tropical Hotel, Hillside Hotel und Hotel Paya erkundige man sich auf einem Reisebüro oder dem Touristenamt von Malaysia.
Hotel Asia (E)

Verkehrsmittel:

Taxi (Preise im Hotel erfragen!), Minibusse

Die Insel Langkawi

Langkawi ist die größte Insel eines aus 99 meist sehr kleinen Inselchen bestehenden Archipels. Die Hauptinsel, 526 km² groß liegt 112 km nördlich von Penang und 28 km von der Küste Kedahs entfernt. Der höchste der 5 Gipfel erhebt sich auf fast 900 m. Tropische Regenwälder, in der Höhe sogar Primärwälder, bedecken die Berge. An weiten Teilen der Küste breiten sich Mangrovensümpfe aus. Wo Landwirtschaft betrieben werden kann, wird Reis und Kautschuk angebaut, etwas weniger wichtig sind die Kokosnüsse und die Viehwirtschaft. Dagegen spielt die Fischerei eine große Rolle (Garnelen und gesalzene Fische). Die Konzentration der Arbeitsplätze auf dem Primärsektor weist auf die wirtschaftliche Rückständigkeit der Inselgruppe hin. Die Regierung des Teilstaates Kedah versucht, auf den Inseln Industrien zu entwickeln. 1983 wurde eine Zementfabrik mit 1000, 1985 ein Marmorwerk mit rund 150 Arbeitsplätzen eröffnet. Mit Hilfe des Tourismus sollen weitere Arbeitsplätze geschaffen werden.

Das erste Hotel, das Langkawi Island Resort (ehemals Langkawi Country Club), wurde 1973 eröffnet. Den ursprünglichen Besitzern wurde die Betriebsgenehmigung für ein Spielkasino ähnlich dem auf Genting (S. 297) in Aussicht gestellt. Als religiöse Gruppen dagegen Widerstand erhoben, mußte der Staat das Hotel übernehmen. So erklärt sich, daß die zwar schöne Anlage, ihrer geplanten Hauptattraktion beraubt, an einem Strandabschnitt steht, wo man aber wegen des Schlicks nicht baden kann!

Schon Ende der 70er Jahre wurden Pläne zum weiteren Ausbau des Tourismus auf Langkawi, diesmal am idealen Badestrand im Norden der Insel, entworfen, die bald in Euphorie mündeten: Geplant wurde der größte geschlossene Touristenkomplex der Erde mit einem 20stöckigen Hotel im venezianischen Stil als Blickfang und dem größten Swimmingpool der Erde. 1986 wollte man die ersten 2500 Hotelzimmer eröffnen. Die wirtschaftliche Depression in Malaysia Mitte der 80er Jahre machte einen Strich durch die Rechnung: Das Projekt mußte redimensioniert werden. Im Endausbau sollen nun 7 Hotels und Eigentumswohnungen mit rund 3000 Zimmern erstellt werden. Geblieben ist der größte Swimmingpool der Welt, um den sich die Hotels gruppieren.

Äußerst aufwendig sind die Infrastrukturmaßnahmen zur Sicherung des Trinkwasserbedarfs. Für ein Staubecken mußte ein 300 m langer Damm gebaut und 6 km² Wald gerodet werden. 60% des Wassers benötigen die Touristen. Doch bis ins Jahr 2000 sollen auch alle Häuser der Insel fließendes Wasser besitzen.

Leider wurde es weitgehend versäumt zu untersuchen, welchen Einfluß die rasante Entfaltung des Fremdenverkehrs auf die rund 30 000 Bewohner der Insel nimmt. Die ersten 80 Umsiedlungen mußten wegen der Erweiterung des Flughafens vorgenommen werden, weitere 69 wegen der Hotelneubauten. Immerhin werden diesen Familien neue Häuser zur Verfügung gestellt und eine finanzielle Entschädigung ausbezahlt.

Sind die Attraktionen Langkawis so einzigartig, daß diese touristische Entwicklung Zukunft hat? Kulturelle Sehenswürdigkeiten sind auf der Inselgruppe nicht vorhanden. Der Strand mit dem hellen Sand freilich ist zu loben, auch wenn er nicht lang ist. Leider fehlen Palmen, die Casuarinabäume machen ihn – ähnlich dem in Batu Ferringhi auf Penang – etwas düster.

Hübsch (aber relativ teuer) ist der Bootsausflug auf die südliche Insel Dayang Bunting, wo ein schmaler Landstreifen einen See vom Meer abtrennt. Der Sage nach werden nach einem Bad kinderlose Frauen bald guter Hoffnung sein.

Route 3: Von Penang nach Ipoh

Hauptsehenswürdigkeiten

- Orang Asli-Abteilung im Museum von Taiping
- Ubudiah-Moschee in Kuala Kangsar
- die beiden Höhlentempel bei Ipoh

Hotels in Ipoh

Royal Casuarina (F, sehr gepflegt), Excelsior (M, mit chin. Restaurant), Station (E)

Verkehrsverbindungen

Straße, Eisenbahn; Flugplatz von Ipoh: Verbindungen mit K. L. (mehrmals tgl.), Kota Bharu (tgl.), Penang (tgl.), Langkawi und Kerteh.

Der Teilstaat Perak

Der Teilstaat Perak hat mit 21 005 km² die Größe der halben Schweiz. Rund 2 Mio Menschen leben hier. Davon sind 45% Bumiputras (Malaien und Eingeborene), 41% Chinesen und 14% Inder. Die hohe Zahl der Chinesen weist auf die starke Verstädterung von Perak hin, hat aber auch historische Ursachen, befindet sich doch hier ein Schwerpunkt des Zinnabbaus. Der wirtschaftliche Aufschwung des Teilstaates liegt über dem Landesdurchschnitt. Rund 30% des Bruttosozialprodukts wird im Sekundärsektor (Industrie und Bergbau) erwirtschaftet, 25% durch Dienstleistungen und die restlichen 45% mit der Landwirtschaft. Im letztgenannten Sektor arbeiten die meisten Menschen. Für den Handel wichtig ist vor allem die Kautschukgewinnung, ferner Reisanbau, Ölpalmplantagen und Kokosnußernten. Im Gegensatz zu Penang findet man kaum Industrien, die moderne Technologien anwenden. In Perak werden vor allem nichtmetallische Rohstoffe wie Ton, Kalk, Kaolin und Granit verarbeitet. Zementwerke stellen Bausteine und vorfabrizierte Bauelemente her. Zentrum der Industrialisierung ist die Hauptstadt Ipoh. Besonders erwähnenswert aber ist das Kinta Valley, wo sich in den Aufschüttungen der Kinta einst die größte Zinnlagerstätte der Welt befand. Rund 45% der bisher gewonnenen Zinnerze kommen aus diesen Feldern. Große Gebiete sind heute als Abraumlandschaften übrig geblieben.

Für den Touristen erscheint Perak fälschlicherweise sehr oft nur als ein Durchgangsgebiet von Penang nach Kuala Lumpur, für den East-West-Highway zur Ostküste oder den Weg zu den Cameron Highlands. Die Höhlentempel von Ipoh jedoch verdienen eine ausgedehnte Besichtigung, so daß sich hier ein bis zwei Übernachtungen aufdrängen.

Von Butterworth nach Taiping

Der Staße entlang gibt es wenig zu sehen. Man fährt bald hinter Butterworth an Ananasfeldern und Ölpalmplantagen vorbei. Die Straße nach Taiping ist den heutigen Bedürfnissen des Verkehrs nicht mehr gewachsen. Bis die geplante Autobahn eröffnet wird, dürften noch einige Jahre vorübergehen. Für jene Reisenden, die es nicht eilig haben, empfiehlt sich daher ein kleiner Umweg. Bei Parit Buntar oder Simpang Lima fahre man Richtung Kampong Kurau. Dort transportiert eine recht urtümliche Fähre, die von einem kleinen Motorboot gestoßen oder gezogen wird und nur zwei Wagen Platz bietet, die Autos kostenlos über den Sungei Kurau. Wenn auch die Fähre tagsüber ständig unterwegs ist, sind kleinere Wartezeiten nicht auszuschließen. Dafür hat man wenig Verkehr und fährt durch eine interessante, landwirtschaftlich intensiv genutzte Gegend.

In *Kampong Masjid Tinggi* nördlich Bagan Serai steht neben der neuen Zwiebelkuppelmoschee eine ältere aus Holz. 1901 im traditionellen Stil der Dorfmoschee (vgl. Melaka-Moschee S. 82) mit quadratischem Grundriß und dreigestuftem Pyramidendach erbaut, besaß sie bis 1929 kein Minarett davor. Leider ist es mit seinem malaienhausartigen Unterbau, dem ein doppelstöckiger Holzturm entwächst, viel zu wuchtig geraten. Seit 1967 ist die alte Moschee keine religiöse Kultstätte mehr.

Taiping

Die Anfänge von Taiping, das chinesisch »ewiger Friede« bedeutet, waren wenig dazu angetan, dem Namen Ehre zu machen: Um die Mitte des 19. Jahrhunderts wurden im damals ärmsten malaiischen Staat Perak die bedeutendsten Zinnvorkommen gefunden. So entstanden im fast unbewohnten Larut-Distrikt die ersten Minenarbeitersiedlungen. Nicht abgeschreckt von den unmenschlichen Bedingungen in den von Malaria beherrschten Zinnminenfeldern, strömten Tausende von südchinesischen Einwanderern, meist Hakkas und Kantonesen, nach Taiping und ins nahe Kemunting. Schon bald brachen Streitigkeiten zwischen den beiden rivalisierenden Geheimgesellschaften »Hai San« und »Ghee Hin« aus, die die Minenarbeiter betreuten. Die »Hai San« bestand fast ganz aus den Hakkas in Taiping, während die »Ghee Hin« in Kemunting die Kantonesen vereinigte. Die anfänglichen Fehden um die Zuteilung von neuen Schürfrechten entarteten ab 1861 in jahrelange, blutige Kämpfe, die darin gipfelten, daß 2000 der »Ghee Hin«-Mitglieder nach Penang flüchteten und von dort die Blockade der Küste Laruts organisierten. Der Zweck, die »Hai San« auszuhungern, wurde nicht erreicht, doch kam dabei der ganze Zinnhandel zum Erliegen, da die Gewässer zwischen Larut und Penang nicht mehr schiffbar waren. Hatten sich die Briten bisher zurückgehalten, so veranlaßte sie das gefährdete Zinngeschäft zum Eingreifen. 1874 wurde ein britischer Resident über das Sultanat Perak eingesetzt und die maßgebenden Chefs des umstrittenen Zinngebiets zum Frieden von Pangkor gezwungen. Die Ruhe trat zwar nicht sofort ein, denn Birch, der erste Resident, wurde bald darauf ermordet; 10 Jahre später aber war der Zinnhandel wieder im Schwung, und 1885 nahm die erste Eisenbahnstrecke Malaysias zum Abtransport des Zinns von Taiping in den 14 Kilometer entfernten Hafen von Port Weld, dem heutigen Sepetang, ihren Anfang. Heute ist Taiping eine lebhafte Provinzstadt, bekannt wegen der hohen jährlichen Niederschlagsmenge (über 4 Meter) und seiner Lake Gardens. Wirklich sehenswert aber ist sein Museum.

Von der Hauptstraße Penang-Kuala Lumpur führt eine breite Stichstraße (Simpang Road, früher Kota Road) zur Stadt. Bald nach dem Bahnübergang folgen auf der linken Seite etwas abseits der Straße zwei chinesische Tempel, von denen der taoistische Fong San Si (Drachenhügeltempel) links eine sehenswerte klassisch-symmetrische Anlage ist. Im buddhistischen Ta Sun Fo Tan daneben sollte man einen Blick auf die je 5 Höllendarstellungen zu beiden Seiten des Eingangs werfen. Man erkennt u. a. darauf die Höllenstrafen für Prostituierte oder einen Geschäftsmann, der falsches Gewicht verkauft.

An der Straßengabelung in der Stadtmitte führt der linke Weg zum *Muzium Perak* (dem Gefängnis gegenüber), das 1886 als erstes des Landes erbaut wurde. Es befindet sich in einem Neorenaissancepalast und ist täglich von 9.30–17.00 Uhr geöffnet, außer freitags über Mittag.

Seine ganz hervorragende Ausstellung über die Kultur der Eingeborenen, der Orang Asli, sollte man bei einem Kurzaufenthalt in der Stadt an erster Stelle besuchen. Ein ganzer Saal im ersten Stock des hinteren Museumsgebäudes ist ihr gewidmet. Eindrückliche Fotos und Gegenstände dokumentieren in 25 Schaukästen das Leben dieser Ureinwohner; leider ist nicht angegeben, von welchen Stämmen die Ausstellungsstücke jeweils stammen. Es geht um die Herstellung von Rindenstoff, ums Fallenstellen und um die Fellbearbeitung. Auch ihre einfachen Musikinstrumente und Holzfiguren werden gezeigt. Im Erdgeschoß befindet sich die ebenfalls interessante volkskundliche Abteilung, die Gegenstände aus dem Leben der Chinesen und Malaien zeigt, während im Hauptbau links die naturhistorische Abteilung einheimische Vögel, Reptilien und Säugetiere vorführt. Zu bedauern ist, daß die Beschriftungen nur auf malaiisch sind. Unter den im Hof des Museums ausgestellten Stücken ist der »hauda«, ein mit Mustern geflochtener, überdachter Elefantensattel, der einer kleinen Sänfte gleicht, besonders erwähnenswert.

Hinter dem Museum führt ein Weg rechts zu den Lake Gardens, die sich über einer alten Zinnmine erstrecken. Von hier verkehren Landrovers je zur vollen Stunde von 8.00–18.00 Uhr in rund 40 Minuten hinauf zur ältesten Hill Station Malaysias, zum *Maxwell Hill* (Bukit Larut). Auf der schmalen Straße ist kein Privatverkehr zugelassen. Von unterwegs und vom knapp über 1000 m hohen Maxwell Hill hat man eine schöne Aussicht über Taiping bis hin zum Meer. Die Unterkünfte und Verpflegungseinrichtungen sind einfach, ebenso sind Wander- und Unterhaltungsmöglichkeiten beschränkt.

Es empfiehlt sich, von Taiping nach Ipoh die Autobahn zu benutzen, da die Route auf der Landstraße durch stark kupiertes Gelände führt und wesentlich länger ist. Nach nicht ganz 20 km führt Richtung Süd-Osten ein Autobahnzubringer nach Kuala Kangsar.

Kuala Kangsar

Kuala Kangsar, die alte Königsstadt des Staates Perak, ist vor allem berühmt durch die *Ubudiah-Moschee*, die zu den schönsten Moscheen in Malaysia gehört. Hat man das Glück, sie bei strahlend blauem Himmel anzutreffen, so kann man sich dem märchenhaften Eindruck nicht entziehen. Auf dem kleinen Hügel über dem Perak-Fluß erhebt sich zwischen Palmen ihre weiße mit dunkelroten Bändern durchzogene und von Goldkuppeln gekrönte Silhouette. Daß sie in der Vertikale langgezogen wirkt, ist durch die überhohen Minarette bedingt, die die bauchige Mittelkuppel einzuengen scheinen.

Die im Ersten Weltkrieg unter Sultan Idris Shah von einem Engländer mit italienischem Marmor erbaute Moschee gehört zum Zwiebelkuppeltyp, ist aber eine besonders gelungene Variante. Stilistisch mischt auch sie arabisch-maurische mit mogul-indischen Elementen, beruht aber im Konzept auf der Perak-Tradition der Vervielfachung der Zahl 4: Die Moschee ist ein Achteck mit vier ungleichen Flügeln, vier Minaretten und 4×4 kleinen Turmaufbauten; der Umgang zwischen den Vorbauten setzt sich aus 4×3 Hufeisenbögen zusammen. Diese Arkadenterrasse besteht aber nur zu ⅞; im letzten Achtel ist der Mihrab eingebaut. Die Moschee ist daher nicht zentral-, sondern achsensymmetrisch. Der typisch maurische Einfluß zeigt sich in den Hufeisenbögen, die an den Seiten der Vorbauten aus Platzgründen stark verengt sind, während das indische Merkmal in den hutförmigen Mogulabschlüssen der Minarette zur Geltung kommt. Dem Mihrab gegenüber steht das achteckige Wasserbassin unter einer großen Goldkuppel, von einer luftigen Arkade aus 16 Hufeisenbogen gehalten. Der dortige Aufgang zur Arkadenterrasse führt zu einer alten, über 2 m langen Trommel, die unter einem Schutzdach aufbewahrt wird.

Das Innere der Moschee wirkt eher enttäuschend: ein doppelstöckiges Oktogon, dessen Tambour mit halbrunden, rotverglasten Fenstern auf zwei Reihen grüner Marmorsäulen mit schwarzen Kapitellen ruht. In die mit ebenfalls grünen Marmorbändern verzierten Wandteile zwischen den Säulen sind die Hufeisenbogenfenster eingelassen.

Der Ubudiah-Moschee gegenüber liegt das *königliche Mausoleum* mit einem kleinen Friedhof daneben, auf dem nur Mitglieder der Sultansfamilie begraben werden. Die flachen Doppelsäulen kennzeichnen die Frauengräber, die urnenförmigen die der Männer. Die hier ruhenden Sultane sind auf einer Tafel nach Nummern angegeben. Das älteste Sultansgrab auf dem Friedhof (Nr. 26) ist von 1876. Im Mausoleum liegen unter anderem die drei Letztverstorbenen. Man beachte in einer Ecke daneben drei Kindergräber in kleinen holzgeschnitzten Sarkophagen. Viele der reich verzierten Marmorgrabmäler stammen übrigens aus der Hand chinesischer Bildhauer! Und noch ein Kuriosum: Der Wächter der Grabanlage wohnt und schläft die Woche über im Mausoleum.

Auf einem weiteren Hügel steht der mit 3 Kuppeln gekrönte, massige *Istana Iskandariah*, der nicht besucht werden kann. Auch zieht es der jetzige Sultan vor, die meiste Zeit in Ipoh zu leben. Besuchenswert dagegen ist der bescheidene frühere Sultanspalast, der *Istana Kenangan*, ganz in der Nähe, worin sich das kleine königliche Museum (Muzium Diraja Perak) befindet. Man gelangt dorthin, wenn man von der Ubudiah-Moschee stadtauswärts an einer neuen Moschee vorbei weiterfährt, bis links ein langes gelbschwarzes Haus mit Erkern erscheint. Dies ist der einfache Holzpalast, der in alter malaiischer Technik ganz ohne Nägel erbaut ist. Man beachte die in Scherenschnittart geschnitzten Leisten, die unter den Fensterbrüstungen und am Dachrand entlanglaufen. Ähnliche Schnitzereien trifft man an allen alten Palästen, darunter vielleicht die kostbarsten an jenem von Sri Menanti (s. S. 302 f.). Die Brüstungen sind mit Flechtwerk ausgefüllt. Eine Treppe führt ins königliche Museum, doch hat man zuvor wie in einer Moschee die Schuhe auszuziehen. Neben einem großen Thronsessel und dem Stammbaum der Sultane von Perak sind hier auch die Instrumente des königlichen Orchesters ausgestellt, das bei jeder Krönung und jedem Hofzeremoniell spielt. Ihre Zusammensetzung ist im Vergleich zum Nobat von Alor Setar (s. S. 252) leicht variiert: Statt der Trompete und Oboen ergänzen hier zwei Posaunen den Trommelklang. Das Museum ist am Freitag ganz und am Donnerstag nachmittag geschlossen, sonst von 9.30–17.30 Uhr geöffnet.

Autofahrern sei angeraten, von Kuala Kangsar nach Ipoh die Autobahn zu wählen; sie ist nicht nur kürzer, sondern auch von landschaftlichem Reiz.

Ipoh

Mit 300 000 Einwohnern ist Ipoh die zweitgrößte Stadt und Zentrum der drittgrößten Agglomeration Malaysias. Die japanische Besatzungsmacht erhob Ipoh im Zweiten Weltkrieg zur Hauptstadt des Teilstaates

Perak. Sie verdankt – wie die frühere Hauptstadt Taiping – ihren Wohlstand dem Zinn, und die vielen Südchinesen, die 70% der Stadtbevölkerung stellen, stammen von den meist aus Kanton eingewanderten Minenarbeitern ab. Entstanden ist die Stadt in den 70er Jahren des 19. Jahrhunderts rund 1,5 km oberhalb des Mündungsgebiets zweier Flüsse, der Kinta und der Pari. Von hier an war die Kinta schiffbar, und das Zinn konnte auf Schiffe geladen werden. Aus dem Umschlagsplatz entstand ein Siedlungskern, der bald zentrale Marktbedeutung bekam. Ipohs Werdegang ist damit der gleiche wie der Kuala Lumpurs. Beide Städte sind sehr rasch gewachsen. 1911 hatte Ipoh 24 000 Einwohner, 1931 schon 53 000. Die jährliche Zuwachsrate betrug damit 4%, während sie in den vergangenen Jahrzehnten auf 2% gesunken ist. Kurz vor dem Ersten Weltkrieg hat sich die Stadt auf das linke Ufer der Kinta ausgedehnt. Sieht man von den Kolonialbauten der rechtsufrigen Altstadt ab, kann man heute zwischen Alt- und Neustadt keinen Unterschied feststellen, um so mehr als ältere Bauten Bränden zum Opfer gefallen sind. Deutlich aber lassen sich physiognomische und ethnische Unterschiede zwischen einzelnen Quartieren erkennen, wie sie zwar für viele Städte Malaysias typisch sind, hier aber auch für Touristen gut sichtbar werden (Abb. 40):

– Beidseitig des Flusses breitet sich das chinesische Geschäftszentrum, die Chinatown, mit meist zweigeschossigen Shophouses aus. Wie üblich sind diese multifunktional: Sie dienen auch Wohnzwecken, und so ist die Chinatown abends nicht ausgestorben wie viele moderne Geschäftsviertel.
– Wie grüne Inseln lagern sich zwei malaiische Wohnviertel der Chinatown an, die man nur auf ungeteerten Wegen erreicht. Hier stehen Malaienhäuser, oft auch nur Hütten, unter Fruchtbäumen. Das ganze Quartier macht einen ländlichen Eindruck, was auch im Namen Ausdruck findet: Man spricht vom Kampong Kuchai und Kampong Jaya, wobei Kampong Dorf bedeutet.
– Am Bahnhof, der 1917 am Rande der Siedlung gebaut wurde, konzentriert sich das alte europäische Verwaltungsviertel mit seinen Kolonialstilbauten und dem freien Platz, dem Padang.
– Teile der alten Chinatown wurden durch moderne Bauten ersetzt. Besonders die neue Markthalle hat ein unschönes Loch in das sonst harmonische Quartier gerissen.
– Diesen Stadtvierteln lagern sich Gebiete mit lockerer Überbauung an, die nur zum Teil ethnisch differenziert sind.

Die Hauptsehenswürdigkeiten Ipohs liegen außerhalb der Stadt und bestehen aus zwei großartigen buddhistischen Höhlentempeln. Die Stadt selbst besitzt keine anderen erstrangigen Attraktionen, doch bietet sie

Ipoh 265

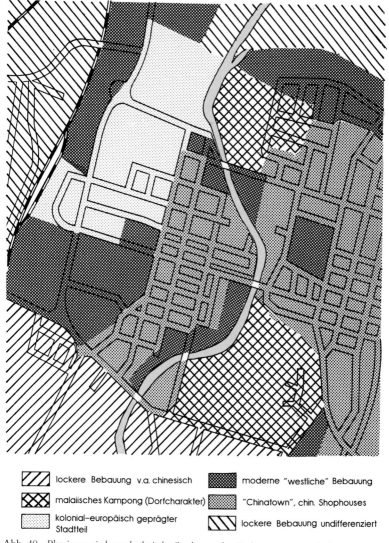

- lockere Bebauung v.a. chinesisch
- malaiisches Kampong (Dorfcharakter)
- kolonial-europäisch geprägter Stadtteil
- moderne "westliche" Bebauung
- "Chinatown", chin. Shophouses
- lockere Bebauung undifferenziert

Abb. 40. *Physiognomische und ethnische Strukturen des Stadtzentrums von Ipoh*

einen angenehmen Aufenthalt für den, der die Tempelhöhlen nicht nur auf der Durchfahrt besichtigen will. So läßt das alte europäische Zentrum die Atmosphäre der Kolonialzeit aufleben, auch wenn die Bauten kunsthistorisch nicht gerade bedeutend sind (Karte 15). Dieses Viertel dominiert der 1917 errichtete imposante *Bahnhof (1)* mit dem Station Hotel. Den kolonialen Charakter der Anlage ergänzen die gegenüberliegenden Bauten des *Supreme Court* und der *Town Hall (2)*. Hinter der Stadthalle liegt die moderne *Masjid Idris Shah II (4)* von 1978. Wie alle neueren Moscheen wurde sie mit staatlicher Finanzierung erbaut. Äußerlich besticht sie durch die in weißer Brise-Soleil-Technik zwischen die gelben Gitterfenster vorgehängte Blendfassade, über der sich auf einem zurückversetzten Innenteil die 42 orangefarbenen Kuppeln erheben. Der ganze Moscheekörper steht auf einer offenen Ruhehalle mit kaum auffallenden schwarzen Säulen, so daß dadurch ein Schwebeeffekt entsteht. Das sparsam geschmückte Innere wirkt eher nüchtern. Der gestreifte Teppich, der neuerdings überall in Mode kommt, sorgt dafür, daß die Gläubigen korrekt in Reihen beten.

Gegenüber der Moschee beim *Uhrenturm (3)*, einem Erinnerungsmal an den 1875 ermordeten britischen Residenten Birch (s. S. 102), läßt sich ein seltenes Straßenbild beobachten: Vor ihren Schreibmaschinen im Freien sitzen öffentliche Schreiber, um Unkundigen für 2–3 M$ Steuererklärungen und andere Formulare auszufüllen.

Noch zum Kolonialzentrum gehört der *Royal Ipoh Club (5)* nördlich des Bahnhofs und die *St. Michael's School (6)*, ein überlanger neugotischer Bau. An der Fassade des nahen *Bankhochhauses (8)* hat der Architekt versucht, durch originell herauskragende Fenstereinfassungen und schwarze Scheiben das Licht der grellen Mittagssonne abzuhalten (Brise-Soleil-Technik).

An der Jalan Tokong passiert man den modernisierten taoistischen *Tokong Tow Boo Keong (10, Karte 16)*.

Architektonisch erwähnenswert im neuen Stadtteil ist ferner das an der Jalan Gopeng in Richtung Kuala Lumpur gelegene *Hotel Royal Casuarina (11)*, dem ein länglicher Holzpavillon im traditionellen Stil mit Schnitzereien und Flechtwerk vorgebaut ist, wie man ihn nur noch selten an besseren Malaienhäusern findet (Karte 18).

Die beiden sehenswerten Höhlentempel befinden sich je einige Kilometer südlich und nördlich der Stadt. Wir besuchen zuerst den bedeutenderen *Perak Tong (12)*
(Tong heißt Höhle) im Norden. Rund 2 Kilometer vom Bahnhof entfernt veranlaßt an der Jalan Kuala Kangsar der *Mekprasit Buddhist Temple*, eine volkstümliche Thai-Anlage, zu einem kurzen Halt. Außergewöhn-

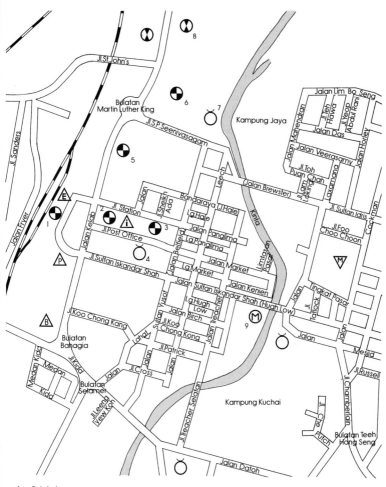

1 Bahnhof
2 Town Hall, Supreme Court
3 Uhrenturm
4 Moschee
5 Royal Ipoh Club
6 St. Micheal's School
7 Indische Moschee
8 Bankhochhaus
9 Nachtmarkt Jalan Lim Bo Seng

Karte 15. *Das Zentrum von Ipoh*

lich daran ist nicht so sehr die 24 Meter lange Gestalt des liegenden Buddha, der eine Reliquie Gautamas bergen soll, sondern eine die Halle fast füllende Schar knapp lebensgroßer Mönchsfiguren, die vor ihm sitzt, so daß man beim Eintreten glaubt, sie seien lebendig. Nach etwas mehr als 600 m erscheinen die ersten kleineren Höhlen ohne Tempel, dann kommt eine Autobahnüberführung und nach weiteren 800 m steht man vor dem »Perak Cave«.

50 Jahre seines Lebens verbrachte der 1980 verstorbene Chen Sen Yee, ein tiefgläubiger Buddhist, damit, die Höhle, die er zur Gründung eines

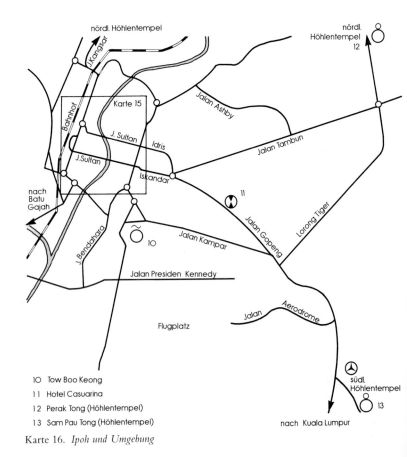

10 Tow Boo Keong
11 Hotel Casuarina
12 Perak Tong (Höhlentempel)
13 Sam Pau Tong (Höhlentempel)

Karte 16. *Ipoh und Umgebung*

Buddha-Heiligtums ausgesucht hatte, zu gestalten, und noch heute, wo sein Sohn der Tempelstiftung vorsteht, wird an der Anlage weitergebaut. Obwohl sie neueren Datums ist, übernimmt sie Jahrhunderte alte Tradition und steht im Einklang mit den für Chinesen bei der Standortsuche so wichtigen geomantischen Prinzipien, d. h. der Bau muß mit der ihn umgebenden Natur harmonieren. Der Tempel besitzt, was für Malaysia einmalig ist, eine Reihe Wandmalereien von außerordentlicher künstlerischer Qualität mit chinesischen Kalligraphien. Diese Meisterwerke stammen aus der Hand hervorragender Maler aus Hongkong, Taiwan und Malaysia selbst und machen die Andachtsstätte auch zu einem Zentrum von lebendigem chinesischem Kulturgut.

Die Höhlen liegen hinter Toreingängen, Vorbauten und Aussichtsterrassen verborgen. In den Terrassengeländern findet man überall das Hakenkreuz (Swastika) als Glückssymbol. Hinter dem Eingangstor das obligate Paar steinerner Tempellöwen, dann rechts und links die Donatorentafeln. Da die chinesischen Tempel im Gegensatz zu den Staatsmoscheen aus rein privater Hand erbaut und unterhalten werden, ist es üblich, die Hauptgeldgeber mit Namen aufzuführen. Dahinter oben rechts die Ahnentafeln. Erst nach 25 Schritten gelangt man in die vorderste Tempelhöhle. Sie ist die Haupthalle und wird von einem auf hohem Lotossitz thronenden Buddha Sakyamuni in der Bezeugerhaltung eingenommen; die Statue mißt vom Sockel bis zum Strahlenkranz rund 15 Meter. Vor den Wänden links und rechts wachen überlebensgroß die vier Himmelskönige, die nach buddhistischem Glauben nicht nur die Himmelsrichtungen hüten, sondern auch die vier Elemente kontrollieren und das ganze Universum regieren. Ihre Attribute sind auf Seite 144 erklärt, doch beachte man auch hier wiederum, wie sie das Böse in Gestalt von Schwarzen unter ihren Füßen zertreten. Rechts neben Buddha erdröhnt immer wieder der dumpfe Klang der über hundertjährigen Bronzeglocke; denn jedesmal, wenn einer der zahlreichen Besucher etwas stiftet, wird sie zum Dank für ihn angeschlagen.

Das Bedeutende in dieser Höhle aber liegt in den Wandmalereien, von denen man sich das in Brauntönen und fast westlicher Manier an der rechten Wand davongaloppierende Pferd wie auch das Bambusgebüsch mit den Vögeln besonders ansehe. Dann geht man in die zweite Höhlenkammer, die ganz der weiblichen Hauptgottheit geweiht ist: Vom Steinpfeiler blickt eine überlebensgroß gemalte Kuan Yin herab und ihr gegenüber schweben Göttinnen mit anmutig flatternden Bändern. Über sieben Tritte nach rechts gelangt man zu einer volkstümlichen Darstellung der Kuan Yin »chien shou«, mit den »tausend Händen« – hier 36 –, die verschiedene Symbole wie Axt, Totenskelett, Flasche und Buch halten. An der rechten Hallenwand oben beachte man die groß auf blauem Grund gemalten Orchideen. Steigt man in gerader Richtung hinauf, kommt man zu einer beleuchteten Kuan Yin mit je neun wunderbar geschnitzten, alten Lohanfiguren.

Links davon in einer Seitenhöhle sind wiederum die Wandbilder von beachtlicher Schönheit: Zwei überlebensgroße Mönchsgestalten, die eine sitzend in braunem Gewand, die gelbe stehend, strahlen in ihren fein gebildeten Gesichtszügen meditative Ruhe aus. Man kehrt zur Haupthalle zurück und erblickt, der zweiten Höhlenkammer gegenüber, links einen riesigen Mi Lo Fo, wie die Chinesen den lachenden Zukunfts-Buddha Maitreya nennen, der vor sich eine kleinere goldene Maitreya-Figur hält. An der Wand dahinter nochmals sehenswerte Malereien, die vom Tageslicht aus einem Loch in der Höhlendecke beschienen werden, so links besonders expressiv ein rot bekleideter Lohan mit einem Tiger. Rechts oberhalb von Mi Lo Fo ein moderner Seitenaltar mit dem Bodhisattva Ti Tsang Wang (in Sanskrit Kshitigarbha), der die Seelen aus der Hölle holt. Die beiden weiterführenden Ausgänge in die Tropfsteinhöhle wurden wegen Einsturzgefahr geschlossen, doch beachte man die prachtvoll herabhängenden Stalaktiten.

Der südliche Höhlentempel

Sam Pau Tong (13)

liegt etwas abseits der Hauptstraße nach Kuala Lumpur, ist aber nicht zu verfehlen: Auf dem Kalkfelsen, in dem sich die Höhlen befinden, steht ein großer Mercedesstern. Unter den zahlreichen Bauten am Fuß der Felswand ist die Haupthöhle durch das vorgeblendete dreiteilige Ziertor aus Marmor und braunglasierten Ziegeln erkennbar. Man beachte daran die Dachkonstruktion und die vielen Fabelwesen auf den Firsten. Das Sehenswerte besteht hier nicht wie im Perak Tong in wertvollen Malereien, sondern in der natürlichen Einbettung der Höhlen, besonders dem Felsenkessel, der sich dem Auge unerwartet öffnet, wenn man den hinteren Tempelteil verläßt.

Sam Pau Tong bedeutet »Höhle der drei Kostbarkeiten«; gemeint sind Buddha, seine Lehre und deren Verbreitung durch das Mönchstum. Auch diese Tempelanlage, von Mönchen gegründet und noch heute einem kleinen Kloster angeschlossen, befindet sich in ständiger Erweiterung. Hinter dem Blendtor in dem gelben an den Fels geklebten Gebäude rechts befindet sich ein vegetarisches Restaurant, links die schlichte Ahnenhalle mit dem Bodhisattva Ti Tsang Wang, der in der Linken eine Perle und in der Rechten den Schlüsselstab hält, um das Höllentor aufzuschließen. Zwischen beiden Gebäuden führt ein kleines Felsentor in die stets vom Gezische der Fledermäuse erfüllte Tropfsteinhöhle zum eigentlichen Tempel. Er ist von 7.30–17.00 Uhr geöffnet. Beim Verkaufsstand rechts kann man in höhere Tempelteile hinaufsteigen, von wo man eine recht schöne Sicht über die ganze Ebene von Ipoh genießt. Am Tempeleingang empfängt den Besucher ein goldener Mi Lo Fo, hinter dem, wie so oft, ein Wei-To den buddhistischen Glauben verteidigt. Höchst sehenswert in der runden Halle ist der dunkle Felsenaltar rechts. Er ist 60 Jahre alt, aus rauchgeschwärztem Stein und Holz, die Statuen zum Teil vergoldet. In der Mitte zeigt er dreimal Kuan Yin zwischen einer Jüngerin mit Lotosblüte und einem Jünger mit Wanderstab, daneben die 18 kleinen Lohan-Figuren. Rechts vom neuen Buddha-Altar führt ein langer Gang hinter den Tempel zu der erwähnten faszinierenden Felsenöffnung. Bei diesem überraschend auftauchenden Felsenkessel von ca. 60 m Durchmesser handelt es sich um eine eingestürzte Doline ohne Öffnung gegen außen. Der von steil abfallenden, etwa 80 m hohen Felsen natürlich gebildete Innenhof dient Mönchen und Besuchern als stiller, romantischer Andachtsort mit einem Schildkrötenweiher und Tempelruinen. Es ist geplant, eine 6 m hohe Kuan Yin darin aufzustellen.

Schon am Tempeleingang wird versucht, Grünzeug an die Besucher zu verkaufen, das den Schildkröten verfüttert wird. Dies zählt bei den Chinesen zu den guten Taten.

Dem Haupteingang des Sam Pau Tong schließen sich auf der linken Seite weitere, sekundäre Tempel an. Durch ein Gartentürchen kann man an dem blauen Gebäude, das folgt, entlanggehen. Es enthält ein riesiges Kolumbarium, in dem vier Stockwerke hoch die Urnen verstorbener Buddhisten aufbewahrt werden; in der Halle darunter einfache Opferaltäre und daneben vor den Fels gebaut drei goße Verbrennungsöfen. Dann kommt *Nam Thien Tong* mit einem vegetarischen Restaurant, das in eine taoistische Tempelhöhle übergeht. Von dort ganz links und von außen gelangt man in die buddhistische Haupthöhle mit, wie in der Ahnenhalle des Sam Pau Tong, dem Bodhisattva Ti Tsang Wang in der Mitte. Die Nähe so vieler Urnen geben diesem Seelenerlöser die sonst nicht übliche zentrale Stellung. Am Nam Thien Tong führt eine Außentreppe über 200 Stufen in die Höhe, doch lohnt sich der Aufstieg der Aussicht wegen nicht. Ein Schildkrötenteich, ein Trinkkiosk und ein Fischbassin führen zu den einstöckigen Wohnungen, die an den *Ling Sen Tong,* den äußersten Tempel, angebaut sind. Der ehemalige Bauunternehmer Loh Chee Ming, der den Tempel zwischen 1967 und 1982 selbst erbaut hat, lebt hier mit Familie. Die Anlage besitzt ungewohnte Aufbauten mit chinesischen Menschendarstellungen.

Von Ipoh aus läßt sich gut das Kellie's Castle (siehe Route 4) in einem etwa zweistündigen Ausflug besuchen, während es schwierig ist, eine Zinnminengrube, in der gerade gearbeitet wird, auf Anhieb zu finden. Man erkundige sich zuvor auf dem Touristenamt oder muß sich sonst im Kinta-Valley durchfragen (vgl. Abb. 3).

Route 4: Von Ipoh zur Insel Pangkor und über Teluk Intan nach K. L.

Sehenswürdigkeiten

Insel Pangkor und der Schiefe Turm von Teluk Intan

Unterkünfte auf Pangkor

Pan Pacific Resort (F, reservierbar im Royal Casuarina, Ipoh), Pansea (M, idyllisch auf der Nebeninsel Pangkor Laut gelegen), Sea View (M). In Lumut notfalls: Government Resthouse

Verkehrsverbindungen

Flugplatz Sitiawan, 11 km östlich Lumut, für Insel Pangkor (Verbindung mit K. L., Johor Bahru und Singapore mit Pelangi Air). Autobus und Sammeltaxis von Ipoh nach Lumut.

Kellie's Castle

William Kellie-Smith, ein durch Straßenbau, Gummi- und Ölplantagen reich gewordener Schotte, träumte davon, auf seiner ersten Plantage ein Schloß zu erbauen, das das Staatssekretariat und alte Wahrzeichen Kuala Lumpurs an Pracht übertreffen sollte. Er erlebte zwar die Vollendung seines Traumes nicht mehr, die absurden Bauruinen aber wurden zu einer lohnenden Sehenswürdigkeit, die leicht auch als Halbtagesausflug von Ipoh aus besucht werden kann. Man verläßt Ipoh Richtung Lumut und zweigt in Pusing auf die A 15 Richtung Batu Gajah ab. Hier folgt man dem Wegweiser »Kellie« und überquert den Bahnübergang Richtung Kampar. Von der Straße aus überblickt man zwar das Schloß, doch liegt

Die anmutige Ubudiah-Moschee in Kuala Kangsar (S. 262) ▷

es am jenseitigen Ufer des nach Regenfällen recht reißenden Flüßchens. Vielleicht ist inzwischen die Brücke repariert; sonst muß man zurückfahren und ins Ladang Kinta Kellas einbiegen. Alsdann rechts halten Richtung Pejabat und im Dorf nach 4,5 km unbedingt jemanden als Führer mitnehmen, da man sich sonst unweigerlich in der nun folgenden Ölpalmplantage verfährt.

Indische Arbeitskräfte hatten den Bau des Kellie's Castle um 1915 begonnen. Als er fast fertig war, wollte Kellie 1926 nach England in der Absicht, für den Schloßturm einen Lift zu erstehen. Doch er starb unterwegs in Lissabon, und sein nie bewohnter Traum blieb als bald sagenumwobenes Geisterschloß dem langsamen Zerfall überlassen. Kellie stiftete seinen indischen Arbeitern einen kleinen Hindutempel (an der Hauptstraße), wo deshalb seine Statue neben den Göttern stehen darf (über dem Seiteneingang rechts mit Uniform).

Insel Pangkor

In Lumut (85 km von Ipoh) legen Fähren an, mit denen man in 40 Minuten zur Insel Pangkor gelangt (halbstündlich; zum Pan Pacific alle 2 Std.). Während der Ferien und am Wochenende verbringen dort viele Einheimische ihre Freizeit. Dadurch gehören die öffentlichen Strände nicht zu den saubersten, da umweltbewußtes Verhalten in Malaysia noch wenig verbreitet ist. Dies gilt aber nicht für den prachtvollen Strand des Pan Pacific Hotels, das von dichtem Regenwald umgeben ist. Man kann darin Nashornvögel und Gleitflieger beobachten. Um die etwa 10 km lange und 3 km breite Insel führt neuerdings eine Straße, auf der einige Taxis verkehren. Die Wanderwege durch das Innere werden nicht unterhalten. Im Süden der Insel steht als historische Sehenswürdigkeit eine holländische Festung von 1690.

Teluk Intan

Von Lumut sind es 92 km nach Teluk Intan (früher Telok Anson). Das Städtchen wurde in eine Mäanderschlaufe des Sungei Perak gebaut, der nun arg erodiert. Um daher die Ortschaft an dieser Stelle zu erhalten, werden große Investitionen nötig sein.

Das Wahrzeichen von Teluk Intan ist sein schiefer Pagodenturm, der seit 1885 das Stadtzentrum (dem Markt gegenüber) ziert. Der chinesische Bauunternehmer Leong Choon Choong soll ihn in Erinnerung an den

◁ *Häuser der Orang Asli im Tropischen Regenwald (S. 275)*

Schiefen Turm zu Pisa geneigt erbaut haben. Um den 25,5 m hohen, stämmigen Turm ziehen sich acht von abstehenden Vordächern überdeckte Terrassen, die je einem Stockwerk entsprechen. Er ist Uhrenturm der Stadt und Wasserturm zugleich, weshalb man ihn nur bis zum 4. Stockwerk besteigen kann.

Dabei muß man durch das im Erdgeschoß eingerichtete Familienplanungszentrum gehen.

Nach weiteren 97 km kommt man nach einer schönen Fahrt an der Küste entlang nach Kuala Selangor (S. 181) und von dort in 68 km nach Kuala Lumpur.

Route 5: Von Ipoh über die Cameron Highlands nach Kuala Lumpur

Hauptsehenswürdigkeit

– die Cameron Highlands mit tieferen Temperaturen und der Höhenvegetation, Gemüsefarmen und Teeplantagen

Hotels in den Cameron Highlands

Ye Olde Smokehouse (F, seit 1938, 20 Zimmer, in englischem Stil), Strawberry Park (F, oberhalb des Golfplatzes, an Wochenenden lärmig), Merlin Inn (F/M, beim Golfplatz, zu empfehlen), Golfcourse Inn (M). Viele einfache Hotels in Brinchang und Tanah Rata.

Verkehrsverbindungen

Mietauto; Bus oder Sammeltaxi von K. L. oder Ipoh nach Tapah und von dort zu den Cameron Highlands (von K. L. auch direkte Busse).

Zwischen Ipoh und Kuala Lumpur gibt es außer den Cameron Highlands und dem Fraser's Hill (S. 280) keine Sehenswürdigkeiten. Die Hauptstraße ist stark befahren und nur stellenweise gut ausgebaut.

Cameron Highlands

In Tapah (58 km von Ipoh) beginnt die 61 km lange Straße zu den Cameron Highlands, die fast nur aus Kurven besteht. Bald erblickt man einfache, neu erbaute Dörfer, in denen nun seßhafte Orang Asli leben. Weiter oben allerdings trifft man noch Eingeborene der Semai, einer Untergruppe der Senoi (S. 76), die ihre Siedlungen regelmäßig verlegen. Sie bauen ihre Hütten selbst an steilen Hängen auf Pfählen meterhoch über dem Boden und begeben sich nach wie vor mit Blasrohr und vergifteten Pfeilen auf die Jagd. Einige bieten an der Straße Bambusschößlinge an. Viele Semai und auch die benachbarten Temiar gehen aber auf den Teeplantagen regelmäßiger Arbeit nach und werden wegen ihrer Geschicklichkeit geschätzt. Es folgt ein Wasserfall nahe der Straße, der bei Einheimischen als Badeplatz beliebt ist, und etwas später rechts ein schöner Rastplatz mit einem kleinen Aussichtsturm, von dem man einen guten Überblick über das unruhige Relief gewinnt. Dabei nimmt man aber auch die Waldschäden wahr, die durch die Shifting cultivation (S. 78f.) verursacht werden, erreichen doch die Rodungen sogar zum Teil die Bergkämme.

Ringlet (45 km nach Tapah), ein Zentrum des Gemüseanbaus, ist die erste Ortschaft der Cameron Highlands. Ein Stausee dient der Elektrizitätsversorgung (105 MW), doch wird die Leistung immer mehr durch wuchernde Wasserlilien beeinträchtigt.

Tanah Rata (60 km), rund 300 m über Ringlet gelegen, ist das bescheidene Geschäftszentrum der Region. Hier hat das Touristenamt seinen Sitz, und einige Läden verkaufen Blasrohre, die aus einer speziellen Bambusart mit langen Internodien hergestellt werden, sowie Köcher mit Pfeilen. Nach wenigen Kilometern folgt auf rund 1400 m Höhe der Golfplatz, an dem zahlreiche Hotels und Weekendhäuser liegen.

1885 hat sich der englische Vermessungsingenieur William Cameron einen Weg durch den Dschungel der Titiwangsa-Kette geschlagen und dabei eine Verebnung entdeckt, die er für eine »Hill Station« als geeignet erachtete. Doch erst 1935 wurden die Cameron Highlands richtig erschlossen. Ob die von Cameron gemeinte Fläche tatsächlich später zum Erholungsort ausgebaut wurde, bleibt wegen der damals unklaren topographischen Verhältnisse fraglich. Die britischen Kolonialherren haben in Malaysia, Indien und auf Ceylon solche Höhenorte errichtet, um sich bei niedrigeren Temperaturen von den Belastungen des tropischen Tieflandklimas zu erholen. Die Mitteltemperatur beträgt beim Golfplatz (1448 m) 18 °C, das mittlere Maximum 22,2 °C und das mittlere Minimum

13,3 °C. Im Januar 1937 hat man mit 2,2 °C die tiefste auf der Halbinsel je gemessene Temperatur abgelesen.

Ausflüge
1. *Zur »Blue Valley Tea«-Plantage*

Die Straße führt vom Golfplatz weiter nach *Brinchang* (mit chin. Tempel am östlichen Ortsende). Gegen die Paßhöhe folgt rechts ein Markt, auf dem die Produkte der Cameron Highlands verkauft werden: Gemüse, Erdbeeren (Süße und Aroma lassen sich allerdings nicht mit jenen der gemäßigten Breiten vergleichen), Zitrusfrüchte und Blumen. Terrassierte Gemüsefarmen hat man schon unterwegs zu Gesicht bekommen, große folgen aber erst jenseits der Paßhöhe, wenn man rechts wieder ins Tal hinunterfährt.

Warum wird gerade hier Gemüse angebaut? Zur Induktion des Blühens brauchen Gemüse wie Erbsen, Rettich, Kohlrübe, Sellerie, Lattich, Spargeln, Spinat, Blumenkohl, Schalotte oder Gewürze wie Petersilie, Salbei und Thymian, ebenso die Erdbeere und verschiedene Blumensorten kühle Temperaturen und können daher im tropischen Tiefland nicht vermehrt werden. So wird das Gemüse aus den Cameron Highlands auf Lastwagen bis nach Singapore geliefert!

Der bald äußerst schmale, am Abhang entlang verlaufende Weg führt durch Kuala Terla und Kampong Raja zur Blue Valley-Teeplantage. Den Verarbeitungsbetrieb kann man besichtigen. Interessant sind auch die Aufzucht der Teepflänzchen und die ausgewachsenen Teebäumchen.

Der Tee (Camellia sinensis) ist in den Gebirgen Südostasiens beheimatet, wurde aber in China kultiviert. Er verlangt viel Niederschläge und genügend Sonnenschein. Obwohl schon am Ende des 19. Jahrhunderts Chinesen in Malaysia Teeplantagen angelegt hatten, wurde der Teeanbau u. a. in den Cameron Highlands erst nach dem Zweiten Weltkrieg intensiviert. Die Hochlandsorten sind qualitativ besser als die aus tieferen Regionen (vgl. S. 313), werfen aber pro Hektar weniger Ertrag ab. Der Anbau ist sehr arbeitsintensiv. Vor allem Tamilinnen sind hier als Pflückerinnen beschäftigt, während die Männer im Betrieb arbeiten. Allerdings wurde die Verarbeitung mit der CTC-Maschine (Crush-Tear-Curl, »Quetschen-Reißen-Rollen«) weitgehend automatisiert. Das Endprodukt hat eine grusartige Struktur, wodurch der Tee ergiebig und kräftig schmeckt. Nur an wenigen Orten der Welt kann man eigentlichen »Lagentee« (entsprechend der Weinsprache) kaufen: reinen »Blue Valley Tea« und nicht nur etwa »Malaysia Tea«.

2. Zum Gunung Brinchang

Wählt man auf der erwähnten Paßhöhe den linken Weg, so durchquert man zuerst die Plantagen der Palas Tea Division und erreicht dann nach längerer Fahrt den 2032 m hohen Gipfel des Gunung Brinchang, den höchsten mit dem Auto befahrbaren Punkt auf der Halbinsel. Die Aussicht über die Bergketten des zentralen Gebirgszuges ist frühmorgens eindrücklich, später jedoch hüllen in der Regel Wolken den Gipfel völlig ein.

3. Wanderungen

Das Touristenbüro in Tanah Rata gibt eine Aufstellung über mögliche Wanderungen heraus. Man erkundige sich aber über die derzeitige Begehbarkeit der Wege, da sie zum Teil überwachsen und kaum auffindbar sind. Es mußten auch schon Suchaktionen nach verirrten Touristen eingeleitet werden.

4. Abenteuerwege

Von Gopeng zwischen Ipoh und Tapah führt ein alter Weg, der vor allem während der japanischen Besatzungszeit benutzt wurde, in die Cameron Highlands (Anfahrt per Auto; Orang Asli-Führer aus Kampung Sungei Itek mitnehmen; An- und Abmeldung auf den Polizeiposten von Gopeng und Tanah Rata notwendig).

Schon fast wie eine Expedition muß eine mehrtägige Wanderung von den Cameron Highlands nach Gua Musang (S. 280) vorbereitet werden.

Route 6: Von Ipoh oder Penang zum Südchinesischen Meer (East-West-Highway)

Hauptsehenswürdigkeit

Äußerst eindrückliche Fahrt durch unberührte Wälder und den zentralen Gebirgszug

Hotel

Ipoh (vgl. S. 258), Kota Bharu (S. 281), Übernachtungsmöglichkeit unterwegs auf halber Strecke: Rumah Rehat Banding auf der Insel im Temengor-Stausee.

Entfernungen

Ipoh – Kota Bharu 392 km, Penang – Kota Bharu 399 km; Ipoh – Kuala Terengganu 494 km, Penang – Kuala Terengganu 501 km. Vorsicht: Der Ost-West-Highway ist nur von 6–17 Uhr (Einfahrzeit) geöffnet!

Verkehrsverbindungen

Mietauto, Busse von Butterworth und Ipoh.

Vor ein paar Jahren wurde durch die zentralen Bergketten eine Straße gebaut, die landschaftlich zu den schönsten Strecken Malaysias gehört. Diese West-Ost-Verbindung durchquert riesige, praktisch noch unberührte Waldgebiete, führt immer wieder von Höhen zu Tälern und steigt schließlich bis auf über 1000 m. Durch die neue Straße wird der bisher abseits gelegene und etwas rückständige Teilstaat Kelantan an der Ostküste mit Perak und Penang verbunden, während früher ein Umweg über Kuala Lumpur und Kuantan notwendig war. Primär aber dient die Straße strategischen Zwecken, was allein schon die 39 Militärcamps mit den Maschinengewehrnestern unterwegs belegen: Man wollte mit der Straße die Guerilla-Infiltration von Thailand her unterbinden, schätzt man doch, daß sich noch mindestens tausend kommunistische Untergrundkämpfer im Dschungel der Halbinsel bewegen.

Die Strecke von Penang oder Ipoh nach Kota Bharu läßt sich gut in einem Tag zurücklegen. Von Butterworth/Penang nimmt man die Straße über Sungei Petani – Baling und Gerik (155 km); von Ipoh fährt man auf der Autobahn Richtung Kuala Kangsar (37 km), hält am Ende des dortigen Autobahnzubringers rechts und folgt dann den Wegweisern gegen Gerik (148 km von Ipoh). Bald folgt rechts der Chenderoh-Stausee, der ein kleines Kraftwerk (33 MW) speist und in Ufernähe für Aquakulturen genutzt wird. Auf der ganzen Strecke durchquert man eine mit Reis und Kautschukbäumen intensiv genutzte Landschaft. Bei Lenggong kann die dortige Teeplantage besichtigt werden, der Besuch naher Negritossiedlungen aber bedarf der Genehmigung und ist wegen schlechter Zufahrtsstraßen zeitaufwendig.

50 km hinter Gerik überquert die Straße einen Teil des Temengor-Stausees. Gespenstig ragen abgestorbene Bäume des überschwemmten Regenwaldes aus dem Wasser. Festungstürme dienen dem Schutz der Brücke. Die gegenüberliegende Raststätte (mit Tankstelle) ist auf einer Insel (Pulau Banding) im Stausee errichtet. Man hat hier den halben Weg

nach Kota Bharu zurückgelegt. Bald folgt die zweite, ebenfalls befestigte Brücke. Der West-Ost-Highway ist sehr gut ausgebaut (Steigungsstrecken mit Kriechspur), so daß man zügig vorankommt, auch wenn an einigen Stellen immer wieder Rutschungen repariert werden müssen. Die Strecke von Jeli nach Machang ist ebenfalls neu angelegt. Von dort erreicht man in 44 km Kota Bharu oder kann direkt nach Kuala Terengganu (146 km) fahren.

Route 7: Von Kota Bharu durch das Innere nach Kuala Lumpur

Sehenswürdigkeiten

- landwirtschaftliche Entwicklung im Innern
- Fraser's Hill

Hotels

in Gua Musang: Kesedar Inn (M)
auf Fraser's Hill: Merlin Inn (F/M), Fraser's Hill Holiday Bungalows (meist E, zu buchen bei: Fraser's Hill Development Corporation, Tel. 09-382 201)

Verkehrsverbindungen

Mietauto. Von K. L. zur Zeit keine direkten Busse, nur bis Kuala Kubu Bharu; dort umsteigen oder Taxi.

Vorsicht: Die letzten 8 km von der Gap-Paßhöhe bis Fraser's Hill haben Einbahnregelung: 7–7.40 nur aufwärts, 8–8.40 nur abwärts befahrbar usw. bis 19 Uhr, dann frei befahrbar.

Die Strecke durch das Innere der Halbinsel

Die Strecke von Kuala Kerai über Gua Musang nach Kuala Lipis wurde erst Ende der achtziger Jahre durchgehend befahrbar. Vorher durchquerte nur die Eisenbahn diesen inneren Teil der Halbinsel. Man bewegt sich daher in agrarischem Neuland: Überall sind ausgedehnte Rodungen und riesige Ölpalmplantagen zu sehen. Bis Gua Musang ist die Straße gut ausgebaut, während das Zwischenstück bis Kuala Lipis schlecht ist.

Kuala Kerai (71 km) wurde zum primären Wachstumszentrum in der KESEDAR (Kelantan Selatan Development Authority-Region) bestimmt, wo auf 12 000 km² vor allem die Landwirtschaft und die Verarbeitung ihrer Produkte vorangetrieben werden soll, um Arbeitslosigkeit und ländliche Armut zu bekämpfen. Den Orang Asli sollen elf kleine Reservate verbleiben und *Gua Musang* ein Sekundärzentrum werden. Die großzügige Anlage des Straßennetzes und der Regierungsgebäude weisen auf die Ausbaupläne hin.

Kuala Lipis (303 km von Kota Bharu) war bis 1955 administratives Zentrum von Pahang. Das große koloniale Regierungsgebäude von 1919 dient heute der Distriktbehörde.

Mit der Eisenbahn (Station: 9. Meile Kuala Lipis) oder einem Boot gelangt man nach Kg Kuala Kenong, wo sich am anderen Ufer des Jelai River der 128 km² große *Kenong Rimba Park* erstreckt, der ähnliches bietet wie der angrenzende Taman Negara (S. 297f.), aber seltener besucht wird (Auskunft im Tourist Information Centre, Kuala Lipis, Tel. 09-311 963).

Am nördlichen Ortsende von *Raub* stehen ein hübscher Hindutempel für Subramaniam und ein buddhistischer Kuan Yin beisammen. In Teranum verzweigt sich der Weg: Die direkte und bessere Straße führt über Bentong (S. 297) nach K. L. (103 km), die wesentlich schönere Route über die Gap-Straße, von wo man Fraser's Hill erreicht (127 km nach K. L., mit Fraser's Hill 143 km).

Fraser's Hill

Auf 1524 m über Meeresspiegel befindet sich das kleine Zentrum des idyllischen »Bergkurortes« Fraser's Hill. Kommerziell wird das Gebiet viel weniger genutzt als die Cameron Highlands (S. 275ff.), weder im landwirtschaftlichen Sektor, wo nur Melonen und einige Blumen gezüchtet werden, noch im touristischen Bereich. Doch wurden in letzter Zeit größere Appartmenthäuser errichtet.

Die Siedlung ist nach Louis James Fraser benannt, der um die Jahrhundertwende in den Bergen zwischen Kuala Kubu und Raub Zinn schürfte, vielleicht auch mit Opium handelte, und auf mysteriöse Weise plötzlich verschwand. 1919 wurde das Gebiet vermessen und langsam zum Höhenkurort ausgebaut.

Auf einer alluvialen Verebnung erstreckt sich ein von Wäldern umgebener 9-Loch-Golfplatz; Tennis- und Squash-Anlagen ergänzen das Sportangebot. Spazierwege führen durch die Wälder zu Aussichtspunkten oder zum Jeria-Wasserfall, wo Einheimische sich am kühlen Wasser erfreuen.

Route 8: Von Kota Bharu an der Ostküste entlang nach Kuantan

Hauptsehenswürdigkeiten

- die Riesenschildkröten am Strand bei Rantau Abang
- prachtvolle Badestrände, u. a. bei Cherating
- die Stadt Kota Bharu

Weitere Sehenswürdigkeiten

- Kuala Terengganu
- Kuantan und Umgebung

Hotels

Kota Bharu: Perdana (M/F, leider ohne Konkurrenz), Temenggong (M/E). Am Strand eine 1990 eröffnete Ablage des Perdana (F) und Pantai Cinta Berahi (M) sowie einige einfache Unterkünfte.
Kuala Terengganu: Pantai Primula (F, schöner Strand), Desa Motel (M, auf Hügel über der Stadt).
Dungun: Tanjong Jara Beach (F, schöner Strand, Anlage in malaiischem Stil), Rantau Abang Visitor Centre (M), Merantau Inn (E) und einige sehr einfache Unterkünfte.
Cherating: Club Méditerranée (L/F, schöne, ausgedehnte Anlage); im Dorf und nördlich des Club einige einfache bis mittlere Unterkünfte, die häufig den Namen und Besitzer wechseln.
Kuantan: Coral Beach (F, ehemals Ramada, ca. 15 km nördlich der Stadt bei Beserah, großer Park, flacher Strand, bestes Hotel), Hyatt (F, Teluk Chempedak, Favorit bei Gruppen, eng), Merlin (M/F, Teluk Chempedak, mehr zu empfehlen), Samudra (M, in der Stadt, großes Schwimmbad).

Verkehrsverbindungen

Flugverbindungen:
Kota Bharu mit Alor Setar (tgl.), Ipoh (tgl.), K. L. (mehrmals tgl.), Penang (tgl.).
Kuala Terengganu mit K. L. (mehrmals tgl.), Penang (tgl.), Kerteh.
Kerteh mit K. L. (mehrmals tgl.), Alor Setar, Ipoh, Kuala Terengganu, Kuantan, Langkawi, Taman Negara, Tioman.

Kuantan mit K. L. (mehrmals tgl.), Singapore, Tioman.
Autobusse an der ganzen Ostküste entlang.
Mietautos vgl. S. 363/364.

Von Kota Bahru nach Kuantan sind es 383 km. Auf der Strecke gibt es mehrere Sehenswürdigkeiten, so daß sich eine Übernachtung unterwegs lohnt. Besonders drängt sich eine Unterbrechung in Tanjong Jara auf, wo man mit etwas Glück die Riesenschildkröten bei der nächtlichen Eiablage beobachten kann. Es sei ferner daran erinnert, daß sich an der Küste des Südchinesischen Meeres prachtvolle Strände hinziehen, die sich auch für längere Badeaufenthalte eignen. In Frage kommen vor allem die Strände von Kuala Terengganu, Tanjong Jara, Cherating und Kuantan.

Schon früh im Einflußbereich Siams, wurde der Teilstaat Kelantan seit Anfang des 19. Jahrhunderts wechselweise von den Thai, dem malaiischen Nachbar Terengganu, den Briten und wiederum den Thai dominiert, so daß es erst als Teilstaat der Malaiischen Föderation 1948 seine Unabhängigkeit fand. Von 1877–88, unter der Herrschaft von Sultan Tenggah, erlebte Kelantan eine erste Blütezeit trotz des weiterhin alle drei Jahre an Siam fälligen Tributs in Form der »bunga mas«. Damals wurde am Ufer des Kelantan

Kota Bharu

als neue Hauptstadt gebaut, die Tabal am Sungei Golok ersetzte. Kota Bharu ist – ähnlich Kuala Terengganu – im Mündungsgebiet eines Flusses entstanden. Das Ästuar, der Mündungstrichter, ergab einen ausgezeichneten natürlichen Hafen. Man darf sich über die Größe der ursprünglichen Siedlung nicht von der heutigen Ausdehnung täuschen lassen: 1921 zählte die Stadt erst 10 800 Einwohner, jetzt sind es über 200 000! Davon sind 85% Malaien. Im Gegensatz zu den Städten im Westen und Süden der Halbinsel, aber auch Ostmalaysias, beherrschen in Kota Bharu nicht die Chinesen das städtischen Bild, sondern die Malaien. Die Chinesen sind im Zentrum nur mit wenigen Gevierten von Shophouses vertreten. Die Architektur Kota Bharus unterscheidet sich daher wesentlich von derjenigen chinesisch geprägter Städte, ohne allerdings – wie diese – zu einem eigenen Gesicht oder Typ zu gelangen. Ein Merkmal beobachtet man in Kota Bharu wie auch in Alor Setar, der anderen nördlichen Sultanatshauptstadt: Im Zentrum liegen religiöse und weltliche Macht, Moschee und Sultanspalast, nah an einem Platz beisammen. Heute freilich pflegen die Sultane außerhalb der Städte zu wohnen.

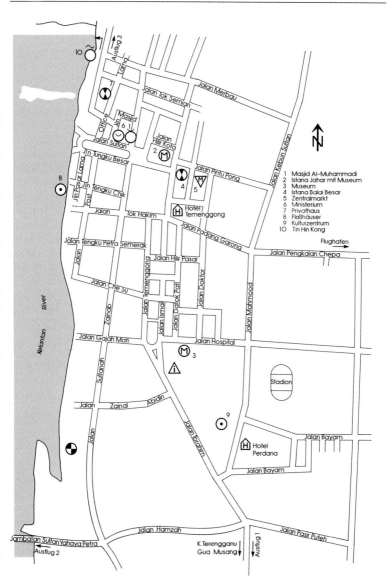

Karte 17. *Kota Bharu*

Sehenswürdigkeiten in der Stadt (Karte 17)

Im Norden des Merdeka-Platzes erhebt sich der beige und dunkelbraune Baukörper der

Masjid Al-Muhammadi (1),

die 1926, ein Jahr nach jener von Muar, als dritte bedeutende »Palast-Moschee« vollendet wurde. Weder verspielt wie in Muar, noch so majestätisch wie in Johor Bahru, zeigt sie am meisten profanen Kolonialbaucharakter. Auch ist ihre Anlage komplizierter, handelt es sich doch um eine Doppelmoschee aus zwei ungleichen, von einem Gäßlein getrennten Hallen mit anschließenden Verwaltungs- und Ökonomiegebäuden: Die größere und reicher gestaltete Freitagsmoschee rechts und die einfachere für das tägliche Gebet verbindet ein Brückenübergang. Vier nicht mehr als Minarette erkennbare quadratische Türme mit einem Arkadenfenstergeschoß und daraus wachsendem Turmende sind an die Seitenmitten der großen Gebetshalle angebaut, deren Ecken maurische Wachtürmchen betonen. Durch drei der Türme führen unten Torbogen, während sie mit einem Haubenpavillon enden. Der vierte an der Mihrabseite dagegen besitzt ein unteres Fenstergeschoß und zuoberst einen Uhrenkubus. Vor der Freitagsmoschee liegen die Waschanlagen, abgeschirmt durch eine frontale Torbogenhalle, in der die hölzerne Gebetstrommel aus der alten Masjid Kampong Laut (S. 286) aufgehängt ist. Diese Bogenhalle findet ihre Entsprechung in der Vorhalle der kleinen Moschee, wo alle Säulen dorische Kapitelle tragen, während jene der Freitagsmoschee auch korinthische besitzen. Das schmale Sträßchen zwischen den Moscheen ist immer voller Trishaws, deren Fahrer im kühlen Gebäudeschatten ruhen oder die Moschee als Waschgelegenheit benützen.

Daneben im *Istana Jahar* ist das

Muzium Kelantan (2)

(am Mittwoch ganz und freitags von 12.00–14.30 Uhr geschlossen, sonst täglich von 10.30–17.45 Uhr offen) eingerichtet. Der doppelstökkige Palast fällt durch seine originelle Holzmusterfassade und die von einem geschnitzten weißen Spitzenbord gesäumten Dachränder auf. Sein hoher Vorbau trägt eine überdachte Veranda über der Eingangshalle. Im Innern sind volkskundliche Gegenstände, besonders Wayang-Figuren, Kreiselspiele und die für Kelantan typischen Papierdrachen zu sehen.

Das neue *Muzium Negeri Kelantan (3)* wird bald in einem klassizistischen Bau neben dem Tourist Information Centre eröffnet.

Am östlichen Ende des Merdeka-Platzes liegt hinter einem Gittertor und einem vor Blicken schützenden Holzzaun der

Istana Balai Besar (4)

Der bescheidene, langgestreckte Holzbau mit dem vorgezogenen Eingangspavillon ist fast nur am dreigestuften Dach als königlicher Palast erkennbar. Sehenswert ist der Thronsaal. Falls einem der Zutritt verwehrt wird, empfiehlt sich ein Blick von außen hinein: Die niedrige Säulenhalle ist durch eine Stufe zweigeteilt. Eine dunkle Holzdecke, ein blauer Teppich und gedämpftes Licht aus der einzigen Fensterreihe und den typisch malaiischen Ornamentdurchbrüchen in einer Holzwand lassen Kronleuchter und Goldkanten der schlanken Säulen hervorblitzen. Vor der goldenen Thronwand zwei minbarähnliche, holzgeschnitzte Thronsessel, gegenüber ein altes königliches Boot mit vogelartiger Bugfigur.

Unbedingt besuchen sollte man den

Zentralmarkt (5),

einen der schönsten in Malaysia. Der moderne, achteckige Bau mit kuppelüberdachtem Innenhof enthält im Erdgeschoß Obst und Gemüse, im ersten Stock die Gewürze und am südlichen Ende »foodstalls«. Im zweiten findet man neben Haushaltsartikeln eine große Auswahl schöner Batik und die prachtvollen, silber- und golddurchwirkten Brokatstoffe (S. 91). Von dort oben empfiehlt sich auch ein Blick in den farbenfrohen Innenhof, wo die Frauen, mitunter sehr schöne Malaiinnen, buchstäblich über ihrer Ware thronen.

Den Stil traditioneller malaiischer Bauten zeigen neben den oben erwähnten Istanas das *Ministerium für religiöse Angelegenheiten (6)* und das *Haus Nr. 1389* an der *Jalan Post Office Lama (7)*, dem ein länglicher Pavillon, das Kennzeichen vornehmer Wohnhäuser, vorgebaut ist.

Am Flußufer im Zentrum liegen *Floßhäuser (8)*, deren Schwimmvorrichtung als Besonderheit gilt: Bambusstämme werden zu großen Bündeln zusammengebunden; mehrere solcher Bündel halten den Holzrost, auf dem das Wohnhaus steht, über Wasser. Diese Ansiedlung und die Häuser am benachbarten Ufer sind arg vernachlässigt; die Armut in diesem Slum-Quartier ist nicht zu übersehen.

Wer sich an einem Mittwoch oder Samstag in Kota Bharu aufhält, sollte nicht versäumen, einer Vorführung der nachmittags im Hof des *Kulturzentrums (9)* (Gelanggang Seni, Jln Mahmood) stattfindenden Freizeitspiele wie Kreiseldrehen, Drachenfliegen oder Silat (eine Selbstverteidigungsart) zuzusehen (S. 92). Es handelt sich um keine Schau für Fremde, sondern sie dient der Erhaltung und Wiedererlernung dieser auch auf dem Dorf selten gewordenen Spiele; so besteht denn auch die überwiegende Zahl der Zuschauer aus Malaien. Abends Darbietungen von Tanzdramen und Wayang-Kulit. (Man erkundige sich beim Tourist Information Centre oder im Hotel.)

Ausflüge von Kota Bharu

1. *Masjid Kampong Laut*

in Kampong Nilam Puri 10,5 km außerhalb der Stadt an der Straße nach Kuala Kerai und Raub (Tafel links). Diese älteste erhaltene Holzmoschee hält man für mehr als 300 Jahre alt. Ursprünglich lag sie 2 Meilen unterhalb von Kota Bharu nahe am Meeresufer, von wo vermutlich die javanischen Erbauer kamen, soll sie doch der Großen Moschee von Demak (Zentraljava) vereinfacht nachgebaut sein. Gewiß ist: Wie die Melaka-Moscheen bezieht auch sie das dreigestufte Pyramidendach von vorislamischen Tempeln in Indonesien und besitzt im obersten Teildach einen »meru«, wie man dort den Weltenberg und Göttersitz bezeichnet. Nach der Überschwemmung von 1966 wurde sie geschlossen und ein Jahr später am jetzigen Ort unter Verwendung von möglichst viel ursprünglichem Baumaterial neu aufgebaut.

2. *Buddhistische Tempel nördlich Kota Bharu* (Rundfahrt, ca. 50 km)

In dem von thailändischem Einfluß geprägten Gebiet nördlich von Kota Bharu trifft man auf viele kleine Thai-Siedlungen mit ihren buddhistischen Tempeln, darunter zwei größere Anlagen. Der Ausflug lohnt sich weniger wegen der künstlerischen Qualität der Tempel, als wegen der Landschaft: Man fährt durch üppige Reisfelder, in denen malerisch Palmen stehen, und erhält einen schönen Einblick ins ländliche Kelantan. Wer Glück hat, trifft auf Malaien, die ihre Drachen steigen lassen, oder auf Stangen, an denen Käfige mit Singvögeln (S. 92f.) hängen.

Man verläßt Kota Bharu Richtung Norden und überquert den Sungei Kelantan. Im nächsten Kreisel rechts Richtung Tumpat und nach 3 km links. Es folgen mehrere Köhlereien und nach 7 km der neue Wat Cheng Buddhavas, daneben bei 7,25 km der *Watpikulthong Buddhist Temple* von Kampong Terbak: eine ca. 30 m hohe Buddhastatue aus Beton mit Goldmosaiksteinchen überzogen, überragt weithin sichtbar die Bäume. Das Haar in Schneckenform und über dem Schädelwulst die Flamme, steht

Buddha auf einem Podest mit erhobener linker Hand in der Ermutigungsgeste, die rechte dagegen gesenkt in Erdberührungshaltung.

Weiter Richtung Kelaboran durch malerische Reisfelder. Etwas mehr als 7 km vom letzten Tempel entfernt nach links fahren. An den Wat Phikul Yai (9,5 km) in Kg. Jubakar, Prachumthat Canarum (10 km) und Sukontharum Bagjung (13,5 km) vorbei zur Kreuzung (16,7 km) in Labang Empat. Hier nach rechts zur zweiten Anlage, dem *Phothivihan Buddhist Temple* (20,1 km) in Kampong Jambu, den man wegen seines liegenden Buddhas besichtigt. Schon durch das Tor erblickt man die Riesenfigur im orangefarbenen Gewand, die unter einem Tribünendach vor braunen Säulen mit hellen Lotoskapitellen ruht. Wer an megalomanen Auswüchsen der Kultur Interesse hat – die Statue besitzt kaum künstlerischen Wert und entbehrt der Feinheit –, möge den 40 m langen Buddha aufsuchen (als Hinweis für Fotografen: Er liegt erst am späten Nachmittag in der Sonne!). Sein Kopf ruht auf einem Kissen; im Liegebett unter ihm befindet sich der Urnenraum, aber auch das Innere des Buddha kann besichtigt werden. An der Anlage wird ständig weitergebaut.

Zurück zur Kreuzung und von dort direkt nach Kota Bharu oder weiterfahren über Pasir Mas zur Stadt.

3. *Pantai Cinta Berahi* (12 km)

Etwas außerhalb der Stadt liegt der synkretistische *Tin Hin Kong* (10, Typ 2b). Er ist wie der chinesische Haupttempel von Kuala Terengganu Ma Chu Poh, der Beschützerin der Fischer und Seeleute, geweiht. Von dort wieder auf der Hauptstraße vorbei an zahlreichen Handwerksbetrieben, die Kain Songket (S. 91), Batik und Papierdrachen (S. 93) herstellen, zum nächsten Strand von Kota Bharu, dem Pantai Cinta Berahi (»Strand der leidenschaftlichen Liebe«), der zu den schönsten des Landes gehört.

Kota Bharu – Kuala Terengganu

Die Strecke mißt 169 km und bietet wenig.

An der Ausfahrt von Kota Bharu erblickt man rechts den 1987 vollendeten *Balai Islam*, der ein fantastisches Beispiel moderner islamischer Architektur in Malaysia darstellt. Das zweistöckige, braune Regierungsgebäude bildet einen schönen Kontrast zum weißen Auditorium, das Seminaren dient, aber ganz im Stil einer Moschee mit Minarett gebaut wurde.

Keine 2 km weiter kommt man am auffallenden Eingangstor eines *neueren Palastes* (links) vorbei, der für die Mutter des Sultans errichtet wurde. Torbogen und Wachhäuschen haben die ungewöhnliche Form von Spitzbogenhauben, die breit vorkragen, um Schatten zu spenden. Diese eleganten Brise-Soleil-Elemente wiederholen sich an den Palastfenstern und -eingängen im Parkinnern.

Von Jerteh führt eine Straße nach Kg Raja, wo einfache Unterkünfte auf der vorgelagerten *Insel Perhentian Besar* reserviert werden können. Fischerboote setzen einen von Kg Kuala Besut in zwei Stunden über (Buchung der Rückfahrt nicht vergessen!). Verpflegung muß man selbst mit auf die Insel nehmen.

Auf der Höhe von Jerteh verläßt man den Teilstaat Kelantan und kommt nach Terengganu.

Der Stein von Terengganu (S. 60) beweist, daß hier schon im frühen 13. Jahrhundert erste islamische Siedler gewohnt haben, und zwar rund ein Jahrhundert vor der Gründung des Sultanats von Melaka, von dem Terengganu bald abhängig wurde. Der jetzige Herrscher stammt aus einer Nebenlinie der Sultane von Johor, die Melaka in der Oberhoheit über Terengganu nachgefolgt waren. Im 19. Jahrhundert aber bezahlte wie Kelantan auch Terengganu den Thai Tribut in Form der »bunga mas« und kam im 20. Jahrhundert unter britische Kontrolle.

Kuala Terengganu (Karte 18)

Masjid Sultan Ismail (1)

Die neue, 1984 erbaute Moschee von Kuala Terengganu gehört mit ihrem Innern zu den schönsten: Drei farbige Glasfelder in den Torbogen der linken Wand geben dem Raum einen freundlichen Eindruck. Zudem wird die zentrale Goldkuppel am untern Rand ringsum von 48 kleinen Fenstern beleuchtet, und in die Ecken dringt Licht aus den vier Nebenkuppeln. Die quadratische Gebetshalle und weitere Räume werden vom großen weißen Achteckkörper der Moschee umschlossen. Die äußere Fensterverkleidung, die aus je fünf hervorkragenden Bogendächern zwischen olivgrünen, senkrechten Mauerstützen besteht, ist wieder in Brise-Soleil-Technik, ornamental und zugleich schattenspendend.

Weithin sichtbar als modernes Wahrzeichen der Stadt ist das *Wisma Darul Iman (2)*. Das am altmalaiischen Schriftband gut erkennbare Hochhaus enthält die Regierungsverwaltung, während das Parlament des Teilstaats im *Dewan Negeri* daneben tagt, der auf einem Bürogebäude unter seinem doppelgestuften Holzsatteldach als schmuckes kleines Haus erscheint. Diese stilistische Mischung von traditionellem Hausbau auf dem Dach eines modernen Gebäudes ist jedoch recht fragwürdig.

Der farbenfrohe Zentralmarkt von Kota Bharu (S. 285)

Masjid Kampong Laut, die älteste erhaltene Holzmoschee Malaysias (S. 286)

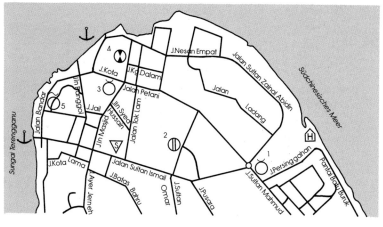

1	Staatsmoschee
2	Parlament und Regierung
3	Abidin-Moschee
4	Palast
5	Ma Chu Poh-Tempel

Karte 18. *Kuala Terengganu*

Masjid Abidin (3)

Die alte Moschee im Zentrum wurde Ende des 18., Anfang des 19. Jahrhunderts erbaut und 1972 erweitert, so daß man vor einer unharmonischen Mischung von älteren und neueren Bauteilen steht: So konkurriert eine Nachahmung des Minaretts der Nationalmoschee von Kuala Lumpur mit den beiden kirchturmähnlichen früheren. Bemerkenswert im ursprünglichen Halleninnern die feine Reliefschnitzerei der gelb hervorgehobenen Koranverse und in den Torbogenfeldern der Eingänge die fächerförmigen Glasscheibenfüllungen. Der nördlich angehängte Erweiterungsbau mit einer großen und acht kleinen Lichtkuppeln enthält ein Zentrum für islamische Missionstätigkeit.

Der *Istana Maziah (4)* wäre ein wohlproportionierter klassizistischer Palast, wenn er nicht durch den modernen Betonbau und Eingangstore in protzigem Monumentalstil empfindlich verunstaltet worden wäre. Die frühere Holzpalastanlage war 1882 abgebrannt. Übrig blieb einzig der kleine, außerhalb stehende Istana satu, »der erste Palast«, der heute im Nationalmuseum von Kuala Lumpur zu besichtigen ist (s. S. 167).

Ma Chu Poh-Tempel (5) (Typ 2a, S. 85)

Die einfache Tempelanlage an der Jalan Bandar ist synkretistisch: Auf dem Altartisch steht Kuan Yin, dahinter, von der Altarabschrankung fast verdeckt, in Hauptaltarmitte Thien Hou oder Ma Chu Poh, die spezielle Beschützerin der Fischer und Seeleute.

An derselben Jalan Bandar liegen schön verzierte Shophouses mit Rosenmusterfliesen, die eine Renovierung verdienten.

Ausflüge von Kuala Terengganu

1. Kleine Rundfahrt auf dem Terengganu-Fluß

An den beiden Bootsanlegestellen der Stadt (in der Karte mit Anker gekennzeichnet) läßt sich mit einem Bootsführer eine Rundfahrt zum gegenüberliegenden Ufer und um die Flußinsel Pulau Duyong vereinbaren. Sie bietet einen interessanten Einblick in das Leben der Uferbewohner und die Arbeit der Bootsbauer.

2. Kenyir-Stausee

Rund 50 km nordwestlich Kuala Terengganu wurde 1985 der Kenyir-See aufgestaut. Ein 155 m hoher Erddamm sperrt das Tal ab. Auf dem See können Bootsfahrten zu Nebendämmen und zur Terenggan-Insel (einfache Unterkunft) unternommen werden. Der See ist bei Einheimischen wegen seines Fischreichtums beliebt. Beim Aufstauen des Wassers wurden übrigens drei Elefanten auf einer neu gebildeten Insel eingeschlossen; mit einem Floß brachte man sie wieder ans Festland in die Freiheit.

Den Damm erreicht man auf der Straße 14 Richtung Kuantan; nach 40 km bei Ajil nach Westen abzweigen.

Kuala Terengganu – Kuantan

Die Straße führt nun weitgehend am Meer entlang nach Marang mit einer anmutigen Lagune. Hier und in den anderen Fischerdörfern der Ostküste wohnen die »Orang ka laut« (Menschen, die zur See gehen). Es sind Malaien wie die »Orang darat« (Menschen im trockenen Innern), mit denen sie regen Warenaustausch pflegen. Die einen liefern die Fische, die andern den Reis, die zusammen die beiden Grundnahrungsmittel der Malaien ergeben. Die Fischer besitzen mehrere Bootstypen, vom kleinen Einmannboot bis zum 15 m langen Fischkutter. Sie sind meist grell und bunt bemalt und alle kraweelgebaut, d. h. die Planken greifen nicht übereinander. Große Boote gehören oft Chinesen, die auch im Zwischen- und Großhandel tätig sind. Da dies zu einer Art Rentenkapitalismus führte, sind sie an der Ostküste nicht mehr beliebt. Überall sieht (und riecht) man Fischtrocknungsanlagen; es braucht viel Erfahrung, die Fische zu trocknen und zu salzen, damit sie in der tropischen Wärme nicht verfaulen.

Strand der Riesenschildkröten

Vor Kuala Dungun, das abseits der Straße liegt, befindet sich das Zentrum eines 19 km langen Strandabschnittes, an dem riesige Meeresschildkröten vom Februar bis Oktober, vor allem aber im Juli und August, nachts ihre Eier ablegen. Die enormen Tiere bewegen sich mühsam den Strand hinauf, um außerhalb der Hochwasserlinie mit den Hinterflossen eine Grube auszuheben, in die sie die Eier legen. Zu den größten Arten gehört die Lederschildkröte (Dermochelys coriacea), die einen bis 2 m langen Lederpanzer besitzt und 500 kg schwer wird. Kleiner ist die Suppenschildkröte (Chelonia mydas) oder die Karettschildkröte (Eretmochelys imbricata) mit einem Panzer von 90 cm Länge und einem Gewicht von 60 kg.

Eine Schildkröte kommt pro Jahr zu 5 bis 9 Eiablagen an den Strand und legt jedesmal 50 bis 140 Eier, die weichschalig sind und einen Durchmesser von etwas mehr als 5 cm haben. Beamte des Fischereidepartements sammeln darauf die Eier ein, um sie in speziellen Brutabschnitten im Sand zu vergraben. Rund 56 Tage später schlüpfen die Jungtiere aus. Trotz dieser sorgfältigen Überwachung gehören die Riesenschildkröten, die nur an wenigen Stellen der Welt Brutplätze haben, zu den vom Aussterben bedrohten Tieren. In den fünfziger Jahren kamen noch über 10 000 Schildkröten pro Jahr an den Strand am Südchinesischen Meer zur Eiablage, heute sind es noch knapp 600. Schuld daran sind u. a. diejenigen, die diese Schildkröteneier als Leckerbissen genießen.

21 km vor Dungun steht das *Rantau Abang Visitor Centre* (So–Mi 8–16, Sa und Do 10–22, Fr 8–12), wo eine kleine Ausstellung mit Diaschau vor allem Auskunft über die Lederschildkröte gibt. Daneben steht ein Hotel gleichen Namens (M), in dem man auf die Ankunft einer Schildkröte warten kann. 8 km südlich davon befindet sich das Tanjong Jara Beach-Hotel (F), in dem man auf Wunsch ebenfalls geweckt wird, wenn sich eine Schildkröte anschickt, aufs Land zu kriechen. Es mag zwar Naturfreunde abstoßen, wenn ein bis zwei Dutzend Menschen, die sich zum Teil vorher die Zeit mit Alkohol verkürzten, auf eine Schildkröte warten, ihr gar den Weg versperren und sie in der Dunkelheit mit Taschenlampen anblenden; doch die Bewegungen des riesigen urtümlichen Tieres auf dem Sand und

seine langsame Rückkehr ins Meer bleiben trotzdem ein unvergeßlicher Eindruck, so daß dieser Strandabschnitt zu den großen Sehenswürdigkeiten Malaysias gehört.

In *Kerteh*, 37 km von Kuala Dungun entfernt, entsteht ein Zentrum der Erdölindustrie; die Förderanlagen befinden sich außerhalb Sichtweite im Meer und können nicht besucht werden.

Kemaman / Chukai

Die Sultan-Ahmad-Moschee (am nördlichen Ortsanfang) ist außen eine Zwiebelkuppelmoschee des Pahang-Einheitstyp (eine Haupt- und zwei Nebenkuppeln, Eckpfeiler mit Mogulhutabschlüssen, dazwischen schlanke quadratische mit der Mondsichel auf goldener Weltkugel und eine Kielbogenvorhalle). Das Innere, eine unschöne Halle, besitzt aber einen äußerst zierlichen, von einer kleinen Kuppel gekrönten Holzminbar mit durchbrochenen Schrift- und Blumenornamenten. Er wurde erst 1988 hergestellt und zeugt für eine ungebrochene Handwerkstradition.

Wenige Kilometer weiter beginnt der Teilstaat Pahang.

Pahang

Erstmals als politische Einheit trat Pahang im 15. Jahrhundert auf, als es einen Sohn des Herrschers von Melaka zum Sultan erhielt. Von da an bis ins 19. Jahrhundert war es zunächst Vasallenstaat Melakas, dann von Johor-Riau, bis sich nach Auflösung des letzteren und langem Bürgerkrieg der Bendahara Wan Ahmad 1882 zum selbständigen Herrscher erklärte. Wie die andern malaiischen Staaten kam Pahang unter britische Kontrolle, unter der es sich aber 1896 mit Perak, Selangor und Negri Sembilan zu einer ersten Vierer-Foederation vereinigte. Hauptstadt und Verwaltungszentrum ist Kuantan, während Pekan königliche Residenzstadt blieb.

102 km nach Kuala Dungun hat der Club Méditerranée ein Clubdorf gebaut, in dem sich vor allem Japaner, Australier, Singaporeans und Einheimische aufhalten. Die großzügige Anlage lehnt sich an die malaiische Bauweise an. Sowohl nördlich davon wie auch südlich, im Dorf Kg Cherating, stehen kleine einfache Hotels, denn der Strand ist hier besonders schön. Ein nächstes Badezentrum entwickelt sich in Beserah, kurz vor Kuantan.

In einigen Dörfern hat man Affen zum Kokosnußpflücken abgerichtet (S. 42); gegen ein Trinkgeld für den Besitzer tun sie auch Touristen den Gefallen und werfen Nüsse herab.

Kuantan

Bereits 1911 führte eine Straße von Kuala Lumpur über Raub, Kuala Lipis, Jerantut nach Kuantan. Für Jahrzehnte war dies die einzige Verbindung zur Ostküste. Die Stadt war damals sehr klein; sie zählte nach dem Zweiten Weltkrieg erst 8000 Einwohner, während heute rund 180 000 in der Stadt wohnen, davon ca. Zweidrittel Malaien. Die Siedlung wurde am linken Ufer des Sungei Kuantan errichtet, dessen Mündung hier zu einem Trichter erweitert ist.

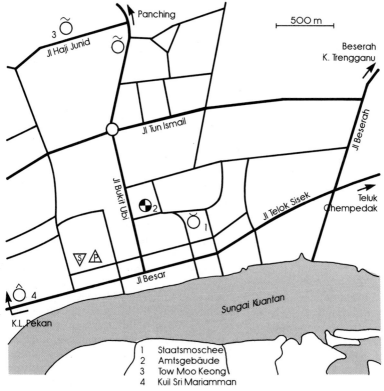

1 Staatsmoschee
2 Amtsgebäude
3 Tow Moo Keong
4 Kuil Sri Mariamman

Karte 19. *Kuantan*

Stadtzentrum (Karte 19)

Sultan-Ahmad I.-Moschee (1)

Sie wurde 1964 eröffnet und gilt als Staatsmoschee von Pahang. Ihre Dachform ist in Malaysia einmalig: Über der sechseckigen Gebetshalle wölbt sich eine Betonhängekuppel auf sechs Beinen, die die Malaien »gestürzten Kochkessel« nennen. Ihrem Scheitelpunkt entwächst eine kleine Abschlußkuppel mit einem Fünfzackstern in liegendem Halbmond. Daneben ein Pfeilspitzminarett. Im Innern formen sich zwischen den Kuppelenden sechs weite, auf den Boden reichende Bogenfelder. Fünf sind von Fenstertüren ausgefüllt, das sechste schließt eine getäfelte Holzwand ab, die den Mihrab enthält. Der zweiseitig zugängliche Minbar steht in der Hallenmitte. Viele winzige Öffnungen an der Abschlußkuppel werfen zusätzliches Licht in den äußerst harmonischen Innenraum.

In der Nähe der Moschee stehen an der westlichen Längsseite des Padang schöne eingeschossige *Kolonialbauten (2)*, die den Gerichtshof und Ämter enthalten, und am südöstlichen Ende ein origineller Brunnen aus zwei senkrecht stehenden Muschelhälften. Leicht erhöht am Stadtrand steht die 1976 erbaute Tempelanlage der Hokkien-Gemeinde mit dem synkretistischen

Tow Moo Keong (3) (Typ 1, S. 85),

dem größten Chinesentempel in Pahang. Auf dem ersten Altartisch verteidigt ein hübscher Wei-To auf Rädern den Glauben, während ein volkstümlicher Avalokitesvara (die männliche Form der Kuan Yin), hier »mit den tausend Händen«, die Mitte des Hauptaltars einnimmt. Links daneben mit rotem Gesicht Kuan Ti, der streitverhindernde Kriegsgott, und rechts zweimal der taoistische Lokalgott gegen Krankheiten, dessen Gegenwart verrät, daß es sich um einen Mediumtempel handelt. Das Medium findet sich um acht Uhr abends ein, um die Zukunft zu weissagen. Unter dem Hauptaltar rechts die Opiumgötter und links der Tigergott.

Interessant ist auch das Tempelfest zu Ehren der »Neun Kaiser«, beliebten, legendären Astralgöttern, die vom 1. bis 9. Tag im 9. chinesischen Monat (um den 10. Oktober) auf Erden weilen. Ihre Statue (meist nur eine stellvertretend für alle neun) steht das ganze Jahr verschlossen in einem separaten Raum, und nur das Oberhaupt der Hokkien-Gemeinde hat während des Tempelfestes Zutritt. Dagegen sind die schweren Sänftentempelchen, die von je zehn Männern in der Prozession durch die Stadt ans Meer getragen werden, und ein rot und goldener Mediumstuhl im Abstellraum zu besichtigen. Rechts neben dem Tempel der chinesische Friedhof.

Kuil Sri Mariamman (4) (Jln Kemunting)

An der Ausfallstraße Richtung Kuala Lumpur beim unübersehbaren Fernmeldemast führt 100 m westlich eine Abzweigung nach links zum völlig neuen und prächtigen Hindutempel mit dem einzigen Gopuram an der Ostküste. 4½ Jahre betrug die Bauzeit, und fast zwei weitere benötigte man für die äußerst reiche, bunte Bemalung, für die man einen südindischen Künstler holte. Die meisten Götter sind beschriftet. Eine selbständige Kreation ist der offene, ständerartige Glockenturm mit einer glockenförmigen Dachhaube.

Ausflüge von Kuantan

1. *Gua Charah, die »Pilgerhöhle« bei Panching*
Weniger spektakulär als in den Höhlen von Ipoh oder den Batu Caves, aber trotzdem beeindruckend, haben hier buddhistische Mönche aus Thailand einen Höhlentempel errichtet.

Von Kuantan aus fährt man in Richtung Sungei Lembing die 28 km bis Panching, wo beim blau-weißen Balai Polis eine große Schrifttafel auf die restlichen 4 km nach Gua Charah verweist. Vom dortigen Parkplatz gelangt man über eine erste Treppe zu einer Tempelhalle und diversen Nebengebäuden, wo man für die elektrische Beleuchtungder Höhle 1 M$ pro Person entrichten muß.

Es beginnt nun ein ca. zehnminütiger Aufstieg über steile, jedoch mit gutem Geländer versehene Treppen, bis ein Schild auf den Eingang des »Buddhist Cave« hinweist. Dort erwartet den Besucher ein mit chinesischen Schriftzeichen verzierter Stein, auf dem man auch das Wort »patience« liest. Und Geduld braucht man, denn man muß noch rund weitere 10 Minuten durch das Höhleninnere gehen, das größer als die Tempelhöhle der Batu Caves ist und nur spärlich von einigen Neonröhren erhellt wird. Der Weg führt zuerst an einem auf der linken Seite erscheinenden Buddha vorbei, vor dem ein Elefant kniet. Dieser zeigt an, daß es sich um den transzendenten Buddha Aksobhya, Herrscher des Ostens, handelt, dessen Begleittier er ist. Dann erst erblickt man in der Höhlenmitte einen ca. 9 m langen liegenden Buddha in thailändischem Stil, der wirkungsvoll die Riesenhöhle füllt, die hinter ihm noch weitergeht. – Es empfiehlt sich gutes Schuhwerk, da es stellenweise feucht und rutschig ist. Die weitläufige und hohe Karsthöhle ist außerdem erfüllt vom Piepsen der Fledermäuse und den im Halbdunkel umherfliegenden Vögeln.

2. *Kuantans Strand*

Rund 5 km nördlich der Stadt erstreckt sich der populäre Teluk Chempedak (Bus 39, Taxi), der nun in Bezug auf die Hotel- und Restaurantdichte den Sättigungsgrad erreicht hat.

3. *Pekan* (Halbtagesausflug, s. S. 315ff.).

Route 9: Von Kuala Lumpur über Genting Highlands nach Kuantan

Sehenswürdigkeiten

- Genting Highlands
- Nationalpark (Taman Negara)

Unterkünfte

Genting Highlands: Genting Hotel (F, 700 Zimmer, abends große Show), Highlands Hotel (F/M), Pelangi Hotel (M).
Taman Negara: Resthouse in Kuala Tahan (M) und Visitor Lodges in Kuala Terenggan (E) und Kuala Kenyam (E).

Verkehrsverbindungen

Flug: Taman Negara (von und nach K. L. und Kerteh); Kuantan vgl. S. 282.
Autobus, Sammeltaxi: K. L. – Kuantan (274 km); zum Taman Negara (Jerantut) in Temerloh umsteigen oder direkte Sammeltaxis.
Eine gebührenpflichtige Straße mit regem Verkehr windet sich von Kuala Lumpur das Gombak-Tal hinauf und durchstößt die Hauptkette in einem Tunnel. Die alte Straße (S. 174) überquert über einen Paß (Genting) die kontinentale Wasserscheide, deren eine Seite sich in den Indik, die andere in den Pazifik entwässert. Etwas östlich davon zweigt eine gut ausgebaute Straße ab zu den

Genting Highlands.

Wie eine Insel ragen die Hotelbauten mit dem Golfplatz aus dem unberührten Montanwald auf, der sie umgibt. Bauherr des ersten Hotels auf dem 1800 m hohen Ulu Kali-Berg, den man bei schönem Wetter von Kuala Lumpur aus gut sieht, war ein Chinese, der sich vom Mechaniker zum Chef einer Baufirma emporgearbeitet hatte. Kamen die Baumaschinen auf der 20 km langen Stichstraße im Wald nicht mehr voran, wurden sie zurückgezogen, und die Ingenieure suchten einen neuen Weg zum Gipfel. 1968 wurde die Straße, 1971 das Hotel eröffnet, das von der Regierung Pahangs die einzige Konzession des Staates zur Führung eines Spielkasinos erhielt. Es wird vor allem von Chinesen aus Malaysia und Singapore frequentiert; den Malaien sind Glücksspiele vom Islam verboten. In neuerer Zeit versucht man, die Assoziation Genting = Spielkasino aufzuheben durch das Einrichten familiengerechter Freizeitanlagen. Auch ein Golfhotel und ein Kongreßzentrum wurden neu gebaut. Ein Besuch lohnt sich allein schon wegen der gigantischen Anlage, dann auch wegen der Aussicht, besonders am frühen Morgen, bevor die Wolken aufziehen, aber vielleicht auch, um die Spieler zu beobachten, was uns einen »Kulturschock« versetzen kann.

Im buddhistischen *Genting-Höhlentempel*, der unübersehbar an der Straße unterhalb des Gipfelhotels liegt, pflegen die Chinesen vor dem Besuch des Spielkasinos zu opfern. Der untere Eingang führt durch ein großes Felsentor mit Goldinschriften an den vier Himmelswärtern im Eingangspavillon und einem Restaurant vorbei über eine Felsentreppe in die große Höhle. Dort wird man von zwei schwarzen Buddhas, einer kleinen Pagode und Leuchtdrachen empfangen. Über den Wohntrakt gelangt man zur oberen Ausgangshöhle, die eine Kuan Yin und in einem Seitengang Buddha auf der Lotosblüte beherbergt.

Rund 40 km von der Paßhöhe entfernt liegt abseits der Straße *Bentong*, wo der hundertjährige *Fau Tschi Tokong*, ein einfacher Chinesentempel, in seinem Innern ein prachtvoll geschnitztes Türgehänge birgt.

Vor Temerloh (146 km vor Kuantan) zweigt die Straße nach Jerantut und Tembeling ab, die beiden Zugangsorte zu Malaysias größtem Nationalpark.

Taman Negara

Der heute 4343 km^2 große Park entwickelte sich aus einem kleineren Jagdreservat, das 1925 im Norden Pahangs eingerichtet wurde.

Schon 1938 einigten sich die Sultane dreier Teilstaaten, den nach King George V benannten Park – seit der Unabhängigkeit heißt er Taman Negara – im jetzigen Ausmaß unter Schutz zu stellen. Das Schöne am Nationalpark sind seine Vegetation, die vielfältige Vogelwelt (250 Arten) und die vielen Insekten, während man von Glück reden muß, wenn man ein Säugetier an einer Salzlecke oder in einer Lichtung beobachten kann. Selbst Affen hört man eher, als daß man sie sieht. So wird wohl, wer die Tierparks Afrikas kennt, vom Taman Negara diesbezüglich enttäuscht sein.

Parkeingang und bestes Resthouse (E) stehen in Kuala Tahan, wo man auch Verpflegung einkaufen kann. Bis dort kommt man mit einem Boot, das Kuala Tembeling um 14 Uhr verläßt. Meist bleibt man zwei bis drei Tage im Park und unternimmt auf den Pfaden Wanderungen. Für längere Touren muß man sich ein Boot mieten. Auch Fischereilizenzen werden verkauft. Reservierungen nehmen das Touristenamt in K. L., Reisebüros oder das Park Booking Office in K. L. (km 10 Jln Cheras, Tel. 9052872) vor.

Wer aber effizient reisen möchte, dem sei empfohlen, ein Pauschalarrangement mit Flug in den Park von K. L. (oder Kerteh) aus zu kaufen, denn neuerdings fliegt die Pelangi Air in den Taman Negara.

Jengka Triangle

Im Dreieck zwischen Jerantut, Temerloh und Maran befindet sich eine der ersten großen Agrarerschließungsregionen des Landes (Jengka Triangle). In dem 1210 km^2 umfassenden Gebiet wurde schon in den sechziger Jahren der Regenwald größtenteils abgeholzt und durch Ölpalmen und Kautschukbäume ersetzt. Gleichzeitig wurden neue Dörfer und die Stadt Jerantut gegründet.

Chini-See (Tasek Chini)

56 km vor Kuantan biegt eine Straße zum Sungei Pahang (24 km) ab, wo man Boote mieten kann, die einem zum Tasek Chini bringen. Einen direkten Zugang aber bietet Route 11.

Route 10: Von Kuala Lumpur über Melaka nach Singapore

Hauptsehenswürdigkeit

– das alte Melaka (S. 185 ff.)

Weitere Sehenswürdigkeiten

– das Kunst- und Kulturmuseum von Seremban
– die alte Sultansresidenz in Sri Menanti
– Muar
– Johor Bahru

Hotels

    Seremban: Tasik (F/M, hübsch gelegen)
    Port Dickson: Ming Court (F, am Strand), Si-Rusa Inn (M, am Strand)
    Melaka: s. S. 182.
    Johor Bahru: Holiday Inn (F, sehr angenehm), Tropical Inn (M), Merlin Inn (M)
    Desaru: Desaru View (F), Merlin Inn (F/M).

Verkehrsverbindungen

Auf allen Teilstrecken gute Bus- und Sammeltaxiverbindungen. Nach Sri Menanti über Kuala Pilah. Doch ist gerade auf dieser Strecke das Mietauto ideal.

Flugplatz in Johor Bahru (22,5 km außerhalb der Stadt) mit Verbindungen nach K. L. (mehrmals tgl.), Kota Kinabalu (tgl.), Kuching (tgl.), Penang und Sitiawan.

Zwischen Kuala Lumpur und Seremban gibt es keine Sehenswürdigkeiten, und es empfiehlt sich daher, die 66 km lange Strecke auf der Autobahn oder mit der Eisenbahn durchzufahren.

Der Teilstaat Negeri Sembilan

Seremban ist die Hauptstadt des Teilstaates Negeri Sembilan (dieser Name bedeutet »Neun Staaten« und bezieht sich auf eine Konföderation von 9 Fürstentümern aus dem Jahre 1773), die Residenz des Sultans dagegen steht in Sri Menanti. 650000 Menschen (1990) leben im 6643 km² großen Negeri Sembilan, was zu einer für Malaysia überdurchschnittlich hohen Bevölkerungsdichte führt. Fast die Hälfte der Einwohner sind Malaien, 36% sind Chinesen und 17% Inder, die vor allem als Plantagenarbeiter hierher kamen. Die ursprüngliche Bevölkerung stammt aus dem Reich Minangkabau auf Sumatra und besiedelte im 15. Jahrhundert das Hinterland von Melaka. An materiellen Kulturgütern brachten sie u. a. die Bauform ihrer Häuser mit, deren Dächer schön geschwungene Giebel haben; an der Traufseite sind treppenförmig ansteigende Anbauten typisch. Solche Häuser kann man vor allem in der Gegend Melakas immer noch antreffen. Die alte Gesellschaftsordnung war mutterrechtlich organisiert. Dieses matriarchalische System (adat perpateh) stand im Gegensatz zum patriarchalischen (adat temenggong) der Malaien. Es ist schwierig festzustellen, ob und wo das ursprüngliche soziale System, z. B. die Regeln der Exogamie (es durfte nur außerhalb der Sippe geheiratet werden), noch eingehalten wird.

Die Regierung von Negeri Sembilan hofft, ihr Teilstaat profitiert mit der Zeit von der Nähe der Industrieachse Kuala Lumpur–Kelang, wo sowohl die Lohn- wie Landkosten höher als in Negeri Sembilan sind. Daher wurden hier acht Industriestandorte festgelegt, wo sich bis jetzt um die 200 größere und kleinere Firmen niederließen. Wenn man auch das Investitionsvolumen nicht überschätzen darf, so erstaunt doch, daß die Industrie mit 29,1% mehr an das Bruttoinlandprodukt des Teilstaates beitrug als die Landwirtschaft mit 28,0%, wobei dem Baugewerbe ein schöner Teil zu verdanken sein dürfte. Die Hauptprodukte der Landwirtschaft sind übrigens Kautschuk, Palmöl und Kakao.

Seremban

zählt 150000 Einwohner, wovon die Hälfte Chinesen sind. Der Anteil der Inder mit 16% ist überdurchschnittlich hoch. Die mittlere jährliche Zuwachsrate beträgt über 3%, wohnten 1957 in der Stadt doch erst 52000 Menschen. Für den Wohnungsbau ergaben sich dadurch große Probleme.

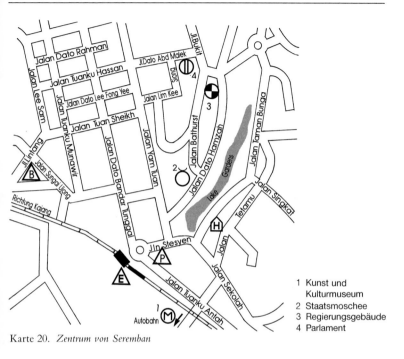

1 Kunst und Kulturmuseum
2 Staatsmoschee
3 Regierungsgebäude
4 Parlament

Karte 20. *Zentrum von Seremban*

Besuchenswert sind vor allem die Staatsmoschee und vor der Stadt das Museum (Karte 20).

Gute 2 km außerhalb des Stadtzentrums am Autobahnzubringer steht 400 m von der Autobahn entfernt das

Kunst- und Kulturmuseum (1, Taman Seni Budaya Negara),

das vom Samstag bis Mittwoch von 9.00–18.00 Uhr, am Donnerstag nur bis 12.45 Uhr geöffnet und am Freitag geschlossen ist.

Im Hauptgebäude findet man die übliche volkskundlich-historische Sammlung mit schönen Einzelstücken. Einen Besuch wert ist das Freigelände, auf dem als Hauptsehenswürdigkeit der unbenützte Istana Ampang Tinggi, ein außen schlichter Holzpalast mit prachtvollen Schnitzereien im Innern, seit 1953 als Kern der Sammlung zur Besichtigung aufgestellt ist. Ohne Nägel in den sechziger Jahren des 19. Jahrhunderts erbaut, ist er der älteste erhaltene Palast in Negeri Sembilan (vierzig Jahre älter als der Istana Lama in Sri Menanti). Der 5. Sultan hatte ihn seiner Tochter zur Hochzeit geschenkt. – Daneben ein Minangkabau-Schauhaus mit schön geschnitzten Kanten und Türfassungen. Ferner Kopien der drei Megalithe von Pengkalan Kempas (S. 304).

Masjid Negeri (2)

Die moderne Architektur der Staatsmoschee fällt aus dem üblichen Rahmen, stellt doch die elegante, weiße Gebetshalle eine Referenz an die neun Einzelstaaten Negeri Sembilans dar: So hängen zwischen neun schlanken, U-förmigen Pfeilern die neun weit geschwungenen Dachfalten, während neun kegelförmige Halbsäulen das obere Terrassengeländer stützen. Im Innern der Gebetshalle symbolisiert die halbe Hohlsäule vor einer Bogenfensteröffnung den Mihrab; daneben ein holzgeschnitzter Minbar mit goldener Zwiebelkuppel. Das Licht durch die anderen Bogenfenster wird durch wie Wandteppiche wirkendes Holzblendwerk gedämpft.

Die 1967 eingeweihte Moschee darf als eine der gelungensten modernen Sakralbauten im Malaysia gelten, auch wenn das erst 1984 hinzugefügte Minarett, einen Blumengriffel mit goldener Zwiebelkuppelnarbe darstellend, nicht ganz dazupaßt.

In der Nähe wurde als Kontrast zum imposanten *Regierungsgebäude* (3) aus der Kolonialzeit das neue *Parlament (4)* in Anlehnung an den alten Minangkabaustil errichtet.

Etwa 40 km von Seremban entfernt liegt in den Bergen die Residenzstadt

Sri Menanti.

Seit es 1773 königliche Hauptstadt wurde, sah Sri Menanti mehrere Residenzen. Zur Zeit stehen deren drei: der alte Holzpalast (Istana Lama), der 1931 für einen größeren im Kolonialhausstil mit blauem Ziegeldach verlassen wurde, und der neueste, ein Bungalowbau auf einem nahen Hügel.

Der zwischen 1902 und 1908 erbaute *Istana Lama* kann heute wie ein Museum besichtigt werden. (Die Wärterfamilie erwartet ein Trinkgeld für die Führung.) Von weitem wirkt der mehrstöckige, zuoberst aber nur aus einem Turmzimmer bestehende Holzpalast recht bescheiden. Einzig die symbolischen »Büffelhörner«, die sich über dem Dachstockgiebel kreuzen, weisen auf den Minangkabaustil hin. Aus der Nähe sehenswert sind die feinen, hellbraun aus schwarzem Grund herausgehobenen Holzschnitzereien an den Tragpfeilern und der Veranda-Unterseite. Wie bei einem Malaienhaus steht der Palast erhöht auf Pfeilern. Kommt man die Treppe hinauf in den ersten Stock, so erblickt man am linken Gangende das mit Goldornamenten auf schwarzer Rückwand verzierte Thronsofa, vor dem die Gäste empfangen wurden; in Palastmitte, dem überdachten Veranda-Vorbau gegenüber, der Speisesaal und links davon ein Schlafraum. Das Bad dahinter, das jetzt die Wächterfamilie benutzt, enthält statt der Badewanne den in Malaysia üblichen runden Wasserbottich. Im zweiten Stock lagen die eigentlichen Wohnräume und das königliche Schlafgemach in gelb mit einem prachtvoll geschnitzten Baldachinbett. Darüber im 3. und 4. Stock je ein über eine steile Treppe erreichbares Turmzimmer: Das obere war die Schatzkammer, während das untere dem Sultan als Arbeits- und Ruhezimmer diente, aber auch noch einen Teil des Schatzes enthielt.

Wer Zeit hat, wähle zur Rückfahrt die schöne Route über Kuala Pilah, Johol und Rembau zurück nach Seremban.

Von Seremban führt die Straße durch Kautschukplantagen, an Starfruit-Pflanzungen und Reisfeldern vorbei nach Port Dickson. In den Kautschukwäldern werden neuerdings Rinder gehalten, nachdem Agronomen herausgefunden haben, daß eine doppelte Nutzung der Plantagen möglich ist und Malaysia ohnehin versucht, die Milch- und Rindfleischproduktion zu erhöhen.

Port Dickson

(30 000 Einwohner) ist eine kleine Industriestadt ohne Sehenswürdigkeiten. Erwähnenswert aber sind die rund 10 km langen Strände zwischen der Stadt und dem Cape Rachado, die zu den schönsten der Westküste zählen. Touristische Einrichtungen stehen zur Verfügung.

Rund 4,5 km südlich des Ming Court Beach Hotel zweigt rechts eine Straße zum *Cape Rachado* ab. Sie führt zuerst durchs Kasernenareal einer Artillerie-Schule, dann an Wohnblöcken mit Zweitwohnungen vorbei zu den Umkleidekabinen am Strand. Dort geht es rechts zur *Blauen Lagune*, geradeaus aber beginnt nach weiteren 400 m das Waldschutzgebiet. Ein Weg führt zum Leuchtturm, von wo man einen schönen Blick aufs Meer hat. Im Wald kann man Affen und oft auch Zugvögel beobachten, die hier zu rasten pflegen.

Die Hauptstraße biegt nun nach Osten; über Pasir Panjang erreicht man nach fast 20 km Pengkalan Kempas.

Die archäologische Fundstätte von Pengkalan Kempas ist gut bezeichnet durch einen Wegweiser kurz vor dem Dorfeingang. Hauptsehenswürdigkeit sind drei rätselhaft behauene Menhire, die in der Nähe der Linggi-Flußmündung 1919 entdeckt und wiederaufgestellt wurden. Ihre auf der Vorderseite eines lokalen Granitsteins sorgfältig ausgeführten Reliefmuster zeigen keinerlei Ähnlichkeit mit vergleichbaren indischen, javanischen oder Khmer-Ornamenten und sind einzigartig auf der Halbinsel. Da die drei Menhire deutlich sichtbare Formen eines Ruders, Löffels und Schwertes besitzen, werden sie allgemein so genannt. Der größte, das »Schwert« ist 2,57 m hoch, schmal und oben spitz zulaufend. Sein Muster besteht von oben nach unten aus drei runden Scheiben, vermutlich Sonnen- oder Mondsymbolen, einem Vogel mit ausgebreiteten Flügeln und einem gehörnten Drachen. Der Rand des Steines ist gerippt, und drei enge Furchen grenzen seine Spitze derart ab, daß ein phallischer Eindruck entsteht. Der kleinste Stein, das »Ruder«, ist in seinem Muster so von dem des »Schwertes« verschieden, daß er einer anderen Gruppe oder Epoche zuzugehören scheint. Er zeigt einen Fantasievogel mit langen Beinen und Klumpfüßen, von denen einer unter der Gestalt eines kleinen Pferdes liegt. Ein Blattwerkmuster bildet den oberen Rand, der untere ist unbehauen. Zwischen »Ruder« und »Schwert« steht der breite »Löffel«, der nur geformt und geglättet ist, aber wohl nie dekoriert war. In Malaysia gibt es nur diese drei behauenen Menhire, dagegen Hunderte roh belassene, die alle leicht konkav, einander paarweise zugeneigt oder in Reihen aufrecht stehen. Der größte bisher entdeckte mißt 3,175 m. Solche Menhire, die wahrscheinlich Bauern einer frühen Megalithkultur überall in Südostasien errichtet hatten, waren keine Grabsteine, sondern gedachten besonders verehrter Vorfahren, wobei die höchsten jeder Gruppe sogar ein abstraktes Fruchtbarkeitssymbol verkörperten.

Am gleichen Ort wie die Menhire befindet sich die als *Keramat Sungai Udang* bekannte Grabstätte von Sheikh Ahmad Majnun, der im Kampf gegen Sultan Mansur Shah von Melaka sein Leben verlor. Das große Fürstengrab von 1467, eines der wenigen Zeugnisse für den Baustil unter dem Melaka-Sultanat, ist zugleich das älteste dieser Art in ganz Malaysia und wird als wundertätiger, heiliger Ort verehrt. Die mit arabischen und sumatranischen Inschriften versehenen Steine daneben erzählen das Leben des Sheikhs.

Auf der Fahrt von Pengkalan Kempas nach Melaka kommt man an mehreren älteren Dorfmoscheen ohne Minarett vorbei sowie an schönen Malaienhäusern mit geknicktem Satteldach und auffallend steilem Giebelfeld, wie es für das Gebiet von Melaka typisch ist.

8,3 km vor Melaka erreicht man die 1930 erbaute *Masjid Tanjong Keling*, die das prunkvollste Minarett unter den Melaka-Moscheen besitzt. Es besteht aus einem ca. 20 m hohen, oktogonalen Pagodenturm, den zwei Balustradengeländer und fünf Reihen durchbrochener Rundbogenfenster schmücken.

An der Abzweigung Richtung Meer stößt man auf das *Grab von Hang Tuah* (Makam Tua-Hang Tuah), eines der drei legendären Helden aus der Blütezeit des Melaka-Sultanats, bei dessen Tod das königliche Orchester drei Tage lang verstummte (s. S. 189). Das Grab wurde als »alter Stein« bezeichnet, um die Portugiesen zu täuschen, die alle Überbleibsel aus der Sultanatszeit zerstörten und Gedenkstätten verboten, welche die »malaiischen Geister« wachrufen könnten. Die Holländer hingegen hinderten niemanden, Grabstätten zu errichten, so daß der liebevolle Grabumbau erst aus dem 17. Jahrhundert stammt.

Nach 4,75 km die minarettlose *Masjid Kelebang Besar*, deren Friedhof unter Frangipanibäumen liegt. Dann an Kolonialvillen und Hotels am Meer entlang 3,6 km bis zur *Masjid Besar Trengkera* (vgl. S. 197) und in etwas über 2 km ins Zentrum von Melaka.

Melaka ist als eine der Hauptsehenswürdigkeiten ab S. 182 beschrieben. Hier lohnt sich ein Aufenthalt von mindestens einem Tag.

Außerhalb Melaka bis zur Grenze zum Teilstaat Johor besitzt fast jedes Dorf eine regionalspezifische Moschee vom »Melaka-Typ«. Erwähnt seien hier
– die *Masjid Kampung Alai* mit doppelter Steinkrone und Pagodenminarett beim Kilometer 8 auf der Staatsstraße 8 links (verläßt man Melaka auf der M 100 am Meer entlang, muß man bei der Einmündung in die Staatsstraße 300 m zurückfahren);
– bei Kilometer 10 die renovierte *Masjid Kampung Telok Mas* von 1826, ebenfalls mit Pagodenminarett und schöner Steinkrone und
– nach Kilometer 28 links die minarettlose *Masjid Jamek Kampung Sebatu* von 1898, in deren Hof in einem offenen Turmgehäuse rechts vom Eingang eine lange Holztrommel zum Anschlagen der Gebetszeiten hängt.

Traditionelles Malaienhaus im Melaka-Stil bei Merlimau

Von Melaka her nach Kilometerstein 24, von Johor nach Kilometer 210, fährt man Richtung Permatang Serai auf der M 108, wo kurz nach einer Mobil-Tankstelle eine Abzweigung nach rechts in westlicher Richtung zum Haus führt. Dieser farbenprächtige Holzbau aus dem 19. Jahrhundert gehörte einer vornehmen Malaienfamilie. Er besitzt den für Melaka typischen Steilgiebel, zeigt aber außen wie innen auch chinesische Einflüsse: So der geschwungene Treppenaufgang, der wie die Veranda besonders reich mit bunten Keramikfliesen dekoriert ist. Im Innern sehenswert sind Schlaf- und Wohnzimmer mit einem Hochzeitssitz für das »bersanding« (s. S. 167) und Baba-Nonya-Möbeln. Der Rest ist leider halb zerfallen. Eintritt »pro Auto«: 5 M$.

Der Teilstaat Johor

Vor Muar überfährt man die Grenze zu Johor, dem südlichsten Teilstaat der Halbinsel und nach Perak dem bevölkerungsreichsten. In wirtschaftlicher und sozialer Entwicklung steht Johor über dem Landesdurchschnitt. Allerdings gibt es im Teilstaat ein deutliches West-Ost-Gefälle. Die Wirtschaft fußt primär auf Landwirtschaft, die zur Wertschöpfung 28,4% beiträgt, die Industrie nur 22,6%. In der Produktion von Latex, Palmöl und Ananas ist Johor quantitativ im Lande führend. Auch schwarzer Pfeffer und Kokosnüsse werden verarbeitet. 1988 begann man ferner bei Keluang mit der Ernte von Tee. Die 200 ha große Plantage ist ein Joint-Venture-Projekt zwischen einer staatlichen Körperschaft und einer britischen Teefirma.

Die weitere Entwicklung der Landwirtschaft wird durch Vergleiung der Böden in weiten Gebieten der West- und Ostküste (z. B. am Sungei Muar und Semberong, bei Pontian Kechil) erschwert. Stellenweise ist der braune Torfboden über 3 m tief und so weich, daß Großvieh einsinken würde und Fruchtbäume sich nicht verwurzeln können, so daß sie bei starkem Wind umkippen. Grundwasserregulierungen sind schwierig auszuführen, da Grundwasser vom Meer oder den Flüssen zufließt und wegen fehlenden Abflusses schon bei geringen Niederschlägen Überschwemmungen auftreten. Man erforscht nun die Möglichkeit, auf solchen Böden Gemüse anzupflanzen, wobei das Beispiel von Florida wegweisend ist. – An der Küste werden Fischereiprodukte gefördert. Große Hoffnungen werden auch auf Aquakulturen mit Garnelen gelegt.

Industrielles Zentrum ist die Region von Johor Bahru. 10 km östlich der Stadt hat sich das ehemalige Fischerdorf Pasir Gudang zum Haupthafen für den Gütertransport nach Ostmalaysia – meist in Containern – entwickelt. Auch haben sich schon 84 Fabriken, darunter eine Palmölraffinerie, angesiedelt. Touristisch bietet der Süden der Malaiischen Halbinsel allerdings nur wenig Sehenswürdigkeiten. Viele Touristen fahren daher von Melaka nach Singapore durch, verpassen dabei aber doch einiges Sehenswerte.

Muar

Am linken Ufer des Sungei Muar, rund 1 km unterhalb der Brücke, erhebt sich die *Masjid Jamek Sultan Ibrahim*. Der Anblick dieser Freitagsmoschee ist überraschend: Man glaubt, vor einem kleineren Barockschloß zu stehen, wobei die Krone am Torgitter diesen Eindruck noch verstärkt. Die der Abu Bakar-Moschee in Johor Bahru 1925 nachgebaute, neubarocke »Palast-Moschee« besteht aus einer mehrflügligen Anlage. In Höhe der Dachterrasse beginnt der runde Minarett-Turm, dessen unterster Teil in ein rechteckiges Säulenpavillon eingebaut ist. Die hohen, voneinander verschiedenen Fensterreihen und Pilasterordnungen lassen das dreigeschossige Minarett eher einem Schloßturm gleichen. Die beiden seitlichen Moschee-Eingänge tragen kurze, kubische Turmaufbauten, die an eine Klosterkirche erinnern, während die festsaalartige Rotunde an der Rückseite rein dekorativ ist, da der Mihrab vor einer geraden Abschlußwand steht und sie funktionslos läßt. Das Innere erinnert an eine barocke Reithalle, in der eine doppelstöckige Loggia in luftiger Eisenkonstruktion den Minbar bildet.

Muar besitzt diverse eindrucksvolle Kolonialgebäude und eine schöne Chinatown.

Im Teilstaat Johor sieht man auf dem Land einen *neuen Malaienhaustyp*: Die für Melaka typischen Steilgiebel sind verschwunden und haben einem abgerundeten, länglichen Vorbau Platz gemacht.

10 km südlich Ayer Hitam, in *Kampong Macap*, ist die *Aw-Pottery* besuchenswert. Ohne Kaufzwang können die Fabrikationsräume mit dem 48 m langen Backsteinofen, der pro Füllung 2000 Einzelstücke brennt, besichtigt werden. Hergestellt wird praktisch alles vom Blumentopf über Nippessachen bis zu kitschigen Exportartikeln. (Großer Parkplatz und Erfrischungsrestaurant.)

Eine Wegvariante besteht darin, von Muar aus auf der Straße Nr. 5 am Meer entlang weiterzufahren bis nach *Kukup*, einem Fischerdorf auf Stelzen mit Fischrestaurants. Dort befindet man sich in der südlichsten Ortschaft des eurasischen Festlandes! Der südlichste Punkt ist das vorgelagerte Tanjong Piai (1° 16′N/103° 31′E).

Johor Bahru

Johor Bahru ist nach Kuala Lumpur, Georgetown und Ipoh die viertgrößte Stadt Malaysias und eine der wenigen, in denen es mehr Malaien als Chinesen gibt. Die Chinatown ist deshalb klein. Durch die Stadt zieht sich als Hauptverkehrsachse die Straße Kuala Lumpur–Singapore, die in den Causeway, den Damm zur Insel Singapore, mündet. Auch die Bahnlinie muß sich durch die Stadt zwängen.

Das Sultanat von Johor war der Nachfolgestaat des 1511 untergegangenen Sultanats von Melaka. Sein wechselhaftes Geschick, gezeichnet von inneren und äußeren Wirren, benützte Raffles 1819, um Singapore abzutrennen. Schon damals lagen die Staatsgeschäfte in den Händen des kraftvollen Temenggong. Während die unfähigen Sultane bis zu ihrem Aussterben 1877 ein Schattendasein in Muar fristeten, gründete der dritte Temenggong Abu Bakar (1862–95) die neue Hauptstadt Johor Bahru, nannte sich Maharaja und übernahm mit britischem Einverständnis 1886 den Sultanstitel. Der autoritäre und westlich beeinflußte Herrscher, unter dem der Staat eine friedliche Entwicklung durchmachte, gilt als »Vater des modernen Johor«. Sein Sohn Ibrahim regiere 64 Jahre lang und erlebte 1957 noch die Unabhängigkeit und den Beitritt zur Malaiischen Föderation.

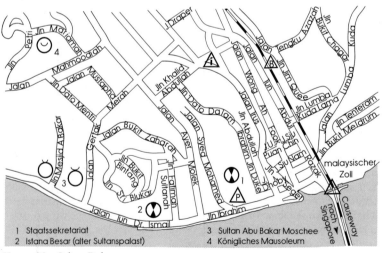

1 Staatssekretariat
2 Istana Besar (alter Sultanspalast)
3 Sultan Abu Bakar Moschee
4 Königliches Mausoleum

Karte 21. *Johor Bahru*

Johor Bahru

Sehenswürdigkeiten in der Stadt (Karte 21)

Um zu den Sehenswürdigkeiten zu gelangen, biege man vor den Zollanlagen nach rechts Richtung Jalan Ibrahim ab.

Bangunan Sultan Ibrahim (1, Staatssekretariat)

Einer maurischen Trutzburg ähnlich, thront seit 1940 auf dem Bukit Timbalan das Staatssekretariat, dessen quadratischer Turm von nicht ganz 65 m Höhe Wahrzeichen im Stadtbild von Johor Bahru ist. Innen enthält das Gebäude staatliche Büros, weshalb nur die große Eingangshalle zu besichtigen ist.

Istana Besar (2, alter Sultanspalast)

Der lange, niedere Kolonialbau mit Blick auf die Johor-Straße (1866 unter Abu Bakar begonnen, später erweitert) ist zur Einrichtung eines königlichen Museums vorübergehend geschlossen. Zugänglich dagegen ist der öffentliche Palastpark, in dem viele nichteinheimische Pflanzen wachsen.

Masjid Abu Bakar (3)

Die mächtigste »Palast-Moschee« (s. S. 83) überblickt von ihrem Hügel die ganze Johor-Straße mit dem am jenseitigen Ufer beginnenden Singapore. Sultan Abu Bakar, der sie 1892 erbauen ließ, sollte ihre Vollendung nicht mehr erleben. Acht Jahre dauerte der Bau der von westlicher Schloßarchitektur beeinflußten Anlage. In ihren Neorenaissance-Formen wirkt sie etwas strenger als die neubarocke von Muar (s. S. 307). Der Grundriß aber ist im Prinzip derselbe: An die weite, rechteckige Gebetshalle schließen sich vier Flügel an, die hier alle einen »Schloßturm« tragen. Er ist oktogonal, mit nur leicht variierten Fensterreihen und -läden, klaren Pilasterordnungen und einer schwarz glänzenden Kuppelhaube als Kontrast zum hellen Bau. Das Hauptminarett an der Südseite erhebt sich wie in Muar dreigeschossig über der Dachterrasse, wobei der unterste Teil in einem rechteckigen Säulenpavillon steckt. Die drei anderen Türme sind um das Pavillongeschoß kürzer, im oberen Teil jedoch gleich. Außer am geschlossenen Ostflügel auf der Mihrabseite führen je drei Rundbogentore in den 2000 Gläubige fassenden Saal, wo der Minbar, wie in Muar eine doppelstöckige Loggia, jedoch aus Messing geschmiedet und mit reichem Rankenwerk, einen seltenen Blickfang bildet.

Dem Mihrabteil gegenüber auf der anderen Straßenseite entsteht zur Zeit die neue Moschee!

Königliches Mausoleum (4)

Auf dem weitläufigen Mahmoodiah-Friedhof an der gleichnamigen Straße liegt das königliche Mausoleum mit den Sultansgräbern. Es ist täglich von 7.00–11.45 Uhr und 14.00–16.00 Uhr geöffnet. Im hinteren, älteren Gebäude ruht in der achteckigen Rotunde der erste Sultan von Johor Bahru, Abu Bakar (1862–95), dahinter sein Sohn, Sultan Ibrahim (1895–1959). Der mittlere Trakt ist für nahe Verwandte, während im Erweiterungsbau vorn unter goldenen Stoffbaldachinen (gold als königliche Farbe, weiß dagegen für Regierungsmitglieder) die drei Marmorsärge des letztverstorbenen Sultan Ismail (1959–81), seiner Frau und seiner Mutter stehen. Vor dem Mausoleum sind meist hohe Regierungsbeamte begraben.

Ausflug nach Desaru

Von Johor Bahru oder aber von Singapore aus lohnt sich ein Ausflug nach Desaru. Er gibt einen Eindruck von der Entwicklung einer Region, wie sie für Malaysia typisch ist, und führt zu einem schönen Strand mit allen notwendigen Einrichtungen. Für die Entwicklung des Südostens von Johor ist eine staatliche Körperschaft, die KEJORA, verantwortlich, welche mit anderen Gesellschaften, auch privaten, zusammenarbeitet. Sie ließ weite Gebiete, durch die man Richtung Desaru fährt, roden und hauptsächlich mit Ölpalmen bepflanzen. Für die Arbeitskräfte wurden neue Dörfer errichtet und einige Ortschaften bestimmt, die zentrale Dienste aufnehmen und damit zukünftige Kleinstädte sind. Bandar Tenggara (»Südoststadt«), etwa 10 km vor Desaru, soll sogar Industriestandort werden. So verständlich die Urbarmachung des Raumes aus dem Blickwinkel der malaysischen Behörden ist, so bedauerlich wirkt der Anblick der monotonen Ölpalmlandschaft.

Auf der Fahrt nach Desaru kann man einen Abstecher zu den Überresten des Forts Kota Batu und der ehemaligen königlichen Residenz Johor Lama machen. Was man bis jetzt ausgegraben hat, erscheint zwar nicht überragend, interessant aber ist die Fahrt auf meist ungeteerten Wegen durch die Ölpalmplantagen, vorbei an einem Verarbeitungswerk und durch ein abgelegenes neues Dorf bis an die weite Flußmündung des Sungei Johor.

Johor Lama

500 m hinter Kilometer 26 rechts abzweigen (Wegweiser Kota Tua). Der Weg durch die Ölpalmplantage ist nicht leicht zu finden; hier die Routenanweisung von der Hauptstraße aus:

1,8   km Kontrollposten – Fahrziel Johor Lama angeben
5,4   km links Palmölverarbeitungswerk; auf der roterdigen Hauptstraße bleiben
6,15 km Weggabelung: nach rechts
6,55 km rechts abbiegen
6,65 km Weggabelung: nach rechts
6,7   km Weggabelung: nach links; Straßendorf mit vielen Indern
7,2   km Weggabelung: nach rechts
7,5   km geradeaus
8,8   km links halten, Weg wird schmal
10,15 km rechts altes Sultansgrab (2 beschriftete »männliche« Steine)
10,5   km Wegweiser »Ka Kota Tua dan Makam«
10,9   km ausgegrabene Festung Kota Batu

Von Kota Batu, der größten Festung auf der Halbinsel, liegen noch weite Teile unter Kulturland oder im Dschungeldickicht verborgen; nur das vorderste, auf dem steilen Felsvorsprung des Tanjong Batu gelegene Stück wurde 1960 ausgegraben und rekonstruiert.

Um 1545 hatte Sultan Alauddin Riayat Shah 10 Meilen vor der Mündung des Johor-Flusses ein Fort gegen Angriffe aus dem portugiesischen Melaka wie von dessen Handelskonkurrenten Acheh auf Sumatra errichten lassen. Doch als er 1564 auch seine Hauptstadt nach Johor Lama verlegte, überfielen und zerstörten die Achinesen ein erstes Mal das Fort. Sultan Alauddin wurde als Gefangener nach Acheh gebracht, wo er noch im selben Jahr starb. Kota Batu aber wurde 1572 wiederaufgebaut. Den zweiten vernichtenden Schlag vollführten 1587 die Portugiesen, wobei sie mit dem Fort zugleich Johor Lama zerstörten. Beides wurde nicht mehr aufgerichtet, denn der geflohene Sultan Jalla Abdul Riayat Shah hatte die neue Hauptstadt flußaufwärts nach Batu Sawar verlegt.

Desaru

Um von vornherein die Entwicklung zu diversifizieren und die Rendite der Verkehrsinvestitionen zu erhöhen, hat die KEJORA, die für den wirtschaftlichen Fortschritt im Südosten Johors verantwortlich ist, an der Küste zum Südchinesischen Meer das Touristenprojekt Desaru geschaffen. Mitte der siebziger Jahre wurde am Strand ein staatlich getragenes Restaurant mit Ferienchalets als erster Entwicklungsimpuls eingerichtet, 1981 dann das erste private Hotel eröffnet. In den letzten Jahren erfolgte die Anlage eines großen Golfplatzes, in dem wie Inseln Überreste des Tropischen Regenwaldes stehengelassen wurden. So kommt es, daß sich hin und wieder Affenherden auf den Golfplatz verirren. – Während der Woche ist Desaru oft wie ausgestorben, am Wochenende aber herrscht Großbetrieb, wenn die Singaporeans zum Baden kommen. Geplant ist eine Luftkissenboot-Verbindung zwischen Changi im Südosten Singapores und Desaru.

Route 11: Von Kuantan über Segamat nach Melaka

Sehenswürdigkeiten

- frisch entwickeltes Agrargebiet mit einer Neustadt; Teeanbau; Viehwirtschaft in den Tropen
- alte Plantagenregion; Kakaoanbau

Übernachtungsmöglichkeiten

Muadzam Shah: Seri ridan (Rumah persinggahan, E, empfehlenswert)
Segamat: Mercury (M, am Nordende der Stadt)
Melaka: s. S. 182.

Verkehrsverbindungen

Mietwagen ideal! Von Kuantan zwar Busse nach Segamat; von dort aber nur mit Umsteigen nach Melaka

Diese Route drängt sich als Alternative zur unattraktiven Fahrt auf der Route 9 auf, möchte man vom Südchinesischen Meer zur Westküste. Der Weg führt durch eine recht abwechslungsreiche Gegend: Zuerst durch agrarisch neu erschlossenes Land, dann – ab Segamat – durch altes Plantagengebiet.

Man folgt der Hauptstraße Richtung Kuala Lumpur bis Simpang P. Manis, wo man nach Süden abbiegt. Nach 53 km wird der Sungei Pahang überquert. Hier mündet die Straße von Pekan (S. 315ff., 86 km) ein. Bei 67 km erfolgt die Abzweigung zum *Chini-See* (37 km), auf dem man Boote mieten kann. Beidseitig der Straße erstrecken sich nun Viehweiden; vom ehemaligen Regenwald zeugen mächtige Baumstrünke, die stehenblieben. Vom Rasthaus bei km 102 lohnt sich der Abstecher zur nur wenige Kilometer östlich liegenden neuen Stadt *Muadzam Shah*. Sie gibt einen Eindruck davon, mit wie wenig Einkaufs- und Unterhaltungsmöglichkeiten die Menschen in den agrarisch neu erschlossenen Gebieten auskommen müssen. Die großzügige Planung anderseits weist auf das künftige Wachstum der Stadt hin, wenn sich die Einwohnerzahl Malaysias vervielfachen wird.

Nach 3 km folgt die Teeplantage Ladang Bukit Ridan mit dem Verarbeitungswerk »Teh Dara«. Die Flächenerträge sind im Tiefland höher als etwa in den Cameron Highlands (S. 275 ff.), doch wird die Qualität des Tieflandtees weniger geschätzt.

Segamat (180 km) ist eine lebhafte Kleinstadt mit rund 50 000 Einwohnern. An ihrem südlichen Ende zweigt man Richtung Muar ab. Die Route durchquert nun Kautschukplantagen. Zahlreiche kleine, aber im allgemeinen recht malerische Hindutempel weisen darauf hin, daß die britischen Kolonialherren Tamilen als Plantagenarbeiter ins Land geholt hatten, die nun noch immer hier leben. Der steinerne Pfau auf dem Tempeldach deutet an, daß das Heiligtum nach alter Tamilentradition Subramaniam (S. 73) geweiht ist. Doch die ländliche Armut, die hier herrscht, ist unübersehbar, auch wenn keine hungernden oder fehlernährten Kinder vorhanden sind. Viele Männer und Frauen kauen Betel und haben dadurch schlechte und verfärbte Zähne.

Auf dem nahen Mt. Ophir (Gunung Ledang, 1276 m) soll ein Höhenort für Touristen entstehen.

Unterwegs erblickt man Kakaopflanzungen. Von einem unbedeutenden Produzenten hat sich Malaysia seit 1970 zum drittgrößten Weltexporteur entwickelt. 60% der Anbaufläche befinden sich in Sabah auf Plantagen, während hier Kleinbauern den Kakao oft mit Kokosnüssen zusammen anbauen. Der Kakaobaum (Theobroma cacao) stammt aus dem Unterholz Tropischer Regenwälder Südamerikas, wo er 8–10 m hoch wird. In der Kultivation wird er niedriger gehalten. Die Blüten sind kauliflor, d. h. direkt am Stamm befindlich (Abb. 41). Die gurkenförmige Frucht wird das ganze Jahr hindurch geerntet. Die Bohnen fermentieren zunächst in »Schwitzkästen« und werden dann getrocknet, wobei sie ihre Farbe von weiß zu braun wechseln.

Mitten in *Tangkak* (234 km) zweigt die Straße nach rechts Richtung *Jasin* ab. Nach 4 km kommt rechts eine sehenswerte Kolonialvilla mit Dachadler, die frappant an Kellie's Castle (S. 272 f.) erinnert. Den Wegweisern nach gelangt man alsdann problemlos nach Melaka (279 km). Wer diese Route aber umgekehrt fährt, hat Schwierigkeiten, den Anfangspunkt von Melaka aus zu finden: Auf dem Weg Richtung Autobahn folgt nach rund 8 km rechts die Abzweigung zum Hotel Malacca Village;

Abb. 41. *Kakaobaum; Zweig mit Blatt und Blüten (aus: Strasburger et al., Lehrbuch der Botanik. 27. Aufl. 1958, Gustav Fischer Verlag, Stuttgart 1958)*

200 m vorher geht, leicht übersehbar und ebenfalls nach rechts, der Weg ab zum Dorf Jasin.

Route 12: Von Kuantan über Mersing nach Johor Bahru oder Desaru

Sehenswürdigkeiten

- die Stadt Pekan
- die Badeinsel Tioman

Unterkünfte

Mersing: Mersing Resort (F, 2,4 km nördlich Mersing, Aussichtslage!), Merlin Inn (M, 1,7 km nördlich Mersing).
Tioman: Tioman Island Resort (F/M)
Rawa: Rawa Island Resort (E)
Pulau Besar: White Sand Beach Resort (E)
Johor Bahru und Desaru vgl. S. 299.

Verkehrsverbindungen

Mietwagen, Busse (jene von Kuantan nach Singapore nehmen in der Regel Route 11!)
Flugverbindungen von Tioman nach Singapore (mehrmals tgl.), nach K. L. (tgl.), ferner nach Kerteh und Kuantan.

Obwohl die Route am Meer entlang zu verlaufen scheint, führt die Straße meist durch einen unattraktiven Buschwald oder im Süden durch Kautschuk- und Ölpalmplantagen und bietet daher kaum landschaftliche Reize.
In Kuantan benutzt man die Ausfallstraße Richtung Kuala Lumpur und gelangt nach rund einer Viertelstunde zu einer Abzweigung nach Süden, der man folgt. Vor Pekan (Mautgebühr) überquert man noch den Pahang, denn die Stadt (45 km von Kuantan) liegt an seinem rechten Ufer.

Pekan (Karte 22)

Eine Goldkuppel über dem Eingangstor, weiße Gitterfenster und Dachterrassen mit Wandelgängen, die quadratische Goldschalen auf schwarzen Säulen überdecken, kennzeichnen den modernen *Istana Abu Bakar (1)*. In seinem Garten steht verdeckt der einfache Kolonialbau des älteren *Istana Permai (3)*. Beide sind nicht zu besichtigen. Hingegen findet

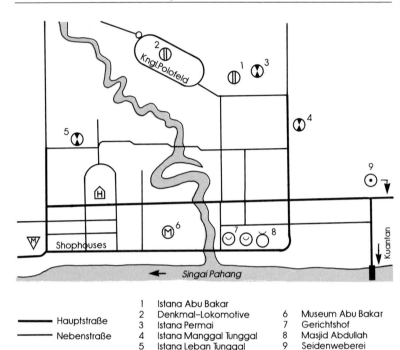

	1	Istana Abu Bakar		
——— Hauptstraße	2	Denkmal-Lokomotive	6	Museum Abu Bakar
	3	Istana Permai	7	Gerichtshof
——— Nebenstraße	4	Istana Manggal Tunggal	8	Masjid Abdullah
	5	Istana Leban Tunggal	9	Seidenweberei

Karte 22. *Pekan*

man in der Nähe eine noch ältere Palastgeneration im *Istana Manggal Tunggal (4)*. Das lange, blau angemalte Holzhaus zeigt, wie bescheiden die Mitglieder der Sultansfamilie noch Anfang dieses Jahrhunderts lebten! Etwas repräsentativer gestaltet ist der aus derselben Holzbaugeneration stammende *Istana Leban Tunggal (5)* mit zwei breiten Ecktürmen und länglichem Pavillonvorbau.

An der südlichen Längsseite des »Königlichen Polo-Feldes« steht ein *Lokomotiv-Denkmal (2)*. Es handelt sich um die 1946 in den Dienst gestellte Dampflokomotive »Pekan«, Bautyp Pacific mit der Achsfolge 2'C'1, Ölfeuerung und vierachsigem Tender, denen ein Plattformwagen angehängt ist. Diese Lokomotiven erhielten damals Namen von Städten der Halbinsel. Das nächste Eisenbahngleis befindet sich erst in 130 km Entfernung!

Dem Lokomotiv-Denkmal gegenüber das königliche Gestüt.

Auch das *Museum Abu Bakar (6)* ist in einem ehemaligen Kolonialpalast untergebracht, der dem letzten Sultan als offizielle Residenz gedient hatte. Im Erdgeschoß zwei Säle mit geschichtlichen Dokumenten und volkstümlichen Gegenständen. Im nördlichen Anbau Fotos, Orden und Kleider der Sultane von Pahang. Der interessantere 1. Stock enthält eine Kris-Sammlung, Schattenspiele und ein Diorama von der Zinngewinnung in Sungei Lembing, wo sich einer der tiefsten Minenschächte der Welt (bis 640 m unter der Erdoberfläche) befand; dazu Handstücke von Mineralien. Die Holzspezimensammlung ist leider schlecht beschriftet. – Öffnungszeiten: täglich außer freitags von 9.30–17.00 Uhr.

Masjid Sultan Ahmad II. (8)

Die 1962 vollendete Zwiebelkuppelmoschee gehört zum Pahang-Einheitstyp, bestehend aus einer Haupt- und zwei Nebenkuppeln, Eckpfeilern mit Mogulhutabschlüssen und dazwischen schlanken quadratischen Pfeilern mit der Mondsichel auf goldener Weltkugel – alle tragen, um ein Kantenrelief vorzutäuschen, senkrechte Striche – sowie einer Kielbogenvorhalle (gleiche Moscheen u. a. in Kemaman, Kuala Lipis und am Flughafen von Kuantan).

Die ältere *Masjid Abdullah (7)* daneben wurde zum islamischen Gerichtshof umgebaut. Ihr Stil ist origineller und erinnert zum Teil an eine Synagoge: Mehrere Vorbauten mit kleinen Kuppelaufsätzen umgeben die quadratische Gebetshalle. Ein Mogulhutminarett ist rechts an die Vorhalle angebaut. Hervorstechendes Merkmal aber ist der oktogonale Kuppeltambour mit Streifenmuster und Sechseckstern-Rundfenstern. Auch das Innere besteht aus einem Oktogon, in das Hufeisenbogentore führen.

Dahinter der Friedhof mit dem *Sultansgrab* von Abu Bakar, dem Vater des jetzigen Herrschers.

Zum Kampong Pulau Keladi gehört eine *Seidenweberwerkstatt (9)* direkt am Pahang, wo junge Mädchen aus dem Dorf an Holzwebstühlen arbeiten.

Pekan – Mersing – Johor Bahru / Desaru

In Kg Leban Chondong mündet die Straße von Muadzam Shah (S. 312 f.). Links ein kleiner »Erholungswald« mit beschrifteten Bäumen (Hutan Lipur Menchali).

Bei *Padang Endau* (154 km) wird die Grenze zwischen den Teilstaaten

Pahang und Johor überschritten. Dieser östliche Teil von Johor gehört zu den weniger entwickelten Gegenden des Teilstaates. Weite Gebiete sind noch mit Wald bedeckt, den man schonen möchte, da man sonst eine Störung des Wasserhaushaltes befürchtet. Diese Einsicht könnte der Tierwelt zugute kommen, sollen sich doch im Reservat westlich von Endau noch Nashörner aufhalten.

Da in einigen Teilen in Fluß- und Küstennähe der Boden unter dem hohen Stand des Grundwassers leidet, können nicht überall landwirtschaftliche Projekte realisiert werden. Man versucht deshalb die Entwicklung zu diversifizieren. Bei Mersing beispielsweise soll eine Garnison für 20 000 Soldaten entstehen, was positive Impulse auf die lokale Wirtschaft geben könnte. Auch auf die Entwicklung des Tourismus setzt man Hoffnunge.

Mersing (191 km)

profitiert vom Transit der Touristen nach Tioman; später rechnet man hier wie auch in Endau mit Abenteurer-Touristen, die den Naturpark besuchen. Es ist fraglich, ob man damit nicht auf Illusionen baut.

0,5 km südlich der Auffahrt zum Merlin, resp. 1,2 km nördlich des Kreisels in Mersing, zweigt landeinwärts ein Fahrweg nach Kg Air Merah ab. Darauf erreicht man nach 3,8 km wieder die Brücke von Mersing, wenn man sich bei 1,4 km und 2,4 km links hält. Dieser kleine Rundweg ist geradezu ein Lehrpfad der tropischen Landwirtschaft: Man sieht Kakaosträucher und Rambutanbäume; hinter dem Dorf folgen Kautschukbäume, dann geht es ein Stück durch eine Ölpalmplantage; weiter sieht man, wie in Doppelkultur Bananen und Kokospalmen gezogen werden. In den Hausgärten wachsen Maniok- und Papayabäumchen, während die vornehmeren Häuser nur Ziergärten haben. Recht arm sind die Bewohner vom anschließenden Kg Sri Lumpur, kurz vor der Hauptstraße, wo vor allem sanitäre Einrichtungen fehlen.

Von Mersing aus zugänglich ist der

Endau-Rompin-Park

Die Regierungen von Pahang und Johor haben sich geeinigt, im Gebiet des Endau-Flusses gegen den Gunung Besar das dortige Reservat trotz schon weit fortgeschrittener Rodungen zu schützen. Zum individuellen Besuch braucht man eine Bewilligung; Auskunft erteilen die Touristenbüros in Johor Bahru und Mersing. Das Mersing Resort Hotel organisiert zwei- bis dreitägige Pauschalausflüge, wobei man zuerst im Geländewagen vom Kg Kahang Batu nordwärts fährt, dann auf ein Boot überwechselt und im Basiscamp bei einer Orang Asli-Siedlung übernachtet. Eine längere Fußtour (zweimal 5 Std.) führt durch den Regenwald zu einem Wasserfall; daneben gibt es auch Bootsfahrten ins Innere des Reservats. Von größeren Tieren trifft man meist nur Spuren an, obwohl die Orang Asli versuchen, die Tiere anzulocken.

Tioman und Rawa

Unter der Gruppe meist kleiner Inseln, die sich aus dem Südchinesischen Meer erheben, ist das rund 40 km von der Küste entfernte Tioman die größte. Seit darauf in den sechziger Jahren Teile von James Mitcheners »Die Südsee« verfilmt wurden, ist die Insel berühmt. In der Tat besitzt das 38 km lange und 12 km breite Tioman ein paar prächtige palmenbesetzte Strände und Korallenriffe. Auch führt ein schöner Wanderweg quer über die Insel. Dank vieler günstiger Unterkünfte ist Tioman bei jugendlichen Touristen sehr beliebt. An der Anlegestelle in Mersing können Überfahrt und Unterkunft gebucht werden. Die meisten Schiffe verlassen Mersing um die Mittagszeit. Empfehlenswerter aber ist ein Pauschalarrangement mit Flug, Transfer und Unterkunft ab Singapore oder Kuala Lumpur.

Mersing – Johor Bahru

Diese Wegstrecke bietet wenig. Nach etwa 80 km gabelt sich die Straße nach Desaru (S. 311) und nach Johor Bahru (S. 308, 350 km von Kuantan). Vor allem diese letzte Strecke durch die Vororte der Stadt ist sehr verkehrsreich.

Borneo

Borneo, mit 737 018 km² die drittgrößte Insel der Welt und damit größer als die Iberische Halbinsel, ist geographisch und ethnologisch eine Einheit, durch die Kolonialgeschichte aber aufgeteilt worden in das indonesische Kalimantan (72% der Fläche), die beiden malaysischen Teilstaaten Sabah und Sarawak (27%, früher auch Ostmalaysia genannt) und das Sultanat Brunei (1%). Zwischen dem indonesischen und dem malaysischen Gebiet Borneos (Karte 23) gibt es keine Straßenverbindung, die für Ausländer offen ist, dagegen einige wenige Flugverbindungen:
- Kuching (Sarawak) – Pontianak (Kalimantan) 1× wöchentlich
- Bandar Seri Begawan (Brunei) – Balikpapan (Kalimantan) 2× wöchentlich
- Tawau (Sabah) – Tarakan (Kalimantan) 3× wöchentlich

Die Hauptstädte Kuching (Sarawak), Kota Kinabalu (Sabah) und Bandar Seri Begawan (Brunei) werden von Kuala Lumpur oder Singapore mit dem Flugzeug erreicht. Das Fährschiff (»Feri Malaysia«), das vierzehntägig die Route Port Kelang (Kuala Lumpur) – Singapore – Kuching – Kota Kinabalu – Singapore – Kuantan und zurück bedient, wird primär von Einheimischen benutzt, die ihre Autos verladen oder eine kleine Kreuzfahrt unternehmen, und ist weder zeitlich noch preislich für Überseetouristen interessant.

Sarawak

Geographische Übersicht

Sarawak (124 450 km²) hat die dreifache Fläche der Schweiz und ist damit so groß wie die ganze Halbinsel Malaysia. Entsprechend weit sind die Entfernungen, um so mehr als die einzige Straße, die den Teilstaat durchquert, nur in der Nähe großer Siedlungen asphaltiert ist. Doch dem Touristen kommt entgegen, daß – abgesehen von den Niah-Höhlen – alle primären Sehenswürdigkeiten von Kuching aus gut erreichbar sind.

Dschungelfluß mit Floßhäusern im Inneren Malaysias (Kuala Lipis)

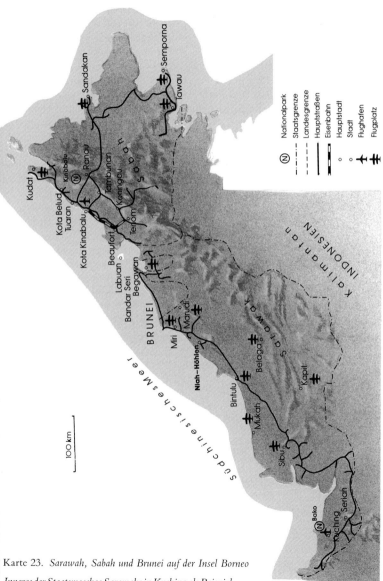

Karte 23. *Sarawah, Sabah und Brunei auf der Insel Borneo*

Inneres der Staatsmoschee Sarawaks in Kuching als Beispiel moderner islamischer Sakralarchitektur (S. 329f.)

Sarawak ist kein Völkerkundemuseum, sondern ein sich rasch entwikkelnder Teil eines souveränen Staates, der die Prioritäten anders setzt als Angehörige wohlhabender Länder es oft gerne sähen: Viele Gegenden wurden großflächig abgeholzt, Staudämme sind projektiert und dementsprechend durchziehen immer mehr Zufahrtsstraßen einst praktisch unzugängliche Gebiete. An der Küste haben die Erdöl- und Erdgasfunde kleine Marktflecken wie Bintulu in Industriestandorte verwandelt. Auch in den Langhäusern vollzieht sich ein sozialer Wandel: Die Jungen ziehen in die Stadt oder wollen in Einzelhäusern wohnen; manche besitzen ein Motorrad. Einige Langhäuser sind inzwischen elektrifiziert oder an einen Generator angeschlossen, und in den meisten hat das Fernsehen Einzug gehalten. Plastik ersetzt die hergebrachten Materialien im Hausrat, und vom animistischen Glauben zeugt nur noch ein verstohlen getragenes Amulett.

Wichtigste Einnahmequelle Sarawaks sind die Erdöl- und Erdgasvorkommen im Meer vor Miri und Bintulu, wo ein Erdgasverflüssigungswerk steht. Sie tragen, gefolgt von der Forstwirtschaft, ein Drittel zum Bruttosozialprodukt bei. Die riesigen Kohlelager dagegen werden noch nicht ausgebeutet. Die Landwirtschaft baut vorläufig noch auf Kleinbetrieben auf. Dazu gehören auch die 45 000 Familien, die vom Pfefferanbau leben, liefert doch Sarawak 90% des Pfeffers, den Malaysia für jährlich über 100 Mio M$ als einer der weltwichtigsten Produzenten exportiert (vgl. S. 331 f.).

Kuching

Hauptsehenswürdigkeiten

- Sarawak-Museum
- Bako-Nationalpark
- Pfefferanbau
- Langhausbesuch (unter den Vorbehalten von S. 333)

Weitere Sehenswürdigkeiten

- Nachtmarkt am Freitagabend (Jln Satok, *18*)
- Rundgang durch das Zentrum Kuchings
- neue Staatsmoschee von Sarawak
- Niah-Höhlen

Kuching 323

Anreise

Vom Flughafen mit Taxi oder Bus in die 11 km entfernte Stadt
Flugverbindungen mit Singapore und Kuala Lumpur mehrmals täglich, mit Johor Bahru tgl.
Flugverbindungen nach Brunei (Bandar Seri Begawan) tgl., nach Sabah (Kota Kinabalu) mehrmals tgl. und Indonesien (Pontianak) wöchentlich.
Flugverbindungen innerhalb Sarawaks:
mehrmals tgl. nach Bintulu, Miri und Sibu; ferner fahrplanmäßige Flüge zu mehreren kleinen Orten (vgl. Lokalfahrplan der MAS)

Einreisebestimmungen

Wie für die Halbinsel Malaysia; doch muß man eine neue Einreisekarte ausfüllen, die in der Regel zu einer einmonatigen Aufenthaltsdauer in Sarawak berechtigt.

Touristeninformation

Am Flughafen nur nach Ankunft wichtiger Flüge, sonst am Main Bazaar beim Square Tower (vgl. Karte 24); ausführliche Prospekte, u. a. über Nationalparks, liegen sowohl dort als auch in den Hotels und Reisebüros auf.

Hotels

In Kuching: Hilton (L, schönstes Hotel in Kuching); Holiday Inn (F, traditionsreich und in bevorzugter Lage am Fluß); Aurora (M), Country View (M); Anglican Hostel (E).
In der Umgebung Kuchings: Holiday Inn Damai Beach (F), rund 30 km außerhalb am Strand (vgl. S. 330).

Die Stadt

Der Legende nach soll James Brooke (S. 102f.) bei seiner Landung nach dem Namen der Siedlung gefragt und dabei auf den Boden gezeigt haben, wo zufällig eine Katze vorüberging. »Kuching« (Katze) lautete die Antwort! Wahrscheinlicher aber stammt die Bezeichnung vom 1928 zuge-

324   Sarawak

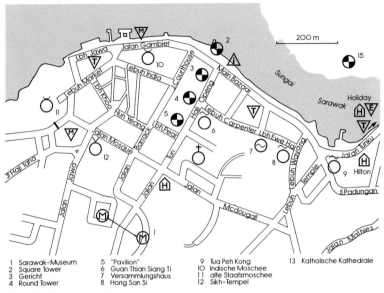

1 Sarawak-Museum
2 Square Tower
3 Gericht
4 Round Tower
5 "Pavilion"
6 Guan Thian Siang Ti
7 Versammlungshaus
8 Hong San Si
9 Tua Peh Kong
10 Indische Moschee
11 alte Staatsmoschee
12 Sikh-Tempel
13 Katholische Kathedrale

Karte 24. *Kuching: Stadtzentrum*

schütteten Kuching-River, der nach den vielen Mata Kuching-Bäumen (s. S. 38) an seinen Ufern so genannt worden war. Offiziell jedoch hieß die Stadt noch bis 1872 wie der Hauptfluß und das Hinterland einfach »Sarawak«, was zu ständigen Verwechslungen führte.

Heute besteht Kuching aus zwei Stadthälften: Dem Zentrum mit der Chinatown (Karte 24) und allen Hotels am rechten Ufer und dem malaiischen Regierungsviertel mit der neuen Staatsmoschee auf dem linken Ufer. Es gehört zu den Absurditäten im Rassen- und Religionskontext Malaysias, daß der Fluß neuerdings eine Administrativgrenze wurde. Übrigens fließt er von West nach Ost (oder von links nach rechts), ändert aber seine Richtung scheinbar, wenn die Flut einströmt.

Sarawak-Museum (1)

geöffnet Montag bis Donnerstag von 9.15–17.30, Samstag und Sonntag bis 18 Uhr, am Freitag geschlossen.

Die Anfänge der reichhaltigen und ständig erweiterten Sammlungen gehen auf Raja Charles Brooke zurück, dem der Zoologe Wallace für die Errichtung der naturkundlichen Abteilung zu Rate stand. Heute besteht das Museum aus einem alten und einem neuen Trakt, die beide sehenswert sind. Der eine Teil der ethnologischen Abteilung befindet sich im 1. Stock des *alten Museumsgebäudes*:

Man sieht zunächst Tätowierungsmuster und Schädelverformungsinstrumente, dann einen Querschnitt durch ein Langhaus mit zwei Bilek (Räumen). Gut erkennbar daran die Bauweise: die Wände aus Rinde, Holz und Attap, der Boden dagegen aus einem Rost gespaltener Bambusstäbe. In der Küche chinesische Krüge als Vorrats- und Wasserbehälter und an der Decke alte Kopfjagdtrophäen. (In einem heutigen Langhaus ist weniger an materieller Kultur vorhanden!) Danach ein »sungkup«, die kleine hüttenförmige Überdachung der Iban-Gräber, sowie Langhausmodelle verschiedener Stämme. – Im 2. Stock in der Waffenabteilung eine prachtvolle Kris-Sammlung und im Saal mit Schnitzereien der Eingeborenen besonders sehenswert ein großer Zeremonial-Nashornvogel, der im Figurenschmuck kolonialen Einfluß zeigt. (Die englisch-malaiischen Erklärungen beziehen sich leider nur auf die dargestellte Abteilung, nicht auf die Einzelobjekte.)

Im Neubau (Erdgeschoß): ein begehbares Diorama der Niah-Höhlen mit prähistorischen Funden und Instrumenten der Schwalbennestsammler. Im Obergeschoß: Keramiken von den frühen Handelskontakten zu China vom 11. Jh. bis in die Moderne. Im Saal zur chinesischen Kultur sehenswert die beiden 1 m hohen Elfenbeinfiguren, die den 4. Mandschu-Kaiser (1736–95) und seine Gattin darstellen und dem Museum vom Chefminister Sarawaks geschenkt worden sind. Instruktiv ist ferner die Abbildung der verschiedenen Rassen und ihrer Verteilung. Nach dem Saal mit Bronzeobjekten folgt eine interessante Abteilung mit Langhausgegenständen der einzelnen Stämme (auch hier fehlt die Einzelbeschriftung) und eine Islamabteilung mit prachtvoll geschnitzten Portalen. (Der Museumsladen hat nur wenig Originalware.)

Die Stadtbesichtigung beginnt man am besten am Main Bazaar, der ältesten Straße Kuchings, beim *Square Tower* (2, etwas weiter rechts das Sarawak Tourist Information Centre). Dieses eintürmige Pendant zum gleichzeitig erbauten Fort Margherita schräg gegenüber war unter Charles Brooke, dem zweiten Raja, zunächst Arrestlokal, durfte aber bald als Fort und Tanzsaal dienen. Heute beherbergt der zinnengekrönte quadratische Bau mit dem oktogonalen Turm das Fischereiamt. Direkt daneben links der *Schiffssteg* (Pengkalan Batu), von wo jederzeit Boote über den Sarawak ans andere Ufer fahren.

Das um einen Platz angelegte *Court House (3)* von 1874, erbaut als Regierungssitz des zweiten Rajas und Ort der Staatsratssitzungen, ist heute das Gericht. Den einstöckigen kolonialen Flügelbau zieren Kolonnadenvorhallen und ein etwas später vorgebauter Mittelteil mit Ehrenbalkon, Uhr und Dachtürmchen.

Davor das *Denkmal für Charles Brooke* (1829–1917), der 49 Jahre lang über Sarawak regierte.

Dahinter an der Jln Tun Haji Openg der *Round Tower (4)* von 1884, der, obwohl er die Stadtapotheke enthielt, an einer derart strategisch wichtigen Lage stand, daß er im Notfall zum Hilfsfort avancierte.

Dann das *»Pavilion« (5)* von 1909, entgegen seinem Namen ein dreistöckiger Palast, der mitunter als Spital für Europäer diente, wobei die Kranken damals statt auf die Hauptpost auf die Reitställe des Raja sahen. Heute scheinen Säulen die beiden Obergeschosse zu tragen, doch besaßen einst auch sie gedeckte Säulenterrassen. Leider wurden diese inzwischen zur Klimatisierung und Platzausnutzung in Fensterwände eingebaut, wodurch die Harmonie der Gesamtfassade verloren ging.

Gegenüber die lange Arkadenfront des neoklassizistischen *Hauptpostamts* von 1931, dessen Mitteleingang sich in Form eines antiken Tempels aus hoher Säulenvorhalle und Giebelfeld erhebt.

Zu Beginn der Lebuh Carpenter rechts der *Guan Thian Siang Ti* (oder San Ti Miao, *6*), ein taoistischer Tempel von 1889 (Typ 2b, S. 85). Der in Hausform geschnitzte Hauptaltar ist dem Jadekaiser Yu Huang geweiht. Auf dem Altartisch davor die Fähnlein eines Tempelmediums und an der linken Wand zwei schöne alte Holzfiguren des Sonnengottes und der Mondgöttin.

Im Mittelteil der Straße rechts die neu erbaute, mehrstöckige *»Persatuan Cina«-Halle (7)*, ein Kongsi-ähnliches Versammlungsgebäude mit weithin auffallenden Tempeldachaufbauten.

Am Ende der Straße, die den Namen in Lbh Ewe Hai wechselt, mit Eingang an der Lbh Wayang der *Hong San Si* (oder Kueh Seng Ong, *8*) der Hokkien-Gemeinde, der 1897 neu erbaut wurde (Typ 2b, S. 85). Auf dem Hauptaltar zweimal der taoistische Lokalgott Kueh Seng Ong, dessen Statue während der alljährlichen Tempelprozession (Ende März/April) auf einer Sänfte durch die Hauptstraßen getragen wird. Vom Tage seines Geburtstages (22. Tag des 8. Monats) an finden zwei Wochen lang in der Lebuh Wayang chinesische Opernaufführungen statt (daher ihr Name »Theaterstraße«), die die Gläubigen als Dank an die Gottheit stiften.

Der rote

Tua Peh Kong (9, Typ 1)

mit grünem Dach thront weithin sichtbar an erhöhter Lage über der Straßenkreuzung Main Bazaar/Lbh Wayang. Das Entstehungsjahr dieses ältesten Tempels von Kuching ist nicht erhalten, dagegen das Datum seiner ersten Renovierung von 1856. Ursprünglich war er dem Lokalgott Hock Teck Si geweiht, der mit der Zeit aber vom bekannteren Tua Peh Kong, dem Hauptgott der Überseechinesen, überlagert und verdrängt wurde, so daß man heute den Tempel kaum mehr anders als mit dem neuen Namen nennt. Auf dem Hauptaltar Tua Peh Kong mit einem seiner Brüder, darunter der Tigergott. Auf dem rechten Nebenaltar eine dunkle Kuan Yin.

Durch den Main Bazaar zurück zum Square Tower und von dort in der Fortsetzung durch die Jln Gambier, wo sich auf der Flußseite die Markthallen aneinanderreihen. Gegenüber ein schönes Ensemble von sieben gleichen Shophouses mit typisch südindischem Terrassengittermuster (vgl. S. 210). Das doppelt geschwungene Kielbogen-Eingangstor in dem halben Shophouse, das zur *Mesjid Bandar Kuching (10)* führt, muß man dazwischen fast suchen. Dahinter liegt die einfache Holzhalle der kleinen indischen Moschee in einem Innenhofgeviert verborgen.

Nicht weit davon, dem Markt gegenüber, erhebt sich die *Masjid Negeri (11),* eine Zwiebelkuppelmoschee vom Pahang-Einheitstyp (S. 85), die die originellere Masjid Besar ersetzte. Mit ihr hielt 1968 die Mode der Zwiebelkuppelmoschee auch in Ostmalaysia ihren Einzug. Im Innern bemerkenswert ein riesiger Kristallkronleuchter und der Mihrab als Nische in einem dunkelbraunen Torbogenfeld.

An der Jln Mosque der größte *Sikh-Tempel (12)* Malaysias, dessen Goldkuppeln mit denen der Masjid Negeri konkurrieren.

Gegenüber im *Forest Departement* (durch den Hof zur Section Forest Office im Erdgeschoß, geöffnet Montag bis Donnerstag von 8–12.45 und 14–16.15, Freitag von 8–11.30 und 14.30–16.45, Samstag von 8–12.45 Uhr) muß man eine Bewilligung zur Besichtigung des Orang Utan Sanctuary (S. 331) holen und kann Übernachtungen im Bako-Nationalpark buchen.

Etwas außerhalb des Zentrums (Karte 25) steht die moderne römisch-katholische *St. Josephs-Kathedrale (13).* 1968 wurde die doppeltürmige alte abgerissen, um einer architektonisch kühnen Konstruktion, die zu Dreiviertel nur aus Dach besteht, zu weichen. Der Bau erinnert an die Zeremonialhäuser ozeanischer Inseln: Zwanzig nur 2 m hohe Pyramidenstümpfe aus Beton tragen das schindelbedeckte Dach, dessen tief hinuntergezogene Ränder unten nach innen gefaltet sind. Die kompliziert aussehenden Dachflächen lassen sich in verschieden große Dreiecke und Trapeze auflösen. Von der hinteren Dachmitte steigt ein steiler Dachteil auf, der von vorn gesehen wie ein Schiffsbug emporragt. Er wird innen von einem großen Kreuz abgestützt, das zwei dreieckige Oberlichtfenster erhellen. Der übrige Kirchenraum, in den ein zeltförmiger Eingang führt, ist mit Lattentäfelung überzogen, so daß er selbst bei Sonnenschein sehr dunkel wirkt. Ringsum läuft statt Fenstern ein offenes Gitterwerk, in das originell aus farbigem Glas ein Kreuzweg eingelegt ist Der separate Glockenturm besteht aus fünf verschiedenen dicken Betonstützen die oben ein breiter Querbalken verbindet.

An der Südwestecke des daneben liegenden Friedhofs steht das Heldengrab (Heroe's Grave) zur Erinnerung an dreizehn Tote des Zweiten Weltkriegs, die als Teil der zivilen Untergrundbewegung gegen Japan ihr

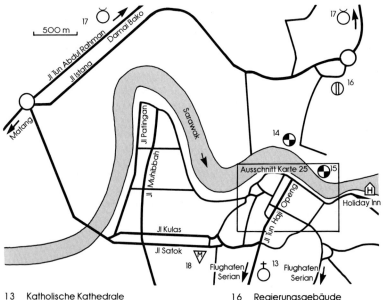

13	Katholische Kathedrale	16	Regierungsgebäude
14	Istana	17	neue Staatsmoschee
15	Fort Margherita	18	Nachtmarkt am Freitagabend

Karte 25. *Kuching*

Leben verloren. Das Grab selbst ist nicht sehenswert, lesenswert aber sind die historischen Erläuterungen.

Vom anderen Sarawakufer blicken als zwei dominante Bauzeugen der Brooke-Ära der Istana (»Palast«) und das Fort Margherita zum alten Stadtkern hinüber. Beide liegen erhöht auf einem parkartigen Hügel (vgl. Karte 25). Den 1870 erbauten *Istana (14)* hat Raja Charles Brooke bei seiner Vermählung frisch bezogen. Die ursprünglich aus drei Bungalows im Landhausstil bestehende Anlage – der mittlere enthielt den Speisesaal, einen Empfangs- und Aufenthaltsraum, die äußeren die Schlafzimmer – zeugte von der sparsamen Lebensweise des 2. Raja, dem es dank guter Verwaltung 1877 gelang, die von seinem Vorgänger übernommenen Staatsschulden Sarawaks zu tilgen. Vor der Residenz rechts ein erster zinnengekrönter Wachturm, nach dessen Vorbild Fort Margherita und der gleichzeitig errichtete Square Tower *(2)* gebaut wurden. Der seither mehrmals umgestaltete Istana dient heute Sarawaks Staatsoberhaupt für Empfänge und kann nicht besichtigt werden. Doch bietet er wie das nahe Fort bei nächtlicher Festbeleuchtung einen besonders glanzvollen Anblick.

Fort Margherita (15) wurde mit seinem Pendant, dem Square Tower, 1879 im selben Stil als zinnengekrönte quadratische Festung, doch mit einem Rundturm gebaut und nach Raja Charles Frau benannt. Es besaß eine strategisch günstige Lage, um ein langes Flußstück zu überblicken, von wo man damals Angriffe erwartete. Ironischerweise aber erfolgte der einzige Angriff, den das Fort je erlebte, erst durch die Japaner, ein paar Tage bevor Kuching sich am Weihnachtstag 1941 ergab. Das Fort enthält heute ein kleines, interessantes *Polizeimuseum* mit allen Waffen und einer Gefängniszelle aus der Emergency-Zeit (S. 104). Es ist von Dienstag bis Sonntag zwischen 10–18 Uhr geöffnet.

Im jenseitigen neueren Stadtteil, wo vorwiegend Malaien wohnen, liegt der moderne *»Compleks Negeri« (16)*, der aus einem Bürohochhaus mit dem Staatssekretariat, dem Parlamentsgebäude (Dewan Undangan Negeri) und der Zeremonienhalle (Lapau) besteht. Die kleine runde Lapau besitzt ein Glockenfaltendach mit hochgezogenen Enden, während ein schmales Goldsatteldach mit ausladenden Flügeln das Parlamentsgebäude krönt, dessen Fassadensäulen sich elegant aus einem Wasserbassin erheben.

Nicht weit davon erblickt man die neue, 1989 eröffnete

Staatsmoschee von Sarawak (17)

Diese jüngste Monumentalmoschee mit einer Hauptgebetshalle für 8000 Gläubige entspricht dem arabisch-persischen Zentralkuppeltyp, und auch die Blautöne der Kuppelverkleidung erinnern an iranische Vorbilder, obwohl hier erstmals nicht Mosaik, sondern in Österreich hergestellte, emaillierte Kupferschalenteile über einer Holzkonstruktion verwendet wurden. Im Gegensatz zu dem meist von einheimischen Architekten entworfenen Moscheen Malaysias zeichnete hier der international bekannte irakische Architekt Sami Mousawi (Moschee von Rom) den Entwurf, und sein Berliner Kollege Herbert Stranz überwachte den Bau vor Ort. Leider wurden die Lichtverhältnisse der Wüstengegenden unverändert auf die Tropen übertragen mit dem Effekt, daß für die hier weniger gleißende Sonne die Glasfenster zu dunkel gerieten und nun auch tagsüber künstliches Licht das Innere erhellen muß. Ein Wald von unten gebündelten Betonpfeilern, die oben auseinanderstreben, um das Gewicht der Haupt- und vierzig Nebenkuppeln abzufangen, unterteilt die große Gebetshalle. Zwar blickt man in die Kuppeln hinein, doch entspricht ihre innere Höhlung nicht der Außenwölbung. Dieser Formunterschied – innen je eine niedere Kuppel, die in einer zweiten, engeren endet, während die Außenkuppel beide überdacht – ist durch Hineinhängen der Innenkuppeln in die äußere entstanden. Über der quadratischen Gebetshalle sind die 40 kleinen Kuppeln in Siebenerreihen angeordnet. Anstelle der neun fehlenden wölbt sich die Hauptkuppel, gegen den Mihrabteil verschoben, 27 m empor bei einem Durchmesser von 32 m. Das Pfeilminarett rechts davor, die Frauengalerie wie auch Wasserbassins und Zusatzgebäude sind in einer nächsten Bauetappe vorgesehen.

Ausflüge von Kuching

1. *Zum Museumsdorf Kampung Budaya* (Sarawak Cultural Village, ca. 30 km)

Man fährt mit dem Auto oder Taxi auf das linke Sarawak-Ufer und folgt den Wegweisern zum Damai Beach Hotel. Auf der 1988 fertiggestellten Brücke überquert man den Sungei Santubong. Bald folgt rechts die Abzweigung nach Buntal, einem interessanten Fischerdorf, das größtenteils auf Stelzen steht. Weiter Richtung Damai Beach gelangt man zur Abzweigung nach Santubong; am Dorfeingang geht es rechts zu einem ausgedehnten Badestrand. Die Hauptstraße führt zum Hotel, dessen Badeeinrichtungen man gegen Gebühr benützen kann. Daneben wurde das »Kulturdorf« errichtet, das einen Eindruck von den Haustypen und der materiellen Kultur Sarawaks vermitteln möchte.

2. Das Orang Utan-Rehabilitationszentrum (ca. 20 km)

Für den Besuch des »Wildlife Rehabilitation Centre Semonggok« braucht man einen »visiting permit« (s. S. 327). Man verläßt Kuching Richtung Flughafen und biegt im Dorf Batu 10 (Pasar Batu Sapuloh) nach rechts ab; dann auf geteerter Straße an chinesischen Shophouses vorbei (an Verzweigung rechts halten) bis zum Eingang fahren. Auf einem Plankenweg geht man darauf die 1,6 km bis zum Übungsplatz der jungen Orang Utan zu Fuß (Fahrstraße im Bau). Wenn auch die Station etwas weniger eindrucksvoll ist als die von Sandakan (S. 345 f.), vermittelt sie doch schon einen guten Einblick in die Bemühungen, junge Orang wieder an die Wildnis zu gewöhnen. – Wer am Haupteingang vorbei weiterfährt, gelangt zu einem Langhaus der Bidayuhs (siehe unten Ausflug 6).

3. Krokodilsfarm (Jong's crocodile farm, 30 km)

Auf der Hauptstraße Richtung Serian etwa 12 km nach Batu 10 folgt die Ortschaft Siburan, an deren Ortsende man beim Meilenstein 18,5 links abzweigt zum Minizoo mit den Krokodilen. Von den beiden Arten ist das Crocodylus porosus auch für Menschen gefährlich, während das Tomistoma schlegelii von Fischen lebt.

4. Gunung Serapi (20 km)

Westlich Kuching erhebt sich schroff der Gunung Serapi (912 m), von der Stadt aus gut erkennbar an den Telekommunikationseinrichtungen. Vom Gipfel genießt man eine hervorragende Sicht auf die Mündungsebene des Sarawak-Flusses. Für die letzten 100 m Aufstieg – die Fahrstraße führt nur bis etwa 800 m – braucht man eine Bewilligung, die vorher bei der Syarikat Telecom Malaysia, Jln Simpang Tiga, am Kuching By-Paß (Umfahrungsstraße), Tel. 419 492, einzuholen ist. Anfahrt: Im Kreisel nach der Brücke über den Sarawak spitzwinklig Richtung Matang; nach 800 m rechts Richtung Politeknik und 14 km darauf (kurz nach der »Red Bridge«) links; nach weiteren 3,1 km von der Hauptstraße links ab und am Pfadfinderlager (Wegweiser »Pengakap«) vorbei steil aufwärts zum Gipfel.

5. Die Pfefferpflanzungen unterwegs

Außerhalb Kuching liegen vornehmlich an Hügeln Pflanzungen von einigen Ar, die an unsere Rebberge erinnern. Es ist Pfeffer, der hier gezogen wird, und es lohnt sich, anzuhalten und sich die Pflanzen und deren

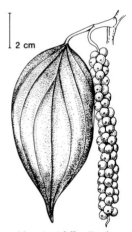

Abb. 42. *Pfeffer: Fruchtstand mit Blatt (aus: Rhem/Espig, Die Kulturpflanzen der Tropen und Subtropen. Verlag Eugen Ulmer, Stuttgart 1976)*

Weiterverarbeitung anzusehen. In der Regel gehören die Kleinbetriebe Chinesen, doch seit gut zwanzig Jahren pflanzen auch die Dayak Pfeffer an, um zu Bargeld zu kommen. Die aus Indien stammende Pfefferpflanze (Piper nigrum) kam erst Ende des 19. Jahrhunderts nach Borneo. Sie verlangt hohe Temperaturen und reichlich Luft- und Bodenfeuchtigkeit. Der Steckling klimmt an einer Stange empor und entwickelt sich in drei Jahren zur ertragsfähigen Pflanze (Abb. 42), die ca. 20 Jahre lang Rendite abwirft. Die harte weiße Schale des Nüßchens (Endokarp) enthält besonders viel vom scharfschmeckenden Piperin, einem Alkaloid, während sich im Fruchtfleisch (Mesokarp) ätherische Öle und Harz befinden. Will man schwarzen Pfeffer gewinnen, so erntet man halbreife, sich eben rötende Beeren und läßt sie in der Sonne trocknen. Für weißen Pfeffer dagegen pflückt man die reifen Fruchtstände, die man für mehrere Tage in Säcken abgefüllt ins Wasser legt, damit das Fruchtfleisch sich zersetzt und mühelos abgerieben werden kann. Der weiße Pfeffer ist schärfer als der aromatischere schwarze, da er prozentual mehr Piperin enthält. Roter Pfeffer (Cayenne-Pfeffer) dagegen wird aus der Gewürzpaprika gewonnen und ist somit nicht verwandt.

6. *Ausflüge zu den Langhäusern der Dayak*

Den verschiedenen ethnischen Gruppen der Dayak (S. 78ff.) ist neben der Shifting cultivation (S. 78f.) auch das Wohnen im Langhaus gemeinsam. Diese für uns ungewohnte Siedlungsform, die einen wesentlichen Ausdruck der materiellen wie geistigen Kultur der Dayak darstellt, ist zu einer Touristenattraktion geworden. Reiseveranstalter bieten einen halbtägigen Ausflug zu einem Langhaus der Bidayuhs (früher Land Dayak) nahe Kuching und eine Tour mit Übernachtung zu den Iban (Sea Dayak) an. Ihr Langhaus liegt im Flußsystem des Skrang Rivers, der nach 230 km Fahrt auf teils unasphaltierter Straße erreicht wird, worauf eine etwa einstündige Flußfahrt folgt. Neben dem Langhaus wurden hinreichende Einrichtungen für die Touristen gebaut. Zeitlich läßt sich dieser Ausflug auch an einem einzigen Tag bewältigen. Langhäuser kann man aber auch individuell besuchen: Das nächste befindet sich am Ende der Straße, die vom Eingang des Semonggok Orang Utan Centre (siehe Ausflug 2) weiterführt. Ein anderes liegt keine 10 km von der Hauptstraße südöstlich Serian (auf der niedrigen Paßhöhe bei der Kapelle rechts abbiegen). Ferner kann man von Lundu aus ein Langhaus mit dem Boot erreichen. Abgelegenere Langhäuser befinden sich am Rejang River oberhalb Kapit (Flug oder Schnellboot ab Sibu), von wo man ein Boot mieten kann; die Erlaubnis zum Betreten des Gebiets erhält man im State Government Complex in Kapit. Es ist selbstverständlich, daß man zuerst den Chef des Langhauses (tuan rumah) um Erlaubnis nachsucht, das Dorf besichtigen zu dürfen. Als Gastgeschenk sind Lebensmittel und für die Kinder Kekse sinnvoll, während ein allfälliger Führer ein Trinkgeld erwartet. Wird im Langhaus verfertigtes Kunsthandwerk angeboten, so kann man mit einem Kauf die materiell doch oft armen Menschen etwas unterstützen.

Ein Langhaus steht auf Pfählen und setzt sich aus 10 bis 30, hin und wieder bis 70 Räumen (bilek) zusammen, die sich unter demselben Dach aneinanderreihen und von je einer Familie bewohnt werden. Vor den Bilek verläuft ein überdeckter Vorplatz (ruai), der als Korridor dient, aber auch als Arbeitsplatz oder für geselliges Zusammensitzen. Davor folgt eine offene Plattform, die zum Trocknen des Reises oder auch der Wäsche benutzt wird. Über einem Bilek befindet sich ein Dachboden (sadau), der zur Vorratshaltung und als Stapelplatz dient. Das Bilek selbst ist oft zweigeteilt. Gegen das Ruai hin leben die Menschen, während an der Rückwand gekocht wird. An den Küchen entlang verläuft eine hintere Terrasse, die als Toilette benutzt wird. Der Bambusrost des Langhauses liegt auf 3 m bis 6 m hohen Pfählen auf; darunter leben die Kleintiere. An Hausrat zu erwähnen sind die meist aus Rotangfasern geflochtenen Schlafmatten, die man tagsüber zusammenrollt, und die großen chinesischen Tongefäße für den Vorrat (S. 340).

In ganz wenigen Langhäusern hängt noch nahe dem Eingang ein Bambusgeflecht mit rauchgeschwärzten Schädeln aus der Kopfjagdzeit. Meist stammten die erbeuteten Köpfe nicht aus ruhmreichen Kämpfen; um Vergeltungsmaßnahmen zu verhindern, wurden in entfernten Gebieten Menschen überfallen, getötet und ihre Schädel, die man für das Wohlergehen des eigenen Stammes brauchte, in einem makabren Ritual ins Langhaus überführt. Noch schlimmer war der Brauch, vor dem Bau eines Langhauses eine junge Frau zu fangen und im Fundament durch die Hauptstütze des Hauses zu erdrücken. Die Kopfjägerei verschwand Anfang des 20. Jahrhunderts, doch konnten sich die Stämme bis zum Zweiten Weltkrieg für die Zeit ihrer Zeremonien gegen Gebühr Köpfe bei den Regierungsstellen ausleihen.

7. Bako-Nationalpark (Tagesausflug)

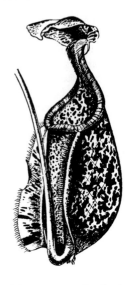

Abb. 43. *Kanne der fleischfressenden Pflanze Nepenthes (aus: Strasburger et al., Lehrbuch der Botanik. 27. Aufl. 1958, Gustav Fischer Verlag, Stuttgart 1958)*

Der Bako-Nationalpark liegt 25 km nordöstlich Kuching und bietet dank seiner Lage am Meer (Bademöglichkeit!) und des Kalkplateaus eine Vielzahl von verschiedenen Vegetationsformationen. Besonders erwähnenswert sind die zahlreichen Nepenthes-Arten, tierfangende Kannenpflanzen (Abb. 43), die man vor allem auf dem Kalkplateau (Lintang trail, ca. 2 Stunden hin und zurück) antrifft, und die Mangrovenvegetation (S. 31 ff.) in Telok Assam, wo die Boote anlegen. Kriech- und Säugetiere sind leider selten. Wer Glück hat, kann früh morgens den nur an der Nordküste Borneos vorkommenden Nasenaffen (Nasalis larvatus) begegnen; einige kräftige Warane tummeln sich bei der Abfallgrube hinter den Häusern. – Anfahrt: Den Bako-Nationalpark erreicht man mit dem Schiff vom Dorf Bako aus, das durch eine Straße und eine Autofähre mit Kuching verbunden ist. Das Forest Department (S. 327) gibt Auskunft über günstige Fahrgelegenheiten und vermittelt gegebenenfalls auch eine Chalet-Unterkunft in Telok Assam.

8. Niah-Nationalpark

Der Niah-Nationalpark ist 109 km von Miri entfernt. Wer die Tagesrandflüge bucht und vom Flughafen in Miri aus ein Taxi mietet, der kann den Park in einem Tag von Kuching aus besuchen. Ausreichende Übernachtungsmöglichkeiten stehen sonst in Miri (Park-Hotel, M) und einfache im Dorf Batu Niah zur Verfügung. Von dort fahren Boote in ca. einer halben Stunde nach Pangkalan Lubang, dem Anfangspunkt eines oft schlüpfrigen Plankenweges, auf dem man nach fünfzigminütiger Wanderung zur »Great Cave« gelangt. In dieser imposanten Höhle leben Salangane (Gattung Collocalia), Seglervögel, deren Nester ein Leckerbissen der chinesischen Küche darstellen. Baustoff ist der zähe Speichel der Vögel, in den sie aber oft noch Pflanzenbestandteile einarbeiten, was die kulinarische Qualität schmälern soll. Sammelzeit der Nester sind die Monate April/Mai und September/Oktober. Auch Guano, eingetrocknete

Exkremente der Segler und Fledermäuse, wird in der Höhle gewonnen und als Düngemittel verwendet.

Den Tagesausflug sprengt der Besuch der »Painted Cave«, in der 1958 eine prähistorische Begräbnisstätte mit bescheidenen Felsmalereien gefunden wurde, die 20 000 Jahre alt sein sollen; um sie zu sehen, braucht man eine Besuchsbewilligung, die die Verwaltung des Sarawak-Museums in Kuching ausstellt.

9. *Mulu-Nationalpark*

Wegen der einmaligen Vegetation, der faszinierenden Kalknadeln (Karst) und -höhlen stehen recht teure, mehrtägige Ausflüge von Marudi aus auf dem Programm einiger Reiseveranstalter. Der Park wird erst zugänglicher mit der Eröffnung des Flugfeldes, dessen Finanzierung Kuala Lumpur zusicherte. Man erkundige sich beim Forest Department von Kuching (S. 327) nach dem Stand der Arbeiten.

Sabah

Geographische Übersicht

Holz und Erdöl tragen gleichermaßen zur wirtschaftlichen Entwicklung Sabahs bei, des im Nordosten Borneos gelegenen Teilstaates (Karte 23). Sie leisten mindestens 70% des Exportwertes. Fast drei Viertel des Landes sind noch mit Wald bedeckt; darunter sind auch Gebiete mit primärem Regenwald. Die Sabah Forestry Development Authority hat am Danum, 90 km im NNW von Tawau, ein Stück dieses Waldes zum Forschungsareal erklärt und völlig geschützt. Möglicherweise wird daraus später ein Nationalpark.

Das Relief von Sabah ist äußerst unruhig und gebirgig und das Land dadurch nicht leicht zu erschließen. Die Gipfel liegen auf rund 1000 m. Im Norden aber erhebt sich als höchster Berg Borneos der Mount Kinabalu mit 4101 m Höhe.

Wie Sarawak ist auch Sabah dünn besiedelt. Die Bevölkerung konzentriert sich auf einige Täler und auf die Küstenebenen. Auffallend ist die Vielfalt ethnischer Gruppen und Sprachen. Die Hauptgruppe bilden mit einem Drittel der Bevölkerung die Kadazan (oder Dusun). Sie betreiben Naßreis-Feldbau, wobei viele pro Jahr zwei Ernten einbringen können. Reis wird auch fermentiert und zu »Tapai«, einem Reiswein, verarbeitet. An Festtagen tragen die Stammesangehörigen reichen Schmuck auf ihren mit Goldborten verzierten schwarzen Kleidern.

16% der Bevölkerung sind Chinesen, die im 19. Jahrhundert zum Teil schon christianisiert aus China zugewandert waren. Weit über die Hälfte von ihnen lebt in Städten.

An Kulturschätzen bietet Sabah wenig, dafür hat es außerordentliche Natursehenswürdigkeiten. Ausgangspunkt für alle touristischen Aktivitäten ist Kota Kinabalu, die Hauptstadt, die bis 1967 Jesselton hieß.

Kota Kinabalu

Hauptsehenswürdigkeiten

- Orang Utan-Rehabilitationszentrum Sepilok bei Sandakan
- Kinabalu-Park
- Tunku Abdul Rahman-Park vor Kota Kinabalu

Weitere Sehenswürdigkeiten

- die Staatsmoschee
- das Sabah-Museum

Anreise

Der Flughafen liegt 6,5 km von der Stadt und ca. 3 km von Tanjung Aru entfernt (Taxi, Bus).
Internationale Flugverbindungen mit Kuala Lumpur (mehrmals tgl.), Johor Bahru (tgl.), Singapore (tgl.), Kuching (mehrmals tgl., oft mit Zwischenlandungen in Sibu, Miri und Labuan), Bandar Seri Begawan (Brunei, tgl.), Hongkong (3/Woche), Manila (tgl.).
Flugverbindungen innerhalb Sabahs mehrmals tgl. mit Lahat Datu, Sandakan und Tawau.

Einreisebestimmungen

Am Flughafen wird in der Regel eine dreimonatige Aufenthaltserlaubnis (einschließlich Halbinsel) erteilt.

Touristeninformation

am Flughafen und in der Stadt.

Schädel in einem Langhaus auf Borneo, Trophäen aus der Kopfjagdzeit (S. 333)

Die Omar Ali Saifuddin-Moschee, Wahrzeichen Bandar Seri Begawans, der Hauptstadt Bruneis (S. 350)

Hotel

Tanjung Aru Beach (L, wunderschöne Anlage mit stdl. Bootsverkehr zu den Stränden des Tunku Abdul Rahman-Parks, 7), Hyatt (F, in der Stadt mit gutem malaiischem Essen), Shangri-La (M, mit dem wohl besten chinesischen Restaurant der Stadt), Palace Hotel (M, originelles Schloßhotel, 1987 eröffnet, mit chinesischem Restaurant).

Verkehrsverbindungen

In der Stadt zu Fuß; Taxi oder Mietauto für Tanjung Aru und nähere Umgebung.

Die Stadt (Karte 26)

Nachdem die Japaner im Zweiten Weltkrieg Kota Kinabalu, meist K. K. genannt, völlig zerstört hatten, wurde das Zentrum in einem etwas befremdenden Blocksystem wiederaufgebaut. Die Außenquartiere, in die Touristen kaum je kommen, sind jedoch großzügig und zukunftsorientiert konzipiert, auch wenn für die heutige Einwohnerzahl von 75 000 einige Straßen noch zu breit sein mögen.

Masjid Negara (1)

Derselbe Baharuddin, der als junger Architekt die Nationalmoschee in Kuala Lumpur und als Alterswerk die Monumentalmoschee von Shah Alam ausführte, hat auch Sabahs Masjid Negara erbaut. Zunächst stand kein guter Stern über dem Werk: Vor der Eröffnungszeremonie 1977 stürzte ein Teil der Kuppel ein, und man mußte für M$ 15 Mio eine neue errichten. Schon hier sind die Formen der Kuppel und Minarette Shah Alams vorweggenommen, nur mit einem einzigen Minarett statt deren vier und an der Kuppel Zickzackmuster statt der Rauten.

Obwohl die Masjid Negara für über 5000 Gläubige konzipiert ist, wirkt sie zierlich und verhalten in den Farben Grau und Weiß, aus denen nur das Kuppelornament, die Minaretthelmspitze und sechzehn ringsum aufgesetzte kleine Kuppeln in Gold herausleuchten. Die weißen Außenteile sind aus Carrara-Marmorplatten. In den sechseckigen Grundriß mit zwei längeren und vier kürzeren Seiten sind Gebetshalle, Nebengebäude und Minarett hineingestellt, nur das Mausoleum auf der Westseite und die Eingangshalle im Norden ragen heraus. Das Sechseck umzieht ein Umgang,

338 Sabah

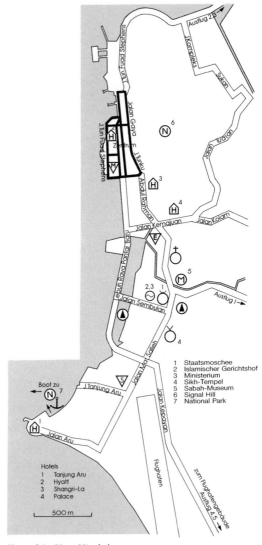

Karte 26. *Kota Kinabalu*

den sechzehn Mantelpfeiler (je 4 an den Längsseiten und 4×2 an den Kurzseiten) außen stützen. Sie tragen goldene Koranspruchbänder in Dreiviertelshöhe und eine Kuppelspitze aus Goldglasmosaik. In ihrem hohlen Innern führen Treppen zum Umgang und zur Moschee im ersten Stock. Während das Minarett mit den drei »Krähennest«-Balustraden (der Architekt selbst will sie als solche verstanden wissen) freisteht, lehnt sich die Moschee an den Umgang des Sechsecks an. Ihre mit grauen und goldenen Sechseckfliesen im Zickzackmuster überzogene Kuppel wird zusätzlich von sechs konkaven, bis zum Tambour hochgezogenen Mantelstücken in Brise-Soleil-Manier abgestützt.

Im Innern enthält das Grundgeschoß eine Mehrzweckhalle, die am Freitag auch als Betsaal benutzt wird. Die eigentliche Gebetshalle mit einer Veranda ringsum liegt im ersten Stock und darüber im zweiten ein 500plätziger Balkon für Frauen, der über eine Treppe direkt zu ihrem Umkleideraum im Grundgeschoß führt. In der Gebetshalle hängen sechs vorhangartige Aluminiumverzierungen von der Kuppel, die durch eine Reihe Rechteckfenster Licht bezieht. Um einen Teil der Halle läuft ein Koranspruchband. Der Mihrab, ein hohes, getäfeltes Bogenfeld mit einem Koranvers darüber, ist von blauem Glasmosaik umgeben, und an der Decke glänzt ein 4 t schwerer Kristalleuchter. An die Westfront angebaut ist ein Mausoleum mit 14 Begräbnisplätzen, deren zwei bereits verdiente Staatsoberhäupter einnehmen.

Dahinter der moscheeähnliche *Islamische Gerichtshof (2)*, der durch eine Reihe von Kuppelpavillons mit dem hohen *Wisma Muis (3)*, dem Ministerium für religiöse Angelegenheiten, verbunden ist. Gegenüber vor dem Staatssekretariat ein großer weißer Holzkris und das Unabhängigkeitsdenkmal mit einer Bronzestatue von Tunku Abdul Rahman, dem »Bapa Malaysia«.

Sikh-Tempel (4)

Im Innern ein Altartisch, auf dem sich die mit verschiedenen Tüchern zugedeckten heiligen Schriften befinden. Zur Gemeinde gehören rund 50 Familien aus dem Pandschab (Indien/Pakistan), zum Teil mit angeheirateten Kadazan-Frauen, die alle noch Pandschabi sprechen.

Auf dem Bukit Istana Lama (Jln Muzium) gut erkennbar ist das

Sabah-Museum (5)

mit rotem Satteldach und den über den First dekorativ aufragenden Betonsparren. In der Eingangshalle wird man überrascht durch die prachtvolle Sammlung von etwa 300 Keramikkrügen. Sie stammen vor allem aus China von der frühen Song- (960–1279) über die Ming- (1368–1644) bis zur späten Qing-Periode (1644–1912), ferner aus Kambodscha, Thailand und Vietnam. Doch waren sie seit über tausend Jahren völlig in die materielle Kultur der Eingeborenen Sabahs integriert. Als begehrte Tauschobjekte gegen die Produkte des Regenwaldes (Kampher, Bienenwachs, Vogelnester, Rhinozeroshorn und Nashornvogelschnabel) erhöhten diese Krüge den sozialen Status der Besitzer und wurden von Generation zu Generation weitergegeben. Sie dienten nicht nur als Wasserbehälter, sondern auch zur Konservierung von Lebensmitteln und zum Brauen des »tapai« (Reisbiers) oder Tapiokabiers. Man zahlte mit ihnen auch den Brautpreis, benützte sie als Urnen oder für medizinische Zwecke. Einzelne tragen eine Schar kleiner Henkel am oberen Rand, durch die eine Aufhängevorrichtung gezogen wurde.

Auf der rechten Seite bei den prähistorischen Funden das Modell einer Höhle, in der sogar das Vogelgezwitscher nachgeahmt wird. Dann eine Sammlung alter Karten und eine historische Fotosammlung (interessant die Polizei auf Wasserbüffeln), ferner Noten und Münzen; sehenswert die enorme Platte, die einen Schnitt durch einen Baumstamm von 2,45 m Durchmesser zeigt.

Auf der linken Seite die ethnologische Abteilung mit Bronzegefäßen und Messingkanonen; ferner 28 verschiedene Hüte der einzelnen Stammesgruppen und vier Generationen alte Kopfjagdschädel aus einem Kadazan-Haus.

Im ersten Stock links eine Keramikgalerie und rechts die naturkundliche Abteilung mit verschiedenen Arten des Eisvogels, Sabahs Staatssymbol, und prächtigen Exemplaren von Nashornvögeln.

Im zweiten Stock eine interessante Ausstellung über die vielfältige Verwendung von Bambus (vom Gebrauch beim Hausbau und der Jagd bis zum Musikinstrument und Spielzeug).

Die Exponate sind auf Englisch und Malaiisch beschriftet; das Museum ist Montag bis Donnerstag von 10.00–18.00 Uhr, Samstag und Sonntag von 9.00–18.00 Uhr offen, am Freitag geschlossen.

Vor dem Museum zwei Denkmal-Lokomotiven und im Untergeschoß eine einfache »Cafetaria«.

Daneben rechts im nächsten Gebäude das Science Centre mit der *Shell oil and gas industry exhibition* und anschließend das Multivision Theatre, wo in der Regel stündlich eine Dia-Schau über Sabah gezeigt wird.

Signal Hill (6) (Bukit Bendera)

Die frühere Signalstation für Schiffe bietet eine schöne Aussicht auf die Stadt und die kleinen Inseln des Tunku Abdul Rahman Parks.

Tunku Abdul Rahman National Park (7)

Er besteht aus den fünf in Sichtweite der Stadt gelegenen Inseln Gaya, Sapi, Mamutik, Manukan und Sulug, deren Vegetation und Korallenriffe geschützt sind. Auf allen Inseln gibt es werktags meist völlig einsame und saubere Badestrände, die ohne Zweifel zu den schönsten Südostasiens gehören. Neben dem Tanjung Aru Beach Hotel befindet sich die Anlegestelle, wo stündlich Schnellboote übersetzen (Fahrzeit je nach Insel 15–20 Min., Fahrpreis M$ 16–20 hin und zurück pro Person). An Sonntagen verkehren auch von der Stadt aus Boote. Auf Gaya, der größten Insel, und Sapi wächst ein durch Pfade erschlossener Dipterocarpaceenwald (S. 29f.), in dem Schuppentiere (Manis javanica), eine Wildschweinart und eine Herde Javaneraffen leben, welche mitunter Badende beim Picknick stören. Auch seltene Zugvögel rasten auf den Inseln, und auf Sapi brütet der majestätische Weißbauchseeadler (Haliaeëtus leucogaster). Einfache Übernachtungsmöglichkeiten bestehen auf Mamutik.

Ausflüge von Kota Kinabalu

1. Nach Penampang (ca. 15 km)

Die Hauptstraße Richtung Tambunan führt auf den ersten zwanzig Kilometern durch Land, das von den Kadazan bebaut wird. Leider dringen die Vororte von Kota Kinabalu immer mehr in diese Landwirtschaftszone, so daß man immer weniger Reisfelder und Wasserbüffelherden sieht. Der Wasserbüffel (Hausbüffel, Kerabau) ist zur Bestellung der Naßreisfelder besonders gut geeignet. Gegen Abend ziehen die Tiere zum Fluß, wo sie baden und bis zum Kopf untertauchen. Die massigen Büffel lassen sich zwar mühelos zähmen und auch von Kindern führen, reagieren aber unter Umständen auf den Geruch von Fremden panikartig.

2. *Zum Tamu von Tuaran* (35 km) *und von Kota Belud* (77 km)

Mit Tamu bezeichnet man die Wochenmärkte, die in Tuaran und Kota Belud am Sonntagmorgen stattfinden. Angehörige verschiedener Rassen bieten Obst und Gemüse, getrocknete Fische, Lebensmittel, Kleider und Haushaltsgegenstände feil. In Kota Belud werden zudem Wasserbüffel gehandelt. Doch auch ohne Markttag lohnt sich die Fahrt der schönen Landschaft und kleinerer Sehenswürdigkeiten wegen.

So ist der chinesische *Ten Si* in Kampong Lakang bei *Telipok* ein kleiner Mediumtempel (S. 68). Er scheint aus einem einzigen Raum zu sein, doch weisen die beiden Giebeldächer auf zwei Hallen hin. Der vordere First steht genau dort, wo die offene Vorhalle in die innere Eingangshalle übergeht. Der Beginn der Haupthalle ist nur noch durch von der Decke hängende, kurze Vorhänge markiert. Die farbigen Wandbilder erzählen chinesische Legenden. Hinter dem Eingang rechts der rote Mediumstuhl.

Nach 31 km verzweigt sich die Straße:

a) *Über Mengkabong nach Tuaran*
Fährt man Richtung Tuaran, zweigt nach 1,8 km links die Straße zum Wasserdorf Mengkabong ab. Es wird von Angehörigen der Bajau bewohnt, der zweitgrößten Eingeborenengruppe Sabahs, die meist Muslime sind und vermutlich aus den südlichen Philippinen stammen. Die Fortsetzung dieser Straße führt auf Umwegen nach *Tuaran*.

Vor Beginn des Zeilendorfes liegt der 1979 neu erbaute *Loong San-Tempel* am Flußufer. Das dreiteilige Ziertor mit einem Mi Lo Fo daneben steht vor der Tempelrückseite. An der rechten Längswand und einer Gartenanlage mit volkstümlichen Figuren vorbei gelangt man zum Tempeleingang, dem gegenüber sich eine große Konfuziusstatue aus Ton und Kuan Yin vor einem Rad befinden. Die Anlage besteht aus Eingangs- und Haupthalle, dazwischen die seitlichen Verbindungshallen (Typ 2a, S. 85). Der synkretistische Loong San ist ein Mediumtempel, wie die Fähnlein, Messer, Dolche, Spieße und Puppenköpfe mit Tempelgeldkleidchen auf dem Altartisch zeigen. Außerdem hält ein Arzt für Akupunktur regelmäßig Sprechstunde im Tempel ab. Die meist taoistischen Lokalgötter auf den alten Schnitzaltären tragen mit »Obst« geschmückte Kronen. Der rechte Altar mit einer braungesichtigen Kuan Yin wird zum Wahrsagen benutzt.

b) *Nach Kota Belud*

Die Straße nach Kota Belud über Tamparudi (Tamu mittwochs) führt 4 km durch eine prachtvolle Reisterrassenlandschaft, die von den Bajau bewirtschaftet wird. Die Reispflänzchen werden in Saatbeeten gezogen und nach 20–25 Tagen ins Hauptfeld versetzt. Reis an sich ist keine Wasserpflanze und gedeiht auch auf Trockenland (Trockenreis); der Vorteil des Naßreisfeldbaus besteht aber u. a. darin, daß Reis über Jahrhunderte ohne Fruchtwechsel an der gleichen Stelle wächst.

Um zum Tamu zu gelangen, hält man sich in Kota Belud bei der Moschee (mit Zwiebelkuppel) rechts. Der Weg selbst führt bis nach *Kudat* (197 km) weiter, wo die Rungus, eine Untergruppe der Kadazan, zum Teil noch in Langhäusern wohnen.

3. *Kinabalu-Park mit Mount Kinabalu; Kundassang und Ranau*

Der Kinabalu-Park erstreckt sich von 450 m Höhe bis zum Gipfel des Mount Kinabalu auf 4101 m Höhe und umfaßt somit alle Höhenstufen vom Tropischen Tieflandregenwald bis zur Felswüste (S. 18). Über 450 Farnarten und ca. 1000 Orchideenspezies findet man im Park, ebenso zahlreiche buntblühende Vertreter der Gattung Rhododendron aus der kosmopolitischen Familie der Ericaceen. Wie im Bako-Nationalpark (S. 334) wachsen auch hier einige Kannenpflanzen (Gattung Nepenthes), deren Vorkommen sich auf die Tropen Südostasiens und Nordaustraliens und auf Madagaskar und die Seychellen beschränkt. Insekten werden vom Nektar oder der lebhaften Färbung (meist rotgrün) der Kannen angezogen und fallen in die wäßrige Flüssigkeit, die von den Drüsen in der Kannenwand ausgeschieden werden. Ein Wachsüberzug am obern Innenrand der Kanne hindert sie am Herausklettern. Die Pflanze absorbiert dann ihre Zersetzungsprodukte. Die größten Kannen fassen rund zwei Liter Flüssigkeit!

Wer Glück hat, findet bei den heißen Quellen von Poring (oder im Bako-Park) ein Exemplar der Rafflesia (Abb. 44), deren eingeschlechtliche Blüten mit fast 1 m Durchmesser die größten sind, die man kennt. Die Rafflesia ist ein Vollparasit, der nur aus Blüte und Zellfäden besteht, die in den Wirt (hier eine Vitaceae) eindringen.

Die Fauna des Parks ist wegen der vielen Touristen wenig auffallend, sieht man von den Schmetterlingen und anderen Insekten ab.

Mit etwas Kondition können auch Bergungeübte mit Turnschuhen diesen Viertausender in zwei Tagen besteigen, da der Weg ab Timpohon Gate (1830 m) größtenteils gestuft und steile Gipfelpartien mit Seilhiefen versehen sind. Eine Bewilligung (M$ 10) und ein Führer (M$ 25 / Tag) sind obligatorisch, das Engagement von Trägern (M$ 25/ Tag u. 11,5 kg Last) möglich. Die Unterkünfte müssen während der Ferienzeit und an Wochenenden langfristig vorbestellt werden (Sabah Parks, Reservation,

Abb. 44. *Rafflesia-Blüte (Zeichnung von 1894)*

P. O. Box 10626; 88806 Kota Kinabalu, Sabah/Malaysia. Tel. 211585). Hat ein Reisebüro kurzfristig Kontingente frei, so wäre diese Lösung vorzuziehen, denn zur Besteigung des Berges sollte man schöne Tage ausnützen können, was bei langfristiger Reservierung nicht gewährleistet ist.

Den einheimischen Kadazan ist der Berg als Wohnort ihrer Geister heilig: Bei früheren Besteigungen wurde jeweils ein Huhn dargebracht, während heute in einer jährlichen Zeremonie die Kadazan-Führer und -Träger sieben Hühner opfern, die sie anschließend braten und essen. Die Erstbesteigung des Gipfelplateaus fand übrigens 1851, die des höchsten Gipfels erst 1888 statt.

Von Kota Kinabalu bis zum Parkeingang, wo man alle Informationen erhält, sind es rund 90 km. Sechs Kilometer weiter folgt die Ortschaft

Kundassang.

Hotel: Perkasa Mt. Kinabalu (M, sehr schön über Kundassang mit Blick auf den Berg gelegen und die weitaus beste Unterkunft in Parknähe!).

Die hier im Vergleich zur Küstenebene niedrigeren Temperaturen erlauben den Anbau von grünen Spargeln und Erdbeeren.

In der Ortschaft selbst fällt der burgartige Bau des *War Memorials* für die auf dem Todesmarsch umgekommenen Soldaten des Zweiten Weltkriegs auf: Im September 1944 verschoben die Japaner 2400 alliierte Kriegsgefangene von der Küste Sandakans ins Landesinnere, doch nur sechs Mann überlebten den elf Monate dauernden Marsch nach Kundassang.

Nach 14 km folgt *Ranau* (Tamu nur am Ersten jeden Monats), von wo eine 20 km lange Schotterstraße zu den heißen Quellen von *Poring* (noch zum Kinabalu-Park gehörig) führt. Das schwefelhaltige Wasser mißt zwischen 49° und 60 °C. Hier wurden zahlreiche Fußwege durch den Tieflandregenwald angelegt.

4. *Tambunan* (90 km)

Lohnender Ausflug auf gut ausgebauter Paßstraße (1600 m) durch die Crocker Range zu den Kadazan-Reisbauern im Tal von Tambunan. In Toboh, knapp 10 km vorher, jeweils am Sonntag Tamu.

5. *Eisenbahnfahrt von Beaufort nach Tenom*

Eisenbahnfreunde werden das Depot beim Flughafen von Kota Kinabalu besuchen, wo einige interessante Wagen und Triebfahrzeuge aufbewahrt sind. Auf der Strecke von Kota Kinabalu nach Beaufort verkehren zur Zeit nur Güterzüge, von dort aber ein Dieselzug und ein Triebwagen bis Tenom. Man erkundige sich im Hotel oder Touristenamt nach dem gerade gültigen Fahrplan! Die Rückreise am gleichen Tag ist möglich; sonst kann man in Tenom übernachten (Hotel Perkasa, M).

6. *Die Orang Utan von Sandakan*

Für Tierfreunde ohne Zweifel der Höhepunkt des Borneo-Aufenthalts ist der Besuch des Orang Utan Rehabilitation Centre Sepilok, 21 km außerhalb von Sandakan. Nach ersten Versuchen im Bako-Nationalpark bemüht man sich seit 1964 hier am Rand eines 40 km^2 großen Waldreservats, junge verwaiste Orang Utan wieder an die Wildnis zu gewöhnen. Die Tiere leben in völliger Freiheit. Nur Jungtiere werden nachts in Käfige zurückgebracht, um sie vor Schlangen zu schützen; tagsüber turnen auch sie hoch in den Bäumen am Waldrand frei umher oder interessieren sich für das, was die Besucher bei sich tragen! Es läßt sich gut beobachten, wie »Anfänger« sich noch recht ungeschickt in den Lianen verhalten. Beim Hauptquartier steht eine Futterplattform, wo auch größere Orang zweimal täglich Bananen und Milch erhalten. Eine zweite Plattform liegt etwa eine halbe Stunde zu Fuß mitten im Dschungel. Jeweils am späten Vormittag werden dort erwachsene Tiere angelockt, ein höchst beeindrukkendes Schauspiel: Zuerst ist nur lautes Blätterrauschen und das Aneinanderschlagen von Ästen hörbar, dann schwanken ganze Baumkronen, bis zuletzt der Orang erscheint. Es handelt sich dabei meist um Tiere, die nicht genügend Futter finden konnten, leben doch im ganzen Schutzgebiet zwischen 35 und 50 Orang. Andere hat man beobachtet, wie sie nach über einem Jahr erstmals wieder zur Futterstelle zurückkehrten.

Das Sepilok-Zentrum ist das erste seiner Art, ein kleineres befindet sich bei Kuching (S. 331), ferner in Kalimantan und auf Sumatra. Es sind Bestrebungen im Gang, weitere Habitate für Orang Utan in Sabah und Sarawak zu schaffen. Dazu muß vor allem dem Fällen gewisser Fruchtbäume wie dem Durian (S. 35) Einhalt geboten werden, um ihre Futtergrundlage zu erhalten. Trotzdem sind die Orang Utan vom Aussterben bedroht. Nach Schätzung von Barbara Harrisson, der Gründerin von Sepilok, leben in Sabah und Sarawak nur noch etwa zweitausend Exemplare.

Man kann den Ausflug nach Sepilok gut in einem Tag auch individuell von Kota Kinabalu aus unternehmen, wenn man die Tagesrandflüge bucht. Am Flugplatz von Sandakan warten Taxis, die einen rechtzeitig zur Dschungelfütterung ins Centre bringen. Sepilok ist täglich von 9–12 und 14–16 Uhr geöffnet außer freitags, wo es schon um 11.30 Uhr schließt. Wer in Sandakan übernachtet (Sabah Hotel, M), hat in Sepilok Gelegenheit zu einer zweistündigen Wanderung zu den Mangrovensümpfen am Telukan Utara. Sonst reicht es vor dem Rückflug für eine kurze Stadtbesichtigung.

Sandakan (ca. 60000 Einwohner), die alte Hauptstadt von British Borneo, besitzt eine neue Moschee (Baubeginn 1989) und über der Stadt seit 1987 einen der größten neuen Buddhatempel Südostasiens, den *Puu Jih Shyh*. Dreißig Säulen voll bunter Ornamentik und Golddrachen, aber fern der Qualität und Feinheit alter Tempelsäulen, stützen die Haupthalle. Drei rund anderthalb Meter hohe Throne mit Buddhas mit verschiedener Handhaltung füllen den dreiteiligen Hauptaltar. Einen kleineren Buddha mit Krone und Stirndiamant findet man hinten links, und im Raum hinter dem Altar wird Kuan Yin verehrt.

Brunei

Sehenswürdigkeiten

- Sultan Omar Ali Saifuddin-Moschee mit Steinboot Mahligai (1)
- Wasserdorf (Kampong Ayer, 8)
- Brunei Museum (16)
- Muzium Teknologi Melayu (17)

Anreise

Der Flughafen liegt 3 km von Bandar Seri Begawan entfernt (Taxi).
Flugverbindungen primär über Singapore (3 Flüge/Tag), Kuching (tgl.), Kota Kinabalu (4/Woche) oder ev. Kuala Lumpur (3/Woche). Airport-Taxe B$ 5,–.
Direkte internationale Flugverbindungen mit Bangkok (5/Woche), Hat Yai (Thail., 2/Woche), Hongkong (2/Woche), Taipei (2/Woche), Manila (5/Woche), Jakarta (2/Woche), Balikpapan (Indon., 2/Woche) und mit Darwin (Austr., 2/Woche).
Die Straßen- oder Bootsverbindungen mit Sarawak und Sabah sind nicht zu empfehlen.

Einreisebestimmungen

Gültiger Reisepaß

Währung:

B$ (Brunei Dollar); akzeptiert wird auch der S$, der den gleichen Kurs hat.

Touristeninformation

Am Flughafen und an der Jln McArthur nahe der Brücke

Hotels

In Bandar Seri Begawan: Sheraton-Utama (F); Ang's (M), Brunei (M); National Inn (E).
In Kuala Belait: Sea View (E).

Verkehrsverbindungen in Brunei

- Innerhalb von Bandar Seri Begawan zu Fuß
- Mehrere Busse täglich nach Seria; Busbahnhof beim Markt nahe Brunei-Hotel
- Autovermietung am Flughafen (S. 364)

Übersicht

Brunei zeigt am Tourismus wenig Interesse. Wegen der vielen Geschäftsreisenden aber haben die Hotels hohe Belegungsraten und für den südostasiatischen Raum überdurchschnittlich hohe Preise. Das sollte den interessierten Touristen jedoch nicht abhalten, einen oder zwei Tage in der Hauptstadt Bandar Seri Begawan zu verbringen, um einige empfehlenswerte Sehenswürdigkeiten zu besichtigen und einen Eindruck des Staates zu erhalten.

Das seit 1984 unabhängige Sultanat (zur Geschichte s. S. 106) mißt 5765 km^2 (mehr als die doppelte Fläche von Luxemburg) und hat etwa 250 000 Einwohner, wovon nur 25% auf dem Land, d. h. außerhalb der Hauptstadt und der Erdölstadt Seria, leben. 65% der Bevölkerung sind Malaien, 20% Chinesen und 8% Eingeborene.

Durch die Erdölfunde und das Erdgas, das nach Japan exportiert wird, ist Brunei reich geworden, was sich einerseits im Luxus des Herrscherhauses, anderseits aber auch im Wohlstand der Einwohner zeigt. Sie genießen Steuerfreiheit, beziehen Alters- und Invaliditätsrenten und können mit einer modernen medizinischen Versorgung rechnen. So steht für das Hinterland im Notfall ein »fliegender Doktor« bereit. Auffallend sind die vielen Autos, darunter ein paar seltene Luxusmodelle deutscher Provenienz, in denen sich die adligen Regierungsmitglieder ins Büro chauffieren lassen. Im Gegensatz dazu ist die Versorgung mit Konsumgütern zwar ausreichend, doch im Vergleich zu Sarawak eher bescheiden.

Bandar Seri Begawan

Die Hauptstadt des Staates Brunei zählt mit allen Außenquartieren rund 70 000 Einwohner. Bis 1970 hieß sie wie der Staat, wurde dann aber zu Ehren des inzwischen verstorbenen Vaters des heutigen Sultans umbenannt in »Stadt des glücklich Pensionierten«. Ursprünglich nur ein Wasserdorf im Sungai Brunei, hat sich die Stadt Anfang des 20. Jahrhunderts (S. 351) auf dem Festland in den Tropischen Regenwald ausgedehnt.

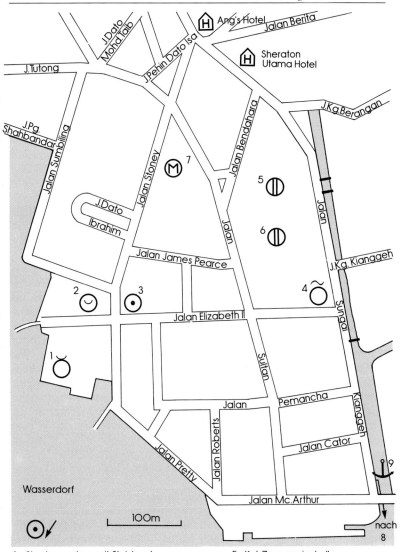

1 Staatsmoschee mit Steinboot
2 Ministerium
3 Amt für Sprache
4 Ting Woon Tian
5 Kgl. Zeremonienhalle
6 Parlamentsgebäude
7 Churchill-Museum und -Denkmal
8 Kampong Ayer (Wasserdorf)

Karte 27. *Bandar Seri Begawan (Brunei): Zentrum*

Sehenswürdigkeiten in der Stadt (Karte 27)

Masjid Sultan Omar Ali Saifuddin (1)

In vierjähriger Bauzeit von italienischen Konstrukteuren und Fachleuten errichtet, wurde die 3000 Gläubige fassende Moschee 1958 eröffnet. Ein großes Wasserbecken von einem Dreiviertelkreis, das sich gegen das dahinterliegende Wasserdorf abgrenzt, verschafft ihr Raum und Weite. Sie liegt über Eck daran, so daß sich ihre Mihrabwand und südliche Längsseite im Wasser spiegeln. Den hohen Moscheekörper dominiert die auf Dachaufsatz und Fenstertambour lastende Goldkuppel aus 3,3 Millionen venezianischen Glasmosaiksteinchen. Sie wird überragt vom über 50 m hohen Zwiebelkuppelminarett an der rechten Vorderfrontseite, dessen Lift zu einer prachtvollen Aussicht über die Stadt, das Wasserdorf und die Umgebung führt. Gestufte Zinnenkränze über An- und Vorbauten, Eckpfeiler mit Mogulhutabschlüssen und geschlossene Wandflächen mit nur kleinen Loggiaöffnungen geben dem Moscheeganzen einen burgartig strengen Charakter. Auf der linken Seite umgibt ein Arkadengang aus gedrehten Säulen den mit einem dekorativen Bassin ausgestatteten Innenhof, während spitz zulaufende Zackenbögen durch die Vorhallen ins Innere führen. Vor dem vom Sultan benutzten Seiteneingang ein blütenstempelförmiger Springbrunnen.

Das helle Innere erhält durch die braunen Marmoreinfassungen um Wandpfeiler, Haupt- und Seitentore einen warmen Holzcharakter. Wie die Eingänge ist auch der Mihrab als offenes Marmortor aus drei Zackenbögen gebildet. Er öffnet sich gegen einen hinteren Raum mit Fenstern, durch die man von außen die als Kreisring geformte Koraninschrift in der Golddecke sieht. Neben der Mihraböffnung rechts der Marmorminbar mit zwei Goldkuppeln. Daneben führt eine Rolltreppe in den oberen Stock zur Sultansloge. Das Kuppelrund, innen keineswegs so dominant und mächtig, streut durch das hineingehängte Kuppelglas diffuses Licht in den Raum, den zudem Buntglasscheiben in den Zackenbögen und tellerförmige Kerzenleuchter erhellen.

Ein Steg über das Lagunenbecken verbindet die Südwestspitze der Moschee mit dem Wasserdorf. Vor der südlichen Längsseite dagegen liegt das einer königlichen Barke des 16. Jahrhunderts nachgebaute *Steinboot Mahligai*, das einen chinesisch beeinflußten Mittelpavillon und zwei kleine Malaiendachhallen besitzt. Es dient bei religiösen Zeremonien wie beim jährlichen Koranlesewettbewerb.

Der Moschee schräg gegenüber bezeichnen ein schlankes Minarett und die goldkuppelüberdachte Vorfahrhalle das *Ministerium für religiöse Ange-*

legenheiten (2). Östlich davon die *Halle des Amtes für Sprache und Literatur (3)* mit einem Fassadenmosaik, das die alte Tradition groß hervorhebt, die moderne Erdölindustrie dagegen nur am Rand darstellt; im aufgeschlagenen Buch der Wahlspruch »eine Sprache, eine Nation, ein Staat«, worüber die chinesische Minderheit nicht ganz erfreut sein dürfte.

Ting Woon Tian (4, Jalan Sungai Kianggeh, Typ 2, S. 85),

ein schöner moderner Chinesentempel mit seitlich sich aufbäumenden Dachteilen. Vor der roten Halle mit grünem Röhrenziegeldach glänzen drei Messingräuchergefäße. Die Steinlöwen am Eingang tragen einen beweglichen Ball im Mund. Im Innern Golddrachen an den Hauptsäulen und goldrote Altartischschnitzereien. Auf dem rechten Nebenaltar Kuan Yin.

An der Jalan Sungai Kianggeh formen die *königliche Zeremonienhalle (5, Lapau)* und das *Parlamentsgebäude (6, Dewan Majlis)* einen zusammenhängenden Komplex mit einem Wasserbecken dazwischen, aus dem ein Minarett und eine Goldschale aufragen. In der Lapau wurde am 1. 8. 1968 der jetzige Sultan zum 29. Herrscher Bruneis gekrönt. Das goldene Dach der Halle trägt einen chinesisch beeinflußten quadratischen Aufbau mit Festonrändern und aufwärts gebogenen Goldblättern an den Ecken, während die Halle selbst horizontale Ornamentbänder zieren, die sich am einfacheren Parlamentshaus mit anderem Muster wiederholen.

Schräg hinter der Lapau an der Jalan Sultan fällt das halbe Kreisringgebäude um das *Churchill-Denkmal (7)* auf. Es enthält von links nach rechts die *Constitutional History Gallery* mit Thron und Dokumenten zur Unabhängigkeit (Dienstag ganz und Freitag von 11.30–14.30 Uhr geschlossen, sonst von 9.00–12.00 und 13.15–19.00 Uhr offen), das *Hassanal Bolkiah Aquarium* (Montag ganz und Freitag von 11.30–14.00 Uhr geschlossen, sonst von 9.00–12.00 und 13.15–19.00 Uhr), die *Dato Ibrahim Library* (nur zu Forschungszwecken über Südostasien und die ASEAN zugänglich) und das *Churchill-Memorial-Museum,* nach dem sich das Gebäude nennt (gleiche Öffnungszeiten wie die Constitutional History Gallery): Es sind darin hauptsächlich Erinnerungsstücke wie Kleider, Fotos, Bücher und Orden ausgestellt, die der Vater des Sultans aus persönlicher Verehrung für Churchill gesammelt hat.

Kampong Ayer (8, Karte 28)

Eines der größten auf Stelzen gebauten Wasserdörfer, das bis 1906, als das Stadtzentrum aufs Festland verschoben wurde, mit ihm synonym war

– sogar der Holzpalast des 25. Sultans stand noch dort. Es grenzt heute direkt an die Stadt. Jüngste Regierungsversuche, das Wasserdorf abzureißen, scheiterten, da seine über 30 000 Bewohner ihren Lebensstil nicht aufgeben wollten. So hat denn die Regierung die Lebensbedingungen im Wasserdorf selbst verbessert und neben Schulen, Polizeistationen und Kliniken elektrische und Wasserleitungen eingerichtet. Das Kampong besitzt auch zwei kleine Moscheen. Es ist keineswegs ein Elendsquartier, wie es Wasserdörfer oft sind. Davon zeugen auch die vielen Autos, die die Wasserdorfbesitzer in Ufernähe abstellen, um dann mit dem Boot zu ihrem Haus zu fahren. Leider haben die privaten Motorboote und die schnellen Wassertaxis, die die Bewohner in wenigen Minuten in die Stadt zu den Läden oder auf den Markt bringen, zum starken Rückgang der »pedian« geführt, Bootsmarktfrauen, die mit der Ware auf ihren schmalen »perahus« von Haus zu Haus paddelten.

Eine 45minütige Bootsfahrt, die ca. B$ 30,– kostet, ist sehr zu empfehlen. Sie führt durch das ganze Wasserdorf (u. a. zu einem »Mini-Muzium«, das sich als gutbestückter Antiquitätenladen entpuppt) bis in Sichtweite des Sultanspalastes und zurück. Abfahrt bei der vorderen Flußbrücke an der Jalan Sungai Kianggeh (9, Karte 27).

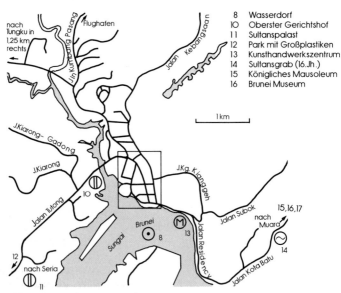

Karte 28. *Die Umgebung von Bandar Seri Begawan*

Umgebung der Stadt (Karte 28)

1. Zur Istana

Man verläßt die Stadt über die Edinburgh Bridge. Unmittelbar nach der Brücke links der moderne *Oberste Gerichtshof (10)* mit achteckiger Silberkuppel und kleinem Säulengang. Unübersehbar folgt nach wenigen Minuten Fahrt der

Istana Nurul Iman (11).

Gilt der 1968 gekrönte Sultan von Brunei als reichster Mann der Welt, so erscheint sein neuer Palast für 70 Mio US$ als der größte und teuerste aller Zeiten. Dreimal so groß wie Buckingham in London, überzieht er mit seinen 1788 Räumen ein erhöhtes Flußufergelände. Der Entwurf des philippinischen Architekten verband eine moderne Bauweise mit traditionellem malaiisch-arabischem Formenschatz. Am prunkvollsten ausgestattet sind der weite Thronsaal und die Bankettshalle, die mit dem offenen Platz davor bis zu 4000 Gäste faßt. In ihr wurde 1984 die Unabhängigkeit gefeiert mit Prinz Charles von England als Ehrengast. Der Palast ist innen nicht zu besichtigen; außen kehrt er dem Wasserdorf und der Straßenzufahrt die Hinter- und Seitenansicht zu. Doch kann man seine Hauptfassade vom nahen

Persiaran Damuan-Park (12) (1 km vom Palasteingang stadtauswärts links, mit Busstation) aus gut betrachten. Deutlich erkennbar sind die beiden Goldkuppeln der Vorfahrhalle und Palastmoschee, zwischen denen sich die leicht geschwungenen, ineinander geschobenen Satteldächer der Repräsentativhallen ausbreiten.

Eine ebenso schöne Sicht hat man vom Park auf den prachtvollen Mangrovenwald am jenseitigen Sungai Brunei-Ufer. Die Parkanlage selbst schmücken sechs zeitgenössische Großplastiken, die unter dem Titel »Harmony in diversity« die ASEAN-Staaten symbolisieren.

Auf dem Weg zurück zur Stadt sieht man am Villenhang dem Sultanspalast gegenüber den Palastneubau für den jüngeren Bruder und Außenminister.

2. Zum Brunei Museum

Am andern Stadtende an der Jalan Residency steht das mehrstöckige *Arts und Handicrafts Training Centre (13)* mit einem Ausstellungspavillon.

Oberhalb in der großen Kurve vor dem Außenministerium bietet sich ein prachtvoller Blick über die Stadt, das Kampong Ayer und den Istana.

2,9 km stadtauswärts das *Makam Sultan Bolkiah (14)*. Auf dem Treppenweg zum Grabpavillon hinunter findet man ca. 10 m nach den letzten Stufen links im Wald ein prächtiges Exemplar eines Würgebaums. Ein sechseckiger, kuppelüberdachter Pavillon umgibt das alte Steingrab, in dem die sterbliche Hülle des bedeutendsten Herrschers von Brunei ruht. Zu Sultan Bolkiahs Regierungszeit (1485–1524) besaß Brunei seine größte Machtausdehnung, die bis zu den Philippinen reichte (vgl. S. 100). Sogar Antonio Pigafetta, Magellans Chronist und Reisegefährte, berichtete darüber voll Bewunderung. Beim Volk war der Sultan als singender Admiral bekannt, da er auf seinen Reisen stets Trommel und Laute mit sich führte. Er pflegte seine Dörfer mit einem Maß voll schwarzen Pfeffers, den er ausstreute, zu vermessen.

320 m weiter die *Kubah Makam Diraja (15)*. Dieses königliche Mausoleum enthält die Gräber der Eltern und Großeltern des jetzigen Sultans sowie meist kleine schmucklose Marmorstelen für weitere Familienangehörige. Unter einem Goldpavillon wiederausgegrabene ältere Gräber.

300 m dahinter das

Brunei Museum (16)

(Montag ganz und Freitag von 11.30–14.30 Uhr geschlossen, sonst 9.30–17.00 Uhr geöffnet.) In der Eingangshalle archäologische Gräberfunde, dann in sechs Galerien historische, naturkundliche, kunsthandwerkliche und ethnologische Gegenstände. Ganz hervorragend ist die Erdölabteilung (Gallery 2), die zeigt, wie Brunei seit 1932 Öl exportiert, heute aber einer der weltwichtigsten Produzenten von Erdgas ist und in Lumut eine der größten Anlagen besitzt.

650 m danach die Abzweigung nach rechts zum neu eröffneten *Muzium Teknologi Melayu (17)* (gleiche Öffnungszeiten wie das Brunei Museum), das in drei großen Ausstellungsräumen verschiedene volkskundliche Herstellungstechniken hervorragend präsentiert und thematisch eine gute Ergänzung zum Brunei Museum bildet.

Dewan 1 zeigt den Hausbau an einem Wasserdorf mit verschiedenen Haustypen und Inneneinrichtungen. In Dewan 2 sind seltene Fischfangmethoden und der Bootsbau dargestellt, ferner demonstrieren Schaufiguren, wie man Schwerter herstellt, schmiedet und webt. In Dewan 3 ein Langhaus mit einem ganzen Orchester im Innern; sodann die Verarbeitung von Nutzpflanzen wie Sago und Zuckerrohr.

Von beiden Museen ergibt sich ein sehr schöner Blick auf die Flußlandschaft des Sungai Brunei.

Ausflüge

1. Muara

Einen kleinen Eindruck vom Land gibt der Ausflug nach Muara (27 km). Man verläßt die Stadt in östlicher Richtung und fährt am Sungai Brunei entlang nach Muara, wo Bademöglichkeiten bestehen. Als Rückweg wählt man die neue Straße, die am Meer entlang Richtung Tutong führt; an ihr liegen mehrere Strände, die am Wochenende rege benutzt werden. Rückkehr zur Stadt über Tungku.

2. Seria

Brunei lebt vom Erdöl und Erdgas (S. 119). Über diese Beziehung gibt zwar die Ausstellung im Brunei Museum (16) erschöpfend Auskunft, doch möchten vielleicht viele Besucher die Erdölquellen selber sehen. Leider gibt es keine offiziellen Besichtigungstouren ins LNG (Liquefied Natural Gas)-Werk von Lumut oder Flüge über die Off-shore-Pumpen vor Seria, doch kann man in Seria selbst (92 km) mehrere Pumpen (»nodding donkeys«), darunter auch Zwillings- und Drillingspumpen und ein Gewirr von Erdölleitungen, aus nächster Nähe betrachten. Eindrücklich ist auch der Stadtteil, den die Shell für ihre Angestellten baute. Die Explorationen begannen hier 1913, wurden aber 1920 als erfolglos eingestellt. Erst beim zweiten Anlauf stieß man 1929 in rund 300 m Tiefe auf Öl. Das Feld von Seria erschöpft sich langsam.

Man kann noch ein kurzes Stück nach *Kuala Belait* (Bademöglichkeit, allerdings ist der Strand nicht sauber) und zur Grenze Richtung Sarawak weiterfahren.

3. Langhäuser

Im Hinterland von Tutong und Kuala Belait stehen Langhäuser, die von Fremden kaum je besucht werden. Wer aus Fachinteresse dorthin gelangen möchte, muß dies über die entsprechenden Ämter in Bandar Seri Begawan tun.

Praktische Reisehinweise

Reisevorbereitungen

Reiseplanung

Zahlreiche Reiseveranstalter haben Malaysia und Singapore in ihrem Programm, doch können beide Staaten auch ohne weiteres individuell bereist werden: Die Infrastrukturen sind gut, Sicherheitsmaßnahmen sind keine nötig, dagegen ausreichende Englischkenntnisse.

Folgende Schwerpunkte können für einen Besuch besonders empfohlen werden:

1. *Kunst und Kultur:* Besonders sehenswert sind die chinesischen Tempel, aber auch viele Moscheen und Hindu-Kultstätten, wobei man überall auf aktive Anteilnahme der Gläubigen am religiösen Leben stößt. Hauptziele dafür: Penang (S. 121 ff.), Melaka (S. 182 ff.), Kuala Lumpur (S. 152 ff.) und Singapore (S. 198 ff.); außerdem interessant die Kultur der Eingeborenen auf Borneo, besonders Sarawak (S. 320 ff.). Hervorzuheben sind auch die zahlreichen vorzüglichen Museen.

2. *Natursehenswürdigkeiten:* Kautschuk- und Ölpalmplantagen samt Verarbeitung (S. 113 ff.), Kakaobäume, Naßreisfelder (S. 343) und viele exotische Fruchtbäume (S. 34 ff.), die meist am Wege liegen.

Nationalparks und Schutzgebiete: gut für Pflanzen-, Vogel- und Insektenliebhaber, dagegen nichts für Reisende, die Großtiere erwarten. Ausnahme: Die Orang Utan im sehr besuchenswerten Rehabilitationszentrum in Sabah (S. 345 ff.) und die Riesenschildkröten am Südchinesischen Meer (S. 291 ff.).

3. *Badestrände:* Empfehlenswerte Badeorte vor der Westküste der Halbinsel (Indik): die Inseln Langkawi (S. 257 ff.), Penang (S. 121 ff.) und Pangkor (S. 273 ff.). An der Ostküste (Pazifik) die Traumstrände von Kota Bharu (S. 282 ff.), Terengganu (S. 288 ff.), Cherating (S. 292), Kuantan (S. 293 ff.) und der Insel Tioman (S. 319). Ferner bei Kuching (Sarawak, S. 322 ff.) und vor Kota Kinabalu (Sabah, S. 336 ff.).

4. *Essen:* gehört hier zu den Reisevergnügen, da auch die Einheimischen Wert auf gute Küche legen (s. unter »Restaurants«).

Informationsstellen

für Malaysia: Tourist Development Corporation Malaysia, Roßmarkt 11, D-6000 Frankfurt/M.
für Singapore: Singapore Tourist Promotion Board, Poststr. 2/4, D-6000 Frankfurt/M. u. Hochstr. 48, CH-8044 Zürich.
Beide Staaten geben sehr informatives Prospektmaterial heraus, das z. T. schon hier kostenlos erhältlich ist.
Anfragen beantwortet auch der Automobilclub von Malaysia (Persatuan Automobil Malaysia; P. O. Box 6228; Pudu Post Office; 55720 Kuala Lumpur).

Reisezeit

vgl. S. 20 ff.

Impfungen

Keine vorgeschrieben. In den großen Städten und Umgebung gibt es keine Malaria mehr, dagegen in abgelegenen Gebieten und auf Borneo. Es empfiehlt sich daher dringend, den Rat des Hausarztes oder eines Tropeninstitutes einzuholen.

Kleidung

Sommerkleidung, vor allem aus Baumwolle; es wird auch nachts nie kälter als 20 °C! Regenschutz. Für die Höhenorte und den Mt. Kinabalu (S. 343 ff.) Pullover notwendig. Zum Schutz vor Klimaanlagen in Hotels, Restaurants, in den Zügen und auf langen Busfahrten empfiehlt sich eine leichte Jacke oder ähnliches.

Nebenkosten

Außerhalb der Luxushotels sind die Nebenkosten für Verpflegung und Transportgebühren wesentlich niedriger als in Mitteleuropa.

Anreise

Von Frankfurt, Zürich und Wien bestehen mehrmals wöchentlich Direktflüge nach Singapore oder Kuala Lumpur; ferner Flüge nach Penang via Bangkok.

Ankunft

Zeit

Zeitverschiebungen: + 6 Stunden zur Sommerzeit / +7 Stunden zur MEZ.

Zoll, Visum

Für Besucher aus der Bundesrepublik Deutschland, Österreich, der Schweiz und Liechtenstein: gültiger Reisepaß; der Zoll ist im allgemeinen großzügig.

Währung

Malaysia: 1 Malaysia Dollar (M$) oder Ringgit = 100 Sen
Singapore: 1 Singapore Dollar (S$) = 100 Cents
Brunei: 1 Brunei Dollar (B$) = 100 Cents
S$ und B$ haben den gleichen Wert und werden gegenseitig akzeptiert.

Geldwechsel

An den Flughäfen, auf Banken und vor allem bei den offiziellen Geldwechslern (licensed money-changer), etwas ungünstiger in den Hotels.

Auskünfte

Außer in den Prospekten der Touristenämter auf den Gelben Seiten der Telefonbücher unter folgenden für Touristen interessanten Stichwörtern:
Hotels, Restaurants, Travel Bureaus, Airline Companies, Motorcar Renting, Photographic Equipment (auch für Schnellreparaturen), Religious Organizations (Auskünfte über Gottesdienste), Handicrafts, Pharmacies, Medical Practitioners (Ärzte). Auf der hinteren Innenseite des Einbandes Telefonnummern der Touristeninformation, der Paßbehörden, der Flughäfen und der Bahnhöfe.

Unterkunft

Hotel

Offizielle Touristenstellen unterscheiden zwischen den Hotels »mit internationalem Standard« und solchen, die mehr von Einheimischen frequentiert werden. Der Unterschied zwischen beiden Gruppen ist beträchtlich, da eigentliche Mittelklassebetriebe fehlen. Die guten Hotels Malaysias und Singapores haben im Bereich von Service, Komfort, Bau und Zimmergestaltung ein Niveau, das in Europa nur selten erreicht wird. Es empfiehlt sich aber in den Tropen, gute Hotels zu wählen, vor allem bei beschränkter Zeit und wenn man am nächsten Morgen ausgeruht sein möchte. Eine offizielle Klassifikation nach Kategorien gibt es nicht. In diesem Führer dagegen wird nach Komfort, Lage, Aussehen und Service zwischen folgenden Gruppen unterschieden:

L Luxushotel (großzügige Gestaltung, überdurchschnittlich guter Service)

F Firstclass-Hotel (gewisse Abstriche im Service wegen schlechter geschulten Personals oder weniger großzügig gestaltet)

M Mittelklassehotel (Ausstattung oder Lage erschwert ungetrübtes und erholsames Reisen)

E Einfachbetriebe (doch soweit sauber und zuverlässig)

Vorbestellungen durch Reisebüro oder Luftverkehrsgesellschaft; im Land selbst via Telefon.

Privatunterkünfte, Camping

Neuerdings werden die Bewohner von Fischerdörfern vor allem der Ostküste von den Behörden aufgefordert, Hütten für Touristen zu bauen, die einfache Unterkünfte suchen, da Hotelbetten in der Saison knapp sind. Eine eigentliche Parahotellerie existiert aber nicht, ebensowenig Zeltplätze. Zelten auf Privatareal ist aber möglich, wenn auch in den Tropen wegen starker Niederschläge und vieler Insekten und Kriechtiere nicht immer angenehm.

»Resthouses« und Regierungsbungalows

Für Regierungsbeamte, die auf Reisen sind, wurden in gut 50, z. T. kleinen Orten »Government Resthouses« erstellt, deren Qualität sehr unterschiedlich ist. Privatgäste werden in der Regel aufgenommen und bezahlen recht wenig für das Übernachten. Die Liste dieser Unterkünfte findet man am Anfang des Telefonbuchs im amtlichen Teil unter »Rumah Rehat Kerajaan«.

Preisangaben

Hinter dem Nettobetrag des Hotelpreises befindet sich immer ++, was +10% Bedienung +5% Steuer zusätzlich (Singapore 3%) bedeutet.

Aufenthalt

Sprache und Schrift

In Singapore ist Englisch die Verkehrssprache, während in Malaysia und Brunei die »Bahasa Malaysia« heute dominiert. Der Tourist muß sich daher daran gewöhnen, daß alle Schilder und Anschriften fast nur noch auf malaiisch sind. Ein paar zentrale Begriffe, auf die man immer wieder stößt, seien hier aufgelistet:

air	Wasser	kota	Festung, Stadt
air panas	Heiße Quellen	kuala	Mündung
balai polis	Polizeistation	ladang	Plantage
bandar	Stadt	laut	Meer
bangunan	Gebäude	lebuh	Hauptstraße
bas	Bus	lorong	Seitenstraße
batu	Meile	masjid	Moschee
bukit	Hügel	pantai	Strand
desa	Dorf	pasar	Markt
feri	Fähre	pekan	Marktflecken, Stadt
genting	Paß	pejabat	Amt, Büro
gua	Höhle	pos	Post
gunung	Berg	pulau	Insel
hari	Tag	sekolah	Schule
hutan/utan	Wald	sungei	Fluß
istana	Palast	tandas lelaki	Herrentoilette
jalan	Straße	tandas perempuan	Damentoilette
jambatan	Brücke	teksi	Taxi
kampong	Dorf		

Weitere für Automobilisten wichtige Begriffe sind auf S. 364 unter Mietwagen aufgeführt.

Sonst ist der Reisende gut beraten, wenn er einen einfachen Sprachführer bei sich trägt.

Etwas verwirrend ist die malaiische Schrift, die noch immer keine einheitlichen Regeln besitzt, da die Sprache ursprünglich nur gesprochen wurde. So sieht man offiziell nebeneinander leboh/lebuh, masjid/masjed, sungai/sungei, Kota Bharu/Johor Bahru usw. Dieser Führer hält sich im allgemeinen an den Lokalgebrauch. – Noch uneinheitlicher ist die Umschrift des Chinesischen (z. B. Tien/Tian u. Thean Hou). Die jüngeren Chinesen in Malaysia lernen Malaiisch in der Schule, daneben meist noch Englisch; hingegen trifft man ältere Leute, die praktisch nur ihren Dialekt sprechen. – Auch indische Tempelanschriften folgen in Malaysia einer vereinfachten Schreibweise, so liest man überall »Subramaniam« statt »Ṣubrahmaṇya«.

Telefon, Post

Von den meisten Hotelzimmern aus können internationale Telefonanrufe ohne Vermittlung geführt werden. Die Liste mit den internationalen Vorwahlen liegt auf oder ist im Telefonbuch zu finden. Etwas günstiger sind Anrufe von der Post aus. Briefe benötigen von Malaysia und Singapore nach Europa in der Regel 7 bis 10 Tage.

Stromspannung

220-240 V; doch fehlen oft schon in Mittelklassehotels Rasierstecker! Für den Fön usw. ist ein Adapter (Weltreisestecker) nötig, da die dortigen Stecker nach englischem System gebaut sind.

Toiletten

In Hotels, Moscheen und chinesischen Tempeln.

Verpflegung

Restaurants

Chinesen essen mit ihren Familien und Freunden meist auswärts; daher findet man selbst in Hotels viele preisgünstige chinesische Restaurants. Hier ein paar Tips zur Speisekarte:
- Haifischflossen-(Sharksfin) und Vogelnestsuppen (Birds Nest) sind relativ teuer.
- Abalone (Haliotis, Meerohr) ist ein gern gegessenes Weichtier.

- Mit »Prawns« werden die größeren Garnelen, mit »Shrimps« die kleinen bezeichnet; »cuttlefish« ist Tintenfisch.
- Spezielle Zubereitungsarten von Fleisch, Fisch usw. sind: »on hot plate / sizzling« (auf heißer Gußeisenplatte), »in clay pot« (im gedeckten Tontopf), »in paper bag« (in Spezialpapier verschlossen gekocht; meist Hühnerstückchen oder Garnelen) und »in yam basket« (im Yams-Ring; dieses Knollengewächs wird statt Kartoffeln verwendet).
- Unter »bean curd« findet man die Tofu-Gerichte.
- Glasnudeln aus Reis heißen meist »vermicelli« oder »mee hoon«.
- Spezialdesserts sind chinesische Pancakes (mit süßer Bohnenpaste gefüllter Pfannkuchen), Sago Gula Melaka (aus braunem Zucker, Kokosnußmilch und Sago; nicht nur in Melaka erhältlich), Water chestnut with lotus seeds (Wasserkastanie mit Lotossamen).

Eine einfache Form der Verpflegung bieten die offenen Eßstände (»Foodstalls«). Trotz aller Beteuerungen mangelt es dabei aber oft an der Hygiene.

Die Hotels offerieren westliche und in Form von Buffets oft auch malaiische Küche, die der indonesischen und indischen gleicht.

Unterwegs in Dörfern fällt es oft schwer, hygienisch einwandfreie Restaurants zu finden; es empfiehlt sich, Picknick einzukaufen oder vom Hotel mitzunehmen.

Trinkwasser

Die Städte haben einwandfreies Leitungswasser. Für Empfindliche und in ländlichen Gebieten empfiehlt sich, Tafelwasser zum Trinken zu verwenden, das man überall kaufen kann.

Lebensmittelläden und Supermärkte

findet man überall mit gutem Sortiment.

Verkehrsmittel

Flugzeug

Das interne Netz ist gut ausgebaut und wird von der Malaysian Airlines (MAS), der Pelangi Air (Malaysia) und der Tradewinds (Singapore) fahrplanmäßig beflogen (Flughäfen und -plätze siehe Vorsatzkarte).

Flughafengebühren in Malaysia: für Inlandflüge M$ 3, nach Brunei und

Singapore M$ 5, restliche M$ 15; in Singapore: nach Brunei und Malaysia S$ 5, Rest S$ 12; in Brunei: nach Singapore und Malaysia B$ 5, übrige B$ 12.

Eisenbahn

Die Eisenbahn gewinnt in Malaysia wieder an Bedeutung, seit die Schienen neu geschottert und einige Nahverkehrslinien ungarische Zugkompositionen (»Railbus«) führen. Auf der Hauptstrecke Singapore – K. L. – Butterworth (Penang) verkehren 5 bis 6 Zugpaare (7–10 Std. nach K. L. und 6–9 Std. bis Butterworth), zur Ostküste aber fährt nur ein durchgehender Zug.

Bus und Sammeltaxi

Der Bus, das billigste Transportmittel Malaysias, verkehrt auf Hauptrouten wie K. L.–Singapore oder K. L.–Butterworth (Penang), bedient aber auch Nebenziele wie die Cameron Highlands. Auf der gleichen Strecke können verschiedene Busgesellschaften tätig sein, die nach Qualität der Fahrzeuge unterschiedliche Preise verlangen. Größere Orte haben eigentliche Busbahnhöfe, wo die Fahrgäste von Anheuerern an die Schalter geführt werden. Von den Busbahnhöfen verkehren aber auch Sammeltaxis nach verschiedenen Zielen. Sie fahren im allgemeinen erst los, wenn der Wagen besetzt ist.

Mietwagen

Gerade in Malaysia, wo es unterwegs und abseits der Straßen so viel zu sehen gibt, bietet sich das Mietauto als ideales Verkehrsmittel an. Starken Verkehr trifft man nur auf denjenigen Hauptachsen, die noch durch keine Autobahn entlastet wurden. Als Folge der britischen Kolonialzeit fährt man in Malaysia und Singapore links. Die großen Vermieterfirmen haben Schalter an den Flughäfen, so daß das Auto schon dort übernommen werden kann. Es ist auch möglich, den Wagen an einem andern Ort abzugeben. Die Vorausbestellung geschieht am besten über die Reservierungszentralen der Vermieterfirmen in Deutschland, Österreich und der Schweiz oder via Fluggesellschaft und Reisebüro. An folgenden Orten sind Autovermietungen von Avis (A), Budget (B), Hertz (H), National (N), Thrifty (T) und lokalen:

Malaysia (Halbinsel) in Kuala Lumpur (A, B, H, N, T), Penang (A, B, H, N, T), Langkawi (lokale), Melaka (A, T), Johor Bahru (A, B, H, N,

T), Kuantan (A, T), Kerteh (A), Kota Bharu (A); (Sabah) Kota Kinabalu (lokale, A); (Sarawak) Kuching (lokale, A), Miri (lokale). Singapore (A, N, T, lokale) und Brunei (A).

Für Automobilisten hier noch ein paar hilfreiche Begriffe für den Straßenverkehr:

awas	vorsichtig	lebuhraya	Autobahn
angin	Luft	lencongan	Umleitung
bahaya	Gefahr	letak kereta	Parkplatz
barat	Westen	lintasan keretapi	Bahnübergang
berhenti	Stop		
berlepas	Abflug	masuk	Einfahrt
ikut kiri	links halten	minyak	Öl
jalan rosak	Straßenschäden	plaza tol	Zahlstelle
kawasan banjir	überschwemmte Zone	perlahan	langsam
kawasan kemalangan	Unfallzone	selamat jalan	gute Fahrt
keluar	Ausfahrt		
keluar sahaja	nur Ausfahrt (Autobahn)	selatan	Süden
ketibaan	Ankunft (Flughafen)	simpang(ke)	Kreuzung, Verzweigung (nach)
kurangkan laju	Geschwindigkeit drosseln	timor	Osten
		utara	Norden

Es besteht ein dichtes Netz von Tankstellen, oft im 24-Stundenbetrieb (»24 jam«).

Taxi

Nur in Großstädten stehen genügend Taxis zur Verfügung. In Singapore sind die Taxameter in Betrieb, während in Malaysia die Fahrpreise in der Regel vorher vereinbart werden sollten. Trinkgeld wird nicht erwartet.

Aktivitäten

Besichtigungstouren, lokal organisiert

Wer Malaysia individuell bereist, kann sich überall eine Besichtigungstour durch lokale Reiseveranstalter organisieren lassen. Adressen vermitteln die Hotels, oder sie stehen im Telefonbuch auf den Gelben Seiten.

Sport

Viele Möglichkeiten für Tennis, Golf und Jogging; an den Stränden Wassersport; Tauchen auf Tioman und vor Kota Kinabalu; Wandern auf Penang und in den Höhenorten. Doch ist im feuchtwarmen Klima die Ausübung mancher Sportarten tagsüber nicht zu empfehlen.

Medien

In den Hotels meist mehrere Fernsehprogramme auf englisch; Filme in den Kinos auf englisch oder mit englischen Untertiteln. Der Besuch eines chinesischen Films (aus Hongkong oder Taiwan) kann zur Unterhaltung und zum Kulturverständnis empfohlen werden.

Nachtleben

Von Festzeiten abgesehen, beschränkt sich das Nachtleben im allgemeinen auf das, was die Hotels anbieten: Discos und hin und wieder eine Folkloreschau.

Fotografieren

In der freien Landschaft ist es recht hell, weshalb man eher lichtunempfindliche Filme verwenden sollte. Im Regenwald dagegen, wo auch tagsüber das Licht fehlt, sind sehr empfindliche Filme angezeigt. Man sollte das Filmmaterial zu Hause kaufen, da es im Land selbst teurer ist; dafür kommt das Entwickeln von Farbbildern billiger. Die Einheimischen zeigen sich im allgemeinen dem Hobbyfotografen gegenüber sehr aufgeschlossen.

Notfälle

Ärzte, Apotheken

Kleine Polikliniken auf dem Land, freipraktizierende Ärzte und Spitäler in den großen Ortschaften garantieren die ärztliche Versorgung. Viele Ärzte haben in Europa oder Singapore studiert und sprechen gut englisch. Medikamente gibt in der Regel der Arzt ab, doch sind auch die Apotheken mit internationalen Produkten gut ausgerüstet. Daneben verkaufen chinesische Apotheken ihre traditionellen Naturheilmittel. Private Kliniken

Konsularische Vertretungen

	Kuala Lumpur	Singapore
Bundesrepublik Deutschland	3, Jln U Thant Tel. 2 42 96 66 Mo–Fr 8.45–14	545, Orchard Rd Far East Shopping Centre Tel. 7 37 13 55 Mo, Do, Fr 8–14, Di, Mi 8–13, 14–16.30
Österreich	MUI Plaza Building Jln P. Ramlee Tel. 2 48 42 77 Mo–Fr 8–16	1, Scotts Rd Shaw Centre Tel. 2 35 40 88 Mo–Fr 8–16
Schweiz	16, Persiaran Madge 1, Tel. 2 48 06 22 Mo–Fr 8.15–17	Swiss Club Link Tel. 4 68 57 88 Mo–Fr 9–13

Sicherheit

Für Touristen gelten Malaysia und besonders Singapore und Brunei als relativ sichere Länder, in denen auch weibliche Alleinreisende keine Probleme haben. Auch das Übervorteilen von Touristen in Restaurants und Geschäften ist unüblich.

Im Innern der Halbinsel trifft man zwar öfters auf militärische Straßenkontrollen, die aber kaum Touristen anhalten.

Einkäufe

Vom Markt bis zum Einkaufszentrum

An Orten mit hoher Zentralität täglicher Lebensmittelmarkt, jedoch wegen der häufigen Niederschläge meist nicht im Freien, sondern in einer Halle; besonders sehenswert der Markt von Kota Bharu (S. 282 ff.). Auf Wochenmärkten werden neben Obst und Gemüse vor allem Hausrat und Kleider verkauft. Sogenannte Nachtmärkte finden an oft wechselnden Stellen in Städten am Abend bis ca. 22 Uhr statt.

Alle Märkte richten sich primär an einheimische Kunden und führen keine eigentlichen Souvenirartikel.

Kaufhäuser sind seltener anzutreffen als die oft riesigen Einkaufszentren (»Shopping arcades«), wo sich z. B. in Kuala Lumpur und Singapore Hunderte von Detailgeschäften unter einem Dach befinden.

Geschäftszeiten und Feiertage

Einheitliche Geschäftszeiten kennt man nicht. Supermärkte und Einkaufszentren halten meist bis 20 Uhr, in Malaysia oft bis 22 Uhr offen. Auch die Ruhetagsregelung wird uneinheitlich gehandhabt. Viele Einkaufszentren haben am Sonntag offen, und auch wenn alles geschlossen scheint, findet man bestimmt einen noch offenen Chinesenladen.

Banken beginnen morgens relativ spät und sind dann durchgehend, aber nur bis ca. 15 Uhr geöffnet. Die Behörden dagegen pflegen für die Mittagspause zwischen 13 und 14 Uhr zu schließen. Am Samstagmorgen wird gearbeitet, doch ist wegen des Moscheebesuchs die Mittagspause am Freitag verlängert. Die stark vom Islam beeinflußten Teilstaaten Kedah, Perlis, Kelantan, Terengganu und Johor sowie Brunei haben den Freitag zum Ruhetag erklärt, so daß dort am Donnerstag die Banken und Behörden nur morgens arbeiten.

Öffentliche Feiertage gibt es viele, da islamische, chinesische, hinduistische und christliche Feste begangen werden. Zudem ist in jedem Teilstaat von Malaysia der Geburtstag des Sultans arbeitsfrei. Zahlreiche Daten aber variieren gemäß islamischem Kalender oder Mondstand, so daß man sich am besten im Hotel nach allfälligen Feiertagen erkundigt.

Antiquitäten, Souvenir

Singapore als Dienstleistungszentrum Südostasiens bietet in Spezialgeschäften Antiquitäten aus ganz Asien an: Teppiche aus dem Iran genauso wie Eingeborenenschnitzereien von Neuguinea oder Netsuke-Figuren aus Japan. Vor allem chinesische und japanische Antiquitäten offerieren die Geschäfte in Penang, während in Melaka vornehmlich chinesisches Kunsthandwerk zum Verkauf kommt. In Kuching hauptsächlich findet man Kunstgegenstände der Eingeborenen Borneos. Alle Geschäfte sind immer in den Gelben Seiten des Telefonbuchs aufgeführt oder inserieren in den Werbebroschüren.

Typische Souvenirartikel aus Malaysia sind Zinnwaren, während die Batik (S. 91) nicht mit der indonesischen konkurrieren kann. Als typisches Mitbringsel aus Singapore und Malaysia gelten Anhänger und Ohrringe aus dünn vergoldeten echten Orchideenblüten. Daneben wird viel Kitsch und »Airport-Art« wie die verkleinerten Kelantan-Drachen (S. 93 ff.) angeboten.

In den meisten Antiquitäten- und Souvenirläden ist Feilschen am Platz und wird sogar erwartet, da von vornherein ein Rabatt im angeschriebenen Preis enthalten ist.

Bücher, Landkarten

Über Singapore und Malaysia wurden zahlreiche Bildbände und viel Spezialliteratur herausgegeben. Die besten Buchhandlungen findet man in Penang (E & O-Hotel), in Kuala Lumpur (im Bintang-Einkaufszentrum: »mph« und »Berita«), in Petaling Jaya (Universitätsgelände); in Singapore (»Select« im Tanglin Shoppingcenter; »mph« und »Times« in verschiedenen Einkaufszentren, vgl. Gelbe Seiten; ferner Buchhandlungen am Flughafen) und in Kuching (Holiday Inn).

Amtliche Karten dagegen werden in Malaysia und Brunei in der Regel nicht öffentlich verkauft, und man muß sich mit kleinmaßstäblichen begnügen, die man in Buchhandlungen oder Tankstellen erhält.

Zollfreier Einkauf

Im Gegensatz zu europäischen Flughäfen kann man in jenen von Singapore und Malaysia auch bei der Ankunft zollfrei Alkoholika, Parfum und Rauchwaren einkaufen. Foto- und Videokameras und andere elektronische Artikel sind in Singapore auch außerhalb des Flughafens zollfrei zu erwerben. Da die Läden oft keine festen Preise kennen, muß man handeln. Man kauft daher nur dann günstiger, wenn man sich zu Hause über die Preise der gewünschten Artikel orientiert hat und sie unterbieten kann.

Kulturkontakte

Namen

Malaien haben keinen Vornamen. Bei »Sanusi bin Junid« gilt »Sanusi« als individueller Name, »bin« bedeutet »Sohn des«, während »Junid« der individuelle Name des Vaters ist. Angesprochen wird er mit Mr. Sanusi. Ähnlich bei Frauen: »Zainon binti Hussein«, Tochter des Hussein, angesprochen mit Mrs. Zainon. Ist sie mit Sanusi bin Junid verheiratet, so nennt sie sich neuerdings »Zainon Sanusi Junid«.

Chinesen stellen den Geschlechtsnamen an den Anfang. Bei »Tan Keng Yaik« sind »Keng Yaik« die beiden Vornamen und »Tan« der Geschlechtsname.

Auch Inder in Malaysia und Singapore besitzen keinen Vornamen. Bei »S. Parampalam« ist »Parampalam« der individuelle Name, während »S.« die Abkürzung für den Namen des Vaters, hier z. B. »Shanmugarajah« ist. Angesprochen wird er meist mit einer Verkürzung seines individuellen Namens, beispielsweise mit Mr. Param.

Etikette

In Südostasien gibt es viele Möglichkeiten, sich falsch zu verhalten, da Malaien, Chinesen und Inder oft unterschiedliche Auffassungen vom guten Benimm haben.

Für Chinesen bedeutet eine ungerade Zahl Unglück, für Inder Glück. Beide öffnen ein Gastgeschenk erst, nachdem der Gast gegangen ist; für Malaien dagegen ist es höflich, ein Päckchen sofort auszupacken. Bei ihnen allerdings übergibt man das Geschenk erst beim Abschied. Alkoholische Geschenke sind Malaien gegenüber ein Faux-pas, nicht aber bei Chinesen. Ihnen bringt man keine Blumen mit, es sei denn bei einem Krankenbesuch. Am meisten Erfolg bei Chinesen hat man mit Gebäck oder Süßigkeiten, die jedoch weder in weiß, blau noch schwarz eingepackt sein dürfen. Malaiische Frauen beschenkt man mit hellfarbigem Batikstoff, Parfum oder Kölnischwasser und Kinder mit Spielsachen. Lädt man eine malaiische Familie zum Essen ein, muß dieses »halal« sein (Tiere nach islamischem Ritus geschlachtet und kein Schweinefleisch). Rindfleisch wiederum ist gläubigen Hindus verboten.

Auch ein paar Gemeinsamkeiten in Bezug auf das gute Benehmen haben die drei Kulturen: So zieht man am Eingang der Wohnung immer die Schuhe aus. Bei allen ist der Umgang unter den Geschlechtern normativ eng geregelt. Zärtlichkeiten in der Öffentlichkeit sind verpönt, ja, Frauen schütteln oft nicht einmal die Hand eines Mannes. Es empfiehlt sich daher auch eine gewisse Zurückhaltung beim Baden: Für Frauen sind zweiteilige Badeanzüge (Bikinis) an den öffentlichen Stränden islamischer Teilstaaten wie Kedah, Terengganu und Kelantan nicht angebracht, während sie in den Hotels, an Hotelstränden und anderswo problemlos getragen werden können. Es verstößt auch gegen die guten Sitten, wenn Frauen allein eine Disco besuchen.

Recht zwanglos sind die Kleidervorschriften bei besonderen Anlässen. Ein Batikhemd erspart Männern Krawatte und Jackett, denn es gilt als Bestandteil der Nationaltracht.

Wer auch bei Ärger ruhig und überlegen bleibt, nicht ständig mit dem eigenen Zuhause prahlt, sich zurückhaltend kleidet und freundlich auf die fremden Menschen eingeht, wird weder bei Malaien, Chinesen noch Indern Schwierigkeiten haben, selbst wenn er aus Unkenntnis gegen Etiketten verstoßen sollte.

Weiterführende Literatur (Auswahl)

Beamish, J./Ferguson, J.: A History of Singapore Architecture. Singapore 1985.
Brunei Berdaulat. Brunei 1984.
Brunei 1986, Länderkurzberichte. Statistisches Bundesamt Wiesbaden.
Carey, I.: Orang Asli, The Aboriginal Tribes of Peninsular Malaysia. Kuala Lumpur 1976.
Chapman, F. Sp.: Aktion »Dschungel«, Bericht aus Malaya. Frankfurt/M. o. J. (Aus dem Englischen »The Jungle is Neutral« übersetzt).
Chia, F.: The Babas. Singapore 1984.
Craig, J.: Kultur Knigge Malaysia & Singapore (Aus dem Englischen übersetzt). Köln 1989.
Fisher, Ch.: South-East Asia. A Social Economic and Political Geography, London 1966.
Flower, R.: Raffles. The Story of Singapore. Singapore 1984.
Hails, Ch./Jarvis, F.: Birds of Singapore. Singapore 1988.
Hill, R. D.: Agriculture in the Malaysian Region. Budapest 1982.
Information Malaysia 1989 Yearbook. Kuala Lumpur.
Kühne, D.: Malaysia – Ethnische, soziale und wirtschaftliche Strukturen. Paderborn 1970.
Kühne, D.: Malaysia. Tropenland im Widerspiel von Mensch und Natur. Stuttgart 1980.
Küng, H./Ching, J.: Christentum und Chinesische Religion. München 1988.
Lim, J. Y.: The Malay House. Pulau Pinang 1987.
Malaysia 1989, Länderbericht. Statistisches Bundesamt Wiesbaden.
Marr, R. L.: Tourismus in Malaysia und Singapore. Basel 1982.
Marr, R. L.: Der Denkmalschutz in der Planung von Singapore, in: Plan, Ztschr., Bern 1981.
Marr, R. L.: Räumliche und funktionale Aspekte des Freizeitverhaltens in Singapore, in: Regio Basiliensis. Basel 1989.
Morrisson, H.: Life in a Longhouse. Kuching 1976.
Munan, H.: Culture Shock! Borneo. Singapore 1988.
Nasir, A. H.: Rumah Tradisional Melayu. Kuala Lumpur 1985.
Ooi, J. B.: Peninsular Malaysia. New York 1976.
Polumin, I.: Plants and Flowers of Malaysia. Singapore 1988.
Shamsuddin, M.: Locomotive Centennial, Malayan Railway 1885–1985. Kuala Lumpur 1985.
Sheppard, M.: Taman Indera. Malay Decorative Arts and Pastimes. Kuala Lumpur 1977.
Sien, Ch. L.: South East Asia: A Systematic Geography. Kuala Lumpur 1979.
Singapore 1989. Information Division Singapore.
Singapur 1987, Länderbericht. Statistisches Bundesamt Wiesbaden.
Wayang. A History of Chinese Opera in Singapore. Singapore 1988.
Wong, C. S.: Chinese Festivities in Malaysia and Singapore. Singapore 1987.

Register

(A = Abbildung, T = Tabelle, K = Karte, Ortschaften kursiv)

Abalone 361
Abu Bakar 308, 309, 310
Acheh 311
Achinesen 98, 194, 196, 311
»Acht Unsterbliche« 67, 216
adat 61, 62, 79, 300
Affen 42, 141, 173, 238, 298, 303, 312, 334, 341
Affengott 67f., 140
Ahnen **63**, 128, 138, 142, 160, 162, 170, 191, 215, 230
Ajil 290
Albuquerque, Afonso de 98, 184
alleinreisende Frauen 366, 369
Alor Setar 52, 151, **252–254**
  Hauptsehenswürdigkeiten 249
  Hotel 249
  Innenstadt 252–254
  Wat 90
  Zahir Moschee 253f.
Amitabha 68, 240
Ananas 37 T, 40 T, 112, 259, 306
Ananda **73**, 145, 191, 240
anglikanisch 185, 205, 226
Ang Mo Kio 58 A
Animisten, Animismus 46, 61, **76**, 81, 322
Antiquitäten 184, 189, 214, 367
Apotheke, chinesische 67, 365
Apotheken (Pharmacies) 358, 365
Aquakulturen 278, 306
Aquarium 172, 218, 247, 351
Aquariumfischzucht 119
Araber 46, 60, 219
Arau 255
Arbeitslosigkeit 280
Arhat 68
Arkadenhaus 42, **55**, 122, 124, 148, 228f., 234
armenisch 206**f.**, 208
Armut, arm 47, 80, 178, 185, 280, 285, 313, 333
Ärzte 358, 365
ASEAN **109**, 351, 353
Astralgötter 66f., 294
Attap 52, **82**, 154, 208, 325
Aufschüttungen 57, 206, 284

Ausnahmezustand siehe Emergency
Australien, Australier 33, 118, 292, 343, 347
Automobilindustrie 111
Avalokitesvara **69**, 191, 294
Aw Boon Haw 145, 230, 241
Aw Boon Par 230
Aw-Pottery 307
Ayer Hitam 307
Ayer Itam 143ff.

Baba-Nonya **71**, 97, 134, 167, 188f., **192f.**, 195, 229f., 306
Backlane 55 A, 57
Bademöglichkeit siehe Strand
Bagan Kampong Sungei Pinang 148f.
Bagan Serai 260
Baharuddin, Dato 163, 179, 337
Bahasa Malaysia **48ff.**, 108, 360
Bako 334
Bako-Nationalpark 29 K, 33, 42, 322, 327, **334f.**, 345
Balai Warisan Emas siehe Goldsammlung
Balikpapan 320, 347
Balik Pulau 123, 143, 147, 148
Bambus 44, 76, 79, 243, 275, 285, 325, 333, 340
Banane 37 T, **39**
Bandar Seri Begawan 152, 198, 320, 323, 336
Bandar Tenggara 310
Bangkok 102, 121, 347
Banteng 42
Barisan Titiwangsa 17
Barong 134
Batavia 100, 185
Batik **91**, 174, 285, 287, 367
Batu 10 331
Batu Caves 17, 72, **173f.**, 295
Batu Ferringhi 122, 147, 150f., 150 K
Batu Gajah 272
Batu Genting 147
Batu Maung 148

Batu Niah 334
Bayan Lepas 148
Bean curd 362
Beaufort 345
belukar 33
bendahara **97**
Bengkulu 100
Bentong 280, **297**
Beow Lean 144
Bergbau 110 T, 110, 112 T, **116**, 259
bersanding 71, **167**, 306
Beserah 281 (Hotel), 292
Betel 132, 189, 313
Bewässerung 250f.
Bidayuh (Land Dayak) 46, 102, 331f.
Bilek **325**, 333
Bintulu 322, 323
Birch, James **102**, 260, 266
Blasrohr 76, 78, 275
Blaue Lagune 303
Blue Valley Tea 276
Bo(dhi)-Baum 140, 170, 237
Bodhisattva **63**, 68ff., 69 A, 133, 190, 271
Bolkiah, Sultan 100, 354
Bonsai 243
Borneo siehe auch Sabah, Sarawak und Brunei 14 A, 91f., 100, 102f., 320, 332, 335, 345, 356ff.
Botanischer Garten 140f., **222f.**
Botschaften, Konsulate 366
Brahma 213
Brahmane 60
Brasilien 113, 193
Brettwurzeln 27
Brillenlangur 42
Brinchang 274, 276
Brise-Soleil-Technik 167, **177**, 266, 288, 339
Briten, britisch 77, **100ff.**, 103f., 124, 155, 173, 185ff., 203, 219, 221, 226, 235, 292, 306, 313, 363
Brokatstoff siehe Seidenbrokat

Register

Bromelien 30
Bronze 231, 325, 340
Brooke, Charles **103f.**, 325, 329
Brooke, James **102f.**, 323, 326, 329
Brunei 26, 29 A, **100, 102ff., 106,** 108f., 320, 321 K, 323, 336, **347ff.**, 364, 367
Bruttosozialprodukt 110 T, 112 T, 119, 259, 300, 322
Buddha, Buddhas 63, 68f., **138f.**, 139f., 144f., 177, 190f., 211, 236f., 239f., 255, 268ff., 287, 295, 297, 346
Buddhismus, buddhistisch 60, 61, 63, 64, 67ff., 70, **81**, 138, 141f., **143ff.**, 148, 168, 170, 190, 237, 240f., 245, 254f., 270
Buddhisten 132, 191f., 211, 216
Bugis 196, 222
bunga mas **166**, 282, 288
Bujang Valley **250/251**
Bukit Larut 261
Bumiputera 45ff., 259
Bundesterritorium 178
Burmesen, burmesisch 81, 138, **140**, 230
Butterworth 123, 135, 147, 259, 278, 363

Calder, Alexander 206
Cameron Highlands 17, 20, 22 T, 151, 259, **274ff.**, 280, 313
Cameron, William 275
Camping 359
Cantonese siehe Kantonesisch
Cape Rachado 303
Castro, Miguel de 188
Casuarinabaum 258
Causeway 308
Cayenne-Pfeffer 332
Cella 90, 213, 217
Cempedak siehe Jackfruit
Ceylon 113, 237, 275
Chador 62, 163, 179
chanang **94**
Chapman, Spencer F. 27
Chenderoh-Stausee 278
Cheng Ho, chin. Admiral 60, 97, **194**
Cheng Huang 70, 138
Cherating 281 (Hotels), 282, 356
chettiar **72**, 141, 217
China 46, 60, 69, 71, 94, 97, 100, 125, 148, 159, 187, 194f., 204, 208, 215, 230f., 239, 340
Chinatown 22, 57, 124, 154f., 158, 160, 168, 184f., 189, 199, **208–215,** 209 K, 212f., 252, 264, 265 A, 307f., 324
Chinesen **45ff.**, 60, 71, 81, 97, 122ff., 137, 154f., 158ff., 167, 173, 183, 195f., 204, 214, 219, 229, 282, 291, 297, 300, 308, 332, 336, 348, 351, 369
chinesisch 108, 189, 367
– Friedhöfe 123, 190, 195f., 241, 245
– Geheimgesellschaften 102, 260
– Götter 64ff.
– Kaiser 97, 144, 159
– Keramik 231
– Lack-Paravent 207
– Legendenszenen 228
– Mythologie 127, 243
– Neujahr 130, 243
– Oper **95ff.**, 231, 326
– Palaststil 214, 237
– Religion 62ff., 81
– Revolution 134, 239
– Tempel 64, **83ff.**, 88 AA, 132f., 136ff., 140, 144, 147, 150, 159ff., 162, 168, 170, 185, **190f.**, 194, 208, **210ff., 214ff.**, 237ff., 248, 261, 266ff., 276, 287, 290, 294, 297, 326f., 342, 346, 351, 356, 361
– Urnenvasen 139, 191
Chini-See 298, 312
Christentum, Christen 46, 71, **80f.**, 98, 107
Chukai siehe *Kemaman*
Chulias **130**, 210, 212
Churchill-Denkmal, -Museum 351
Clan 190
Clan-Haus 125, 129
Coleman, Architekt 202, 205, 207
Community Centre 58 A, 59
Cornwallis, Lord 135

Da Bo Gong (Wassergeist) 66, 248
Damai Beach 330
Danum 335
Dayak 42, **78ff.**, 102, 332
Dayang Bunting 258
Deepavali **72**f.
Desaru 299 (Hotels), 310, **311/312,** 315, 317, 319
Deutschland, deutsch 110 T, 112 T, 118, 228, 348, 358
Dewa 68, 70, 70 A, 144, 240
Dienstleistungen 110 T, 110, 112 T, 259
Dipterocarpaceen 29f.

Donatorentafeln 191, 194, 211, 215
Drachen, chines. 89, 132, 210f., 216, 240
Drachen- oder Tigerbergschule 127, 211
Drachentanz 63
dravidisch **90**
»Dschungel« siehe Tropischer Regenwald
Dungun 281 (Hotels), 291, 292
Durga **73**, 131, 235
Durian 34 A, **35**, 37 T, 40 T, 43, 122, 148, 346
Dusun siehe Kadazan

E & O **137**, 206
East-West-Highway 16, 259, 277–279
Einkaufszentrum 169f., 206, 214, 226ff.
Einwanderer siehe Immigranten
Eisenbahn siehe auch Lokomotiv-Denkmal 47, 134, 142, 154, 167, 260, 279, 308, 316f., 340, 345, 357, 363
Eisvogel 44, 340
Elefanten 35, 41, 44, 191, 203, 217, 290
Emergency-Zeit 77, **104**, 167
Endau 317f.
Endau-Rompin-Park 318f.
Epiphyten 31, 223
Erdbeben 19 K, 20
Erdgas **117**, 322, 340, 348, 355
Erdgötter **67**, 194
Erdöl **103**, 116, **117**, 119, 292, 322, 335, 340, 348, 351, 354f.
Ericaceen 31
Erster Weltkrieg 46, 262
Ethnien 45ff., 59ff., 75 A, 77 A
Europa, Europäer 46, 124, 219, 226
Exogamie 300
Export 112 T, 113, 116

Familienpolitik 50 T, 50, 51
Farn 30, 31, 223, 343
FELCRA 79, 114
FELDA 79, 114
Feiertage 367
feng shui **63**, 215, 238, 245
Feri Malaysia 320
Fest »der hungrigen Geister« 95
Feuerläufer 213, 235
Fisch, Fischer, vgl. auch Sportfischen 250, 251, 257, 287, 290, 291, 306, 307, 354, 359

Fischfarm 119
Five-feet-way 55
Flechtwaren 92, 188
Fledermäuse 43, 172f., 271, 296, 335
Fleischopfer 86, 138, 190
Floßhäuser 285
Flughunde 43
Foochow 49
foodstalls 134, 159, 362
Forstwirtschaft **116**, 322
Fort 98, 100, 135, 181, 184, 216, 223, 247, 251, 273, 310f., 325f., 329
Frankfurt 152, 198, 358
Fraser's Hill 33, 274, 279 (Hotels), **280**
Franz Xaver 80, **187**

Gamelan 94
Ganesha **73**, 131, 141, 192, 213, 235
Garuda **73**, 235, 255
Gautama Buddha siehe Buddha
Gaya 341
Gebetstrommel (in Moschee) 262, 284, 305
Geckos 44
gendang **93**
Genting (Paß) 174, 296
Genting Highlands 118, 296 (Hotels), **297**
Geomant, Geomantik 63, 269
Georgetown 122ff., 126 K, 134, 139 K, 142, 145, 147, 151, 308
George III. v. Engl. 100
George V. v. Engl. 298
Gerik 278
Gewürznelkenbaum 141, 149
Gibbon 42
Gleithörnchen 43
Goa 98, 187
Goethe, J. W. **84**
Gold 16, 102
– Sammlung **166**
– Schmuck 189
Golfplatz 155, 274, 275, 276, 280, 297, 311/312
Gombak 174, 296
Gopeng 277
Gopuram **90**, 130, 160, 213, 217, 235f., 295
Göttin der Barmherzigkeit **69**, 191, 240
Gott
– des langen Lebens 67
– der Medizin 64

– des Reichtums 160, 191
– der Schauspielkunst 97
Gottesdienste 358
Grapefruit siehe Pomelo
Gua Batu siehe Batu Caves
Gua Charah 295
Gua Musang 277, 279, 280
Guan Di siehe Kuan Ti
Guano 173, 334
Guerilla, -krieg 104, 278
Günstig-Wind-Ohr **65**, 211
Gunung Brinchang 277
Gunung Jerai 250, 251
Gunung Kinabalu siehe Mount Kinabalu
Gurun 251

Hahnenkampf 62
Haifischflossen 232
Hainanesen 49, 124, 168
Hakenkreuz siehe Swastika
Hakka 49, 151, 154, 260
halal **369**
Hang Jebat 189, 193
Hang Kasturi 189
Hang Li Po 195
Hang Tuah 189, 193, 305
Hanuman 67, 236
Harrison, Barbara 346
Hassanal Bolkiah, Sultan 106
Hat Yai 121, 198, 347
Haustyp **52**ff.
Hawkerstalls siehe foodstalls
Haw Par Collection 230f.
Haw Par Villa siehe Tiger Balm Gardens
Heroin **107**
Hesse, Hermann 137, 143
Hevea brasiliensis 223
Hibiskusblüte 142
Hill Stations siehe Höhenort
Himmelskönige (-wärter) 70, 144, 240, 269, 297
Hinduismus 60ff., 71, 177
Hindu 71f., 90, 235
Hindutempel 89f., 130ff., 140ff., 160, 173f., 177, 192, 212ff., 217, 232, 235, 250, 273, 280, 295, 313, 356
Höhlentempel 17, 69, 173f., 259, 266ff., 270ff., 295ff.
Hokkien 49, 71, 96, 124f., 140, 210, 215f., 238f., 294, 326
Holländer, holländisch 80, **98, 100**, 181, 185f., 188, 189, 193f., 195, 196, 231
Hölle 261, 270
Höllengeld 192

Holz 112, **116**, 119, 317, 335
Holzmuseum 149, 317
Hongkong 121, 241, 269, 336, 347, 365
Hussein, Sultan **101**, 197, 221
Hyperpyrexie 22

Iban 46, 91, 325, 332
Ikat **91**, 167
Immigranten 45, 46, 52, 57, 260
Impfungen 357
Inder, indisch **45ff.**, 60f., 71, 81, 123f., 166, 169, 180, 204, 232, 234, 273, 300, 304, 311, 362, 369
Indien 35, 39, 59ff., 102, 165, 189, 205, 275, 332, 339
indischer Tempel siehe Hindutempel
Indik 296
Indonesien 20, 91, 109, 110 T, 113, 128, 192, 286
Indonesier, indonesisch 59, 226, 320, 362, 367
Industrialisierung **111**, 116, 182, 259
Industrie 110 T, 110, 112 T, 259, 300, 303, 306, 310, 322
Innertropische Konvergenzzone 23 A, 26
Intermonsun-Periode 26
Internal Security Act 49, 107 f.
Ipoh 117, 118, 123, 151, 259, 261, **263–272**, 265 A, 267 K, 268 K, 277f., 295, 308
– Hauptsehenswürdigkeiten 258
– Höhlentempel 17, 266–271, 268 K
– Hotels 258
– Innenstadt 266, 267 K
ISA 49, 107 f.
Iskandar Shah 97, 183, 219
Islam 46, 49, 60ff., 71, 76, 78f., 81, 97, 128, 168, 189, 208, 297
Istana Satu 167, 289

Jackfruit 34 A, **35**, 37 T, 40 T
Jade, -sammlung 230f.
Jadekaiser **64**, 133, 140, 162, 208, 215, 240, 326
Jadekaiserin **64**f., 168, 210
Japan 118, 187, 195, 197, 243, 249, 263, 292, 367
Japaner, japanisch 103, 134, 203f., 218, 226, 242, 244, 247, 329, 337, 345
Jasin 313f.

Java, javanisch 20, 60, 95, 124, 194, 251, 286, 304
Javaneraffen 42
Jeli 279
Jengka Triangle 298
Jerantut 293, 296 ff.
Jerteh 288
Jesselton siehe *Kota Kinabalu*
Jesuiten 98, 187
Jitra 255
Johol 303
Johor 57, 83, 98, 101 f., 181, 194, 197, 219, 305, **306 f.**, 309 ff., 318, 367
Johor Bahru 83, 246, 284, 288, 306, **308 ff.**, 315, 317, 319, 336, 363
Johor Lama **310 f.**

Kadazan 80, 92, 335, 339 ff., 344 f.
Kain Songket **91**, 285, 287
Kakao 112 T, 300, 312, **313**, 314 A, 356
Kaki Bukit 256
Kali **73 f.**, 235 f.
Kalimantan 320, 346
Kambodscha 94 f., 254, 340
Kampar 272
Kampong Ayer siehe Wasserdorf
Kampong Budaya 330
Kampong Jambu 90, 287
Kampong Kuala Besut 288
Kampong Kurau 259
Kampong Lakang 342
Kampong Laut 284, 286
Kampong Macap 307
Kampong Masjid Tinggi 260
Kampong Raja 276
Kampong Terbak 286
Kampong Wang Keliang 256
Kancil 44
Kangar 255
Kanton 230, 264
kantonesisch 49, 96, 124, 260
Kapitan China 154, 159, 190 f.
Kapit 19, 333
Karst 16, **17**, 296, 335
Kastensystem 60
Katholizismus, katholisch 80, 185, 187
Kauliflor, Kauliflorie 35, 313
Kautschuk (Latex) 46, 102, 111, 112 T, **113 ff.**, 119, 122 f., 148, **223**, 257, 259, 278, 298, 300, 303, 306, 315, 356
– baumwälder 28 K, 29 K
Kavadi **134**, 174, 217
Kedah 16 A, 92, 102, **249**, 250 ff., 254 f., 257, 367, 369

Kegelkarstberg **16** K, **17**
KEJORA 310, 311
Kek Lok Si 68 ff., 122, 141, **143 ff.**
Kelang 51, 154, 178, **180 f.**, 300
– Mausoleum 180
– Moschee 180
– Sultanspalast 180
– Valley (Tal) 117, 154, 178
Kelantan (Staat) 92 f., 95, 102, 278, 280, 282, 286, 367 ff.
Kelantan (Fluß) 282, 283 K
Kellie's Castle **272 f.**, 313
Kemaman 292, 317
Kenyir-Stausee 290
Kerabau siehe Wasserbüffel
Keramat 219, **238**, 248, 304
Keramikkrüge, chines. 166, 325, 333, 340
Kerteh 117, 281, 292, 364
KESEDAR 280
kesi **93 f.**
Kiblat 81, 163, 221
Kinnara 139
Kinta (Fluß) 264, 267 K
Kinta Valley 15 A, 16 A, 117, 259, 272
Kipling, Rudyard 137, 206
Klima **20 ff.**, 365
– streß 22
– anlage 22, 357
Klosteranlage, buddh. 144 f., 239 f., 254 f.
Kohle 322
Kokosnuß 42, 257, 259, 292, 306
Kolonialarchitektur 134 f., 137, 157, 184 f., 188, 193, 199, 203, 239, 247, 253, 264, 265 A, 266, 284, 302, 305, 307, 309, 315, 317, 326
Kolumbarium 70, **142**, 241, 245, 271, 287
Kommunismus 104, 167
Kompakttempel **84**, 85 A, 159
Konfuzianismus 62 f., 81, 190
Konfuzius 62, **64**, 133, 160, 162, 170, 191, 243, 342
Kongsi 46, 64, 122, **125**, 160, 162, 326
Königsfischer 44
Konsolen, -system **88 f.**, 88 A, 211, 216
Kopfjagd 42, 325, 333, 340
Korallen 319, 341
Kota Batu (Fort) 310 f.
Kota Belud 342 f.
Kota Bharu 51, 151, 277 ff., **282–287**, 283 K, 356, 364, 366
– Al-Muhammadi Moschee 83

– Hotels 281
– Kulturzentrum 93, 95
– Songket-Webstätte 93
Kota Kinabalu (K. K.) 18, 152, 198, 320, **336 ff.**, **338 K**, 345 ff., 356, 364 f.
– Klima 26
– Nationalpark 20, 29 K, **343 f.**
Kota Kuala Kedah 251
Krähennest 129, 179, 221, 339
Kreiselspiele **93**, 284, 286
Kris **91**, 317, 325
Krokodile 44, 172, 244
Krokodilfarm 44, 244, 331
Krüge, chin. siehe Keramikkrüge
Ksitigharba 70
Kuala Belait 347, 355
Kuala Berang 60
Kuala Dungun siehe *Dungun*
Kuala Kangsar 82, 113, 151, **262 f.**, 278
Kuala Kedah 166
Kuala Kenong 280
Kuala Kenyam 296
Kuala Kerai 279, 280, 286
Kuala Lipis 279, 280, 293, 317
Kuala Lumpur (K. L.) 102, 104, 106, 117 f., 123, 151, **152–181**, 153 A, 156 K, 171 K, 183, 264, 293, 296 f., 308, 319, 336 f., 347, 356, 358, 363, 368
– Bahnhof 83, **165**
– Bangunan Sultan Abdul Samad 155, **157**
– Batu Caves 42, **173 f.**
– Chang-Kongsi 160, 161 A, 162
– chines. Tempel, weitere 160, 162, 168, 170
– Hotels 152
– Kirchen 158, 169
– Klima 22 T
– Komplex Dayabumi **158**
– Kunsthandwerkszentrum 169
– Lake Gardens 169
– Masjid Jame 154, **155 ff.**
– Museen, weitere 166, 170, 174
– Name **154**
– Nationalmoschee 83, **162 A**, **163 ff.**,, 179
– Nationalmuseum **166 f.**
– Sri Mahamariamman **160**, 174
– Sze Ya-Tempel **159 f.**
– Villen 167, 169 f.
– Zoologischer Garten 43, **172 f.**, 172 A
Kuala Pilah 299, 303
Kuala Selangor 181, 274
Kuala Tahan 296, 298

Register 377

Kuala Tembeling 297 f.
Kuala Terengganu 278 f., 281 (Hotels), 282, **288 ff.**, 289 K, 296
Kuala Terla 276
Kuantan 281 (Hotels), 282, 292, 293 K, **293–296**, 298, 312, 315, 317, 320, 356, 364
Kuantan (Fluß) 293, 293 K
Kuan Ti **65** A, 68, 70, 160, 190, 211, 240, 294
Kuan Yin 64, 68 ff., 69 A, 70, 132 f., 145, 151, 168, 170, 190 f., 210 f., 215, 231, 237, 240, 248, 269 ff., 280, 290, 294, 297, 327, 342, 346, 351
– mit den »tausend Händen« 70, 170, 211, 215, 237, 294
Kubong 42
Küche 53, 53 A, 54 A, 56, 325, 333
Küchengott 77, 170
Kuching 71, 74, 95, **102 f.**, 152, 198, 320, **322 ff.**, **324 K**, 332, 334 ff., 346, 356, 364, 367 f.
– Ausflüge 330 ff.
– Dayak 332 f.
– Hotels 323
– Innenstadt 325–329
– Klima 22 T, 22, 26
– Krokodilfarm 44
– River 324
– Sarawak Museum 324 f.
– Staatsmoschee 83, 329 f.
Kudat 343
Kukup 307
Kulturkontakte 368 ff.
Kundassang 343, **344 f.**
Kuomintang **194 f.**

Labuan 22 T, 26, 103
Lahat Datu 336
Lalang Gras 33
Lakshmi **73**, 131, 141, 213, 235
Lambir Hills Nationalpark 29 K
Land Dayak siehe Bidayuh
Landgewinnung 185, 187, 208 siehe auch Aufschüttungen
Landwirtschaft 110 T, 110, 112 T, **113**, 120, 322
Langhaus 74, 79, 166, 322, 325, 331, **332 f.**, 343, 354 f.
Langkawi 157, 179, 197, 256, **257 f.**, 356, 363
Laotse 62, 64, 170
Larut 102, 260
Latex siehe Kautschuk
Leban Chondong 317

Lee Kuan Yew **105 f.**, 203, 223
Lee Wei King 190 f., 195
Lederschildkröte 291
Lenggong 278
Lianen 27, 31
Light, Francis Cpt. 100 f., 124, 134 f., **137**
Limbang-Tal 103
linga(m) 60, **73**, 251
LNG 355
Lohan 68, 70, 145, 148, 170, 240, 270 f.
Lokomotiv-Denkmal 167, 316, 340
Lotosblüte 69 f., 141, 191, 213, 216 f.
Lumut 272 f., 354 f.
Lundu 333

Ma Chu Poh **64 f.**, 67, 191, 210 f., 287, 290
Madras 217, 235
Magellan, F. 354
Mahabharata 95, 213
Mahagonibäume 133
Mahathir, M. 50
Mahayana 60, 63, 68, 81, 143
Maina 44
Main gasing (Kreiseldrehen) **93**
Main Range 17
Main wau (Drachen-Steigenlassen) **93**
Mais 79, 250
Maitreya 63, 69 A, 144, 240, 270 f., 342
Majapahitreich (Ostjava) 60, 100
Makaken 42
Makam Di Raja siehe Mausoleum
Malabar 221 f.
Malacca siehe Melaka
Malacca-Möbel 189
Malaien, malaiisch **45 ff.**, 48 ff., 60, 107, 123 f., 154, 178, 204, 282, 290, 293, 297, 300, 308, 329, 348, 368 f.
Malaiendorf 147
– haus **52 ff.**, 53 A, 54 A, 149, 166, 170, 250 f., 255, 264, 266, 303 f., **305 f.**, 307
– Viertel 219
Malaria 154, 170, 214, 260, 357
Mamutik 341
Mandarin 49, 96, 107, 124
Mandapa **90**, 213, 217
Mango 37 T, 40 T, 79, 250
Mangosteen 34 A, **36**, 37 T, 40 T

Mangroven 28 K, 29 K, 31, 32 A, **32**, 257, 334, 346, 353
Maniok 76, 79
Mansur Shah, Sultan 97, 189 f., 193 ff., 304
Manukan 341
Maran 298
Mariamman **74**, 160, 213
Markt 33, 267 K, 285, 342, 343, 352, 366 f.
Marmor 157, 179, 192 f., 194, 197, 257, 337
Masjid Negeri siehe Staatsmoscheen
Martaban-Krüge siehe Keramikkrüge
Marterwerkzeug **68**, 136, 237
Mata Kuching **38**, 324
Matang 331
Maugham, W. Somerset 137, 206
Mausoleum 165, 181, 193, **222**, 262, 304, 311, 317, 337, 339, 354
Maxwell Hill 261
MCP (Malayan Communist Party) 104
Medan 121
Medientempel **68**, 237, 294
Medium siehe Tempelmedium
Meditationszentrum 142
Medizinmann 76
Meeresschildkröten (siehe auch Schildkröten) 45, 282, **291 f.**, 356
Megalith, Megalithkultur 189, 302, 304
Melaka 52, 80, **98**, 99 A, 100, 104, 118, 124, 181, **182–198**, 183 A, 184 A, 186 K, 222, 249, 288, 292, 299, 300, 304 f., 308, 311, 313, 356, 367
– Al'Azim-Moschee 83
– Bukit China 97, **190**, 195
– Cheng Hoon Teng 64, **190 f.**
– Chinatown 219 f.
– Chines. Tempel, weitere 191, 194
– Forts 98, **188**, 196
– Gräber 186 ff., 189 f.
– Hotels 182
– Kampong Hulu-Moschee 197
– Keling-Moschee 191, **192**
– Kirchen 185, 187 ff., 193
– Klima 22 T
– Kulturmuseum (Muzium Budaya) 185, **188 f.**
– Masjid Besar Tengkera 197
– Melaka-Moschee **82**, 128, 192

Register

- Melaka-River 184, 189
- Melaka-Stil 82
- Melaka-Straße 97, 101, 183, 187f., 196
- Moscheen, weitere 305
- Portugiesenquartier 196f.
- »Roter Platz« 185
- »Stadthuys« 185
- Sultanat 60, 82, **97f.**

Melanau 92
Mengkabong 348
Menhire 304
Menschenrechtsverletzung 107
Men Shen 85, **130**, 170
Meranti 29f.
Merbok **92**, 286
Merdeka **105**, 163, 188
Merlion 204
Mersing 315 (Hotels), 317, **318**, 319
Meru **82**, 193
Methodisten 80
mihrab **81**, 129, 165, 197, 221, 254, 262, 294, 302, 307, 327, 330, 339, 350
Mi Lo Fo siehe Maitreya
Minangkabaustil 165, 197, 300, 302
Minarett 82, 128f., 157, 163, 165, 179f., 192f., 197, 221f., 253, 260, 262, 284, 289, 294, 302, 305, 307, 309, 330, 337, 339, 350f.
Minbar **81**, 129, 192, 292, 294, 302, 307, 309, 350
Miri 117, 322, 323, 334, 336, 364
Mission 79f., 98
Mitchener, James A. 319
Mogoten 17
Mogul-, mogulindisch 82, 129, 135, 157, 166, 221f.
Moh Hab 170
Monarchie **106f.**
Mönche 67, 145, 190f., 240
Monddrache **93**
Mondgott 74
Mondgöttin 67, 212
Mondtor 214, 243
Monsun 23 A, 26
Montaner Regenwald 28 K, 29 K, 30 A, 31
Monumentalmoschee **83**, 163, 178, 197, 329f.
Moscheen **81ff.**, 361
Moscheetrommel 82, 193, 284
Mountbatten, Lord 203

Mount Kinabalu 18, 31, 335, **343f.**, 357
Mousawi, Sami 330
Muadzam Shah 312 (Hotel), **312/313**, 317
Muar 83, 284, 299, 306, **307**, 308, 309, 313
Muara 355
Mulu Nationalpark 29 K
Muntjak 44
Murugan 73, 142
Muskat 122, 149, 226
muslimischer Friedhof 142, 155, 181, 197, 222, 245, 310
Musik **93f.**, 96

Nachtmarkt 322, 366
Nandi **73**, 213, 251
Nangka siehe Jackfruit
Nasenaffen 42, 334
Nashorn 41, 318, 340
Nashornvogel 44, 142, 172, 273
Nashornvogel (Kultgegenstand) 91f., 167, 325, 340
Naßreis siehe Reis
Nationalblume 142, 246
Nationalmoschee 163ff.
Nationalparks (siehe auch Reservate) 28 K, 29 K, 33, 116, 297f., 323, 334f., 341, 343, 356
Naturvölker **74ff.**
Navagrahas **74**, 131, 235
Nebelwald 28 K, 29 K, 30 A, 31
Negeri Sembilan 102, 292, **300**, 302
Negritos **74f.**, 75 A, 278
Neighbourhoods 58 A, 59, 241
Nepenthes 334, 334 A, **343**
»Neun Kaiser« 67, **294**
Neustädte 312f.
New Economic Policy 47
Newtowns 58 A, 59, 241
Niah-Höhlen, -Nationalpark 29 K, 231, 320, 322, 325, **334/335**
Niederschlag **22ff.**
Nipah-Palme 52
Nirvana 68, 239
Nobat **93**, 252, 263
Nonnen 145, 190
Nonya-Küche 71, 229
Nordostmonsun 23 A, 26
Norman, A. C. 157f.

Offshore 117, 355
Ölpalme 28 K, 29 K, 79, 112 T, 113, **114**, 115 A, 259, 273, 279, 298, 300, 306, 310f., 315, 356
Omar Ali Saifuddin III. 106
Opernbühne 125, 140, 151, 191
Opium (zu Opferzwecken) 67, 137f., 151, 160, 211, 280
- bett 230
- götter **67**, 88, 137, 160, 211f., 294
- pfeife 189
- waagen 232
Ophir, Mount 313
Orang Asli 45ff., **74ff.**, 170, 174, 261, 275, 280, 319
- Museum 77, **174**
Orang darat 290
Orang ka laut 290
Orang Utan 41f., 246, 356f.
Orang-Utan-Rehabilitationszentrum
- Sandakan (Sepilok) 33, 42, 336, **345f.**
- Semonggok 327, **331**
Orchideen 30, 118, 223, 246, 343, 368
Orogenese **17**
Österreich 110 T, 112 T, 330, 358
Ostküste (siehe auch Südchinesisches Meer) 14 A, 26, **281–296**, **315–319**, 356, 359, 363
Ost-West-Straße siehe East-West-Highway

Padang 134f., 157f., 202f.
Padang Endau 317, 318
Padang Sera 90, 255
Pagode 82, 84, 144f., 168, 197, 211f., 215, 243, 273
Pahang (Fluß) 298, 312, 315, 317
Pahang (Staat) **102**, 280, **292**, 297, 318
Paka 117
Palast-Moschee **83**, 284, 307, 309
Palladio-Stil 169, 202, 205, 207f.
Palmöl siehe Ölpalme
Panching 295
Pandanus 92
Pangkalan Lubang 334
Pangkor 102, 272, **273**, 356
Panjab 48, 71
Pantai Cinta Berahi 281 (Hotels), 287
PAP (People's Action Party) 105, 107
Papaya 34 A, 37 T, **38f.**, 40 T
Papierdrachen 284, 286f.
siehe auch Main wau

Register 379

Papiergeld 63, 88
Paprika 332
Parameswara **97**, 100
Parit Buntar 259
Parvati **73**, 217
Pasai 97
Pasir Gudang 306
Pasir Mas 287
Passat 23 A
Passionsfrucht 40 T
Paw Chang 67, **137f.**, 160
Paw Paw siehe Papaya
Pazifik 296, 356
Pejabat 273
Pekan 51, 292, 312, **315ff.**, **316 K**
Pekan Genting 148
Peking 125, 144, 243
Penampang 341
Penang 52, 100, 104, 117, **121–151**, 146 K, 182, 238, 257, 277f., 356, 363, 365, 367f.
- Acheh-Moschee **128**
- Botanischer Garten 42, 140, 143
- buddhist. Tempel 138ff., 141f.
- chines. Oper 95
- chines. Tempel, weitere 136ff., 140, 150f.
- Esplanade 134
- Fort Cornwallis 135
- Friedhof, christl. 137
- Hindutempel, weitere 140f.
- Hotels 121f., **137**
- Kapitan-Keling-Moschee **129**
- Khoo-Kongsi **125**, 151, 162
- Kirchen 133f.
- Klima 22 T
- Komtar 138
- Kongsi, weitere **129**, **136**, 138
- Kuan Yin Tong **132f.**, 144
- Masjid Negeri 142
- Moscheen, weitere 143, 151
- Penang-Brücke 123, 135, 142, 147
- Penang Hill 123, 134, 141f., 149
- Penang-Museum 133f.
- Pfahlbausiedlung **136**
- ruhender Buddha 90
- Schlangentempel 84, **147f.**
- Sri Mariamman-Tempel **130ff.**, 131 A
- Uhrenturm 135
Pengkalan Kempas 189, 302, **304**
Perak **102**, **259f.**, 262, 264, 278, 292
Perak Tong **268ff.**, 270
Peranakan 228f.
Perhentian Besar (Insel) 288

Perlis 16 A, 102, 182, 249, 250, **255**, 367
Perlenjuwel siehe Wunschjuwel
Permanent Forest Estates 112 T, 116
Perumal siehe Vishnu
Petaling Jaya 52, **175ff.**, 176 K, 368
- Wat 90, 177
- Moschee 177
- Museum 177
Petronas 117
Pfahlbausiedlung siehe Wasserdorf
Pfau **73**, 140, 173
Pfeffer 112, 123, 141, 218, 306, 322, **331f.**, 332 A, 354
Pfeilgift 275
Pfirsich, Symbol des langen Lebens 67
Philippinen, philippinisch 20, 100f., 110 T, 343, 353f.
Phönix 89, 137, 231
Phuket 121, 198, 256
Pigafetta, Antonio 354
pi-hu 44
Pilgerstätte 143, 248
Piperin 332
Piranhas 218
Planetengötter 74, 131, 235
Plantagen 52, 113f., 273, 276ff., 303, 310, 312, 313, 315, 356
Plantains 39
Plattentektonik 18 A
Polikliniken 47, 365
Polizeimuseum 329
Pomelo **39**
Pontianak 320, 323
Pooja 213, 236
Poring 345
Port Dickson 299 (Hotels), **303**
Port Kelang 154, 320
Portman, John 206
Portugiesen, portugiesisch **97f.**, 185ff., 193f., 196, 305, 311
Port Weld siehe *Sepetang*
Primärwald siehe Tropischer Regenwald
Prostituierte 46, 261
Protestantismus, Protestanten 98, 185
Protomalaien 74ff., 75 A
Proton Saga 111, 167
Pulau Besar 315 (Hotel)
pua **91**
Punan 78
Puppenspieler **95**
Pusing 272
Pygmäen **76**

Rad der Lehre 139
Raffles, Thomas Stamford 101, 188, 197, **201f.**, 210, 212, 218f., 223, 229, 308
Raffles (Hotel) 137, **206**, 228
Rafflesia **343**, 344 A
Rahman, Tunku Abdul 105, 163, 339
Railbus 363
Rama V. von Siam 203
Rama VI. von Siam 145
Ramayana 67, 95, 236
Rambutan 34 A, **36**, 37 T, 40 T
Ranau 343, 345
Rantau Abang 291
Rassen **45ff.**, 324f.
Ratanakosin-Stil **90**, 138, 177, 254f.
Raub 280, 286, 293
Räucherstäbchen 132, 190
Räucherstäbchenfabrikation 162
Rawa 315 (Hotel)
rebab 93
rebana 93
Regenwaldklima **20 ff.**
Reis 52, 76, 79, 80, 112 T, 122, 134, 147f., 184, 249, 250f., 257, 259, 286f., 290, 303, 333, 335, 341, **343**, 345, 356
Reisbier, Reiswein 335, 340
Rejang River 333
Religionsfreiheit 49
Rembau 303
Reservate siehe auch Nationalparks 149, 247f., 303, 318f.
Residenten 102, 154
Rhinozeros siehe Nashorn
Rhododendron 343
Riau 181
Ridley, H. N. 173, 223
Riesengleitflieger 42
Riesenschildkröten siehe Meeresschildkröten und Schildkröten
Rimba Rekreasi 149
Rindenstoff 261
Ringlet 225
RISDA 114
Rodungen, Abholzen 275, 279, 298, 318, 322
Röhrenziegel 211
ruai 333
rumah 53
Rungus 343
Rusa 44

Sabah 74, 78, 80f., 92, 103ff., 117, 166, 320, 321 K, **335ff.**, 347, 356

Sago 354, 362
- Gula Melaka 362
- palme 78
Sahul Schelf 19 A
Sailendra-Dynastie 251
Sakai 74
Sakyamuni **68**, 145, 240
Salangane 334
Sambar 44
Sampan 202
Sandakan 22 T, 33, 42, 70, 331, 336, **346 f.**
Sanskrit 59
Santubong 330
Sapodilla 37 T, **38**, 40 T
Sapi 341
Sarawak 74, 78, 80 f., 92, 102 ff., 116 f., 166 f., **320 ff.**, 321 K, 329, 335, 347 f., 355 f.
Sarawak (Fluß) 324 K, 324 f., 330 f.
Sarawak-Museum 103, 322, 324 f.
Sarkies, M., T. und A. 137, 206
Schamanentum 63, 76
Schattenspiel **95**, 167, 317
Schelf 19 K
Schildkröten 45, 85, 190, 271
- eier 291
Schlammspringer 32
Schlangen 44, **147 f.**, 238, 345
Schlitztrommel 86, 142, 217
Schmetterlinge 45, 149, 343
Schmetterlingszoo 149, 247
Schule 47, 49, 79, 80, 108, 169
Schuppenannone siehe Sugar Apple
Schuppentier 341
Schutzgöttin der Frauen siehe Kuan Yin
Schutzpatron 64
- der chines. Geheimgesellschaften 65
- der chines. Kinder 194
- des Dschungels 191
- der Khoo 128
- der Überseechinesen 66, 128
- des Yeoh-Kongsi 136
Schwalbennest 325
Schweine 119
- fleisch 43, 369
Schweiz 110 T, 112 T, 259, 320, 358
Schwellenland 111, 118
Sea Dayak siehe Iban
Segamat 117, 312 (Hotel), **313**
Seglervögel 334
Seidenbrokat **91**, 189, 285, 287
Seidenweberei 317

Sekundärwald 28 K, 29 K, 33
Seladang 41
Selangor 102, 159, 176, 292
- Sultan v. 154, 178 f.
Selangor (Fluß) 181
Semai 275
Semonggok 331, 333
Senoi **74 ff.**, 75 A, 275
Sentosa siehe Singapore
Sepak raga **92**
- takraw **92**
Sepetang 260
Sepilok 336, 345
Seremban 299 (Hotel), **300–303**, 301 K
Seria 103, 348, **355**
Serian 333
Serunai **93**
Shah Alam 52, 111, **178 ff.**, 337
Shahbandar 189
Shakti **72 f.**
Sharksfin 361
Shifting cultivation **78 f.**, 275, 332
Shiva 60, **72 f.**, 131, 174, 213, 236, 251
- Nataraja 217, 235
Shophouse 52, **55**, 55 A, 56 A, 57, 122, 155, 158 f., 192, 202, 213, 219, 232, 234, 236 f., 255, 264, 265 A, 282, 290, 327, 331
Siam siehe Thailand
Sibu 18, 19, 333, 336
Siburan 331
Sikh 71, 127
- Tempel 236, 327, 339
Silat **92 f.**, 286
Silberschmieden **91**
Simpang Lima 259
Simpang P. Manis 312
Singapore 55 A, 97, **100 f.**, 103 ff., **107 f.**, 118, 130, 183, 197, 200 K, 201 K, 220 K, 276, 299, 308, 319 f., 336, 347, 356, 359
- ALS 199
- Aquarium **218**, 247
- Aufschüttung 57
- Baba-Nonya-Museum **229**
- Botanischer Garten 113, **222 f.**
- Brücken 203 f.
- Bukit-Timah-Reservat 42
- Causeway 201, 246
- Chettiar's Tempel **217**
- Chinatown 199, **208–215**, 209 K, 213
- chines. Garten 243
- chines. Oper 95
- chines. Profanbauten 214, 216, **218**

- chines. Tempel, weitere 208, **216 f.**, 237 f., 248
- Denkmal 204, 246
- Fort Canning 100, **216**, 223
- Friedhöfe 218, **245**, 246
- Hajjah Fatima-Moschee **222 f.**
- Hindutempel, weitere 235 f.
- Hotels 198 f., **226 ff.**
- Inselrundfahrt **244 ff.**
- Jurong-Vogelpark 243
- Kirchen 207, 226
- Klima **20**, 21 A, 22 T, 22
- Kolonialbauten 203
- Kronkolonie 104
- Kusu 66, 248
- Marina City 205 f., 227
- Metro (MRT) **199**, 205, 216, 228, 239 ff., 243
- Moscheen, weitere 212, 221 f., 234
- Museen, weitere 243 f., 247
- Nationalmuseum **229 ff.**
- Orchard Road 198, 205, 224/5 K, 226 ff.
- Raffles City 205 f.
- Satellitenstädte 239, 241, 242 K, 246 f.
- Serangoon Road **232 ff.**, 233 K
- Sentosa 149, 247
- Singapore-River 101, 201 f., 204, 215, 218
- Siong Lim-Kloster **239 f.**
- Sri Mariamman-Tempel **212 ff.**
- Stadtplanung 57
- St. Andrew's Cathedral 205
- Sultansmoschee **219–221**
- Tan Si Chong Su 210, **214 ff.**
- Telok Ayer Market **208**
- Temple of 1000 Lights 236 f.
- Thian Hock Keng **210 ff.**
- Tiger Balm Gardens **241**, 243
- Unabhängigkeit 106
- Wasserdorf 245
- Zoologischer Garten 172, **246**
Singhalesen, singhalesisch 48, 81, 168
Singhir Darat 251
Singvögel siehe Merbok
Sitiawan 272
Skrang River 332
Sonnengott 67, 212, 326
Soursop 34 A, 37, **38**
Spielkasino 118, 257, 297
Sportfischen 290, 298
Sprachen **45 ff.**, 335, 360
Sprachpolitik 48
Sri Lanka siehe Ceylon
Sri Mariamman **131**, 217, 234, 295

Sri Menanti 52, 253, 263, 299, 300, **302f.**
Srivijayareich 60, 250f.
Staatsmoscheen 142, 179f., 197, 294, 301f., 309, 322, 327, 329f., 337f.
Staatsreligion 49
Stadtgott 70, 138
Standardchinesisch siehe Mandarin
Starfruit 34 A, **36**, 37 T, 40 T, 117, 303
Staudamm, Stausee 275, 277f., 290, 322
Steinlöwen 85, 127, 132, 138, 190, 211, 215
Straits-Chinese 230
Straits Settlements 71, 100f., 104, 134, 173, 229
Strand (Bademöglichkeit) 273, 287, 292, 296, 303, 310f., 319, 330, 334, 337, 341, 355, 357
Stranz, Herbert 330
Stupa 139f., 168
Subduktionszone 18 A, 20
Submontaner Regenwald 30 A, 31
Subramaniam **72f.**, 131, 140ff., 173f., 213, 217, 280, 313, 361
Subtropischer Hochdruckgürtel 23 A, 26
Südchina 68, 190, 215, 218, 231
Südchinesisches Meer (siehe auch Ostküste) 33, 52, 117/118, 122, 277, 282, 291, 311, 319, 356
Südindien 59, 71, 90, 94, 124, 193, 210, 212, 217, 235
Südkorea 118
Südwestmonsun 23 A, 26
Sufismus 61
Sugar Apple 34 A, 37 T, **41**
Sulug 341
Sultan 49, 62, 91, 94, 106, 165, 252, 255, 262f., 282, 300f., 308, 316, 348, 350ff.
Sumatra 18 A, 19 A, 20, 26, 60, 76, 128, 149, 154, 250, 300f., 346
Sumatra-Stil 130
Sundagraben 18 A, 20
Sunda Schelf 19 A
Sungai Brunei 348, 352 K, 353, 355
Sungai Gombak (Fluß) 154f., 157
Sungei Kedah 251, 252
Sungei Kelang (Fluß) 154f., 180
Sungei Lembing 15 A, 317
Sungei Limau 251
Sungei Lumpur 153

Sungei Pahang 17
Sungei Perak 17, 273
Sungei Santubong 330
Sun Yat Sen 237, **239**
Surrender Chamber 247
Sutra 144, 190
Swastika 141, 191, 269
Swettenham, Frank 154

Tabak 112
Taiping 77, 151, **260–262**, 264
Taiwan 118, 269, 365
Taman Negara 28 K, 33, 280, 296 (Hotels), **297f.**
Tambunan 341, 345
Tamilen, tamilisch 48f., 71f., 90, 107f., 133, 160, 174, 213, 235f., 276, 313
Tamparuli 343
Tamu 342, 343, 345
Tanah Rata 274, 275, 277
Tangkak 313
Tanjong Jara 282
Tanjong Piai 307
Tanjong Tokong 66, 140
Tanjung Aru 336f., 341
Tänze **94f.**
Taoismus, taoistisch 62ff., 67f., 70, 81, 127f., 132, 137f., 140, 148, 159f., 168, 190f., 208, 210, 216, 238, 240, 294, 326
Tapah 275, 277
Tapai vgl. Reiswein
Tapioka 76, 340
Tapir 43, 172
Tarakan 320
Tasek Chini siehe Chini-See
Tätowierung 325
Tausend-Meilen-Auge **65**, 211
tawak-tawak **93**
Tawau 320, 335f.
Teeplantage 275, **276**, 277f., 313
Tektonik **13ff.**
Telipok 342
Telok Anson siehe *Teluk Intan*
Telok Assam 334
Telok Bahang 143, 147, 149f.
Telok Kumbar 148
Teluk Chempedak 296
Teluk Intan 84, 273f.
Temasek **100**, 204
Temenggong **101**, 308
Temengor-Stausee 277f.
Temerloh 296f.
Temiar 275

Tempel siehe chinesischer, Hindu-, Höhlentempel, Wat
Tempelglocke 86, 133, 148, 191
Tempelmedium 63, **67f.**, 136, 150, 237, 294, 326, 342
Tempeltrommel 133, 138, 191
Temperatur **21ff.**, 21 A, 22 T, 275f.
Tengkolok 252
Tenom 345
Teochew 49, 96, 208, 218
Teranum 280
Terengganu (Staat) 92, 102, 116f., 288, 356, 367, 369
– Stein v. 60, 166, 189
Terengganu (Fluß) 289 K, 290
Terpentin 41
Teutonia Club 228
Textilindustrie 111, 119
Thai 81, **90**, 110, 249, 254f., 282, 286, 288
Thailand 33, 41, 42, 94f., 109, 110 T, 113, 118, 124, 278, 282, 295, 340, 347
thailändisches Wat siehe Wat
Thaistil siehe Ratanakosin
Thaipusam **72f.**, 131, 134, 141, 173f., 217, 235
Theravada 81, 90
Thimitri 213
Tieflandregenwald siehe Tropischer Regenwald
Tiefseegraben 19 K, 20
Tien Hou **64f.**, 68, 70, 168, 191, 208, 210f.
Tiger 35, 43f., 172
Tiger Balm Gardens 241, 243
Tigerbalsam 145, 230, 241
Tigergötter **67**, 86, 160, 191, 194, 212, 215, 238, 294, 327
Tioman 315 (Hotel), 318, **319**, 356, 365
Titiwangsa siehe Zentralgebirge
Ti Tsang Wang 70, **133**
Toboh 345
Tok Dalang **95**
Todesstrafe 198
Tokong 190
Touristikklima 24f. K
Trance 63, 67ff., 76
Tri Buana, Prinz **100**, 204
Trigramm 215
Trimeresurus wagleri **147f.**
Trinkwasser 246f., 257, 362
Trishaw 122, 187, 284
Trommel 86, 252, 262
Trommelturm 145, 211, 240
Tropischer Regenwald **27ff.**,

28 K, 29 K, 30 A, 43, 79, 114, 123, 147, 223, 257, 278, 298, 311 ff., 319, 335, 340, 343, 345, 348, 365
Tua Peh Kong **66** A, 68, 128, **151**, 160, 162, 194, 248, 327
Tuaran 342
Tumpat 286
Tungku 355
Tunku Long 101
Tunjang 255
Tunku Abdul Rahman National Park 29 K, 336 f., **341**
Türgötter 67, **129 f.**, 148, 211, 215 f.
Tutong 355

Überständer 27, 31, 42
Ubudiah Moschee 82, **262**
Ulu Kali 297
Unabhängigkeit von Malaysia siehe Merdeka
Unabhängigkeit von Singapore 203
Ureinwohner **45** ff., 261
Urnen, -raum siehe Kolumbarium

Vahana **72** f.
Vampire 43
Vegetation **27** ff., 28 K, 29 K
Verbrennungsofen 88, 132 f., 190, 212, 238
Victoria, Queen 135, 138, 187, 191, 203, 229
victorianisch 203, 207 f., 229, 239

Viehwirtschaft 257, 312
Vihan **254**, 255
Vimana **90**, 130, 143, 213, 235
Vinaygar siehe Ganesha
Vishnu 60, **72 f.**, 213, 235
Vögel **44**, 143, 238, 273, 298, 303, 334, 340, 356
Vogelpark 142, 243
Volkskundemuseum 261, 284, 301 f., 317, 324 f., 340, 354

Wahrsagerei 63
Wallace, Alfred Russel 35, 325
Wanderungen, Spazierwege 143, 149, 245, 273, 277, 280, 298, 319, 334, 341, 343 ff., 365
Warane 44, 334
Warren, Stanley 244
Wasserbüffel 250 f., 340 ff.
Wasserdorf 136, 245, 307, 330, 342, 348, 349 K, 350 ff., 352 K, 353 f.
Wat **90**, 138, 168, 170, 177, 236 f., 254, 286, 287
wayang kulit 71, **95**, 134, 284, 286
Weißer Tiger u. Blauer Drache 211
Wei-To **70** A, 133, 144, 170, 240, 271, 294
Weldon, de Felix 167
Wen bei **86**, 132
Wen qian **86**, 132
Wickham, Henry 113
Wildrind 41 f., 172
Winkerkrabbe 32
Wolfram 16

Wunschjuwel 89, 132, 148, 210, 215 f., 240
Würgebaum 354

Yams 362
Yang di-Pertuan Agung **106**
Yao Shih Fo 68, 145, 240
Yap Ah Loy 154, 159 f.
Yin u. Yang 212, 215, 231
Yoni **73**
Yu Huang **64**, 133, 140, 208, 215, 238, 240

Zement 257, 259
Zenitalstand 20
Zentralgebirge (Titiwangsa) 275, 277, 278, 296
Zikaden 45
Zimmermannsgott 64
Zinn 13, **15** K, 36, 52, 102, 111, **116**, 134, 138, 153 f., 167, 259 ff., 264, 280, 317, 367
Zinnschmelzerei 138
Zoologische Gärten 43, 172 f., 172 A, 246
Zonenzeit 20
Zuckerrohr 354
Zukunftsbuddha siehe Maitreya (MiLoFo)
Zürich 152, 198, 358
Zweiter Weltkrieg 28, 46 f., 77, 103, 127, 187, 195, 204, 244, 246 f., 249, 263
Zwiebelkuppelmoschee **82**, 129, 157, 163, 221
Zwischenhofanlage **84**, 85 A, 86, 87 A, 151, 159